歷代「朱陸異同」典籍萃編

第五册

上海古籍出版社

朱子聖學考略（下）…………［清］朱澤澐　五五九
陽明輯朱子晚年定論辨…………［清］朱澤澐　八五三
朱子爲學次第考…………［清］童能靈　八八九

朱子聖學考略卷八

辛亥，朱子六十二歲。

答陳君舉論學云：「嘗謂人之爲學，若從平實地上循序加功，則其目前雖未見日計之益，而積累功夫，漸見端緒，自然不假用意裝點，不待用力支撑，而聖賢之心、義理之實，必皆有以見其確然而不可易者。至於講論之際，心即是口，口即是心，豈容別生計較，依違遷就，以爲諧俗自便之計耶？今人爲學，既已過高而傷巧，是以其説常至於依違遷就而無所分別。蓋其胸中未能無纖芥之疑有以致然，非獨以避咎之故而後詭於詞也。若某之愚，自信已篤，向來之辨，雖至於遭讒取辱，然至今日，此心耿耿，猶恨其言之未盡，不足以暢彼此之懷，合異同之趣，而不敢以爲悔也。老病幽憂，死亡無日，念此一大事，非一人私説，一朝淺計，而終無面寫之期，是以冒致愚悃，鄉風引領，不勝馳情。」

按：年譜載是書於辛亥，云朱子往歲聞陳傅良君舉嘗著詩説，以書問之，至是書來報云：「來徵詩説，年來或與士友言之，未嘗落筆。愚見以雅頌之音，簫勺群慝，訓詁章句，付之諸生。」又謂：「二十年間聞見異同，無從就正，間欲以書叩之，念長者前有長樂之爭，後有臨川之辨，他如永康往還，動數千言，更相切磋，未見其益，而學者轉相夸毘，浸失本旨。蓋刻畫太精，頗傷簡易，矜持已甚，反涉吝驕。以此益覺書不能宣，要須請見，究此衷曲耳。」朱子答書云云。

君舉所云三家，其學術之謬，與天道聖學相悖，不可不闢其非而明其是，乃以爲刻畫太精，頗傷簡易，亦不足與言矣。故朱子第以言之未暢答之而已。

答吴斗南云：「某承攝於此，忽已踰年，疾病侵凌，無一日好況，請祠不遂。經界之役，得請後時，不可舉手。少須三五月，即復告歸矣。」「李彦平所見趙顔子，不知何人，莫是永嘉趙彦昭否？其所論學大意甚佳，然恐於窮理功夫有所未至，則亦只冥行，終不能升堂睹奥，直入聖賢之域也。裒集程門諸公行事，頃年亦嘗爲之而未就，今邵武印本所謂淵源録者是也。當時編集未成，而爲後生傳出，致此流布，心甚恨之。不知曾見之否？然此等功夫亦未須作。比來深考程先生之言，其門人恐未有承當得此衣鉢者。此事儘須商量，未易以朝耕而暮穫也。心不耐閒，亦是大病。此乃平時記憶討論慣却心路，古人所以深戒玩物喪志，政爲此也。此後且當盡心一意根本之學，此意甚善，今人陷於所長，決不能發此聽信身心也。佛學之與吾儒雖有略相似處，然正所謂貌同心異、似是而非者，不可不審。明道先生所謂句句同、事事同然而不同者，真是有味。非是見得親切，如何敢如此判斷耶？聖門所謂聞道，聞只是見聞玩索而自得之之謂，道只是君臣父子、日用常行當然之理，非有玄妙奇特、不可測知，如釋氏所云豁然大悟、通身汗出之説也。如今更不可别求用力處，只是持敬以窮理而已。參前倚衡，今人多錯説了，故每流於釋氏之説。先聖言此，只是説言必忠信，行必篤敬，念念不忘，到處常若見此兩事不離心目之間耳。如言見堯於羹、見舜於墻，豈是以我之心還見我心别爲一物而在身外耶？無思無爲，是心體本然未感於物時事，有此本領，則感而遂通天下之故矣，恐亦非如所論之云云也。所云禪學悟入乃是心思路絶，天理盡見，此尤不然。心思之正，便是天理，流行運用，無非天理之發見，豈待心思路絶而後天理乃見耶？且所謂天理復是何物？仁、義、禮、智豈不是天理？君臣、父子、兄弟、夫婦、朋友豈不是天理？若使釋氏果見天理，則亦何必如此悖亂，殄滅一切，昏迷其本心而不自知耶？凡此皆近世淪陷邪説之大病，不謂明者亦未能免俗而有此言也。」

此書分别儒、釋，最爲精微，學者所當潛玩。朱子所謂見聞玩索而自得者，非考核文義、訓釋句讀也。由玩味六經、四書而反求之，即其言聖賢者，如見聖賢之心，以自淑其心；即其言天地者，如見天地之心，以自正其心。須心領神會，自心實有得處，方是自得。彼誦讀者，安能强探哉。所謂君臣父子、日用常行當然之理者，非徒拜跪坐立，虛文故事也。由日用常行事理而深究之，從天地生人物大原本體會來，實見得天高地下、萬物散殊而禮制行，如西銘所云，都是自心中一定皆備底道理。如是窮究積累，豁然貫通，當無思無爲時，此心道理已足，本領盛大，一旦事來順應，則感而遂通天下之故，即於寂然不動之中驗之矣。若釋氏一派，豁然大悟，通身汗出，是心思路絶、静久生明之效，豈有道理者哉。蓋儒與釋異者，在窮理不窮理耳。朱子與陸氏異者，在窮理之至不至耳。窮理則無思無爲，即是心思之正，皆本然之天理。不窮理則心思路絶，天理殄滅，僅虛靈之清氣也。窮理之至，則仁義禮智信、親義序别信，渾然燦然，無非天理昭明運用。窮理不至，則仁義禮智信、親義序别信，總是半明半暗，天理與氣質夾雜用事，必待心思路絶而後天理之影響始見，不能純是天理也。嗚呼！書中前言趙彦昭之不窮理，後言釋氏之滅理，其病皆原於此。此居敬窮理，必兼致其功，爲聖學之正宗也。然學者能宗朱子，要必窮理功夫到，養得無思無爲，而道理充足精明，方是朱子之學。若心思正而思慮多，無息息艮止氣象，是涵養功夫未到，又非朱子所望於後學者矣。

按：此書所答，至顯至微，緊要在居敬以窮理。其教斗南下手用工，却在前書中，云：「嘗謂今之人知求雞犬而不知求其放心，固爲大惑，然苟知其放而欲求之，則即此知求之處，一念悚然，是亦不待別求入處，而此心體用之全已在是矣。由是而持敬以存其體，窮理以致其用，則其日增月益，自將有欲罷而不能者。矧以執事之明而加意焉，則其見聞之博、參考之詳，亦何適而非窮理之地哉？如其不然，則是直爲玩物喪志而已。」此數行是立本知行下手用功處。必如此用功，方透得讀書切己初非玩物喪志，盡倫常即是聞道，心體未感却非釋氏虛寂，流行運用無非天理。非數十年功夫，不能到此地位，豈朝耕而暮穫哉。

按：朱子年譜庚戌四月任漳州，此書云「承攝踰年」，當在辛亥春夏。

朱子曰：「人心常炯炯在此，則四體不待羈束而自入規矩。只爲人心有散緩時，故立許多規矩來維持之。但常常提警，教身入規矩內，則此心不放逸而炯然在矣。心既常惺惺，又以規矩繩檢之，此內外交相養之道也。」

又曰：「今人心聳然在此，尚無惰慢之氣，況心常能惺惺者乎！故心常惺惺，自無客慮。」

又曰：「人言匹夫無可行處，便是亂説。凡日用之間，動止語默，皆是行處。且須於行處警省，須是戰戰兢兢，方可。若悠悠沉沉地過，則又不可。」

又曰：「孟子説『存其心』，雖是緊切，却似添事。蓋聖人只爲學者立下規矩，守得規矩定，便心也自定。如言『居處恭，執事敬，與人忠』，人能如是存守，則心有不存者乎？今又説『存其心』，則與此爲四矣。如此處要人理會。」

以上黄升卿録。

又曰：「從前朋友來此，某謂不遠千里而來，須知箇趣向了，只隨分爲他説爲學大概，看來都不得力，此某之罪。今日思之，學者須以立志爲本。如昨日所説爲學大端，在於求復性命之本然，求造聖賢之極致，須是便立志如此便做去始得。若曰我之志只是要做箇好人，識些道理便休，宜乎工夫不進，日夕漸漸消靡。今須思量天之所以與我者，必須是光明正大，必不應只如此而止。就自家性分上儘做得去，不到聖賢地位不休。如此立志，自是歇不住，自是儘有工夫可做，如顔子之欲罷不能。如小人之孳孳爲利，念念自不忘，若不立志，終不得力。」因舉程子云：「學者爲氣所勝、習所奪，只可責志。」又舉云：「『立志以定其本，居敬以持其志』，此是五峰議論好處。」又舉「士尚志。何謂尚志？曰：仁義而已矣。」又舉：「舜爲法於天下，可傳於後世，我猶未免爲鄉人也，是則可憂也。憂之如何？如舜而已矣。」又舉：「三軍可奪帥，匹夫不可奪志也。如孔門亦有不能立志者，如冉求『非不説子之道，力不足也』是也。所以其後志於聚斂，無足怪。」

又曰：「若於日用間省察此四端，分明迸贊出來，就此便操存涵養將去，便是下手處。」

又曰：「試思人以渺然之身，可以贊天地之化育，以常人而可以爲聖賢，以四端之微而充之可以保四海，是如何而致。若分明見此，志自立，工夫自住不得。」

朱子問：「元昭近來頗覺得如何？」曰：「自覺此心不實。」曰：「但不要窮高極遠，只於言行上點檢便自實。今人論道，只論理，不論事；只說心，不說身。其說至高，而蕩然無守，流於空虛異端之說。如『天下歸仁』，只是天下與其仁，程子云『事事皆仁』是也。今人須要說天下皆歸吾仁之中，其說非不好，但無形無影，全無下手脚處。夫子對顔子克己復禮之目，只是就視聽言動上理會。凡思慮之類，皆動字上包了，不更出『非禮勿思』一條。蓋人能制其外，則可以養其中。固是内是本，外是末，但偏說存於中，不說制於外，則無下手脚處，此心便不實。外面儘有過言過行更不管，却云吾正其心，有此理否？浙中王蘋信伯親見伊川來，後設教作怪。舒州有語録之類，專教人以天下歸仁。才見人，便說『天下歸仁』，更不說『克己復禮』。」

以上滕璘録。

又曰：「今語學問，正如煮物相似，須爇猛火先煮，方用微火慢煮。若一向只用微火，何由得熟？欲復自家元來之性，乃恁地悠悠，幾時會做得？大要先須立頭緒。頭緒既立，然後有所持守。書曰：『若藥弗瞑眩，厥疾弗瘳。』今日學者皆是養病。」

又曰：「爲學須是先立大本。其初甚約，中間一節甚廣大，到末梢又約。孟子曰：『博學而詳說之，將以反說約也。』故必先觀論、孟、大學、中庸以考聖賢之意，讀史以考存亡治亂之迹，讀諸子百家以見其駁雜之病。其節目自有次序，不可踰越。近日學者多喜從約，而不於博求之。不知不求於博，何以考驗其約？如某人好約，今只做了一僧，了得一身。又有專於博上求之，而不反其約，今日考一制度，明日考一制度，空於用處作工夫，其病又甚於約而不博者也。均是無益。」

問：「『其言也善』，何必曾子？天下自有一等人臨死言善。通老云：『聖賢臨死不亂。』」朱子曰：「聖賢豈可以不亂言？曾子到此愈極分明，易簀事可見。」

季通以書問中庸序所云「人心形氣」。朱子曰：「形氣非皆不善，只是靠不得。季通云『形氣亦皆有善』，不知形氣之有善皆自道心出。由道心則形氣善，不由道心，一付於形氣，則爲惡。形氣猶船也，道心猶柁也。船無柁，縱之行，有時入於波濤，有時入於安流，不可一定。惟有一柁以運之，則雖入波濤無害。故曰『天生烝民，有物有則』。物乃形氣，則乃理也。渠云『天地中也，萬物過不及』，亦不是。萬物豈無中？渠又云『浩然之氣，天地之正氣也』，此伊川說，然皆爲養氣言。養得則爲浩然之氣，不養則爲惡氣，卒走理不得。如今日說夜氣是甚大事，專靠夜氣，濟得甚事？」可學云：「以前看夜氣，多略了『足以』兩字，故然。」朱子曰：「只是一理。存是存此，養是養此，識得更無走作。」

又曰：「『自誠明，謂之性』。誠，實然之理。此堯、舜以上事。學者則『自明誠，謂之教』，明此性而求實然之理。經禮三百，曲禮三千，無非使人明此理。此心常提撕喚起，常自念性如何善？因甚不善？人皆可爲堯、舜，我因甚做不得？立得此後，觀書亦見理，靜坐亦見理，森然於耳目之前。」

方賓王以書問云：「『心者，性之郛郭』，當是言存主統攝處？」可學謂：「郛郭是包括，心具此理，如郛郭中之有人。」朱子曰：「方説句慢。」問：「以窮理爲用心於外，是誰説？」曰：「是江西説。」又問：「『發見』説話，未是。如此，則全賴此些時節，如何倚靠？」曰：「湖南皆如此説。」曰：「孟子告齊王，乃是欲因而成就之，若只執此便不是。」曰：「然。」又解南軒「發是心體，無時而不發」云：「及其既發，則當事而存，而爲之宰者也。」某謂〔一〕：「心豈待發而爲之宰？」曰：「此一段强解。南軒説多差。」

問：「聞見之知，非德性之知。他便把博物多能作聞見之知，如學者窮理，豈不由此至德性之知？」朱子曰：「自有不由聞見而知者。」

又曰：「看今世學者病痛，皆在志不立。嘗見學者不遠千里而來此講學，將謂真以此爲事。後來觀之，往往只要做二三分人，識些道理便是。不是看他不破，不曾以此語之。

夫人與天、地並立爲三，自家當思量，天如此高，地如此厚，自家一箇七尺血氣之軀，如何會並立爲三？只爲自家此性元善，同是一處來。一出一入，若有若亡，元來固有之性不曾見得，則雖其人衣冠，其實與庶物不爭多。伊川曰：『學者爲氣所奪、習所勝，只可責志。』顏淵曰：『既竭吾才，如有所立卓爾。』顏子分明見此物，須要做得。」「五峰曰：『爲學在立志，立志在居敬。』此言甚佳。夫一陰一陽相對。志纔立，則已在陽處立。雖是失脚入陰，然一覺悟，則又在於陽。」「自家只立得大者定，其他物欲一齊退走。德性、高明、廣大，皆是元來底。問學、中庸、精微，所以接續此也。」

問：「平日讀書時似亦有所見，既釋書則別是一般，又每苦思慮紛擾，雖持敬亦未免弛慢，不知病根安在？」朱子曰：「此乃不求之於身，而專求之於書，固應如此。古人云：『爲仁由己，而由人乎哉！』凡吾身日用之間無非道，書則所以接湊此心耳。故必先求之於身，而後求之於書，則讀書方有味。」又曰：「持敬而未免弛慢，是未嘗敬也，須是無間斷方可。至如言思慮多，須是合思即思，不合思者不必思，則必不擾亂〔二〕。」又問：「凡求之於心，須是主一，或於事事求之？」曰：「凡事無非用心處，只如於孝則求其如何是孝，於弟則求其如何是弟，大抵見善則遷，有過則改。聖人千言萬語，不出此一轍。須積習時久，游泳浸漬，如飲醇酒，其味愈長，始見其真是真非。若似是而非，似有而實未嘗有，終自慌惚，此最學者之大病。」又問：「讀書宜以何爲法？」曰：「須少看。凡讀書，須子細研窮講究，不可放過。假如有五項議論，開策時須逐一爲別白，求一定説。若他日再看，又須從頭檢閲，而後知前日之讀書草略甚矣。近日學者讀書，六經皆云通，及問之，則往往失對，只是當初讀時掉過了。孟子曰『仁在乎熟』，吾友更詳思之。大抵古人讀書與今人異，如孔門學者，於聖人纔問仁問知，終身事業已在此。今人讀書，仁義禮知總識而却無落泊處，此不熟之故也。昔五峰於京師問龜山讀書法，龜山云：『先讀論語。』五峰問：『論語二十篇，以何爲緊要？』龜山曰：『事事緊要。』」

朱子問德粹：「夜間在卧雲菴中作何工夫？」德粹云：「歸時已日暮，不曾觀書，静坐而已。」曰：「横渠云『言有教，動有法，晝有爲，宵有得，息有養，瞬有存』，此語極好。君子終日乾乾，不可食息閑，亦不必終日讀書，或静坐存養，亦是。璘録云：「雖静坐亦有所存主始得。不然，兀兀而已。」天地生物，以四時運動，春生夏長，固是不息。及秋冬凋落，亦只是藏於其中，故明年復生。若使至秋冬已絶，則來春無緣復有生意。學者常喚令此心不死，則日有進。」

陳厚之問「寂然不動，感而遂通」。朱子曰：「寂然是體，感是用。當其寂然時，理固在此，必感而後發。如仁感爲惻隱，未感時只是仁；義感爲羞惡，未感時只是義。」某問：「胡氏説此多指心，作已發。」曰：「便是錯了。縱使已發，感之體固在，所謂動中未嘗不静。如此則流行發見，而常卓然不可移。今只指作已發，一齊無本了，終日只得奔波急迫，大錯了。」

以上鄭可學録。

右黄、滕、鄭三家録，皆在辛亥。所紀居敬定心之旨，實有把柄，循而行之，實有程途。句句收斂，處處發見，非空言也。教人自立志始，讀書以少看，其示人之意甚肫切。告元昭克復一段，尤當著眼。視聽言動不謹，徒曰歸仁，此江西家之流弊，而前朝嘉隆後猖狂尤甚者，朱子若預知之而爲之防，其意深矣。至寂然段尤精微，無時不感，無時不寂，則本體之抽枝長葉，千條萬緒，其根柢只在這裏，豈有内外精粗之不貫哉！學者欲知朱子之學，要當合「克復」、「寂感」二段而切究之，知感之體常在，則非禮勿視聽言動，皆根於主宰，常定常明，原非僅檢點於視聽言動，便知朱子是時造道深静，流行發見中，自有卓然不可移之妙。彼以晚年方悟本體者，何嘗尋其源頭而默契之耶！問平日讀書段尤切要，讀書、存心只是一事，學者必循此用功，方有入路。彼以晚年專指本體者，何曾尋其門户而實體之耶！

與留丞相書云：「伏願丞相試熟計之，亟陰求學士大夫之有識慮氣節者相與謀之，先使上心廓然洞見忠邪之所在，而自腹心以至耳目喉舌之地，皆不容有毫髮邪氣留於其間，然後天下之賢可以次而用，天下之事可以序而爲也。如其不然，則自今以往，丞相之憂乃有甚於前日，是以熹竊危之，而未敢以爲喜也。」

按：此書首「必蒙矜念，俾遂退閒」數語，蓋因子喪而欲去漳歸建，是時尚在漳也。

與趙帥書云：「近聞有旨招填諸州禁軍，寄募沿江戍卒，兩事並行，似難辦集。且今日州郡禁軍，緩急何足倚賴？正當別作措置，以漸消除，而悉收江上諸軍子弟刺填本軍，以時練習，却令分下諸州就糧，以省餽運，防緩急，歲時更代，却還本軍，則其事勢自然不敢退墮，而州兵之未消者，亦得以激厲增進，乃爲長久之計。今不慮此，反令州郡泛行招刺，若守將不得其人，則適足以資其賣鬻之姦，而空耗衣糧，重傷民力，又未論也。至於寄招之令，則棄子弟素習之技，而取浮浪無能之人，尤爲非計。似聞軍中向來以不堪用，嘗奏罷之，數年之間，州郡得以少息勞費。不知今日有何急切，而忽取此已棄之繆策而復行也？往在南康日，見隆興所發之人全船遁去，並與部轄掌事者皆不復還，移文鄰郡，搜捕甚急。此等之人，設使到得軍中，亦豈復堪倚仗也？竊謂此二事者，在帥司亦合申請，更以書曉諸公，必不得已，且罷寄招，而稍遞增禁軍本等及大等第斗力，必使及格，方許收刺。仍許逐年奏帳本名之下，各注斗力，不測點名抽唤，令赴帥司按拍，則猶庶幾其或可用也。此間子弟投募者衆，因限以必及次高彊斗力乃收，而來者亦不少，此亦已試之驗也。」

按：通鑑辛亥二月乙酉，詔以陰陽失時、雷雪交作，令各具時政闕失以聞。九月，詔知福州趙汝愚爲吏部尚書。淳録云「四月二十九日遂行」，此書首有「雷雪之變」及「身雖在外」數行，則此書不獨在辛亥九月前，且在四月前。求賢士、格上心，是大臣要務；罷寄招、增禁軍，必使及格乃收，是練兵要務。此朱子行政大綱也。

本州鬻鹽，最爲毒民之横賦，屢經旨罷而復屢起。朱子至，石丈屢言其利害曲折，朱子即散榜，先罷瀕海十一鋪，其餘諸鋪，擬俟經界正賦既定，然後悉除之。至是，諸鋪解到鹽錢，諸庫皆充塞。朱子曰：「某而今方見得鹽錢底裏，與郡中歲計無與。前後官都被某見過，無不巧作名色支破者。古者山澤之利與民共之，今都占了，是何理也！合盡行除罷，而行迫無及矣。」

庚戌四月，至臨漳。淳罷省試歸，至冬至始克拜席下。明年，先生以喪嫡子，丐祠甚堅。當路者又以經界一奏，先生持之力，雖已報行，而終以不便己爲病，幸其有是請也，即爲允之。四月，主管鴻慶宫，加祕閣修撰，二十九日遂行。淳送至同安縣東之沈井鋪而别，實五月二日也。先生在臨漳，首尾僅及一期，以南陬敝陋之俗，驟承道德正大之化，始雖有欣然慕，而亦有愕然疑、譁然毁者。越半年後，人心方肅然以定，僚屬厲志節而不敢恣所欲，士族奉繩檢而不敢干以私，胥徒易慮而不敢行姦，豪猾斂蹤而不敢冒法。平時習浮屠爲傳經禮塔朝岳之會者，在在皆爲之屏息。平時附鬼爲妖、迎接於街衢而掠抄於閭巷，皆亦相視斂戢，不敢輒舉。良家子女從空門者，各閉精廬，或復人道之常。四境狗偷之民，亦望風奔遁，改復生業。至是及期，正爾安習先生之化，而先生行矣，是豈不爲恨哉！

以上陳淳録。

朱子因論學校曰：「凡事須有規模。且如太學，亦當用一好人，使之自立繩墨，遲之十年，日與之磨煉，方可。今日學官只是計資考選用，又學識短淺，學者亦不尊尚。」可學曰：「神宗未立三舍前，太學亦盛。」曰：「呂氏家塾記云〔三〕，未立三舍前，太學只是一大書會，當時有孫明復、胡安定之流，人如何不趨慕？」

又曰：「今日亦未論變科舉法。只是上之人主張分別善惡，擢用正人，使士子稍知趨向，則人心自變，亦有可觀。」

趙昌父相見，因論兵事。朱子曰：「兵以用而見其强弱，將以用而見其能否。且如本朝諸公游陝西者多知邊事，此亦是用兵之故。今日諸生坐於屋下，何以知其能？縱有韓、白復生，亦何由辨之？」

以上鄭可學録。

除鹽弊、禁浮屠、振學校、習兵事，皆治漳之綱舉目張者，惜不久任耳。

壬子，朱子六十三歲。

皇極辨云：「皇者，君之稱也；極者，至極之義，標準之名，常在物之中央，而四外望之以取正焉者也。」「今以余說推之，人君以渺然之身，履至尊之位，四方輻輳，面内而環觀之」，「此天下之至中也。既居天下之至中，則必有天下之純德，而後可以立至極之標準。故必順五行、敬五事，以修其身，厚八政、協五紀，以齊其政，然後至極之標準卓然有以立乎天下之至中，使夫面内而環觀者，莫不於是而取則焉。語其仁，則極天下之仁，而天下之爲仁者莫能加也。語其孝，則極天下之孝，而天下之爲孝者，莫能尚也。是則所謂『皇極』也。由是而權之以三德，審之以卜筮，驗其休咎於天，考其禍福於人，如挈裘領，豈有一毛之不順哉？此洛書之數所以雖始於一，終於九，而必以五居其中，洪範九疇所以雖本於五行，究於福德，而必以皇極爲之主也。」「是書也，原於天之所以錫禹，雖其茫昧幽眇有不可得而知者，然箕子之所以言之而告武王者，則已備矣。」「先儒未嘗深求其意，而不察乎人君所以修身立道之本，是以誤訓『皇極』爲『大中』。以見其詞多爲含洪寬大之言，因復誤認『中』爲含糊苟且、不分善惡之意。殊不知極雖居中，而非有取乎中之義。且中之爲義，又以其無過不及，至精至當，而無有毫髮之差，亦非如其所指之云也。乃以誤認之『中』爲誤訓之『極』，不謹乎至嚴至密之體，而務爲至寬至廣之量，其弊將使人君不知修身以立政，而墮於漢元帝之優游、唐代宗之姑息，卒至於是非顛倒、賢否貿亂，而禍敗隨之，尚何斂福錫民之可望哉！」

壬子正月，象山知荆門軍，率吏民講洪範「五皇極」章云：「皇，大也；極，中也。洪範九疇，五居其中，故謂之極。」朱子聞之，作辨以正漢儒之訛，闢象山之失，既以闡明經義，而拳拳愛君憂國之心藹然見於言表，實欲人君以一身而立至極之標準於天下，非若以空言敷衍，但伸己意而昧經旨者也。

答胡季隨書云：「前書諸喻，讀之惘然。季隨學有家傳，又從南軒之久，何故於此等處尚更有疑？向見意思寬緩，而讀書不務精熟，常疑久遠無入頭處，必爲浮説所動。今乃果然。艮、復之義，正當思維，方見親切。别紙諸疑，正當解釋，方得分明。今乃曰『才涉思維，便不親切』，又云『非不能以意解釋，但不欲杜撰耳』，不知却要如何下工夫耶？夫子言『學而不思則罔』，中庸説博學、審問、愼思、明辨，聖賢遺訓明白如此，豈可舍之而狥彼自欺之誣説耶？來書譏項平父出入師友之間不爲不久，而無所得，愚亦恐賢者之不見其睫也。日月逝矣，歲不我與，願深省察，且將大學、中庸、論語、孟子、近思等書子細玩味，逐字逐句不可放過，久之須見頭緒。不可爲人所誑，虛度光陰也。荆門皇極說曾見之否〔四〕？試更熟讀洪範此一條詳解，釋其文義，看是如此否？」

「艮復」三句，即涵養須用敬而兼致知之事，何以各止其所，何以見天地心，正要思維，必有親切趣味。「别紙」三句，即進學則在致知而有益於涵養之事。皆是教季隨用工合一處，即朱子與象山大不同處。至其前後之意，則闢象山者至矣。

答項平父書云：「告子之病，蓋不知心之慊處即是義之所安，其不慊處即是不合於義，故直以義爲外而不求。今人因孟子之言，却有見得此意而識義之在内者，然又不知心之慊與不慊，亦有必待講學省察而後能察其精微者。故於學聚問辨之所得，皆指爲外而以爲非義之所在，遂一切棄置而不爲。此與告子之言雖若小異，然其實則百步、五十步之間耳。以此相笑，是同浴而譏裸裎也。由其所見之偏如此，故於義理之精微、氣質之偏蔽皆所不察，而其發之暴悍狂率，無所不至。其所慨然以爲義之所在者，或未必不出於人欲之私也。來喻『敬』、『義』二字功夫不同，固是如此。然敬即學之本，而窮理乃其事，亦不可全作兩截看也。洪範『皇極』一章乃『九疇』之本，不知曾子細看否？」

按：朱子曰：「告子只是將義屏除去，只就心上理會。」因舉「陸子静云：『讀書講求義理，正是告子義外工夫。』某曰不然如子静不讀書，不求義理，只静坐澄心，却是告子外義。」李時可問「仁内義外」。朱子曰：「告子此説固不是。然近年有欲破其説者，又更不是。謂義專在内，只發於我之先見者便是。如『夏日飲水，冬日飲湯』之類是已。若在外面商量如此，便不是義，乃謂『義襲』。其説如此，乃與佛氏『不得擬議，不得思量，當下便是』之説相似，此大害理。」玩此二段，則象山亦一告子也。夫講求義理，使心地通明，正學問思辨明善之功；聖人示人向裏切要處。朱子實見得聖賢典籍，皆自心中具足道理，必講明切究，然後心通理得，可見典籍所載非心外之義，講求深造非義外工夫。而象山以爲義外，如遵其説，止斂身心，不用講求，事至物來，任心而行，意見既偏，氣質又雜，清浄而不和平，淡泊而不精明。及至舛錯謬戾，而此心仍因之摇動矣。即不摇動，而所守者終固滯不通矣。非朱子與平父輩明辨之，孟子正解安能不掩蝕於此種論説哉！

按：是年十二月，朱子聞象山卒於荆門軍，率門人往寺中爲位哭之。既罷，良久曰：「可惜死了告子。」自丙午至壬子，朱子無一語與象山講論學術，則冰炭之勢極矣。假令象山因朱子「既祔復主」之説，翻然悔悟，殷勤請教，必不終於偏駁，而執拗不改，所以終爲告子也。

象山在荆門，治功亦有可觀。而學術終是告子者，蓋治功之善，亦其天資之美、學力之優，終於道德性命之理不相干涉。何也？程子云：「冲漠無朕，萬象森然已具。」朱子云：「此心湛然，萬理皆備。」故其見於事功者，都從大本中流出，所以治功、性命只是一實萬分，有體用之别，而無心迹之殊。若象山以禪之空寂治心，而禀賦高明，功力專一，亦有效驗。所以事功雖卓卓可紀，而究不足與於程朱體用一原之學者，此也。是豈獨象山然哉！如趙清獻、陳忠肅、劉忠定、張子韶諸君子，其行誼政事何嘗不高人數等，而卒不免於禪。又何疑於象山乎？又何疑於陽明乎？嗚呼！象山一時偉人也，苟非朱子發明詳盡的確，烏知其爲告子一流人物耶？乃朱子如是言之，而後世學者猶以其行誼政事卓卓可紀之故，至尊之與程、朱等，殆亦徒事口耳，未嘗反之身心，體驗所以不同之故而有所見，亦奚怪其貿貿然尊之，而不知所分别也耶。

子晦問人物清明昏濁之殊，德輔因問：「堯、舜之氣常清明冲和，何以生丹朱、商均？」朱子曰：「氣偶然如此，如瞽瞍生舜是也。」某曰：「瞽瞍之氣有時而清明，堯、舜之氣無時而昏濁。」朱子答之不詳。次日，廖再問：「恐是天地之氣一時如此？」曰：「天地之氣與物相通，只借從人軀殼裏過來。」

此汪德輔録。

一日，因論讀大學，答以「念慮攪擾，頗妨工夫」。朱子曰：「只是不敬。敬是常惺惺底法，以敬爲主，則百事皆從此做去。今人都不理會我底，自不知心所在，都要理會他事，又要齊家治國平天下。心者，身之主也。」「攝心只是敬，才敬，看做甚麽事，登山亦只這箇心，入水亦只這箇心。」

此蔡懇録。

朱子誨與立等曰：「經書中所言只是這一箇道理，語、孟所載也只是這許多説話。一箇聖人出來説一番了，一箇聖賢又出來又説一番了。如書中堯所説也只是這箇，舜所説也只是這箇，禹、湯、文、武所説也只是這箇。又如詩中周公所説頌文武之盛德也只是這箇，便若桀、紂之所以危亡，亦只是反了這箇道理。若使別撰得出來，古人須自撰了。惟其撰不得，所以只共這道理。」

此楊與立録。

問：「主一無適，亦是遇事之時也須如此。」朱子曰：「於無事時這心却只是主一，到遇事之時也是如此。且如這事當治不治，當爲不爲，便不是主一了。若主一時，坐則心坐，行則心行，身在這裏，心亦在這裏。若不能主一，如何做得工夫？」

此陳芝録。

答子晦問甚精。天地人只是一氣，攝心主一只是敬，須著實涵養，能敬方知歷聖只這一箇道理。

與趙尚書書云：「今日之事，第一且是勸得人主收拾身心，保惜精神，常以天下事爲念，然後可以講磨治道，漸次更張。如其不然，便欲破去因循苟且之弊而奮然有爲，決無此理。既無此理，則莫若且静以俟之，時進陳善閉邪之説，以冀其一悟。此外庶事，則惟其甚害於君心政體而立致患害者，不得不因事捄正。若其它閑慢，非安危存亡所繫者，皆可置而不論，如學校之政是也。此等事欲大更張，非唯任事者未必肯行，亦恐主議之人未必究知先王學校教育之本意良法，政使行之，未能有益而反有害。若欲因議而發，且如來教所謂，就見行法中略與修整，則熹前書紙尾四五條者最爲穩當，不驚動人耳目，而可以坐消奔馳僞冒請囑之弊。然其行與不行，亦非安危存亡之所繫，議而不行，正亦不必固請也。今所規畫，皆是創立條貫，多所更革，安得謂之就見行法中修整乎？又況教官未必得人，將來姦弊百出，既已慮之，而未知所以爲計，又何必抗言極論，以争此嘗試迂濶之策，而使旁觀者重有紛更不静之譏乎？前日山間拜書，不能盡此曲折，深有遺恨。蓋策之未善猶未足言，所深慮者，尚書人望之重，本所拳拳者當爲何事？而今乃切切於此不急之務，以取嫌忌嘲笑於流俗，知時識勢者固如是乎？然欲爲前所謂時進陳善閉邪之説以冀上心之悟者，又在反之於身，以其所欲陳於上者先責於我，使我之身心安静，精神專一，然後博延天下之賢人智士，日夕相與切磋琢磨，使於天下之事皆有以洞見其是非得失之正，而深得其所以區處更革之宜。又有以識其先後緩急之序，皆無毫髮之弊，然後并心一力，潛伺默聽，俟其間隙有可爲者，然後徐起而圖之，乃庶幾乎其有益耳。尚書天資高明，而於當世之務講之熟矣。至於前世名臣奏議，又嘗博觀而精擇之，以爲一書，宜其投機合變，慮無遺策。而今者之議，以大言之則不時，以小言之則不巧，不惟熹之至愚以爲未安，而天下有識亦無不竊怪其不當出於明者之口也。抑其言又有大於此者，蓋又皆以爲尚書頗以簡貴自高，憚於降屈，而無好士受言之美也。不識尚書何以得此於梁、楚之間哉？其必有以取之矣。願反諸身而熟察之，有諸己而後可以求諸人，無諸己而後可以非諸人，雖敵己以下猶然，而況於南嚮萬乘之主乎？尚書誠以天下之事爲己任，則當自格君心之非始，欲格君心，則當自身始。蓋非獨熹之所望於下執事者如此，計善類之所望莫不然也。久欲言之而不得暇，今日偶病怯風，不敢出户，因得極陳其愚。伏惟恕其狂率。」

按：通鑑紹熙二年辛亥九月壬子，召知福州趙汝愚爲吏部尚書，四年癸丑三月辛巳，以趙汝愚同知樞密院事，則此書當在壬子矣。

玩「收拾君心」、「以天下爲念」、「延賢人智士」、「講求事理」、「洞見其是非得失之正」、「區處更革之宜」、「先後緩急之序」數行，知朱子得君行道，所以經理天下者，胸有成局，舉而措之耳。惜子直不能虚懷請教，以致功業卑卑也。

癸丑，朱子六十四歲。

答詹元善書云：「子静旅櫬經由，聞甚周旋之，此殊可傷。見其平日大拍頭、胡叫喚，豈謂遽至此哉！然其説頗行於江湖間，損賢者之志而益愚者之過，不知此禍又何時而已耳。」

象山没後，其學盛行，得朱子與黄、蔡諸君子竭力排斥，餘風寖衰。即草廬間有一鳴，而和之者少。至於公甫已露端緒，陽明出而陸學大盛，終明之世，學子宗焉。朱子蓋已預憂之。今雖稍息，此憂正未有艾也。

答趙然道書云：「荆門之訃，聞之慘怛，故舊凋落，自爲可傷，不計平日議論之同異也。來喻又謂恨不及見其與某論辨有所底止，此尤可笑。蓋老拙之學雖極淺近，然其求之甚艱而察之甚審，視世之道聽塗説於佛、老之餘，而遽自謂有得者，蓋嘗笑其陋而譏其僭。豈今垂老，而肯以其千金易人之敝帚者哉？」

朱子之學主敬窮理，積五十餘年，凡數變而後純。視象山之一超直入、不問不察者，何如也？朱子得傳聖道，甚艱甚審，陸、王之不知也，宜哉。

答許中應云：「夫道之體用，盈於天地之間，古先聖人既深得之，而慮後世之不能以達此，於是立言垂教，自本至末，所以提撕誨飭於後人者無所不備。學者正當熟讀其書，精求其義，考之吾心，以求其實，參之事物，以驗其歸，則日用之間，諷誦思存，應務接物，無一事之不切於己矣。來喻乃謂讀書逐於文義，玩索墮於意見，而非所以爲切己之實，則愚有所不知其説也。世衰道微，異論蠭起，近年以來，乃有假佛釋之似以亂孔孟之實者。其法首以讀書窮理爲大禁，常欲學者注其心於茫昧不可知之地，以僥倖一旦恍然獨見，然後爲得。蓋亦有自謂得之者矣，而察其容貌詞氣之間，修己治人之際，乃與聖賢之學有大不相似者。左右於此無乃亦惑其説而未能忘耶？夫讀書不求文義，玩索都無意見，此正近年釋氏所謂看話頭者。世俗書有所謂大慧語録者，其説甚詳，試取一觀，則其來歷見矣。若曰儒、釋之妙本自一同，則凡彼之所以賊恩害義、傷風壞教，聖賢之所大不安者，彼既悟道之後，乃益信其爲幻妄而處之愈安，則亦不待他求而邪正是非已判然於此矣。又如所謂寧有人皆得見之過，無或有不睹不聞之欺。夫中庸之言，正謂道體流行，初無間斷，是以無所不致其戒懼，非謂獨戒懼於隱微而忽略其顯著也。若如來諭，則人所共見之處間斷多矣。而曰循是存養，不疾不徐，吾恐其未免爲好高欲速之尤者也。至如孟子所謂非義襲而取之，文義本自分明，而今學者未嘗細考，但據口耳相承，以至施安失所者，蓋十人而二五也。既勤下問，不敢不盡其愚。然亦未暇詳究其曲折，幸深審之，當否俟報也。近見富沙陳安舍人，説及建閣藏書事，欲以記文見委，而未得其詳。今收張卿元善、蔡兄季通書，備見首末。偶脚氣發作，不能親執筆，口占布此。他日病起，草得記成，但恐文詞鄙俚，議論不同，未必可用耳。」

按：陸深甫問爲學次序，朱子曰：「公家庭尊長平日所以教公者如何？」陸云：「刪定叔祖所以見教者，謂此心本無虧欠，人須見得此心，方可爲學。」朱子曰：「此心固是無虧欠，然須事事做得，方是無虧欠。若只説道本無虧欠，只見得這箇便了，豈有是理？」因説：「江西學者自以爲得陸刪定之學，便高談大論，略無忌憚。忽一日自以爲悟道，明日與人飲酒，遂去罵人。某謂賈誼云秦二世今日即位，明日射人，今江西學者乃今日悟道，明日罵人，不知所修者果何道哉？」玩朱子答許書及語陸深甫，知當時江西學脈多從象山一派，絶不知有周、程矣。其學只以見心爲主，見得此心，便將一切書册事物歸併此路，即無虧欠。凡行事之差、講論之謬、氣質之偏，大悖本然天則處，都不檢點。如楊慈湖、傅子淵、包敏道輩深中此病，象山全不以爲非，流行漸染，任心而行，竟不知聖賢典籍本心天命、正當道理，其弊由於不讀書窮理，故舛錯如此。至於姚江一起，浙中、江西、泰州繼之，議論愈狂，見識愈差，無所底止，良可歎惜！非朱子力辨於前，分明曉了，後學其何所適從與！

答蔡季通云：「長沙之行，幾日可歸？益公相見，亦何言耶？閣記不敢辭，但恐病中意思昏憒，未必能及許教未替前了得耳。向見薛象先盛稱其人，今讀其書，乃知講於陸氏之學者。近年此說流行，後生好資質者皆爲所擔閣壞了，甚可歎也。」

象山之徒有來學問道者，朱子必諄諄誨誘，蓋憂其學術壞後生，故不憚勞而拯救之。答許、蔡三書皆言「閣記」，故序於記前。

鄂州學稽古閣記云：「人之有是身也，則必有是心，有是心也，則必有是理。若仁、義、禮、智之爲體，惻隱、羞惡、恭敬、是非之爲用，是則人皆有之，而非由外鑠我也。然聖人之所以教，不使學者收視反聽，一以反求諸心爲事，而必曰『興於詩，立於禮，成於樂』，又曰博學、審問、慎思、明辨而力行之，何哉？蓋理雖在我，而或蔽於氣稟物欲之私，則不能以自見。學雖在外，然皆所以講乎此理之實，及其浹洽貫通而自得之，則又初無內外精麤之間也。世變俗衰，世不知學，挾册讀書者，既不過誇多鬬靡以爲利祿之計，其有意於己者，又直以爲可以取足於心而無事於外求也。是以墮於佛老空虛之邪見，而於義理之正、法度之詳，有不察焉。其幸而或知理之在我，與夫學之不可以不講者，則又不知循序致詳，虛心一意，從容以會乎在我之本然，是以急遽淺迫，終已不能浹洽而貫通也。嗚呼！是豈學之果不可爲？書之果不可讀？而古先聖賢所以垂世立教者，果無益於後來也哉？道之不明，其可歎已。鄂州教授許君中應既新其學之大門，而因建閣於其上，櫝藏紹興石經、兩朝宸翰，以爲寶鎮。又取板本九經、諸史百氏之書列寘其旁〔五〕，不足則使人以幣請於京師之學官，使其學者討論誦説，得以饜飫而開發焉。」「因予友蔡君元定來請記，予雅聞許君之學蓋有志於爲己，而意其所以學者，亦曰取足於心而已矣。今以是舉觀之，則見其所以誨人者甚平且實，然後知其所以自爲者，不以泯心思、滅聞見爲極摯之歸也。因爲記其本末，並推近世所以爲學讀書之病，請具刻焉，以告登此閣而讀此書者，使無溺於俗學之下流，無迷於異端之捷徑，則於理之在我者，庶有以深求而自得之矣。道之不明，豈足患哉！癸丑九月。」

通辨云朱子早年專求心學，而此記乃深識心學之弊，非也。朱子早年求心學之時，即窮理之時，二十歲前，讀上蔡語録，用朱、粉、墨筆屢次研窮，深求奥義，正記中所云「講乎此理之實」者，何嘗專求心學哉！

通玩此記，知朱子教人，先明乎心統性情之根原來歷，則理之在我者的確無疑矣。由是讀六經、四子及程、朱書，而講明切究之，必循先後之序，致玩味之詳，虚心一意，以專以精，皆不外乎心統性情之理，而神凝意會焉，而身體力行焉。使方寸之中，瑩然湛然，萬理明徹，浹洽貫通，推而行之，即此而在，則所謂從容以會乎理之在我者，無事他求矣。彼其取足於心之説，又安能惑吾哉！

洪慶將歸，朱子召入與語，出前卷子曰：「議論也平正。兩日來反覆爲看，所説者非不是，但其中言語多似不自胸中流出，原其病只是淺耳，故覺見枯燥，不甚條達。合下原頭欠少工夫。今先須養其源，始得。此去且存養，要這箇道理分明常在這裏，久自有覺，覺後自是此物洞然貫通圓轉。」乃舉孟子「求放心」、「操則存」兩節及明道語録中「聖賢教人千言萬語，下學上達」一條，云：「自古聖賢教人也只就這理上用功。所謂放心者，不是走作向别處去。蓋一瞬目間便不見，纔覺得便又在面前，不是苦難收拾。公且自去提撕，便見得。」又曰：「如今要下工夫，且須端莊存養，獨觀昭曠之原，不須枉費工夫，鑽紙上語。待存養得此中昭明洞達，自覺無許多窒礙。恁時方取文字來看，則自然有意味，自然道理透徹，遇事時自然迎刃而解，皆無許多病痛。此等語，不欲對諸人説，恐他不肯去看文字，又不實了。且教他看文字，撞來撞去，將來自有撞著處。公既年高，又做這般工夫不得，若不就此上面著緊用功，恐歲月悠悠，竟無所得。」又曰：「如公資質如此，何不可爲？只爲源頭處用功較少，而今須喫緊著意做取。尹和靖在程門，直是十分鈍底，被他只就一箇『敬』字上做工夫，終被他做得成。」因説及陳後之、陳安卿二人爲學頗得蹊徑次第，又曰：「顔子與聖人不争多，便是聖人地位。但顔子是水初平、風浪初静時，聖人則是水已平、風恬浪静時。」又曰：「爲學之道，須先存得這箇道理，方可講究。若居處必恭，執事必敬，與人必忠。要如顏子，直須就視、聽、言、動上警戒到復禮處。仲弓出門如見大賓，使民如承大祭，是無時而不主敬。如今亦不須較量顏子、仲弓如何會如此，只將他事，就自家切己處，便做他底工夫，然後有益。」

此段石洪慶録。

拜朱子訖，坐定，朱子曰：「文振近看得文字較細，須用常提掇起得惺惺，不要昏昧。若昏昧，則不敬莫大焉。才昏昧時，少間一事來，一齊被私意牽將去，做主不得。須用認取那箇是身，那箇是心，卓然在面前，便做得身主。少間事物來，逐一區處得當。」

此段鄭南升録。

倪求下手工夫，朱子曰：「只是要收斂此心，莫要走作，走作便是不敬，須要持敬。堯是古今第一箇人，書説堯，劈頭便云『欽明文思』，欽便是敬。」問：「敬如何持？」曰：「只是要莫走作。若看見外面風吹草動，去看覷他，那得許多心去應他？便也不是收斂。」問：「『莫是『主一之謂敬』？」曰：「主一是敬表德，只是要收斂。處宗廟只是敬，處朝廷只是嚴，處閨門只是和，便是持敬。」

此段游倪録。

按：此三段，朱子將自家主敬工夫，一片婆心，曲曲示人。學者深加潛玩，便知自家身心是大本大原所在，時時刻刻只是主敬，實見得仁義禮智之性昭昭在這裏，兢業保守，無時忘之，久之覺得性體含蓄廣大，視聽言動，皆是性體發見，無有離其根者，皆是性體包括，無有出其外者，與從前泛泛視聽言動而性體不管轄者大不侔。此項功夫，非可倖致。居敬窮理，功深養到，修積悟生，方信性體卓然在此而不搖，洞然通貫而不滯也。朱子中年以未發涵養爲準繩，默契夫昭曠之原，即本來明德之體，而聖人明鏡止水之基已具於此。的是自讀書檢心久了，自然撞著，端莊存養，而獨觀之。其功在於收斂，勿令走作。居敬、窮理之功，仍是齊頭並用，積十數年而熟，又數年而益熟，身在心在，了然目前。所以不欲輕對人言，正立虛静之嚴防，杜陰禪之流弊，其用意至深遠矣。而指示切實，却不欲學者向身心外，誤用鑽故紙工夫。彼終日讀書，不知身心爲何物，則亦朱子所深非者，烏得借口奉朱子讀書之教也哉！

問：「朝聞道，如何便夕死可矣？」朱子曰：「物格知至，自然理會得這箇道理，觸處皆是這箇道理，無不理會得。生亦是這一箇道理，死亦是這一箇道理。」

行夫問「志道、據德、依仁、游藝」。朱子曰：「『志於道』，方是要去做，方是事親欲盡其孝，事兄欲盡其弟。至『據於德』，則事親能盡其孝，事兄能盡其弟，便自有這道理了，却有可據底地位。雖然如此，只是就事上逐件理會。若不依於仁，不到那事親、事兄時，此心便没頓放處。『依於仁』〔六〕，則自朝至暮，此心無不在這裏。連許多德，總攝貫穿都活了。」「禮、樂、射、御、書、數，一件事理會不得，此心便覺滯礙。惟是一一去理會，這道理脈絡方始一一流通，無那箇滯礙。因此又却養得這箇道理。小大精麤，皆無滲漏，皆是做工夫處。」

蔡行夫問「仁者不憂」章。朱子曰：「不惑不懼，却易理會。須思量仁者如何會不憂。」蔡云：「無私。」楊至之云：「人欲淨盡。」洪慶問：「先生説如何？」曰：「仁者心便是理，看有甚事來，便有道理應他，所以不憂。人所以憂者，只是卒然遇事，未有一箇道理應他，便不免有憂。」賀孫録云：「仁者之心便是一箇道理，看甚麽事來，不論大小，改頭換面來，自家此心各各是一箇道理應副去，不待事來方始安排，心便是理了。」

或問「求放心」。朱子曰：「此心非如雞犬出外又著去捉他，但存之，只在此，不用去捉他。放心，不獨是走作喚做放，才昏睡去也是放。只有些昏惰，便是放。」

又曰：「知至意誠是萬善之根，有大底地盤方立得脚住，若無這箇，都靠不得。」

以上林恪録。

又曰：「孔子『與點』、『與聖人之志同』者，蓋都是自然底道理。安老、懷少、信朋友，自是天理流行。天理流行，觸處皆是。暑往寒來，川流山峙，『父子有親，君臣有義』之類，無非此理。如『學而時習之』，亦是窮此理。『孝弟仁之本』，亦是實此理。所貴乎格物者，是物物上皆有此理。此聖人事，點見得到。蓋事事物物，莫非天理，初豈是安排得來！安排時便湊合不著。這處更有甚私意來？自是著不得私意。聖人見得，只當閑事，曾點把作一件大事來説。他見得這天理隨處發見，處處皆是天理，所以如此樂。」

晏問「克己復禮」。朱子曰：「只有天理、人欲，不是天理，便是人欲，即無不屬天理又不屬人欲底一節。如『坐如尸』是天理，跛倚是人欲。克去跛倚而未能如尸，即是克得未盡；却不是未能如尸之時，不係人欲也。須是立箇界限，將那未能復禮時底都把做人欲斷定。」又曰：「禮是自家元有底，所以説箇『復』，不是待克了己，方去復禮。克得那一分人欲去，便復得這一分天理來。如箕踞非禮，自家克去箕踞，稍稍端坐，雖未能如尸，便復得這些箇來。」又曰：「世間又有能克己而不能復禮者，佛、老是也。佛、老不可謂之有私欲，只是他元無這禮，克己私了，却空蕩蕩地。他是見得這理元不是當，克己了，無歸著處。」又曰：「只説理，却空去了。這箇禮，是那天理節文，教人有準則處。佛、老只爲元無這禮〔七〕，克來克去，空了。如曾點見處，便見這意思。」又曰：「曾點只是見他精英底，却不見那麤底。顔子天資高，精麤本末一時見得透了，便知得道合恁地下學上達去。曾點只見得這向上底道理，所以胸中自在，受用處從容。」又曰：「『爲國以禮』之『禮』，却不只是繁文末節。」晏問：「莫便是『克己復禮』之『禮』？」曰：「禮是那天地自然之理。理會得時，繁文末節皆在其中。『禮儀三百，威儀三千』，却只是這箇道理。千條萬緒，貫通來只是一箇道理。夫子所以説『吾道一以貫之』，曾子曰『忠恕而已矣』是也。蓋爲道理出來處，只是一源。散見事物，都是一箇物事做出底。一草一木，與夏葛冬裘，饑食渴飲，君臣父子，禮樂器數，都是天理流行。活潑潑地，那一件不是天理中出來！見得透徹後，都是天理。理會不得，則一事各自是一事，一物各自是一物，草木各自是草木，不干自己事。倒是老、莊有這般説話。莊子云：『言而足，則終日言而盡道；言而不足，則終日言而盡物。』」又曰：「早間與亞夫説克己復禮，不是做兩截工夫。就這裏克將去，這上面便復得來。」

又曰：「夜氣只是不與物接時。」又曰：「夜氣是母，所息者是子。」

問「動而無動，靜而無靜」。朱子曰：「此説『動而生陽，動極而靜；靜而生陰，靜極復動』。此自有箇神在其間，不屬陰，不屬陽，故曰『陰陽不測之謂神』。如晝動夜靜，在晝間神不與之俱動，在夜間神不與之俱靜。神又自是神，神却變得晝夜，晝夜却變不得神。」又曰：「靜者爲主，故以蒙、艮終云。」

又曰：「諸公數日看文字，但就文字上理會，不曾切己。凡看文字，非是要理會文字，正要理會自家性分上事。學者須要主一，主一當要心存在這裏，方可做工夫。如人須尋箇屋子住，至於爲農工商賈，方惟其所之。孟子説『求放心』，已是兩截。如常知得心在這裏，則心自不放。」又云：「無事時須要知得此心，不知此心，却似睡困，都不濟事。今看文字，理會義理不出，只緣主一工夫欠闕。」

問：「集註『怒不在血氣則不遷』，只是不爲血氣所動否？」朱子曰：「固是。」因舉公廳斷人，「自家元不動」。又曰：「只是心平。」

以上潘植録。

按二家録，朱子是時心定極矣，理明極矣。如云「自家元不動」，是心在此應事，心元不動，真風恬浪静之時，直契天命本體，如太虚一般，非强把捉也。至云各各道理應副，顔子本末精麤一時見透。蓋其一心之中，萬理具足，却渾然無迹，故徹大小、徹内外，無非天命本體充塞流行，仍常凝然在這裏。此顔、曾理定卓立戰兢之候也，豈他家攝心不動之謂哉！

答陳衛道云：「疏示所見，此固足以自樂，賢於世之沉迷汨没之流遠矣。但猶有許多節次脈絡，何耶？然以釋氏所見，較之吾儒，彼不可謂無所見，但却只是從外面見得箇影子，不曾見得裏許真實道理，所以見處則儘高明脱灑，而用處七顛八倒，無有是處。儒者則要見得此心此理元不相離，雖毫釐絲忽間，不容略有差舛，才是用處有差，便是見得不實，非如釋氏見處、行處打成兩截也。嘗見龜山先生引龐居士説神通妙用，運水搬柴話，來證孟子『徐行後長』義，竊意其語未免有病。何也？蓋如釋氏説，但能搬柴運水即是神通妙用，此即來喻所謂舉起處，其中更無是非。若儒者，須是徐行後長方是；若疾行先長，便不是。所以格物致知，便是要就此等處微細辨别，令日用間見得天理流行，而其中是非黑白各有條理，是者便是順得此理，非者便是逆著此理，胸中洞然無纖毫疑礙，所以才能格物致知，便能誠意正心，而天下國家可得而理，亦不是兩事也。『天生蒸民，有物有則』，只生此民時，便已是命他以此性了。性只是理，以其在人所稟，故謂之性，非有塊然一物可命爲性而不生不滅也。蓋嘗譬之，『命』字如朝廷差除，『性』字如官守職業。故伊川先生言：『天所賦爲命，物所受爲性。』其理甚明。故凡古聖賢説性命，皆是就實事上説。如言盡性，便是盡得此君臣父子、三綱五常之道而無餘；言養性，便是養得此道而不害。至微之理、至著之事，一以貫之，略無餘欠，非虚語也。此話甚長，非幅紙可盡，然其梗概於此可見，不審明者以爲如何？」

此書未詳何年，書中旨義與答斗南書可互發明，故類附之。

用處有差，便是見處不實。必胸中洞然無纖毫疑礙，方是答斗南書中「心體本然」、「天理流行」、「真本領」。彼陸、王見處用處雖與釋氏稍不同，而見處不真、用處有外，終成兩截，豈能與於事理一貫之真傳哉！

鄭子上問云：「善端無時而不呈露於外。」又云：「尚何待於發見哉？」又云：「只於居處恭、執事敬上用力，即天理常存，何時而不發見！」朱子答云：「既知善端無時而不呈露，則當知無時不有下工夫處，不可謂常時都不發見，必待其有時發見而後可加功也。若如所論，只於恭敬上用工夫，則又只是存養之事。若便以此爲格物工夫，則是程先生所謂若但敬而不知窮理，却是都無事者矣。須知遇事而知其當然，即是發見。就此推究，以造其極，即是格物。」

答鄭子上云：「謝、尹二説雖分内外，皆是自己心地功夫。事上豈可不整齊嚴肅，静處豈可不常惺惺乎？」

朱子云善端無時不呈露發見，無時不有下工夫處，此種境地豈易到得，必居敬窮理，愈久愈熟，愈充愈渾，方能時時呈露發見。及遇事時，仍就此推究，以造其極，得手後尤加切實，毫不放鬆。朱子異於陸氏者正在於此。至於動静皆整齊嚴肅，皆常惺惺，此居敬涵養要法，學者所當潛心也。

此二書未詳何年，以子上饒録在辛亥，故姑記於此。

答項平父書云：「所喻已悉。以平父之明敏，於此自不應有疑。所以未免於紛紜，却是明敏太過，不能深潛密察、反復玩味，只略見一線路可通，便謂理只如此，所以爲人所惑，虚度光陰也。孟子之意，須從上文看。其意蓋曰，此氣乃集義而自生於中，非行義而襲取之於外云爾，非謂義不是外襲也。今人讀書不仔細，將此草本立一切法，横説竪説，誑嚇衆生，恐其罪不止如范寧之議王弼而已也。」

象山文章皆是一線可通，便謂理只如此，遂有許多張皇。即以皇極講義言之，雖其説未嘗無理，只是經義不如是，正所謂「立一切法，横説竪説，誑嚇衆生」者。朱子深戒平父，即以深闢象山也。

答杜仁仲云：「良仲示喻『敬』字工夫，甚善。凡聖賢之言，皆貫動静。如云求其放心，亦不是閉眉合眼，死守此心，不令放出也，只是要識得此心之正，如惻隱、羞惡之類，於動静之間都無走失耳。所論氣禀有偏而理之統體未嘗有異，亦得之。明道又謂『不可以濁者不爲水』，亦是此意也。但謂神即是理，却恐未然，更宜思之。仁仲所論『朝聞夕死』，則愚意見得二先生之説初不甚異。蓋道即事物當然不易之理，若見得破，即隨生隨死，皆有所處，生固所欲，死亦無害也。」

此書未詳何年。按後答杜貫道書中「致道歸」云云，致道，朱子孫壻，答仁仲、良仲、貫道與致道同時，自在晚年，故附於壬子後。

此心之正，事物當然不易之理，只是一箇。中庸註云「皆性之德而具於心」，真徹內徹外合一之語，須要窮理力行，實見得此心此理端的在我，則生死皆與道爲體矣。朱子明白示人如此。

答歐陽希遜云：「所謂『徒守紙上語，擬規畫圓，摸矩作方』，此初學之通病，然尚有不能守紙上之語，雖擬規矩而不能成方圓者，而未必自知其非也。以愚計之，但且謹守規矩，朝夕摸之，不暫廢輟，積久純熟，則不待摸擬而自成方圓矣。切不可輒萌妄念，求之於言語文字之外也。」又云：「曾點氣象固是從容灑落，然須見得它因甚到得如此，始得。若見得此意，自然見得它做得堯舜事業，不可以一事言也。行有不掩，亦非言行背馳之謂，但行不到所見處耳。只此舍瑟言志處，固是聖人所與，然亦不害其爲狂也。過此流入老莊去矣。」又答希遜云：「學者當循下學上達之序，庶幾不錯。若一向先求曾點見解，未有不入於佛、老也。」

按：象山云：「曾晳是過之好者。」陽明云：「點也雖狂，得我情。」陸、王皆有取於點，若不循下學上達之序，而取其過且狂，則流弊不免。是以朱子以謹守規矩語希遜也。

此二書未詳何年，以希遜饒録癸丑所聞，姑附於此。

蔡季通問：「程君之意是如何？」朱子曰：「他只要理會自家這心在裏面，事至方思，外面事都不要思量理會。」蔡云：「若不理會得世上許多事，自家裏面底也怕理會不得。」曰：「只據他所見，自守一箇小小偏枯底物事，無緣知得大體。」因顧賀孫曰：「公鄉間陳叔向正是如此。如他説格物云：『物是心，須是格住這心。致知如了了的當，常常知覺。』他所見既如彼，便將聖賢説話都入他腔裏面。不如此，則他所學無據。這都是不曾平心讀聖賢之書，只把自家心下先頓放在這裏，却將聖賢説話壓在裏面。」

葉賀孫録。

此象山之根本也。象山只養得這箇心，聖賢言語與他合處是如此説，與他不合處亦是如此説，層波叠浪，皆是這箇主意，便不體究聖賢語脈。至陽明而又張皇之，故能聳動學者，不知朱子早已説明，惟在學者細玩焉。

又曰：「大抵是且收歛得身心在這裏，便自有八九分了。却看道理有窒礙處，却於這處理會。爲學且要專一。理會這一件，便只且理會這一件。若行時，心便只在行上；坐時，心便只在坐上。」

又曰：「今於日用間空閑時，收得此心在這裏截然，這便是『喜怒哀樂未發之中』，便是渾然天理。事物之來，隨其是非，便自見得分曉。是底便是天理，非底便是逆天理。常常恁地收拾得這心在，便如執權衡以度物。」

又曰：「敬莫把做一件事看，只是收拾自家精神專一在此。今看來諸公所以不進，緣是但知説道格物，却於自家根骨上煞欠闕，精神意思都恁地不專一，所以工夫都恁地不精鋭。未説道有甚底事分自家志慮，只是觀山玩水，也煞引出了心，那得似教他常在裏面好。如世上一等閑物事，一切都絶意，雖似不近人情，要之如此方好。」

味道問：「死生是大關節處。須是日用間雖小事亦不放過，一一如此用工夫，當死之時，方打得透。」朱子曰：「然。」

答林子淵説大學，曰：「大學只説箇工夫節目，纔看過，便自曉得。只是做工夫全在自家身心上，却不在文字上。説窮理，只就自家身上求之，都無别物事。只有箇仁義禮智，看如何千變萬化，也離這四箇不得。公且自看，日用之間如何離得這四箇。如信者，實也。論其體，則實是有仁義禮知；論其用，則實是有惻隱、羞惡、恭敬、是非，更假僞不得。」「更自一身推之於家，實有是父子，有夫婦，有兄弟；推之天地之間，實是有君臣，有朋友。都不是待後人安排，是合下原有此。又如一身之中，裏面有五臟六腑，外面有耳目口鼻四肢，這是人人都如此。」「至於物，亦莫不然。但拘於形、氣而不變。然他自有父子、夫婦、兄弟、朋友、君臣，只緣本來都是天地所生，共這根蔕，所以大率多同。聖賢出來撫臨萬物，各因其性而導之。如『不殀夭，不覆巢，不殺胎』之類。所以能使萬物各得其所者，惟是先知得天地本來生生之意。」

又曰：「若知所止，便見事事決定是如此，決定著做到如此地位，欠闕些子，便自住不得。如『事父母能竭其力，事君能致其身』，人多會説得，不曾見得決定著如此。若決定見得著如此，看如何也須要到竭其力處，須要到致其身處。「無求生以害仁，有殺身以成仁。這若不是見得到，如何會恁地？」

又曰：「致知格物，固是合下工夫，到後亦離這意思不得。學者要緊在求其放心。若收拾得此心存在，已自看得七八分了。如此，則本領處是非善惡已自分曉。惟是到那變處方難處，到那裏便用子細研究。若那分曉底道理却不難見，只是學者見不親切，故信不及，如漆雕開『吾斯之未能信』。若見得親切，自然信得及。看得大學了，閒時把史傳來看，見得古人所以處事變處，儘有短長。」

又曰：「格物時，是窮盡事物之理，這方是區處理會。到得知至時，却已自有箇主宰，會去分別取舍。表裏精麤，方知得到；能知得到，方會意誠，可者必爲，不可者決不肯爲。到心正，則胸中無些子私蔽，洞然光明正大，截然有主而不亂，此身便修，家便齊，國便治，天下可平。」

敬之問「心有所好樂」章。朱子曰：「視聽是就身上説。心不可有一物，外面酬酢萬變，都只是隨其分限應去，都不關自家心事。才係於物，心便爲其所動。其所以係於物者有三：或是事未來，自家先有箇期待底心；或事已應去了，又長留在胸中不能忘；或正應事時，意有偏重，便只見得那邊重，這都是爲物所係縛。既爲物所係縛，便是有這箇物事，到別事來，應之便差了，這如何會得其正。聖人之心，瑩然虚明，無纖毫形迹。一看事物之來，若大若小，四方八面，莫不隨物隨應，此心元不曾有這箇物事。且如敬以事君之時，此心極其敬。當時更有親在面前，也須敬其親。終不成説敬君只敬君，親便不須管得。事事都如此。聖人心體廣大虚明，物物無遺。」

又曰：「『整齊嚴肅』，亦只是『主一無適』意。且自看整齊嚴肅時如何這裏便敬。常惺惺也便是敬。收斂此心，不容一物，也便是敬。此事最易見。試自體察看，便見。只是要教心下常如此。」因説到放心：「如惻隱、羞惡、辭遜、是非是正心，才差去便是放。若整齊嚴肅，便有惻隱、羞惡、辭遜、是非。某看來四海九州，無遠無近，人人心都是放心，也無一箇不放。如小兒子才有知識，此心便放了，這裏便要講學存養〔八〕。」

問：「引『成性存存，道義出矣』，如何？」朱子曰：「明命、明德，只是一箇道理。人只要存得這些在這裏。才存得在這裏，則事君必會忠，事親必會孝，見孺子則怵惕之心便發，見穿窬之類則羞惡之心便發，合恭敬處便自然會恭敬，合辭遜處便自然會辭遜。須要常存得此心，則便見得此性發出底都是道理。若不存得這些，待做出，那能會合道理。」

仁甫問：「伊川説『若一事窮不得，須别窮一事』，與延平之説如何？」朱子曰：「這説自有一項難窮底事，如造化、禮樂、度數等事，是卒急難曉，只得且放住。」「須是且就合理會底所在理會。延平説，是窮理之要。若遇平常事，這一件理會未透，又理第二件，恁地終身不長進。」

問：「以其理之一，故於物無不能知；以其禀之異，故於理或不能知。」朱子曰：「氣禀偏者，自不求所以知。若有這心要求，便即在這裏。緣本來箇仁義禮智，人人同有，這被氣禀物欲遮了。然這箇理未嘗亡，才求便得。」又曰：「這箇便須是要子細講究，須端的知得，做將去自容易。若不知得，雖然恁地把捉在這裏，今夜捉住，明朝又不見了；明朝捉住，後朝又不見了。若知得到，許多蔽翳都没了。如氣禀物欲一齊打破，便日日朝朝，只恁地穩穩做到聖人地位。」

問：「鬼神便是精神魂魄，如何？」朱子曰：「然。且就這一身看，自會笑語，有許多聰明知識，這是如何得恁地？虚空之中，忽然有風雨雷電，這是如何得恁地？這都是陰陽相感，都是鬼神。看得到這裏，見一身這是箇軀殼在這裏，内外無非天地陰陽之氣。所以夜來説：『天地之塞，吾其體；天地之帥，吾其性』，思量來只是一箇道理。」又云：「如魚之在水，外面水便是肚裏面水。鱖魚肚裏水，與鯉魚肚裏水只一般。」仁父問：「魂魄如何是陰陽？」曰：「魂如火，魄如水。」

又曰：「古人從小學中，如禮、樂、射、御、書、數，大綱都學了。及至長大，便只理會窮理、致知工夫。而今自小失了，要填補，實是難。但須莊敬誠實，立其基本，逐事逐物，理會道理。待此通透，意誠心正了，就切身處理會，旋旋去理會禮、樂、射、御、書、數。今無所用御，如禮、樂、射、書、數，也是合當理會底，皆是切用。但不先就切身處理會得道理，便考究得些禮文制度，又干自家自己甚事？」

又曰：「若不見得入頭處，緊也不可，慢也不可。若識得些路頭，須是莫斷了。若斷了，便不成。待得再新整頓起來，費多少力！如鷄抱卵，看來抱得有甚煖氣，只被他常常恁地抱得成。」

賀孫問：「聞道自聞道，也無間於死生。」朱子曰：「若聞道而死，方是死得是。死是，則在生也都是。若不聞道，在生也做不是，到死也不是。吾儒只是要理會這道理，生也是這理，死也只是這理。佛家百般費力，要掃除這理，教無了。一生被這理撓，一生被這心撓。」問：「伊川説此一段，及呂氏説『動容周旋中禮，盛德之至』，『君子行法俟命』，是此意否？」曰：「這是兩項。『動容周旋中禮』，這是聖人事，聞道不足以言之。自與道爲一了，自無可得聞。『行法以俟命』，是見得了，立定恁地做。」問：「曾子易簀，當時若差了這一著，唤做聞道不聞道？」曰：「不論易簀與不易簀，只論他平日是聞道與不聞道。平日已是聞道，那時萬一有照管不到，也無奈何。」問：「若果已聞道，到那時也不到會放過。」曰：「那時是正終大事。既見得，自然不放過。」

又曰：「忠是一，恕是貫。忠只是一箇真實。自家心下道理，直是真實。事事物物接於吾前，便只把這箇真實應副將去。自家若有一毫虚僞，事物之來，要去措置他，便都不實，不合道理。若自家真實，事物之來，合小便小，合大便大，合厚便厚，合薄便薄，合輕便輕，合重便重，一一都隨他面分應副將去，無一事一物不當這道理。」

賀孫舉大學或問云：「心之爲物，實主於身。其體則有仁、義、禮、智、信之性，其用則有惻隱、羞惡、恭敬、是非之情。渾然在中，隨感而應。以至身之所具，身之所接，皆有當然之則，而自不容已。所謂理也，元有一貫意思。」朱子曰：「然。施之君臣，則君臣義；施之父子，則父子親；施之兄弟，則兄弟和；施之夫婦，則夫婦别。都只由這箇心。如今最要先理會此心。」又云：「且看論語，如鄉黨等處，待人接物，千頭萬狀，是多少般，聖人只是這一箇道理做出去。」

又曰：「夜來説『不遷怒，不貳過』，且看不遷不貳是如何。顔子到這裏，只是渾然，更無些子渣滓。『不遷怒』，如鏡懸水止；『不貳過』，如冰消凍釋。如『三月不違』，又是已前事。到這裏，已自渾淪，都是道理，是甚次第！」又曰：「顔子地位已高，纔見一不善，不爲這一番改時，其餘是這一套須頓消了。當那時須頓進一番。他聞一知十，觸處貫通。他覺得這一件過，其餘若有千頭萬緒，是這一番，一齊打併掃斷了。」又曰：「這工夫原頭却在『非禮勿視聽言動』上面。」「如今要緊只是箇分別是非。須著分別教無些子不分曉，始得。心中思慮纔起，便須見得那箇是，那箇非。才去動作行事，須便見那箇是，那箇非。應接朋友交遊，須便見那箇是，那箇非。看文字，須便見那箇是，那箇非。日用之間，若此等類，須是分别教盡，毫釐心計，始得。」「自家是非，須先明諸心。若只管恁地鶻突不分別，少間一齊都滚做不好處去，都不解知。」問：「是非本吾心固有，萬物萬事是非之理莫不各具。所以是非不明者，只緣本心先蔽了。」曰：「固是。若知得事物上分明，便是自家心下是非分明。程先生所以説『纔明彼，即曉此』。自家心下合有許多道理，事物上面各各也有許多道理，無古今，無先後，只是一箇道理。一念之初，千事萬事，究竟於此。若能先明諸心，看事物如何來，只應副將去。如尺度，如權衡，設在這裏，看甚麽事物來，長短小大，只稱量將去，可使不差毫釐。」「分別愈精，則處事愈當。故書曰『惟精惟一，允執厥中』。」「只在這裏。只是這箇精一直是難。」

問「過此幾非在我者」。朱子曰：「這只是説循循勉勉，便自住不得，便自不由自己了。只是這箇關難過，纔過得，自要住不得，如顏子所謂『欲罷不能』。這箇工夫入頭都只在窮理，只這道理難得便會分明。」又云：「看得道理透，少間見聖賢言語，句句是爲自家身上設。」又云：「内外賓主，只是如今人多是不能守得這心。譬如一間屋，『日月至焉』者，是一日一番入裏面來，或一月一番入裏面來，他心自不著這裏，便又出去了。若説在内，譬如自家自在自屋裏作主，心心念念只在這裏，行也在這裏，坐也在這裏，睡卧也在這裏。『三月不違』，是時復又暫出外去，便覺不是自己屋，便歸來。今舉世日夜營營於外，直是無人守得這心。若能收這心常在這裏，便與一世都背馳了。某嘗説，今學者别無他，只是要理會這道理。此心元初自具萬物萬事之理，須是理會得分明。」

又曰：「人自從生時受天地許多氣，自恁地周足。只緣少間見得没分曉，漸漸衰颯了。又不然，便是『行有不慊於心』，氣便餒了。若見得道理明白，遇事打併浄潔，又仰不愧，俯不怍，這氣自浩然。」

問「體認四端擴充之意」云云。朱子曰：「只要常常恁地體認。若常常恁地體認，則日用之間匝匝都滿，密拶拶地。」

又曰：「『操則存，舍則亡』，程子以爲操之之道惟在『敬以直内』而已。如今做工夫，却只是這一件最緊要。這『主一無適』底道理，却是一箇大底，其他道理總包在裏面。所謂窮理，亦止是自此推之，不是從外面去尋討。一似有箇大底物事，包得百來箇小底物事。既存得這大底，其他小底只是逐一爲他點過，看他如何規模，如何安頓。如今做工夫，只是這箇最緊要。若閑時不能操而存之，這箇道理自是間斷。及臨事方要窮理，從那裏捉起？惟是平時常操存得自然熟了，將這箇去窮理，自是分明。事已，此心依前自在。」

蜚卿問：「孟子説『求放心』，從『仁，人心也』説將來，莫是收此心便是仁否？」朱子曰：「也只是存得此心，可以存此仁。若只收此心，更無動用生意，又濟得甚麽？所以明道又云『自能尋向上去』，這是已得此心，方可做去，不是道只塊然守得這心便了。」問：「放心還當將放了底心重新收來，還只存此心，便是不放。」曰：「看程先生所説，文義自是如此，意却不然。只存此心，便是不放。不是將已縱出了底，依舊收將轉來。如『七日來復』，不是已往之陽，重新將來復生。舊底已自過去了，這裏自然生出來。這一章意思最好，須將來日用之間常常體認。看這箇初無形影，忽然而存，忽然而亡。『誠無爲，幾善惡』，通書説此一段尤好。『誠無爲』，只是常存得這箇實理在這裏。惟其常存得實理在這裏，方始見得幾，方始識得善惡。若此心放而不存，一向反覆顛錯了，如何認得善惡？」

又曰：「『已放之心』，這箇心已放了，如何會收得轉來？只是莫令此心逐物去，則此心便在這裏。如渾水自流過去了，如何會收得轉？後自是新底水。」

又曰：「萬理雖具於吾心，還使他知始得。今人有箇心在這裏，只是不曾使他去知許多道理。少間遇事做得一邊，又不知那一邊，只成私意，皆不能盡道理。盡得此心者，洞然光明，事事物物無有不合道理。」

蜚卿問：「盡心莫是極至地位？存心莫是初存得這心否？」朱子曰：「盡心，也未説極至，只是凡事便須理會教十分周足，無少闕漏處，方是盡。存，也非獨是初工夫，初間固是操守存在這裏，到存得熟後，也只是存。這存字無終始，只在這裏。」

敬之問：「『養心莫善於寡欲』，養心也只是中虛？」朱子曰：「固是。若眼前事事要時，這心便一齊走出了。未説是無，只減少便可漸存得此心。若事事貪，要這箇，又要那箇，未必便説到邪僻不好底物事，只是眼前事，才多欲，便將本心都紛雜了。且如秀才要讀書，要讀這一件，又要讀那一件，又要學寫字，又要學作詩，這心一齊都出外去。所以伊川教人，直是都不去他處用其心，不要人學寫字，不要人學作文章。這不是僻，道理是合如此。人只有一箇心，如何分作許多去？若只管閒處用了心，到得合用處，於這本來底都不得力。且看從古作爲文章之士，可以傳之不朽者，今看來那箇唤做知道？也是此初心下只趨向那邊，都是做外去了。只是要得寡欲，存這心最是難。以湯、武聖人，孟子猶説『反之』。反，復也，反復得這本心。如『不邇聲色，不殖貨利』，只爲要存此心。觀旅獒之書，一箇獒受了，有甚大事，而反復切諫？以此見欲之可畏，無小大皆不可忽。」

敬之問「寡欲」。朱子曰：「未説到事，只纔有意在上面，便是欲，便是動自家心。東坡云：『君子可寓意於物，不可留意於物。』這説得不是。纔説寓意，便不得。人好寫字，見壁間有碑軸，便須要辨别是非。好畫，見畫軸，便須要識美惡。這都是欲，這皆足以爲心病。某前日病中閑坐，無可看，偶中堂掛幾軸畫，才開眼便要看他，心下便走出來在那上。因思與其將心在他上，何似閉著眼坐，得此心寧静？」

問：「『戒謹不睹，恐懼不聞』，與『謹獨』雖不同，若下工夫，皆是敬否？」朱子曰：「敬是常惺惺法，所謂静中有箇覺處，只是常惺惺在這裏，静不是睡着了。」

又曰：「這箇太極，是箇大底物事。四方上下曰『宇』，古往今來曰『宙』。無一箇物似宇樣大：四方去無極，上下去無極，是多少大？無一箇物似宙樣長：亘古亘今，往來不窮。自家心下須常認得這意思。」問：「此是誰語？」曰：「此是古人語。象山常要説此語，但他説便只是這箇，又不用裏面許多節拍，却只守得箇空蕩蕩底。公更看横渠，初看有許多節拍，却似狹；充其量，是甚麽樣大！合下便有箇乾健坤順意思。自家身己便如此，形體便是這箇物事，性便是這箇物事。『同胞』是如此，『吾與』是如此，主腦便是如此。『尊高年，所以長其長，慈孤弱，所以幼其幼』，又是做工夫處。後面節節如此。『于時保之，子之翼也。樂且不憂，純乎孝者也』，其品節次第又如此。横渠這般説話，體用兼備，豈似他人只説得一邊！」問：「自其節目言之，便是『各正性命』；充其量而言之，便是『流行不息』。」曰：「然。」又問：「聖人定之以中正仁義而主静。」曰：「此是聖人『修道之謂教』處。」因云：「今且須涵養。如今看道理未精進，便須於尊德性上用功；於尊德性上有不足處，便須於講學上用功。二者須相趲逼，庶得互相振策出來。若能德性常尊，便恁地廣大，便恁地光輝，於講學上須更精密，見處須更分曉。若能常講學，於本原上又更好。覺年來朋友於講學上却説較多，於尊德性上説較少，此所以講學處不甚明了。」

又曰：「心只是放寬平便大，不要先有一私意隔礙，便大。心大則自然不急迫。如有禍患之來，亦未須驚恐；或有所獲，亦未可便歡喜在。荀子言：『君子大心則天而道，小心則畏義而節。』蓋君子心大則是天心，心小則文王之翼翼，皆爲好也。」

又曰：「只操，便是主宰在這裏。非禮勿視、聽、言、動，不是非禮是一箇物事，禮又是一箇物事，勿又是一箇物事。只是勿，便是箇主宰。若恁地持守，勿令走失，也由他；若不收斂，一向放倒去，也由他。釋氏這處便説得驚天動地，聖人只渾淪説在這裏，教人自去看。」

用之問：「蘇季明問喜怒哀樂未發之前求中」一條。朱子曰：「此條記得極好，只中間説『謂之無物則不可，然静中須有箇覺處』，此二句似反説。『無物』字當作『有物』字。涵養於喜怒哀樂未發之前，只是『戒慎乎其所不睹，恐懼乎其所不聞』，全未有箇動綻。大綱且約住執持在這裏，到謹獨處，便是發了。『莫見乎隱，莫顯乎微』，雖未大段發出，便已有一毫一分見了，便就這處分別從善去惡。『雖耳無聞，目無見，然見聞之理在始得』。雖是耳無聞，目無見，然須是常有箇主宰執持底在這裏，始得。不是一向放倒，又不是一向空寂了。」問：「『非禮勿視、聽、言、動，是此意否？』曰：「此亦是有意了，便是已發。只是『敬而無失』，所以爲中。大綱且執持在這裏。下面説復卦，便是説静中有動，不是如瞌睡底静，中間常自有箇主宰執持。後又説艮卦，又是説動中要静。」「陽是動底物事，陰是静底物事。凡陽在下，便是震動意思；在中，便是陷在二陰之中；在上，則没處去了，只得止，故曰『艮其止』。陰是柔媚底物事，在下，則巽順陰柔，不能自立，須附於陽；在中，則是附麗之義；在上，則説，蓋柔媚之物在上則歡説。」

問：「『心統性情』，『統』如何〔九〕？」朱子曰：「統是主宰，如統百萬軍。心是渾然底物，性是有此理，情是動處。」又曰：「人受天地之中，只有箇心性安然不動，情則因物而感。性是理，情是用，性静而情動。且如仁、義、禮、智、信是性，然又有説『仁心』、『義心』，這是性亦與心通説；惻隱、羞惡、辭遜、是非是情，然有説道惻隱、羞惡、辭遜、是非之心，這是情亦與心通説。這是情性皆主於心，故恁地通説。」問：「意者心之所發，與情性如何？」曰：「意也與情相近。」問：「志如何？」曰：「志也與情相近。只是心寂然不動，方發出便唤做意。横渠云：『志公而意私。』看這自説得好。志便清，意便濁；志便剛，意便柔。志便有立作意思，意便有潛竊意思。公自子細看，自見得。意，多是説私意；志，便説『匹夫不可奪志』。」

問「精義入神」一條。朱子曰：「入神是入至於微妙處。此却似向内做工夫，非是作用於外，乃所以致用於外也。故嘗謂門人曰：『吾學既得於心，則修其辭；命辭無差，然後斷事；斷事無失，吾乃沛然。精義入神者，豫而已。』横渠可謂精義入神。横渠云：『陰陽二氣，推行以漸，謂化；闔闢不測，謂神。』伊川先生説神、化等，却不似横渠較説得分明。」

問西銘。朱子曰：「更須子細看他説『理一而分殊』。而今道天地不是父母，父母不是天地，不得。分明是一理。『乾道成男，坤道成女』，則凡天下之男皆乾之氣，凡天下之女皆坤之氣。從這裏一徹上徹下都即是一箇氣，都透過了。」又曰：「『繼之者善』便是公共底，

『成之者性』便是自家得底。只是一箇道理，不道是這箇是，那箇不是。如水中魚，肚中水便只是外面水。」

又曰：「『同胞』裏面便有理一分殊底意，『吾與』裏面便有理一分殊底意。『乾稱父，坤稱母』，道是父母，固是天氣、地質；然與自家父母，自是有箇親疏，從這處便『理一分殊』了。」

問：「先生所作李先生行狀云『終日危坐，以驗夫喜怒哀樂之前氣象爲如何，而求所謂中者』，與伊川之説若不相似。」朱子曰：「這處是舊日下得語太重。今以伊川之語格之，則其下工夫處亦是有些子偏。只是被李先生静得極了，便自見得是有箇覺處，不似别人。今終日危坐，只是且收斂在此，勝如奔馳。若一向如此，又似坐禪入定。」

又曰：「孟子發明許多道理都盡，自此外更無别法。思惟這箇，先從性看。看得這箇物事破了，然後看入裏面去，終不費力。」

又曰：「如今理會道理，要識得箇頭。」「若識得箇頭，上有源頭，下有歸著，看聖賢書便句句著實，句句爲自己身心設，如此方可以講學。要知這源頭是甚麽，只在身心上看。許多道理，盡是自家固有底。仁義禮智，『知皆擴而充之，若火之始然，泉之始達』。這箇是源頭，見得這箇了，方可講學，方可看聖賢説話。」「不然，徒記得説得，都是外面閑話。聖人急急教人，只在這些子。」又云：「見説『毋不敬』，便定定著『毋不敬』始得；見説『思無邪』，便定定著『思無邪』始得。」「如説『足容重』，是天理合下付與自家，便當重；自家若不重，便自壞了天理。『手容恭，目容端，口容止，聲容静，頭容直，氣容肅，立容德，色容莊』云云，把聖賢説話將來學，便是要補填得元初底教好。又如説非禮勿視、聽、言、動，自是天理付與自家眼、耳、口、身、心，不曾教自家視非禮、聽非禮、言非禮、動非禮。纔視、聽、言、動非禮，便不是天理。」

語黄敬之曰：「這道理也只是如此看，須是自家自奮迅做去始得。看公大病痛只在箇懦弱，須是便勇猛果决，合做便做，不要安排，不要等待，不要靠别人，不要靠書籍言語，只是自家自檢點。公曾看易，易裏説陽剛陰柔，陰柔是極不好。」

語敬之曰：「敬之意氣甚弱，只是不見得道理分明。」「且説讀孟子，讀了依舊是這箇人，便是不曾得他裏面意思。孟子自是孟子，自家身己自是自家身己。讀書看道理，也須著些氣力，打撲精神，看教分明透徹，方於身上有功。看公如今只恁地慢慢，要進又不敢進，如將手恁地探摸，只怕物事觸了手相似。若恁地看文字，終不見得道理，終不濟事，徒費了時光。須是勇猛向前，匹馬單鎗做將去，看如何。只管怕箇甚麽？彼丈夫也，我丈夫也，吾何畏彼哉！他合下也有許多義理，自家合下也有許多義理；他做得，自家也做得。

某近看得道理分明，便是有甚利害，有甚禍福，直是不怕。直是見得道理合如此，便做將去。」

又曰：「今來朋友相聚，都未見得大底道理。」「若只恁地逐段看，依前不濟事。這大底道理，如曠濶底基址，須是開墾得這箇些，方始架造安排，有頓放處。見得大底道理，方有立脚安頓處。」「自天降衷，萬理皆具仁義禮知，君臣父子兄弟朋友夫婦，自家一身都擔在這裏。須是理會了體認，教一一周足，略欠缺些子不得。須要緩心，直要理會教盡。須是大作規模，濶開其基，廣闢其地，少間到逐處，即看逐處都有頓放處。日用之間，只在這許多道理裏面轉，喫飯也在上面，上床也在上面，下床也在上面，脱衣服也在上面，更無些子空闕處。堯、舜、禹、湯也只是這道理。如人刺繡花草，不要看他繡得好，須看他下針處。如人寫字好，不要看他寫得好，只看他把筆處。」

或言：「今且看先生動容周旋以自檢。先生所著文義，却自歸去理會。」朱子曰：「文義只是目下所行底，如何將文義别做一邊看？若不去理會文義，終日只管相守閑坐，如何有這道理？文義乃是躬行之門路，躬行即是文義之實事。」

政和有客同侍坐。朱子曰：「這下人全不讀書，莫説道教他讀别書，只是要緊如六經、漢書、唐書、諸子也須著讀始得。又不是大段值錢了，不能得他讀。只問人借將來讀，也得。如何一向只去讀時文？如何擔當箇秀才名目在身己上？既做秀才，未說道要他理會甚麽高深道理，也須知得古聖賢所以垂世立教之意是如何，古今盛衰存亡治亂事體是如何，從古來人物議論是如何，這許多眼前底事都全不識，如何做士人？須是識得許多，方成得箇人。」又云：「向來人讀書爲科舉計，已自是末了。如今又全不讀而赴科舉，又末之末者。若以今世之所習，雖做得官，貴窮公相，也只是箇没見識底人。若依古聖賢所教做去，雖極貧賤，身自躬耕，而胸次亦自浩然，視彼污濁卑下之徒，曾犬彘之不若。」又云：「如今人也須先立箇志趣，始得。還當自家要做甚麽人，是要做聖賢，是只苟簡做箇人？天教自家做人，閑時也須思量著。聖賢還是元與自家一般，是有兩般？天地交付許多與人，不獨厚與聖賢而薄於自家，是有這四端，是無這四端？只管在塵俗裏滚，還曾見四端頭面，還不曾見四端頭面？且自去看。最難說是意趣卑下，都不見上面許多道理。」又云：「如說『學而時習之』，公且自看平日是曾去學，不曾去學？曾去習，不曾去習？學是學箇甚麽，習是習箇甚麽？曾有說意思，無說意思？」

敬之問「忠信」至「存義也」。朱子曰：「以忠信爲本，忠信只是實，如播種相似，須是實有種子下在泥中，方會日日見發生。如孝弟須實是孝弟，方始那孝弟之德一日進一日。若不實，却自無根了，如何會進？今日覺見恁地去，明日便漸能熟；明日方見有一二分，後日便見有三四分，意思自然覺得不同。『立其誠』，誠依舊便是上面忠信，『修辭』是言語照管得到，那裹面亦須照管得到。『居業』是常常如此，不少間斷。德是得之於心，業是見之於事。『進德』是自覺得意思日强似一日，日振作似一日，不是外面事，只是自見得意思不同。業是德之事，要終始不易。居是存而不失之意。『可與幾』是見得前面箇道理，便能日進向前去。『存義』是守這箇義，只是這箇道理，常常存在這裏。『可』是心肯意肯之義。」

又曰：「『知至』是知得到至處，『至之』謂意思也隨他到那處，這裏便可與理會幾微處。『知終』是知得到終處，『終之』謂意思也隨他到那裏，這裏便可與『存義』。存謂存主，今日也存主在這裏，明日也存主在這裏。」

先之問「敬以直内，義以方外」。朱子曰：「説只恁地説，須自去下工夫，方見得是如此。『敬以直内』是無纖毫私意，胸中洞然，徹上徹下，表裏如一。『義以方外』是見得是處決定是恁地，不是處決定不恁地，截然方方正正，須是自將去做工夫。聖門學者問一句，聖人答他一句，便領略將去，實是要行得。如今説得儘多，只是不曾就身己做看。某講學所以異於科舉之文，正是要切己行之。若只恁地説過，依舊不濟事。若實是把做工夫，只是『敬以直内，義以方外』八箇字，一生用之不窮。」

又曰：「某今且勸諸公屏去外務，趲工夫專一去看這道理。某年二十餘已做這工夫，將謂下梢理會得多少道理。今忽然有許多年紀，不知老之至此，也只理會得這些子。歲月易得蹉跎，可畏如此。」

楊至之問：「如何程氏説到『事天享帝』了〔一〇〕，方説『聰明睿智皆由此出』？」朱子曰：「如此問，乃見公全然不用工夫。『聰明睿智』如何不由敬出？且以一國之君看之，此心纔不專静，則姦聲佞辭雜進而不察，何以爲聰？亂色諛説之容交蔽而莫辨，何以爲明？睿智皆出於心。心既無主，應事接物何以思慮而得其宜？所以此心常要肅然虚明，然後物不能蔽。」又云：「『敬』字不可只把做一箇『敬』字説過，須於日用間體認是如何。此心常卓然公正，無有私意，便是敬；有些子計較，有些子放慢意思，便是不敬。故曰『敬以直内』，要得無些子偏邪。」又與文振説：「平日須提掇精神，莫令頽塌放倒，方可看得義理分明。看公恁地困漫漫地，則不敬莫大於是。」

以上葉賀孫録。

按：賀孫所録，在辛亥以後，凡録中與他家同録、有年可考者别載，專録者略類於此。朱子進德之實，於是録尤顯明詳悉可考。其曰「收得此心截然在這裏」，此居敬之旨也。其曰「知所止便見得事事決定是如此」，此窮理之旨也。其曰「收拾得此心在，則本領處是非善惡已自分曉」，即居敬、窮理合一之旨也。其曰「雖存得心在，更無動用生意，又濟得甚麽」，此見得天地本來生生之德，滿腔子惻隱之心也。其曰「心無所係」，仁者不憂也。其曰「端的知得」，知者不惑也。「直是不怕」，勇者不懼也。至於「操存熟了，將這箇去窮理，自是分明」，「常存得實理在這裏，方始見得幾」，蓋自與湖南書中「以是爲本」，已發未發説中「自此而發」，用二十餘年工夫，方得到此。是以敬立於内，毫無私欲，胸中洞然，義形於外，截然方方正正，徹表徹裏，都是道理，用之不窮。此朱子六十四歲理會得這些子之進境也。學者讀是録而心體之，從收斂身心、窮究道理實實做去，則身心隨在有整肅處，道理即隨在有歸宿處，終日志氣精神帖帖定定，惺惺了了，常作主宰。而講論克治，只在這裏有事，實於是録得津梁焉。況朱子教人讀書窮理，只在自家身己上，不在文字上；只自此推之，不向外面尋討。諄諄向裏如是，而議者猶以向外疑之，豈其然哉？

曾興宗問：「如何是『明明德』？」朱子曰：「明德是自家心中具許多道理在這裏。本是箇明底物事，初無暗昧，人得之則爲德。如惻隱、羞惡、辭遜、是非，是從自家心裏出來，觸著那物，便是那箇物出來，何嘗不明。緣爲物欲所蔽，故其明易昏。」又云：「人心惟定則明。所謂定者，非謂定於這裏，全不修習，待他自明。惟是定後，却好去學。看來看去，久後自然徹。」又有人問：「自覺胸中甚昧。」曰：「這明德亦不甚昧。如適來説惻隱、羞惡、辭遜、是非等，此是心中元有此等物，發而爲惻隱、羞惡，便是仁、義，發而爲辭遜、是非，便是禮、智。看來這箇亦不是甚昧，但恐於義理差互處有似是而非者，未能分别耳。且如人能冬温夏凊，這便是孝。至如子從父令，本是孝，孔子却以爲不孝。與其得罪於鄉閭，不若且諫父之過，使不陷於不義，這處方是孝。恐似此處，未能大爲分别得出，方昧。且如齊宣王見牛觳觫，便有不忍之心，欲以羊易之。這便見惻隱處，只是見不完全。及興甲兵、危士臣處，便欲快意爲之。是見不精確，不能推愛牛之心而愛百姓。只是心中所見所存如此，且恁地做去。」

因説「知止」至「能得」：「上云『止於至善』，此又提起來説。言能知止，則有所定；有所定，則知其理之確然如是。一定，則不可移易，任是千動萬動，也動摇他不得。既定，則能静、能安、能慮。慮，則能得其所止之實。」

曹又問致知、格物。朱子曰：「此心愛物，是我之仁；此心要愛物，是我之義；若能分别此事之是、此事之非，是我之智；若能别尊卑上下之分，是我之禮。以至於萬事萬物，皆不出此四箇道理。其實只是一箇心，一箇根柢出來抽枝長葉。」

黄問「立志以定其本，居敬以持其志」。朱子曰：「人之爲事，必先立志以爲本，志不立則不能爲得事。雖能立志，苟不能居敬以持之，此心亦泛然而無主，悠悠終日，只是虚言。

立志必須高出事物之表，而居敬則常存於事物之中，令此敬與事物皆不相違。言也須敬，動也須敬，坐也須敬，頃刻去他不得。」

朱子問：「公每讀『毋暴其氣』，如何？」鄭云：「只是喜怒哀樂之時，持之不使暴戾。」曰：「此乃是『持其志』。志者，心之所向。持志却是養心也，不是持志之外别有箇養心。持者，把捉教定。當喜、怒時也須喜、怒，當哀、樂時也須哀、樂，審教定後，發必中節，這是持志。若毋暴其氣，又是下面一截事。若不當喜、怒而喜、怒，與喜、怒之過分；不當哀、樂而哀、樂，與哀、樂之過分者，皆是暴其氣。暴其氣者，乃大段麤也。」

周兄良問：「其平時所爲，把捉這心教定。一念忽生，則這心反被他引去。」朱子曰：「這箇亦只是認教熟，熟了便不如此。今日一念纔生，有以制之；明日一念生，又有以制之。久後便無此念。只是這邊較少，那邊較多，便被他勝了。如弱人與强人相牽一般，要得勝他，亦是將養教力壯後，自然可以敵得他去。非别有箇道理也，只在自家心有以處之耳。孟子所謂舍則亡，操則常存在此，大學所謂忿懥、好樂等事，亦是除了此心則心自然正，不是把一箇來正一箇心。」又曰：「見得徹處，徹上徹下，只是一箇道理，須是見得實方是。見得鐵定，如是便爲善，不如是便爲惡，此方是見得實。」

以上黄卓録。按：卓録不紀年，而語類中多紀與賀孫同録，故附於辛亥後。

卓録云「惟定則明」，又云「知其理確然如是，一定則不可移易」，二説相需，甚有意味。居敬、持志工夫，只是把捉教定，須於此下手，不可放鬆。

或問「存得此心便是仁」。朱子曰：「且要存得此心，不爲私欲所勝，遇事每每著精神照管，不可隨物流去，須要緊緊守著。若常存得此心，應事接物，雖不中不遠。思慮紛擾於中，都是不能存此心。此心不存，合視處也不知視，合聽處也不知聽。」或問：「莫在於敬否？」曰：「敬非别是一事，常喚醒此心便是。人每日只鶻鶻突突過了，心都不曾收拾得在裹面。」又曰：「仁雖似有剛直意，畢竟本是箇温和之物。但出來發用時有許多般，須得是非、辭遜、斷制三者，方成仁之事。及至事定，三者各退，仁仍舊温和，緣是他本性如此。人但見有是非、節文、斷制，却謂都是仁之本意，則非也。春本温和，故能生物，所以説仁爲春。」

問：「或問中云，知有未至，是氣稟、私欲所累。」朱子曰：「是被這兩箇阻障了，所以知識不明，見得道理不分曉。聖人將格物、致知教學者，只是要教你理會得這箇道理，便不錯。一事上皆有一箇理。當處事時，便思量體認得分明。久而思得熟，只見理而不見事了。如讀聖人言語，讀時研窮子細，認得這言語中有一箇道理在裹面分明，久而思得熟，只見理而不見聖人言語。不然，只是冥行，都顛倒錯亂了。且如漢高帝做事，亦有合理處，如寬仁大度、約法三章，豈不是合理處甚多？有功諸將，嫚駡待他，都無禮數，所以今日一人叛，明日一人叛，至以愛惡易太子。如此全錯，更無些子道理，前後恰似兩人，此只是不曾真箇見得道理合如此做。中理底，是他天資高明，偶然合得；不中理處多，亦無足怪。只此一端，推了古今人物，都只是如此。所以聖人教學者理會道理，要他真箇見得了，方能做得件件合道理。今日格一件，明日格一件。遇事時，把捉教心定，子細體認，逐旋捱將去，不要放過。積累工夫，日久自然見這道理分曉，便處事不錯，此與偶合者天淵不同。」問去私欲、氣禀之累。曰：「只得逐旋戰退去。若要合下便做一次排遣，無此理，亦不濟得事。須是當事時，子細思量，認得道理分明，自然勝得他。次第這邊分明了，那邊自然容著他不得。如今只窮理爲上。」又問：「客氣暴怒，害事爲多，不知是物欲耶？氣禀耶？」曰：「氣禀、物欲亦自相連著，且如人禀得性急，於事上所欲必急。舉此一端，可以類推。」又曰：「氣禀、物欲生來便有，要無不得，只逐旋自去理會消磨。大要只是觀得理分明，便勝得他。」

問：「事有最難底，奈何？」朱子曰：「亦有數等，或是外面阻遏做不得，或是裏面紛亂處不去，亦有一種紛拏時，及纖毫委曲微細處難處，全只在人自去理會。大概只是要見得道理分明，逐事上自有一箇道理。易曰：『探賾索隱。』賾處不是奥，是紛亂時，隱是隱奥也，全在探索上。紛亂是他自紛亂，我若有一定之見，安能紛亂得我？大凡一等事固不可避，避事不是工夫。又有一等人情底事，得遣退時且遣退，無時是了，不要摟攬。凡可以省得底事，省亦不妨，應接亦只是不奈何。有合當住不得底事，此却要思量處置，裏面都自有箇理。」或謂「把持不能久，勝物欲不去」。曰：「這不干别人事，雖是難，亦是自著力把持，常惺惺不要放倒。覺得物欲來，便著緊不要隨他去。這箇須是自家理會。若説把持不得，勝他不去，是自壞了，更説甚『爲仁由己，而由人乎哉』！」又曰：「把心不定，喜怒憂懼四者皆足以動心。」問：「忿懥好樂，乃在我之事，可以勉强不做。如憂患恐懼，乃是外面來底，不由自家。」曰：「都不得。便是外面來底，須是自家有箇道理措置得下。恐懼憂患，只是徒然。事來亦合當思慮不妨，但只管累其本心，也不濟得事。孔子畏匡人，文王囚羑里，死生在前了，聖人元不動心，處之恬然。只看此，便是要見得道理分明，自然無此患。所以聖人教人致知格物，考究一箇道理。自此以上，誠意正心，皆相連上去。」

又曰：「凡日用工夫，須是自做喫緊把捉。見得不是處，便不要做，勿徇他去。所説事有善者可從，又有不善者間之，依舊從不善處去。所思量事忽爲别思量勾引將去，皆是自家不曾把捉得住，不干别人事。須是自把持，不被他引去方是。顔子問仁，孔子答許多話，末云：『爲仁由己，而由人乎哉！』不是自家做，又如何得明？」「把捉之説，固是自用著力，又以枯槁無滋味，卒急不易著力。須平日多讀書，講明義理，以涵養灌培，使此心常與理相入，久後自熟，方見得力處。」「約而言之，論、孟固當讀，六經亦當讀，史書又不可不讀，講究得多，便自然熟。但始初須大段著力窮究，理會教道理通徹。不過一二番稍難，向後也只是以此理推去，更不艱辛，可以觸類而長。」「孟子曰：『夫仁，亦在乎熟之而已。』所以貴乎熟者，只是要得此心與義理相親。苟義理與自家相近，則非理之事自然相遠。思慮多走作，亦只是不熟，熟後自無。」

以上周明作録。

周明作謂「私欲去則爲仁」。朱子曰：「謂私欲去後，仁之體見，則可；謂私欲去後便爲仁，則不可。譬如日月之光，雲霧蔽之，固不見。若謂雲霧去，便指爲日月，亦不可。如水亦然。沙石雜之，固非水之本然，然沙石去後，自有所謂水者，不可便謂無沙石爲水也。」又曰：「讀書之法，有大本大原處，有大綱大目處，又有逐事上理會處，又其次則解釋文義。」

此二段吴雉録，不紀年。因周明作所問，雉録之，自與明作同時。「謂私欲去後便爲仁，則不可」。此一語的是儒、佛之辨，不可不深思而得之。讀書以大本原、大綱目爲主，即理會事物、解釋文義，亦自大本原而窮究之，非外也。即明作所紀而潛玩之，朱子是時立心定，見理明，死生在前，元不動心。其應事也，只見理而不見好樂憂患；其讀書也，只見理而不見文字語言。此固一心凝然、萬理明浄之候。所謂至善，所謂太極，即渾全於身心中也。既須自把捉，又須多讀書、明義理以涵養。豈他家略於窮理、專於守心者可比哉！

又曰：「自家既有此身，必有主宰。理會得主宰，然後隨自家力量窮理格物，而合做底事不可放過些子。」因引程子言：「如行兵，當先做活計。」

問：「應事，心便去了。」朱子曰：「心在此應事，不可謂之出在外。」吴知先問：「夜氣如何存？」朱子曰：「孟子不曾教人存夜氣，只説歇得些時，氣便清。」又曰：「他前面説許多，這裏只是教人操存其心。」又曰：「若存得此心，則氣常清，不特平旦時清。若不存得此心，雖歇得些時，氣亦不清，良心亦不長。」又曰：「睡夢裏亦七撈八攘，如井水不打他便清，只管去打他便濁了。」

以上甘節録。

理會得主宰，是要緊工夫，只應事時便别。澐歷二十餘年，方體驗得「心在此應事」二句之妙。

問：「鬼神以祭祀而言。天地山川之屬，分明是一氣流通，而兼以禮言之。人之先祖，大概以禮爲主，亦兼以氣魄言之。若上古聖賢，只是專以理言之否？」朱子曰：「有是理，必有是氣，不可分説。都是理，都是氣。那箇不是理？那箇不是氣？」問：「上古聖賢所謂氣者，只是天地間公共之氣。若祖考精神，畢竟是自家精神否？」曰：「祖考亦只是此公共之氣。此身在天地間，便是理與氣凝聚底。天子統攝天地，負荷天地間事，與天地相關，此心便與天地相通。不可道他是虛氣，與我不相干。如諸侯不當祭天地，與天地不相關，便不能相通。聖賢道在萬世，功在萬世。今行聖賢之道，傳聖賢之心，便是負荷這物事，此氣便與他相通。如釋奠列許多籩豆，設許多禮儀，不成是無此，姑謾爲之。人家子孫負荷祖宗許多基業，此心便與祖考之心相通。祭義所謂『春禘秋嘗』者，亦以春陽來則神亦來，秋陽退則神亦退，故於是時而設祭。初間聖人亦只是略爲禮以達吾之誠意，後來遂加詳密。」

朱子問：「近來全無所問，是在此做甚工夫？」義剛對：「數日偶看遺書數版入心，遂乘興看數日。」曰：「遺書録明道語，多有只載古人全句，不添一字底。如曰『思無邪』，如曰『聖人以此齋戒，以神明其德夫』，皆是。亦有重出者，是當時舉此句教人去思量。」朱子語至此，整容而誦「聖人以此齋戒，以神明其德夫！」曰：「便是聖人也要神明。這箇本是一箇靈聖底物事，自家齋戒，便會靈聖；不齋戒，便不靈聖。古人所以七日戒，三日齋。」胡叔器曰：「齋戒只是敬。」曰：「固是敬，但齋較謹於戒。湛然純一之謂齋，肅然警惕之謂戒。

到湛然純一時，那肅然警惕也無了。」

又曰：「世間只是這箇道理，譬如晝日當空，一念之間，合著這道理則皎然明白，更無纖毫窒礙，故曰『天命之謂性』。不只是這處有，處處皆有。只是尋時先從自家身上尋起，所以説『性者，道之形體也』。此一句最好。蓋是天下道理尋討將去，那裏不可體驗？只是就自家身上體驗，一性之内，便是道之全體。千人萬人，一切萬物，無不是這道理。不特自家有，它也有；不特甲有，乙也有。天下事都恁地。」

又曰：「如主一處，定是如此了，不用講。便去下工夫，不要放肆，不要戲慢，整齊嚴肅，便是主一，便是敬。」

又曰：「須是步步理會。『坐如尸』，便須要常常如尸；『立如齋』，便須要常常如齋。」

問：「叔器看文字如何？」曰：「兩日方在思量顔子樂處。」朱子疾言曰：「不用思量！他只道『博我以文，約我以禮』後，見得那天理分明，日用間義理純熟後，不被那人欲來苦楚，自恁地快活。而今只去博文約禮，便自見得。今卻索之於杳冥無朕之際，去何處討這樂處？將次思量成病。而今一部論語説得恁地分明，自不用思量，只要著實去用工。前日所説人心、道心，便只是這兩事。只去臨時思量那箇是人心，那箇是道心。便顔子也只是使人心聽命於道心，不被人心勝了道心。今便須是常常揀擇教精，使道心常常在裏面，如箇主人，人心只如客樣。常常如此無間斷，便能『允執厥中』。」

李伯誠曰：「打坐時意味也好。」朱子曰：「坐時固是好，但放下脚，放開眼，便不恁地了。須是臨事接物時長如坐時，方可。如挽一物樣，待他要去時，便挽將轉來方得。」

以上黄義剛録。

亞夫問「克己復禮」。朱子曰：「克己者，必復此身於規矩準繩之中，乃所以爲仁。若克去己私，而安頓不著，便是不入他腔窠。且如父子有父子之禮，君臣有君臣之禮，若把君臣做父子，父子做君臣，便不是禮。」又問「克己復禮」與「主敬行恕」之別。曰：「仲弓方始是養在這裏，中間未見得如何。顔子克己復禮，便規矩大，精麤本末一齊該貫在這裏。」

亞夫問「居處恭」一章。朱子曰：「這箇道理，須要到處皆在，使生意無少間斷，方好。」

或問「仁」。朱子曰：「仁者只是吾心之正理。須知道求生害仁時，雖以無道得生，却是抉破了我心中之全理；殺身成仁時，吾身雖死，却得此理完全也。」

問：「『元亨誠之通，利貞誠之復』。元亨是春夏，利貞是秋冬。秋冬生氣既散，何以謂之收斂？」朱子曰：「其氣已散，收斂者乃其理耳。」曰：「冬間地下氣暖，便也是氣收斂在内。」曰：「上面氣自散了，下面暖底乃自是生來，却不是已散之氣復爲生氣也。」

又曰：「諸公固皆有志於學，然持敬工夫大段欠在。若不知此，何以爲進學之本？程先生云：『涵養須用敬，進學則在致知。』此最切要。」和之問：「不知敬如何持？」曰：「只要收斂此心，莫令走失便是。今人精神自不曾定，讀書安得精專！凡看山看水，風驚草動，此心便是走失，視聽便自眩惑。此何以爲學？諸公切宜勉此。」

廖晉卿請讀何書。朱子曰：「公心放已久，精神收拾未定，無非走作之時，可且收斂精神，方好商量讀書。」繼謂之曰：「玉藻九容處，且去子細體認，待有意思，却好讀書。」

陳希周請問讀書修學之門。朱子曰：「所謂讀書者，只是要理會這箇道理。治家有治家道理，居官有居官道理，雖然頭面不同，然又只是一箇道理。如水相似，遇圓處圓，方處方，小處小，大處大，只是一箇水耳。」

早拜朔，朱子説：「諸友相聚已半年，光陰易過，其間看得文義分明者，所見亦未能超詣，不滿人意。爲學須是己分上做工夫，有本領，方不作言語説。若無存養，儘説得明，自成兩片，亦不濟事。況未必説得明乎？要須發憤忘食，痛切去做身分上功夫，莫荏苒歲月，可惜也。」是日，問時舉：「看詩外別看何書？」時舉答：「欲一面看近思録。」曰：「大凡爲學有兩樣：一者是自下面做上去，一者是上面做下來。自下面做上者，便是就事上旋尋箇道理湊合將去，得到上面極處，亦只一理。自上面做下者，先見得箇大體，却自此而觀事物，見其莫不有箇當然之理，此所謂自大本而推之達道也。若會做工夫者，先從大本上理會將去，便好。昔明道在扶溝謂門人曰：『爾輩在此只是學某言語，盍若行之？』謝顯道請問焉，却云：『且静坐。』」時舉因云：「『雷在地中，復。先王以至日閉關，商旅不行，后不省方。』在學者分上説，便是要安静涵養這些子善端耳。」曰：「若著實做工夫，要知這説話也不用説。若會做工夫，便一字也來這裏使不著。此話，某不欲説與人，却恐學者聽去，便做虚空認了。如程門中游定夫後來説底話，大段落空無理會處，未必不是在扶溝時只恁地聽了。」時舉因言平日學問次第云云，朱子曰：「此心自不用大段拘束他，他既在這裏，又問向那裏討他，要知只是争箇醒與睡著耳。人若醒時，耳目聰明，應事接物自然無差處。若被私欲引去，便一似睡著相似，只更與他唤醒。才醒，又更無事矣。」時舉因云：「釋氏有『豁然頓悟』之説，不知使得否？倚靠得否？」曰：「某也曾見叢林中有言『頓悟』者，後來看這人也只尋常。如陸子静門人，初見他時，常云有所悟，後來所爲却更顛倒錯亂。看來所謂『豁然頓悟』者，乃是當時略有所見，果是浄潔快活，然稍久則却漸漸淡去了，何嘗倚靠得？」時舉云：「早上先生云『諸生工夫不甚超詣』，不知如何便得超詣？」曰：「只從大本上理會，亦是逐旋挨去，自會超詣。如今學者考理，如在淺水上撑船相似，但覺辛苦不能向前，須是從上面放得些水來添，便自然撑得動，不用費力，滔滔然去矣。今有學者在某門者，其於考理非不精當，説得來置水不漏，直是理會得好，然所爲却顛倒錯謬，全與所知者相反。只是不曾在源頭上用功故也。」時舉因云：「如此者，不是知上欠工夫，乃是行上全然欠耳。」曰：「也緣知得不實，故行得無力。」又云：「此心虛明，萬理具足，外面理會得者，即裏面本來有底，只要自大本而推之達道耳。」又云：「本領上欠了工夫，外面都是閑。須知道大本若立，外面應事接物上道理，都是大本上發出。如人折一枝花，只是這花根本上物事。」

問：「久侍師席，今將告違，望賜一言，使終身知所佩服。」朱子曰：「別無他說，但於大本上用力。凡讀書窮理，須要看得親切。某少年曾有一番專看親切處，其他器數都未暇考。」

以上潘時舉錄。

按：黄、潘兩家録，正是治身心要訣、讀書窮理著實處。「早拜朔」一段統得前十數段。會做工夫人，自大本推之達道，先務收斂身心，自此實實窮理，見得這箇道理，步步踏著。非如他家只收斂身心，不去窮理，以致漸漸淡去，總靠不得也。賀孫録「提掇精神」、「看義理分明」，亦即此旨。蓋朱子是時，一性之内真是道之全體，渾然充足，故其教人親切，語直從自家親切處流露出來，隨所問而答之。非潛心玩味，豈能識其真諦哉！

又曰：「嘗欲寫出蕭何、韓信初見高祖時一段，鄧禹初見光武時一段，武侯初見先主時一段，將這數段語及王朴平邊策編爲一卷。」吴雉録。

才卿問：「秦漢以下無一人知講學明理，所以無善治。」朱子曰：「然。」因泛論歷代以及本朝。「太宗、真宗之朝，可以有爲而不爲。太宗每日看太平廣記數卷，若能推此心去講學，那裏得來。不過寫字作詩，君臣之間以此度日而已。真宗東封西祀，糜費巨萬計，不曾做得一事。仁宗有意於爲治，不肯安於小成，要做極治之事。只是資質慈仁，却不甚通曉用人，驟進驟退，終不曾做得一事。然百姓戴之如父母。契丹初陵中國，後來却服仁宗之德，也是慈仁之効。緣他至誠惻怛，故能動人如此。」

朱子因説：「天子之喪，自太子、宰執而下，漸降其服，至於四海，則盡三月。服謂凶服。訃所至，不問地之遠近，但盡於三月而止。天子初死，近地先聞，則盡三月；遠地或後聞之，亦止於三月之内也。」又云：「古者次第，公卿大夫與列國之諸侯各爲天子三年之喪，而列國之卿大夫又各爲其君三年之服，蓋止是自服其君。如諸侯之大夫，爲本國諸侯服三年之喪，則不復爲天子服。百姓則畿内之民，自爲天子服本國之君、服三年之喪也。故禮曰『百姓爲天子、諸侯有土者服三年之喪』，爲此也。」又云：「『君之喪，諸達官之長，杖。』達官，謂得自通於君者，如内則公卿、宰執、六曹之長、九寺五監之長，外則監司、郡守，皆自得通章奏於君者。凡此者皆杖，以次則不杖。如太常卿杖，太常少卿則不杖。若無太常卿，則少卿代之杖也。只不知王畿之内，公卿之有采地者，其民當何如服，當檢看。」

鄭湜補之問戢盜。朱子曰：「只是嚴保伍之法。」鄭云：「保伍之中，其弊自難關防，如保頭等易得挾勢爲擾。」曰：「當令逐處鄉村舉衆所推服底人爲保頭。又不然，則行某漳州教軍之法，以戢盜心。這是已試之効。」因與説：「某在漳州，初到時教習諸軍弓射等事，皆無一人能之。後分許多軍作三番，每日輪番入校場，挽弓及等者有賞；其不及者留在，只管挽射，及等則止；終不及則罷之。兩月之間，翕然都會射，及上等者亦多，後多留刺以填闕額。其有老弱不能者，並退罷之。他若會射了，有賊盜，他是不怕他。」劉叔通問：「韓、范當初教兵甚善。」朱子因云：「公道韓公兵法如何？」又云：「刺陜西義勇事何故？這箇人恁地不曉事。儂智高反，亦是輕可底事，何故恁地費力？」

又曰：「某嘗説：或是作縣，看是狀牒如何煩多，都自有箇措置。每聽詞狀，集屬官都來列位於廳上，看有多少均分之，各自判去。到著到時，亦復如此。若是眼前易事，各自處斷。若有可疑等事，便留在集衆較量斷去，無有不當，則獄訟如何會壅？此非獨爲長官者省事，而屬官亦各欲自效。兼是如簿、尉等初官，使之决獄聽訟得熟，是亦教誨之也。某在漳州，豐憲送下狀如雨〔一一〕，初亦爲隨手斷幾件，後覺多了，恐被他壓倒了，於是措置幾隻厨子在廳上，分了頭項。送下訟來，即與上簿。合索案底，自入一厨；人案已足底，自入一厨。一日集諸同官，各分幾件去定奪。只於廳兩邊設幙位，令逐項敘來歷，末後擬判。俟食時，即就那厨辦數味，飲食。同坐食訖，即逐人以所定事較量。初間定得幾箇來，自去做文章，都不説著事情。某不免先爲畫樣子，云某官令承受提刑司判下狀係某事。一、甲家於某年某月某日有甚干照，計幾項，乙家於某年某月某日有甚干照，計幾項，逐項次第寫令分明。一、甲家如何因甚麽事争起到官，乙家如何來解釋互論，甲家又如何供對已前事分明了。一、某年某月某日如何斷。一、某年某月某日某家於某官番訴，某官又如何斷。以後經幾番訴，並畫一寫出，後面却點對以前所斷當否，或有未盡情節，擬斷在後。如此了，却把來看，中間有擬得是底，並依其所擬斷決。合追人便追人，若不消追人，便只依其所擬回申提刑司去。有擬得未是底，或大事可疑，却合衆商量。如此事都了，並無壅滯。」楊通老云：「天下事體，固是説道當從原頭理會來，也須是從下面細處理會將上，始得。」曰：「固是。如做監司，只管怕訟多，措置不下。然要省狀，也不得。若不受詞訟，何以知得守令政事之當否？全在這裏見得。只如入建陽，受建陽民户訟，這箇知縣之善惡便見得。如今做守令，其弊百端，豈能盡防？如胥吏沉滯公事，邀求於人，人皆知可惡，無術以防之。如要好，在嚴立程限。他限日到，自要苦苦邀索不得。若是做守令，有可以白干沈滯底事，便是無頭腦。須逐事上簿，逐事要了，始得。某爲守，一日詥詞，一日著到。合是第九日詥詞，某却罷了此日詥詞。明日是休日，今日便刷起，一旬之内，有未了事一齊都要了。大抵做官，須是令自家常閑，吏胥常忙，方得。若自家被文字來叢了，討頭不見，吏胥便來作弊。做官須是立紀綱，綱紀既立，都自無事。如諸縣發簿曆到州，在法，本州點對自有限日。如初間是本州磨算司，便自有十日限，却交過通判審計司，亦有五日限。今到處並不管著限日，或遲延一月，或遲延兩三月，以邀索縣道，直待計囑滿其所欲，方與呈州。初過磨算司，使一番錢了，到審計司，又使一番錢，到倅廳發回呈州呈覆，吏人又要錢。某曾作簿，知其弊，於南康及漳州皆用限日。他這般法意甚好，後來一向埋没了。某每到，即以法曉諭，定要如此，亦使磨底磨得子細，審底審得子細。有新簿、舊簿不同處，便批出理會。初間吏輩以爲無甚緊要，在漳州押下縣簿，付磨算司及審計司，限滿到日却不見到。根究出，乃是交點司未將上，即時决兩吏，後來却每每及限，雖欲邀索，也不敢遷延。縣道知得限嚴，也不被他邀索。如此等事整頓得幾件，自是省事。此是大綱紀。如某爲守，凡遇支給官員俸給，預先示以期日，到此只要一日支盡，更不留未支。這亦防邀索之弊。看百弊之多，只得嚴限以促之，使他大段邀索不得。」又曰：「某人世爲良宰，云要緊處有八字：『開除民丁，剗割户税。』世世傳之。」又曰：「前夜説，上下視法令皆爲閑事。如不許州郡監司饋送，幾番行下，而州郡監司亦復如前。但變换名目，多是做忌日，去寺中焚香，於是皆有所折送，其數不薄。朝廷詔令，事事都如此無紀綱，人人玩弛，可慮，可慮！」又曰：「省部文字一付之吏守，一味邀索，百端阻節。如某在紹興，有納助米人從縣保明到州，州保明到監司，監司方與申部。忽然部中又行下一文字來，再令保明，某遂與逐一詳細申去，云：『已從下一一保明訖，未委今來因何再作行移〔一二〕？』如此申去。某當時若便得這省吏在前，即時便與刺兩行字配將去。」

又曰：「吕與叔欲奏立四科取士，曰德行，曰明經，曰政事，曰文學。德行則待州縣舉薦，下三科却許人投牒自試。明經裏面分許多項目：如春秋則兼通三傳，禮則通三禮，樂則盡通諸經所説樂處。某看來，樂處説也未盡。政事則如試法律等及行移决判事。又定爲試辟，未試則以事授之，一年看其如何，辟則令所屬長官舉辟。」器遠云：「這也只是法。」曰：「固是法，也待人而行，然這却法意詳盡。如今科舉，直是法先不是了。今來欲教吏部與二三郎官盡識得天下官之賢否，定是了不得這事。」

器遠問：「今士人習爲時文應舉，如此須當有箇轉處否？」朱子曰：「某舊時看，只見天下如何有許多道理恁地多。如今看來，只有一箇道理，只有一箇學。在下者也著如此學，在上者也著如此學。在上若好學，自見道理，許多弊政亦自見得須要整頓。若上好學，便與學舍選舉賢儒，如胡安定、孫明復這般爲人教導之官，又須將科目盡變了，全理會經學，這須會好。今未説士子，且看朝廷許多奏表，支離蔓衍，是説甚麽。如誥宰相，只須説數語戒諭，如此做足矣。」又云：「表奏之文，下諛其上也；誥勅之文，上諛其下也。」

又曰：「須是罷了堂除及注授教官，却請本州鄉先生爲之。如福州，便教林少穎這般人做，士子也歸心，他教也必不苟。」又曰：「今教授之職，只教人做科舉時文。若科舉時文，他心心念念要争功名，若不教他，你道他自做不做？何待設官置吏費廪禄教他做？也須是當職底人怕道人不曉義理，須是要教人識些。如今全然無此意，如何恁地！」

又曰：「真正老成士人，多不得大學就試，大學緣此多不得人。」「某與子直書曾云：若怕人都來赴大學試，須思量士人所以都要來做甚麽。皆是秀才，皆非有古人教養之實，而仕進之途如此其易。正試既優，又有舍選，恩數既厚，視諸州或五六百人解送一人，何其不平至於此。自是做得病痛如此，不就這處醫治，却只去理會其末。今要好，且明降指揮，自今大學並不許以恩例爲免。」「大學既無非望之恩，又於鄉舉額窄處增之，則人人自安鄉里，何苦都要入大學？不就此整理，更説甚？」

又曰：「今州郡無兵無權。先王之制，内有六鄉、六遂、都鄙之兵，外有方伯、連帥之兵，内外相維，緩急相制。」

「辛棄疾頗諳曉兵事，云：『兵老弱，不汰可慮。向在湖南收茶寇，令統領揀人，要一可當十者，押得來便看不得，盡是老弱。問何故如此，云：只揀得如此，間有稍壯者，諸處借事去。州郡兵既弱，皆以大軍可恃，又如此。爲今之計，大段著揀汰，但所汰者又未有頓處。』某向見張魏公，説以分兵殺虜之勢。只緣虜人調發極難，完顏要犯江南，整整兩年方調發得聚。彼中雖是號令簡，無此間許多周遮，但彼中人纔逼迫得太急，亦易變，所以要調發甚難。只有沿淮有許多捍禦之兵。爲吾之計，莫若分幾軍趨關、陝，他必擁兵於關、陝；又分幾軍向西京，他必擁兵於西京；又分幾軍望淮北，他必擁兵於淮北，其他去處必空弱。又使海道兵擣海上，他又著擁兵捍海上。吾密揀精鋭幾萬在此，度其勢力既分，於是乘其稍弱處一直收山東。虜人首尾相應不及，再調發來添助，彼卒未聚，而吾已據山東。纔據山東，中原及燕京自不消得大段用力，蓋精鋭萃於山東而虜勢已截成兩段去〔一三〕。又先下明詔，使中原豪傑自爲響應。是時魏公答以『某只受一方之命，此事恐不能主之』。」蔡云：「今兵政如此，終當如何？」朱子曰：「須有道理。」蔡曰：「莫著改更法制？」曰：「這如何得？如同父云『將今法制重新洗換一番方好』。某看來，若便使改换得井牧其田、民皆爲兵，若無人統率之，其爲亂道一也。」「然則如之何？」曰：「只就這腔裏自有道理，這極易。只呼吸之間，便可以弱爲强，變怯爲勇，振柔爲剛，易敗爲勝，直如反掌耳。」

又曰：「今欲行古制，欲法三代，煞隔霄壤。今説爲民減放，幾時放得到他元肌膚處？且如轉運使，每年發十萬貫，若大段輕減，減至五萬貫，可謂大恩。然未減放那五萬貫，尚是無名額外錢。須一切從民正賦，凡所增名色一齊除盡，民方始得脱淨。這裏方可以議行古制。如今民生日困，頭只管重，更起不得。爲人君、爲人臣，又不以爲急，又不相知，如何得好？這須是上之人一切掃除妄費，卧薪嘗膽，合天下之智力，日夜圖求，一起而更新之，方始得。某在行在不久，若在彼稍久，須更見得事體可畏處。不知名園麗圃其費幾何，日費幾何，下面頭會箕斂以供上之求，又有上不在天子，下不在民，只在中間，白乾消没者何限！」

朱子嘗歎：「州縣官碌碌，民無所告訴。兼民情難知，耳目難得其人，看來如何明察，亦多有不知者。以此觀之，若是見得分明決斷時，豈可使有毫髮不盡。」又歎云：「民情難知如此，只是將甚麽人爲耳目之寄。」

又曰：「今做官人，那箇不説道先著馭吏？少間無有不拱手聽命於吏者。這只是自家不見得道理，事來都區處不下，吏人弄得慣熟，却見得高於他，只得委任之。」

又曰：「古者三公坐而論道，方可子細説得。如今莫説教宰執坐，奏對之時，頃刻即退。文字懷於袖間，只説得幾句，便將文字對上宣讀過，那得子細指點？且説無坐位，也須有箇案子，令開展在上，指畫利害，上亦知得子細。今頃刻便退，君臣如何得同心理會事？

六朝時，尚有『對案畫勑』之語。若有一案，猶使大臣略憑倚細説，如今公吏們呈文字相似，亦得子細。」又云：「直要理會事。且如一事屬吏部，其官長奏對時，下面許多屬官一齊都著在殿下，逐事付與某人，某人便著有箇區處，當時便可參考是非利害，即時施行，此一事便了。其他諸部有事，皆如此，豈不了事？如今只隨例送下某部看詳，遷延推托，無時得了。或一二月，或四五月，或一年，或兩三年，如何得了？某在漳州，要理會某事，集諸同官商量，皆逡巡泛泛，無敢向前，如此幾時得了？於是即取紙來，某自先寫起，教諸同官各隨所見寫出利害，只就這裏便見得分明，便了得此一事。少間若更有甚商量，亦只是就這上理會，寫得在這裏定了，便不到推延。若只將口説來説去，何時得了？朝廷萬事，只緣各家都不説要了，但隨時延歲月，作履歷遷轉耳，那時得事了！古者人君『自朝至於日中昃，不遑暇食，用咸和萬民』，『一日二日萬幾』。如今群臣進對，頃刻而退，人主可謂甚逸。古人豈是故爲多事？」又云：「漢唐時御史彈劾人，多抗聲直數其罪於殿上。又如要劾某人，先榜於闕外，直指其名，不許入朝。這須是如此。如今若説一事，要去一人，千委百曲，多方爲計而後敢説，説且不盡，是甚模樣！六朝所載『對案畫勑』下又云『後來不如此，有同譖愬』。看如今言事者，雖所言皆是，亦只類譖愬。」

又曰：「本朝祖宗積累之深，無意外倉卒之變。惟無意外之變，所以都不爲意外之防。

今樞密院號爲典兵，倉卒之際，要得一馬使，也没討處。今樞密要發兵，須用去御前畫旨，下殿前司，然後可發。若有緊急事變，如何待得許多節次？漢三公都帶司馬及將軍，所以倉卒之際，便出得手，立得事，扶得傾。今幸無意外之變，若或有之，樞密且倉卒下手未得。苗、劉之事，今人多責之朱、吕，當時他也是自做未得。古人定大難者，不知是如何？不知范文正、寇萊公人物生得如何？氣貌是如何？平日飲食言語是如何樣底人？今不復得親身看，且得箇依稀樣子，看是如何地。如今有志節擔當大事人，亦須有平濶廣大之意，始得。」致道云：「若做不得，只得繼之以死而已。」曰：「固是事極也不愛一死。但拚却一死，於自身道理雖僅得之，然恐無益於事，其危亡傾頽自若，奈何？如靖康，李忠愍死於虜手，亦可謂得其死。但當時使虜人感慨，謂中國有忠臣義士如此，可以不必相擾，引兵而退。如此，却於宗社有益。若自身既死，事變只如此，濟得甚事？當死而死，自是無可疑者。」

又曰：「古之戰也，兩軍相對，甚有禮。有饋惠焉，有飲酌焉，不似後世，便只是爛殺將去。劉錡順昌之捷，亦只是投之死地而後生。當時虜騎大擁而至，凡十餘萬。諸將會議，以爲固知力不能當，然急渡江，則朝廷兵守已自戒嚴，必不可渡。兼攜持老幼，虜騎已迫，必爲所追，其勢終歸於死。若兩下皆死，不若固守，庶幾可生，遂開城門而守。虜人大至，劉錡先遣人約他某日戰。虜人謂其敢與我約戰，大怒。至日，虜騎壓於城外。時正暑月，劉錡分部下兵五千爲五隊，先備暑藥、飯食、酒肉存在。先以一副兜牟與甲置之日下曬，時令人以手摸，看熱得幾何。如此數次，其兜牟與甲尚可容手，則未發。直待熱如火，不可容手，乃换一隊軍至，令喫酒飯。稍定，與暑藥，遂各授兵出西門戰。少頃，又换一隊上，授之，出南門。如此數隊，分諸門迭出迭入，虜遂大敗。緣虜人衆多，其立無縫，僅能操戈，更轉動不得。而我兵執斧，直入人叢，掀其馬甲，以斷其足。一騎纔倒，即壓數騎，殺死甚衆。況當衆正熱，甲盾如火，流汗喘息煩悶，而吾軍迭出，飽鋭清凉，而傷困者即扶歸就藥調護。遂以至寡敵至衆，虜人大敗。方有怯中國之心，遂從和議，前此皆未肯真箇要和。此是庚申年六月，可惜此機不遂進。」

亞夫問濮議。朱子曰：「歐公説不是，韓公、曾公亮和之。温公、王珪議是。范鎮、吕晦、范純仁、吕大防皆彈歐公，但温公又於濮王一邊禮數太薄，須於中自有斟酌可也。歐公之説斷不可。且如今有爲人後者，一日所後之父與所生之父相對坐，其子來唤所後父爲父，終不成又唤所生父爲父？這自是道理不可。試坐仁宗於此，亦坐濮王於此，使英宗過焉，終不成都唤兩人爲父。只緣衆人道是死後爲鬼神不可考，胡亂呼都不妨，都不思量道理不可如此。先時仁宗有詔云：『朕皇兄濮安懿王之子猶朕之子也。』此甚分明，當時只以此爲據足矣。」亞夫問：「古禮自何壞起？」曰：「自定陶王時已壞了。蓋成帝不立弟中山王，以爲禮兄弟不得相入廟，乃立定陶王，蓋子行也。孔光以尚書盤庚殷之兄王爭之，不獲。當時濮廟之爭，都是不爭好。好讀古禮，見得古人意思，爲人後爲之子，其義甚詳。」

以上葉賀孫録。

黄仁卿將宰樂安，論及均税錢，曰：「今説道『税不出鄉』，要之，税有輕重，如何不出鄉得？若教税不出州時，庶幾稍均得。」朱子曰：「税不出鄉，只是古人一時間尋得這説，去防那一時之弊。而今耳裏聞得，却把做箇大説話。但只均税錢，也未盡，須是更均税物方得。且如福州納税，一錢可以當這裏十錢，而今便須是更均那税物。」又曰：「往在漳州，見有退税者，不是一發退了。謂如春退了税後，秋又退苗，却不知别郡如何。然畢竟是名目多後恁地。據某説時，只教有田底便納米，有地底便納絹，只作兩鈔，官司亦只作一倉一場。如此，百姓與官司皆無許多勞攘。」又曰：「三十年一番經界方好。」又曰：「元稹均田圖惜乎不見，今將他傳來考，只有兩疏，却無那圖。然周世宗一見而喜之，便欲行，想見那圖大段好。嘗見陸宣公奏議後面説那口分世業，其纖悉畢盡，古人直是恁地用心。今人若見均田圖時，他只把作鄉司職事看了〔一四〕，定是不把作書讀。今如何得有陸宣公樣秀才！」又曰：「林勳本政書每鄉開具若干字號田，田下註人姓名，是以田爲母，人爲子，説得甚好。」又曰：「神宗大概好用生事之人。如吴居厚在京西括民買鑊，官司鑄許多鑊，令民四口買一，五口則買二。其後民怨，幾欲殺之，吴覺而免，然卒稱旨。其後如蔡京欲舉行神宗時政，而所舉行者皆熙寧之政，非元豐神祖自行之政也。故了翁摭摘其失，以爲京但行得王安石之政，而欺蔽不道，實不曾紹復元豐之政也。」以上黄義剛録。

朱子論財賦曰：「財用不足，皆起於養兵。十分，八分是養兵，其他用度止在二分之中。古者刻剥之法本朝皆備，所以有靖康之亂。已前未有徐、揚、江、鄂之兵，止謂張宣撫兵、某人兵，今增添許多兵，合當精練禁兵，汰其老弱，以爲廂兵。」甘節録。

朱子在漳州時，教射及等，同官擬判，限日過呈，又如論變科目、理經學、少頴作教、棄疾論兵、均太學、增州額、除無名、歸正賦、大臣從容論政、逐事區處施行、仰慕陸范寇劉諸前輩等説，是當日留心政事、實可推行者。所謂全體大用，天德王道，一以貫之也。若陸、王亦有一二善政可法，烏能如此廣大詳盡哉！且其虛心景行前輩誠意，尤令後學知所師範。陸、王則俯視一切，無此謙沖懷抱矣。

【校勘記】

〔一〕某謂　「某」原作「其」，據清華鈔本、語類卷一〇〇改。

〔二〕則必不擾亂　「必不」原倒作「不必」，清華鈔本同，據語類卷一一八乙正。

〔三〕呂氏家塾記　「記」原脱，清華鈔本同，據語類卷一〇九補。

〔四〕荆門皇極説曾見之否　「否」原脱，清華鈔本同，據晦庵集卷五三補。

〔五〕又取板本九經諸史百氏之書列寘其旁　「氏」原作「代」，據清華鈔本、晦庵集卷八〇改。

〔六〕依於仁　「依於」二字原脱，清華鈔本同，據語類卷三四補。

〔七〕佛老只爲元無這禮　「禮」原作「理」，據清華鈔、語類卷四一改。

〔八〕這裏便要講學存養　「這裏」原作「這箇」，「要」原脱，據清華鈔本、語類卷一七改、補。

〔九〕統如何　「統」原脱，據清華鈔本、語類卷九八補。

〔一〇〕如何程氏説到事天享帝了　「帝」原作「地」，據清華鈔本、語類卷四四及二程遺書卷六改。

〔一一〕豐憲送下狀如雨　「豐憲」原作「憲封」，據清華鈔本、語類卷一〇六改。

〔一二〕未委今來因何再作行移　「未」原作「奉」，據清華鈔本、語類卷一〇六改。

〔一三〕蓋精鋭萃於山東而虜勢已截成兩段去　「蓋」原作「益」，據清華鈔本、語類卷一一〇改。

〔一四〕他只把作鄉司職事看了　「鄉」原作「卿」，據清華鈔本、語類卷一一一改。

朱子聖學考略卷九

甲寅，朱子六十五歲。

乞修三禮劄子云：「臣聞之，六經之道同歸，而禮、樂之用爲急。遭秦滅學，禮、樂先壞。漢晉以來，諸儒補緝，竟無全書。其頗存者三禮。周官一書，固爲禮之綱領，至其儀法度數，則儀禮乃其本經，而禮記郊特牲、冠義等篇乃其義説耳。前此猶有三禮、通禮、學究諸科，禮雖不行，而士猶得以誦習而知其説。熙寧以來，王安石變亂舊制，廢罷儀禮，而獨存禮記之科，棄經任傳，遺本宗末，其失已甚。而博士諸生又不過誦其虚文以供應舉，至於其間亦有因儀法度數之實而立文者，則咸幽冥而莫知其源。一有大議，率用耳學臆斷而已。若乃樂之爲教，則又絶無師授，律尺短長，聲音清濁，學士大夫莫有知其説者，而不知其爲闕也。故臣頃在山林，嘗與一二學者考訂其説，欲以儀禮爲經，而取禮記及諸經史雜書所載有及於禮者，皆以附於本經之下，具列注疏諸儒之説，略有端緒。而私家無書檢閲，無人抄寫，久之未成。會蒙除用，學徒分散，遂不能就。而鐘律之制，則士友間亦有得其遺意者。竊欲更加參考，別爲一書，以補六藝之闕，而亦未能具也。欲望聖明特詔有司，許臣就秘書省、太常寺關借禮樂諸書，自行招致舊日學徒十餘人，踏逐空閑官屋數間，與之居處，令其編類。雖有官人，亦不繫銜請俸，但乞逐月量支錢米，以給飲食、紙札、油燭之費。其抄寫人，即乞下臨安府差撥貼司二十餘名，候結局日量支犒賞，別無推恩。則於公家無甚費用，而可以興起廢墜，垂之永久，使士知實學，異時可爲聖朝制作之助，則斯文幸甚，天下幸甚。」

是時朱子在朝，上此劄子，旋即去國。後來費許多工夫編成通解一書，喪、祭二禮，以家禮與通解參酌以爲式。講求服習者，有儀以習其升降、進退、拜揖之節，有物以達其尊敬、孝愛、遜讓之忱，又有義以講明天理人心、性情中和之體用。學之草莽，推之大廷，萬世定規也。所難者，朱子教人學禮真誠之意，人不知耳。必得人如黄勉齋、陳安卿兩先生者，或爲鄉大夫，或爲鄉先生，與起士民禮讓之真心，扶持士民禮讓之醇俗，庶不失朱子苦心也夫。

委教授措置嶽麓書院牒云：「契勘本州州學之外復置嶽麓書院，本爲有志之士不遠千里求師取友，至於是邦者，無所棲泊，以爲優游肄業之地，故前帥樞密忠肅劉公特因舊基復創新館，延請故本司侍講張公先生往來其間，使四方來學之士得以傳道授業解惑焉。此意甚遠，非世俗常見所到也。而比年以來，師道陵夷，講論廢息，士氣不振，議者惜之。當職叨冒假守，蒙被訓詞，深以講學教人之務爲寄。顧恨庸鄙，弗克奉承，到官兩月，又困簿書，未能一往謁殿升堂，延見諸生，詢考所合罷行事件，庶革流弊，以還舊規。除已請到醴陵黎君貢士充講書職事，與學録鄭貢士同行措置外，今議别置額外學生十員，以處四方遊學之士。依州學則例，日破米一升四合，錢六十文，更不補試，聽候當職考察搜訪，徑行撥入者。庶幾有以上廣聖朝教育人才之意，凡使爲學者知所當務，不專在於區區課試之間，實非小補。牒教授及帖書院照會施行，仍請一面指揮合干人排備齋舍、几案、床榻之屬〔一〕，並帖錢糧官於本州贍學料次錢及書院學糧内通融支給，須至行遣。」

乞撥飛虎軍隸湖南安撫司劄子云：「熹竊見荆湖南路安撫司飛虎軍元係帥臣辛棄疾創置，所費財力以巨萬計，選募既精，器械亦備，經營葺理，用力至多。數年以來，盜賊不起，蠻猺帖息，一路賴之以安。而自棄疾去鎮之後，便有指揮撥隸步軍司，既而又有指揮撥隸荆鄂副都統。自此之後，只許緩急聽本司節制，而陞差事權並在襄陽。竊詳當日創置此軍，本爲彈壓湖南盜賊，專隸本路帥司，本路别無頭段軍馬，唯賴此軍以壯聲勢。而以帥司制御此軍，近在目前，行移快疾，察探精審，事權專一，種種利便。今乃遥隸襄陽，襄陽乃爲控制北邊大敵，自有大軍萬數，何藉此軍爲重？而又相去一千二百餘里，其將吏之勤惰、士卒之勇怯、紀律之疏密、器械之利鈍，豈能盡知？而使制其升黜之柄，徒使湖南失此事權，不過禮數羈縻，略相賓服而已。於其軍政，平日無由覺察，及有調發，然後從而節制之，彼此不相諳委，有誤事必矣。欲望朝廷考究原來創置此軍一宗本末，照辛棄疾當時所請，特賜敷奏，别降指揮，仍舊以湖南飛虎軍爲額。其陞差節制一切事務，並委帥臣專制，只令荆鄂副都統司每歲十月關湖廣總領所，同共差官，按拍事藝，覺察有無闕額虚券雜役之類，庶幾互相防檢，緩急可恃。」

冬十月辛卯，行宫便殿奏劄二曰：「臣竊惟皇帝陛下祗膺駿命，恭御寶圖，正位之初，未遑他事，而首以博延儒臣、討論經藝爲急先務，蓋將求多聞以建事，學古訓而有獲，非若記問愚儒詞章小技，誇多以爲博，鬬靡以爲工而已也。如是則勸講之官所宜遴選，顧乃不擇，誤及妄庸，則臣竊以爲過矣。蓋臣天資至愚極陋，雖嘗挾策讀書，妄以求聖賢之遺旨，而行之不力，老矣無聞，況於帝王之學，則固未之講也，其何以當擢任之寵而辱顧問之勤乎？是以聞命驚惶，不敢奉詔。然嘗聞之，人之有是生也，天固與之仁義禮智之性，而敘其君臣父子之倫，制其事物當然之則矣。以其氣質之有偏、物欲之有蔽也，是以或昧其性以亂其倫，敗其則而不知反。必其學以開之，然後有以正心修身而爲齊家治國之本。此人之所以不可不學，而其所以學者，初非記問詞章之謂，而亦非有聖愚貴賤之殊也。以是而言，則臣之所嘗用力，固有可爲陛下言者，請遂陳之。蓋爲學之道，莫先於窮理，窮理之要必在於讀書，讀書之法莫貴於循序而致精，而致精之本則又在於居敬而持志，此不易之理也。夫天下之事莫不有理，爲君臣者有君臣之理，爲父子者有父子之理，爲夫婦、爲兄弟、爲朋友，以至於出入起居、應事接物之際，亦莫不各有理焉。有以窮之，則自君臣之大以至於事物之微，莫不知其所以然與其所當然，而亡纖芥之疑，善則從之，惡則去之，而無毫髮之累。此爲學所以莫先於窮理也。至論天下之理，則要妙精微，各有攸當，亘古至今，不可移易。唯古之聖人爲能盡之，而其所行所言，無不可爲天下後世不易之大法。其餘則順之者爲君子而吉，背之者爲小人而凶。吉之大者，則能保四海而可以爲法；凶之甚者，則不能保其身而可以爲戒。是其粲然之跡、必然之效，蓋莫不具於經訓史册之中。欲窮天下之理而不即是而求之，則是正墻面而立爾。此窮理之所以必在乎讀書也。若夫讀書，則其不好之者，固怠忽間斷而無所成矣。其好之者，又不免乎貪多而務廣，往往未啓其端，而遽已欲探其終，未究乎此，而忽已志在乎彼，是以雖復終日勤勞，不得休息，而意緒怱怱，常若有所奔趨迫逐，而無從容涵泳之樂，是又安能深信自得，常久不厭，以異於彼之怠忽間斷而無所成者哉？孔子所謂『欲速則不達』，孟子所謂『進鋭者退速』，正謂此也。誠能鑒此而有以反之，則心潛於一，久而不移，而所讀之書文意接連，血脈貫通，自然漸漬浹洽，心與理會，而善之爲勸者深、惡之爲戒者切矣。此循序致精所以爲讀書之法也。若夫致精之本，則在於心。而心之爲物，至虚至靈，神妙不測，常爲一身之主，以提萬事之綱，而不可有頃刻之不存者也。一不自覺而馳騖飛揚，以徇物欲於軀殼之外〔二〕，則一身無主，萬事無綱。雖其俯仰顧眄之間，蓋已不自覺其身之所在，而況能反復聖言、參考事物，以求義理至當之歸乎？孔子所謂『君子不重則不威，學則不固』，孟子所謂『學問之道無他，求其放心而已矣』者，正謂此也。誠能嚴恭寅畏，常存此心，使其終日儼然，不爲物欲之所侵亂，則以之讀書，以之觀理，將無所往而不通，以之應事，以之接物，將無所處而不當矣。此居敬持志所以爲讀書之本也。此數語者，皆愚臣平生爲學艱難辛苦已試之效。竊意聖賢復生，所以教人不過如此。不獨布衣韋帶之士所當從事，蓋雖帝王之學，殆無以易之。特以近年以來，風俗薄陋，士大夫間聞此等語，例皆指爲道學，必排去之而後已。是以食芹之美，無路自通，每抱遺經，徒竊慨歎。今者乃遇皇帝陛下，始初清明，無他嗜好，獨於問學孜孜不倦，而臣當此之時，特蒙引對，故敢忘其固陋而輒以爲獻。伏惟聖明深賜省覽，試以其説驗之於身，蚤寤晨興，無忘今日之志而自强不息，以緝熙於光明，使異時嘉靖邦國如商高宗，興衰撥亂如周宣王，以著明人主講學之效，卓然爲萬世帝王之標準，則臣雖退伏田野，與世長辭，與有榮矣。何必使之勉强盲聾、扶曳跛躄，以污近侍之列，而爲盛世之羞哉！干冒宸嚴，不勝戰栗，惟陛下留神財幸。取進止。」

此篇朱子告人君學治道理工夫，是將自己平日用功曲折甘苦歷歷寫出，讀者不可草草誦説。試深思之，存心能整齊否？讀書能專一否？於經史中，能實見切己法戒否？於倫物中，能實見切己道理否？就四項密密體驗，乃知不曾窮理讀書，終身在疑累面墻中，不曾循序居敬，終身在奔趨馳騖中，有不禁悚然通身汗下者，急急閉户埋頭，循此四項切要指示之語，做得三五年工夫，方可與語學業。以此爲典型，以此爲宗主，以此爲神明，自脚下起，至於一夕尚存，未死之前，無他法也，守此而已。

庚戌，講筵留身，奏四事。

年譜云：時有旨修葺東宫三數百間，欲徙居之，諫臣黄度將論近習，遽以特批逐之。朱子不勝憂慮，乃具奏四事。其略曰：「此必左右近習倡爲此説，以誤陛下。臣恐上帝震怒，災異數出，正當恐懼修省，不當興此大役，亦恐畿甸百姓饑餓流離，怨望忿切，以生他變。太上皇帝未有進見之期，壽皇在殯，因山未卜，几筵之奉，不容少弛。太皇太后、皇太后皆以尊老之年煢然憂苦，晨昏之養，尤不可闕。不宜大興土木，以適安便。又壽康定省之禮，所宜下詔自責，頻日繼往，顧乃逶迤舒緩，無異尋常，泛然而往，泛然而歸。太上皇帝必以爲此徒備禮，實無必求見我之心，其深閉固拒，亦宜矣。

至於朝廷紀綱尤所當嚴，今進退宰執，移易臺諫，皆出陛下之獨斷，非爲治之體。況中外傳聞，皆謂左右或竊其柄，而其所行又未能盡允於公議。至殯宮之卜，偏聽臺史謬妄之言，但欲於祐、思諸陵之旁攢那遷就，苟且了當，既不爲壽皇體魄安寧之慮，又不爲宗社血食久遠之圖。臣願陛下首罷修葺東宮之役，而以其工料，回就慈福、重華之間，草創寢殿一二十間，使粗可居。如是，則上有以感格太上皇帝之心，而速南内進見之期，又有以致壽皇几筵之奉，而盡兩宫晨昏之禮。此一事也。若夫過宫之計，臣願陛下入宫之後，暫變服色，預詔近屬尊行之賢，使之先入，然後隨入，望見太上皇帝，即當流涕伏地，抱膝吮乳，以伸負罪引慝之誠，則太上皇帝忿怒之情亦宜雲消霧散，而歡意浹洽矣。此二事也。若夫朝廷紀綱，臣又願陛下深詔左右，勿預朝政。凡號令之張弛、人才之進退，則一委之二三大臣，使之較量，勿狥己見。此三事也。若夫山陵之卜，亦望先寬七月之期，次黜臺史之説，别求草澤，以營新宫，使壽皇之遺體得安於内，則宗社生靈蒙福於外矣。此四事也。皆今日最急之務，切乞留神，反復思慮，斷而行之。」上爲之感動，然卒無所施行。

此四事是當日新政大弊，朱子痛切言之，寧宗不知前席請教，皆求治不誠、群小蒙蔽之故。是以私欲横行，天理日就消亡也。

閏月戊午朔，編次講章以進。

年譜云：是日講至盤銘「日新」，因論成湯有盤銘，武王有丹書，皆人主憂勤警戒之意。朱子講及數次，復編次成帙，取旨進入。上喜，且令點句以來，他日請問。上曰：「宫中常讀之，其要在求放心耳。」朱子頓首謝，因復奏進德劄子。朱子退，謂門人曰：「上可與爲善，願常得賢者輔導，天下有望矣。」

庚申，蚤講。辛酉，晚講。

朱子大學講章發明君德，冀動寧宗發奮自强之心，無如一暴十寒，卒爲庸主，惜哉！

上祧廟議狀云：「準尚書吏部牒，奉聖旨，令侍從、兩省、臺諫、禮官集議四祖祧主宜有所歸者。熹今竊詳群議，其説雖多，而揆以禮經，皆有可疑。如曰藏於太廟之西夾室，則古者惟有子孫祧主上藏於祖考夾室之法，而無祖考祧主下藏於子孫夾室之文。昔者僖祖未遷，則西夾室者，僖祖之西夾室也。故順、翼二祖之主藏焉而無不順之疑。今既祧去僖祖，而以太祖祭初室矣，則夾室者乃太祖之夾室。自太祖之室視之，如正殿之視朵殿也。子孫坐於正殿，而以朵殿居其祖考，於禮安乎？此不可之一也。至於祫享，則又欲設幄於夾室之前而别祭焉，則既不可謂之合食，而僖祖神坐正當太祖神坐之背，前孫後祖，此又不可之二也。如曰別立一廟以奉四祖，則不唯喪事既遠，有毀無立，而所立之廟必在偏位，其棟宇儀物亦必不能如太廟之盛，是乃名爲尊祖，而實卑之。又當祫之時，群廟之主祫於太廟，四廟之主祫於別廟，亦不可謂之合食。此又不可之三也。如曰藏主於天興殿，則宗廟、原廟，古今之禮不同，不可相雜，而不得合食，亦與別廟無異。此又不可之四也。凡此數者，反復尋繹，皆不可行。議者亦皆知其不安，而不知所以然者，特以其心急欲尊奉太祖，三年一祫，時暫東向之故，而爲此紛紛，不復顧慮。殊不知其實無益於太祖之尊，而徒使僖祖、太祖兩廟威靈常若相與争校强弱於冥冥之中，並使四祖之神疑於受擯，徬徨躑躅，不知所歸，令人傷痛不能自已。不知朝廷方此多事之際，亦何急而爲此也？今亦無論其他，但以太祖皇帝當日追尊帝號之心而默推之，則知太祖今日之靈於此必有所不忍而不敢當矣。又況僖祖祧主遷於治平，而不過數年，神宗皇帝復奉以爲始祖，已爲得禮之正而合於人心，所謂有其舉之而莫敢廢者乎。且孔子論武王、周公之孝而曰：『踐其位，行其禮，奏其樂，愛其所親，敬其所尊，事死如事生，事亡如事存，孝之至也。』今天下既踐太祖之位、行太祖之禮、奏太祖之樂矣，則當愛太祖之所親、敬太祖之所尊，所以事太祖者無以異於生存之時，乃爲至孝。而議者顧欲黜其所追尊之祖考置之他所，而又未有一定之處，是豈所謂愛敬其所親尊而事之如生存之時乎？且議者之所以必爲此説者，無他，但以太祖膺圖受命，化家爲國，而王業之興不由僖祖耳。若以此言，則后稷本封於邰，而不窋已自竄於戎狄，公劉、太王又再遷而後定，文、武之興，又何嘗盡由於后稷哉？但推其本始爲出於此，故不可以不祭，而祭之不可以不尊耳。豈計其功德之小大有無哉！况周人雖以后稷爲太祖，而祭法亦曰『祖文王而宗武王』，是乃所謂祖有功而宗有德之意，故自爲世室而百世不遷，以冠群廟，則亦不待東向於祫然後可以致崇極之意矣。然今日宗廟之制未能如古，姑以權宜而論之，則莫若以僖祖擬周之后稷，而祭於太祖之初室，順祖爲昭，翼祖爲穆，宣祖爲昭，而藏其祧主於西夾室。太祖爲穆，擬周之文王爲祖，而祭於太廟之第二室。太宗爲昭，擬周之武王爲宗，而祭於太廟之第三室。其太祖、太宗又皆百世不遷，而謂之世室。真宗爲穆，其祧主亦且權藏於西夾室。仁宗爲昭、爲宗，而祭於第四室，亦爲世室，如太宗之制。英宗爲穆，藏主如真宗之制。神宗爲昭，祭第五室。哲宗爲穆，祭第六室。徽宗爲昭，祭第七室。欽宗爲穆，祭第八室。高宗爲昭，祭第九室。孝宗爲穆，祔第十室。異時高宗亦當爲宗，爲世室，如太宗、仁宗之制。三歲祫享，則僖祖東向如故，而自順祖以下至於孝宗，皆合食焉，則於心爲安，而於禮爲順矣。至於古者宗廟之制，今日雖未及議，尚期異時興復之後，還反舊都，則述神宗之志而一新之，以正千載之繆，成一王之法，使昭穆有序而祫享之禮行於室中，則又善之大者也。蓋尊太祖以東向者，義也；奉僖祖以東向者，恩也。義者，天下臣子今日之願也；恩者，太祖皇帝當日之心也。與其伸義詘恩，以快天下臣子之願，孰若詘義伸恩，以慰太祖皇帝之心乎？韓愈所謂『祖以孫尊，孫以祖詘』者，正合此意。而又以爲四時各祭其廟，則所伸之祭常多；三年然後一祫，則所詘之祭常少，亦中事情。故熹於此有感焉。竊獨以爲，今欲議四祖神位所祔之宜，而卒不免於舛逆而難通，不若還僖祖於太廟，三年而一東向之，爲順易而無事也。熹孤陋寡聞，所見如此。昨日適以衰病，不及預議。伏念宗廟事重，不敢緘默，須至申聞者。」

小貼子：「熹謹按：禮家先儒之説，兄弟傳國者，以其嘗爲君臣，便同父子，各爲一世，而天子七廟，宗者不在數中，此爲禮之正法。若今日見行廟制，則兄弟相繼者共爲一世，而太廟增爲九世，宗者又在數中，皆禮之末失也。故熹狀中所擬太廟世數，一準先儒之説，固知未必可用。若議者乃用今制，而反不曾詳考自僖祖以至孝宗方及十世，太祖、太宗爲第三世，尚在四昭四穆之中，今日祧遷，只合依孝宗初年遷翼祖例，且遷宣祖，然後爲得。乃不察此，而欲一旦無故並遷僖、宣二祖，又强析太祖、太宗各爲一世，既與哲、徽、欽、高之例不同，又使太廟所祀其實僅及八世，進不及今之九，退不及古之七，尤爲乖繆，無所據依。政使熹説迂濶，多所更改，不可施行，其議者並遷二祖、析一爲二之失，亦合速行改正，且遷宣祖，而合太祖、太宗復爲一世，以足九世之數。伏乞詳察。」

「熹既爲此議，續搜訪得元祐大儒程頤之説，以爲太祖而上有僖、順、翼、宣，先嘗以僖祧之矣。介甫議以爲不當祧，順以下祧可也，何者？本朝推僖祖爲始，以上不可得而推也。或難以僖祖無功業，亦當祧。以是言之，則英雄以得天下自己力爲之，並不得與祖德。或謂靈芝無根，醴泉無源，物豈有無本而生者？今日天下基本蓋出於此人，安得爲無功業？故朝廷復立僖祖廟爲得禮。介甫所見，終是高於世俗之儒。熹竊詳頤之議論，素與王安石不同，至論此事，則深服之，以爲高於世俗之儒，足以見理義人心之所同，固有不約而合者。但以衆人不免自有争較强弱之心，雖於祖考，亦忘遜避，故但見太祖功德之盛，而僖祖則民無得而稱焉，遂欲尊太祖而卑僖祖。又見司馬光、韓維之徒皆是大賢，人所敬信，其議偶不出此，而王安石乃以變亂穿鑿得罪於公議，故欲堅守二賢之説，並安石所當取者而盡廢之，所以無故生此紛紛。今以程頤之説考之，則可以見議論之公，而百年不决之是非可坐判矣。並乞詳察。」

朱子行政，一循舊制之善者，初無功自己出之意。飛虎軍遵辛制，嶽麓書院遵劉制，不祧僖祖遵太祖制，與程子之言，以大公之心，酌其一定，不可易者，行之則國家廢墜可次第修舉矣。

乞進德劄子曰：「臣竊聞周武王之言曰：『惟天地萬物父母，惟人萬物之靈，亶聰明，作元后。元后作民父母。』而孟子又曰：『堯舜性之，湯武反之。』蓋嘗因此二説而深思之。天地之大，無不生育，固爲萬物之父母矣。人於其間，又獨得其氣之正，而能保其性之全，故爲萬物之靈。若元后者，則於人類之中，又獨得其正氣之盛而能保其全性之尤者，是以能極天下之聰明而出乎人類之上，以覆冒而子畜之，是則所謂作民父母者也。然以自古聖賢觀之，惟帝堯、大舜生而知之，安而行之，爲能履此位、當此責而無愧。若成湯、武王，則其聰明之質固已不能如堯、舜之全矣，惟其能學而知，能利而行，能擇善而固執，能克己而復禮，是以有以復其德性聰明之全體，而卒亦造夫堯舜之域，以爲億兆之父母。蓋其生質雖若不及，而其反之之至則未嘗不同。孔子所謂『及其成功一也』，正此之謂也。恭惟皇帝陛下，聰明之質性之於天，固非常情所能窺度。然而生長深宫，春秋方富，臣恐稼穡艱難，容有未盡知，人之情僞，容有未盡察；國家憲度，容有未盡習。至於學道修身、立志揆事之本，制事御俗、發號施令之要，亦容有未能無待於講而後明者。故竊以爲陛下誠能於此深留聖意，日用之間，語默動静，必求放心以爲之本，而於玩經觀史、親近儒學，已用力處益用力焉；數召大臣切劘治道，俾陳今日要急之務，略如仁祖開天章閣故事。至於君臣進對，亦賜温顔，反復詢訪，以求政事之得失、民情之休戚，而又因以察其人材之邪正短長，庶於天下之事各得其理。經歷詳盡，浹洽貫通，聰明日開，志氣日强，德聲日聞，治效日著，四海之内瞻仰畏愛，如親父母，則是反之之至，而堯、舜、湯、武之盛不過如此。不宜妄自菲薄，因循苟且，而不復以古之賢聖自期也。臣本迂儒，加以老病，自知無用，分甘窮寂。今者徒以趣召之峻，冒昧而來，耳目筋骸，皆難勉强。然而未敢遽以告歸爲請者，誠感眷遇之厚，猶欲少忍須臾，以俟陛下聖志之立、聖學之成，决知異日姦言邪説不能侵亂，果如前所期者，然後乞身以去，則爲上不負天子，下不負所學，而臣主俱榮矣。顧以此事在臣但能言之，而其用力則在陛下。萬一暮景迫人，不容宿留，則抱此耿耿，私恨無窮。伏望聖慈憐臣此志，察臣此言，策勵身心，勉進德業，使臣蚤得遂其所欲，則雖夕死，瞑目無恨矣。冒瀆宸聽，臣無任悃欵激切之至。取進止。」

此篇直繼召誥、洛誥、無逸、立政之後，接周、召兩聖人之心傳，與經並行天壤矣。至今反復熟讀，立本求賢、諮治安民之道無一不具，其肫懇肝腸，昭朗萬世，而寧宗不爲感動，豈非宋運之否哉？

丙戌，詔除寶文閣待制、知江陵府、湖北安撫，辭。

年譜云：是日晚，朱子請留身，申言前疏，乞賜施行。既退，即降御批，除宫觀。趙汝愚、樓鑰、鄧驛、劉光祖、陳傅良皆争留之，不可。有旨除寶文閣待制，與州郡差遣。遂行，道除知江陵府，辭。初，韓侂胄自謂有定策功，且依托肺腑，出入宫掖，居中用事。朱子聞之，惕然以爲憂，因辭免職名，已微寓其意，又進對，再三面陳之，又數以手書遺生徒密白丞相，當以厚賞酬其勞，勿使得預朝政。丞相方謂其易制，所倚以爲腹心謀事之人又皆持禄苟安，無復遠慮。朱子獨懷忠憤，因講畢奏疏極言之。侂胄大怒，陰與其黨謀去之，而一時争名之流亦潛有甚間之意，由是侂胄之計遂行。朱子既去國，彭龜年遂攻侂胄，省劄直批龜年與郡。侂胄益張，衣冠之禍，蓋始此云。

朱子任湖南，善政不勝載，理軍政、興學校、用人材，其最大者。任經筵，盡職事，亦不勝載，議祧廟、奏四事、編講章、參侂胄，其最大者。至於奏對劄子、進德劄子，其陳善責難之心，直以商高宗、周宣王望寧宗矣。乃擯而不用，自遠耆德，自比頑童，紊亂國紀，再傳而亡，哀哉！

十一月，過玉山，邑宰司馬邁請爲諸生講説。其大略云：「性之所以爲體，只是仁、義、禮、智、信五字，天下道理，不出於此。」「却爲後世之言性者多雜佛老而言，所以將性字作知覺心意看之，非聖賢所説性字本指也。」「仁、義、禮、知皆真實而無妄者，故信字更不須説。」「凡此四者，具於人心，乃是性之本體。方其未發，漠然無形之可見；及其發而爲用，則爲惻隱、羞惡、恭敬、是非，所謂情也。」「蓋一心之中，仁義禮知各有界限，而其性情體用又自各有分别，須是見得分明，然後就此四者之中，又自見得仁義兩字是箇大界限。如天地造化、四時流行，而其實不過於一陰一陽而已。於此見得分明，然後就此又自見得仁字是箇生底意思，通貫周流於四者之中。」「若論體用，亦有兩說。蓋以仁存於中而義形於外言之，則曰仁人心也，義人路也，以仁義相爲體用。若以仁對惻隱，義對羞惡而言，則就其一理之中，又以未發已發相爲體用，若認得熟，看得透，則玲瓏穿穴，縱橫顛倒，無處不通，而日用之間，行著習察，無不是著工夫處矣。」又曰：「聖賢教人，始終本末，循循有序，精粗巨細無有或疑。故纔尊德性，便有箇『道問學』一段事，雖當各自加功，然亦不是判然兩事也。」「學者要當時時有以交相滋益，互相發明，則自然該貫通達，而於道體之全無欠闕處矣。今時學者略有些少影響見聞，便自主張，以爲至足〔三〕，不能遍觀博考，反復參驗。其務爲簡約者，既蕩而爲異學之空虛，其急於功利者，又溺而爲流俗之卑近，此爲今日之大弊，尤不可以不戒。」

仁義禮知之性，受於天而具於心，此天地生人之理，至精至粹者也。自孔子言仁，聖門學者皆知求仁，而義、禮、智或專言，或聯及，性之理始顯。至孟子言「君子所性，仁義禮知根於心」，分別性情，如指諸掌。至周子言「聖人定之以中正仁義，而主静立人極焉」，程子言「性中只有箇仁義禮知四者」，夫然後仁義禮知之性，發明條暢，然其義旨深藏，學者猶有不能解晰體認者。至朱子出，研窮往訓，凡數十年。其於仁義禮知之性，存之固，養之熟，統之於心，驗之於行，推之於家國天下，真見得體用一原，顯微無間，無時不有，無事不然。故既取聖賢之書章解而句晰之，又日以此理引進後學，反覆開示，其受之者有所師承，而傳之者無所流弊矣。無如象山以佛、老之似亂孔、孟之真，但以知覺心意便認作性。朱子於其講論不合處，大聲疾呼，攻其迷惑，而卒不能使之一悟。及其既没，江西學子承其緒説，煬其餘焰，將率聰明篤實之士陷溺其中。所以闡明心性情之德，示人以知所反求之實，更極力説破空虛曠蕩之病，使人不致於迷惑而不悟。是以朱子聖學之純一，無如此篇，而閑聖道、息邪説之嚴峻，亦無如此篇也。程、王兩家亦稱前朝勤學之士，乃讀此篇而不知悟，則其陷溺之深，如珠之沉於淵、鏡之蝕其光，而絶無醒悟之機，以朱子此篇之委曲詳盡而不能動其機，豈非學術人心之大不幸哉！

滄洲精舍諭學者云：「老蘇自言初學爲文時，取論語、孟子、韓子及其他聖賢之文，而兀然端坐，終日以讀之者七八年。方其始也，入其中而惶然以懼，覩其外而駭然以驚。又其久也，讀之益精，而其胸中豁然以明，若人之言固當然者，然猶未敢自出其言也。歷時既久，胸中之言日益多，不能自制，試出而書之。已而再三讀之，渾渾乎覺其來之易矣。予謂老蘇但爲欲學古人説話聲響，極爲細事，乃肯用功如此，故其所就亦非常人所及。如韓退之、柳子厚輩，亦是如此，其答李翊、韋中立之書，可見其用力處矣。然皆只是要作好文章，令人稱賞而已。究竟何預己事，却用了許多歲月，費了許多精神，甚可惜也。今人説要學道，乃是天下第一至大至難之事，却全然不曾著力，蓋未有能用旬月功夫，熟讀一人書者。及至見人，泛然發問，臨時凑合，不曾舉得一兩行經傳成文，不曾照得一兩處首尾相貫，其能言者，不過以己私意敷衍立説，與聖賢本意、義理實處了無干涉，何況望其更能反求諸己，真實見得，真實行得耶？如此求師，徒費脚力，不如歸家杜門，依老蘇法，以二三年爲期，正襟危坐，將大學、論語、中庸、孟子及詩、書、禮記、程、張諸書分明易曉處，反復讀之，更就自己身心上存養玩索，著實行履。有箇入處，方好求師，證其所得，而訂其謬誤，是乃所謂就有道而正焉者，而學之成也可冀矣。如其不然，未見其可。故書其説，以示來者云。」

又諭學者云：「書不記，熟讀可記；義不精，細思可精。唯有志不立，直是無著力處。只如而今，貪利禄而不貪道義，要作貴人而不要作好人，皆是志不立之病。直須反覆思量，究見病痛起處，勇猛奮躍，不復作此等人，一躍躍出，見得聖賢所説千言萬語，都無一事不是實語，方始立得此志。就此積累功夫，迤邐向上去，大有事在。諸君勉旃，不是小事。」

按：精舍成於甲寅十二月，如「存養玩索，著實行履」〔四〕，「聖賢所説無一事不是實語」，此朱子以穩步正路明示學者，能遵而行之，有所見，有所得，方信字字是實也。

朱子訓琮曰：「聖賢言語，只管將來玩弄，何益於己？」曰：「舊學生以論題商議，非敢推尋立論。」曰：「不問如此，只合下立脚不是，偏在語言上去，全無體察工夫，所以神氣飛揚。且如仲方主張克己之説，只是治己，還曾如此自治否？仁之爲器重，爲道遠，舉莫能勝，行莫能至。果若以此自任，是大事，大事形神自是肅然，無有師保，如臨父母。曾子所謂『戰戰兢兢，如臨深淵，如履薄冰』，如此氣象，何暇輕於立論？仲方此去，須覺識見只管遲鈍，語言只管畏縮，方是自家進處。」琮起謝云：「先生教誨，深中膏肓〔五〕，如負芒刺。孟子曰：『持其志，無暴其氣。』琮雖不敏，請事斯語。」曰：「此意固然。志不立後，如何持得？」曰：「更願指教。」曰：「『大學之道，在明明德，在新民』，是立志處。」

此段吴琮録。

或問：「人之生，稟乎天之理以爲性，其氣清則爲知覺。而心又不可以知覺言，當如何？」朱子曰：「難説。以『天命之謂性』觀之，則命是性，天是心，心有主宰之義。然不可無分別，不可太説開成兩箇，當熟玩而默識其主宰之意可也。」

此段舒高録。

朱子訓謙曰：「若切己下工，聖賢言語雖散在諸書，自有箇貫通道理。須實有見處，自然休歇不得。」或問：「人講學不明，用處全差了。」曰：「不待酬酢應變時，若學不切己，自家一箇渾身自無著處，雖三魂七魄，亦不知下落，何待用時方差？」

此段廖謙録。

又曰：「今人皆不肯於根本上理會。如『敬』字只是將來説，更不做將去。根本不立，故其他零碎工夫無凑泊處。明道、延平皆教人静坐，看來須是静坐。」

又曰：「致知乃本心之知，如一面鏡子，本全體通明，只被昏翳了，而今逐旋磨去，使四邊皆照見，其明無所不到。」

此二段龔蓋卿録。

按：此六段句句切實。精神不定、不立志、不識主宰，何以爲學？尤當警省者，玩「三魂七魄，不知下落」一段，默驗自家魂魄，只是隨物流轉，豈不與禽獸一般？急急收斂向身，心中整齊體察。玩「本心之知」一段，識得自家本心之知，原是全體通明，最不可爲物遮蔽，决宜向裏深入理會。如此用功，方能默識主宰而存養之，不負朱子教人一片婆心也。可不熟玩哉！

又曰：「河間獻王得古禮五十六篇，想必有可觀。但當時君臣間有所不曉，遂至無傳。故先儒謂聖經不亡於秦火，而亡於漢儒。其説亦好。温公論景帝太子既亡，當時若立獻王爲嗣，則漢之禮樂制度必有可觀。又致堂謂，武帝若使董仲舒爲相，汲黯爲御史大夫，則漢治必盛。某嘗謂，若如此差除，那裏得來！」

因言：「封建只是歷代循襲，勢不容已，柳子厚亦説得是。賈生謂『樹國必相疑之勢』，甚然。封建後來自然有尾大不掉之勢，成周盛時能得幾時？到春秋列國强盛，周之勢亦浸微矣。後來到戰國，東、西周分治，赧王但寄於西周公耳。雖是聖人法，豈有無弊者！」大率朱子之意，以爲封建井田皆易得致弊。

或問修城事。云：「修城一事，費亦浩瀚。恐事大力小，兼不得人，亦難做。如今只靠兩寨兵，固是費力，又無馭衆之將可用。」張倅云：「向來靖康之變，虜至長沙，城不可守。雖守臣之罪，亦是濶遠難守。」朱子曰：「向見某州修城，亦以濶遠之故，稍縮令狹，却易修。」周伯壽云：「前此陳君舉長沙米倉、酒庫自在城外，萬一修得城完，財物盡在城外，不便。只當移倉庫，不當修城。」曰：「此是秀才家應科舉議論。倉庫自當移，城自當修。」又云：「初，益公任内只料用錢七萬，今甎瓦之費已使了六萬，所餘止一萬。初料得少，如今朝廷亦不肯添了。」

以上廖謙録。

玩此三段，知朱子行政在大綱領處轉移，師古法必通今制，非若後儒拘執也。

乙卯，朱子六十六歲。

答陳才卿云：「詳來示，知日用工夫精進如此，尤以爲喜。若知此心此理端的在我，則參前倚衡，自有不容捨者，亦不待求而得、不待操而存矣。格物致知，亦是因其所已知者，推之以及其所未知，只是一本，元無兩樣工夫也。」

按：陳才卿集此書係朱子答才卿乙卯四月十八日拜朱先生書也。才卿書所云「存養省察之意，不能自已」等語最精密切近，可爲後學進修門徑，故朱子答之如此。此時朱子涵養德性，至純至熟，不求而得，不操而存，亦已久矣。格致亦只是一本貫通，與涵養一致，象山以爲「道問學」，陽明以爲「徇外」，非惟不知朱子，而其空虛外義之弊不益瞭然也哉！

答陳器之云：「性是太極渾然之體，本不可以名字言，但其中具萬理，而綱理之大者有四，故命之曰仁、義、禮、知。孔門未嘗備言，至孟子而始備言之者，蓋孔子時性善之理素明，雖不詳著其條而說自具，至孟子時，異端蠭起，往往以性爲不善，孟子懼是理之不明，而思有以明之，苟但曰渾然全體，則恐其如無星之秤、無寸之尺，終不足以曉天下，於是別而言之，界爲四破，而四端之說於是而立。蓋四端之未發也，雖寂然不動，而其中自有條理、自有間架，不是儱侗都無一物，所以外邊纔感，中間便應。如赤子入井之事感，則仁之理便應，而惻隱之心於是乎形；如過廟過朝之事感，則禮之理應，而恭敬之心於是乎形。蓋由其中間衆理渾具，各各分別，故外邊所遇隨感而應，所以四端之發各有面貌之不同，是以孟子析而爲四，以示學者，使知渾然全體之中而燦然有條若此，則性之善可知矣。然四端之未發也，所謂渾然全體，無聲臭之可言、無形象之可見，何以知其燦然有條如此？蓋是理之可驗，乃依然就他發處驗得。凡物必有本根，性之理雖無形，而端的之發最可驗。故由其惻隱所以必知其有仁，由其羞惡所以必知其有義，由其恭敬所以必知其有禮，由其是非所以必知其有智。使其本無是理於內，則何以有是端於外？由其有是端於外，所以必知其有是理於內而不可誣也。故孟子言『乃若其情，則可以爲善矣，乃所謂善也』，是則孟子之言性善，蓋亦遡其情而逆知之耳。仁、義、禮、智，既知得界限分曉，又須知四者之中，仁義是箇對立底關鍵。蓋仁，仁也，而禮則仁之著；義，義也，而智則義之藏。猶春、夏、秋、冬雖爲四時，然春、夏皆陽之屬也，秋、冬皆陰之屬也。故曰『立天之道，曰陰與陽；立地之道，曰柔與剛；立人之道，曰仁與義』。是知天地之道不兩則不能以立，故端雖有四，而立之者則兩耳。仁義雖對立而成兩，然仁實貫通乎四者之中。蓋偏言則一事，專言則包四者。故仁者，仁之本體；禮者，仁之節文；義者，仁之斷制；智者，仁之分別。猶春、夏、秋、冬雖不同，而同出乎春。春則春之生也，夏則春之長也，秋則春之成也，冬則春之藏也。自四而兩，自兩而一，則統之有宗，會之有元矣。故曰五行一陰陽、陰陽一太極，是天地之理固然也。仁包四端，而智居四端之末者，蓋冬者藏也，所以始萬物而終萬物者也。智有藏之義焉，有終始之義焉，則惻隱、羞惡、恭敬是三者皆有可爲之事，而智則無事可爲，但分别其爲是爲非爾，是以謂之藏也。又惻隱、羞惡、恭敬皆是一面底道理，而是非則有兩面。既别其所是，又别其所非，是終始萬物之象。故仁爲四端之首，而智則能成始成終。猶元氣雖四德之長，然元不生於元而生於貞，蓋由天地之化，不翕聚則不能發散，理固然也。仁智交際之間，乃萬化之機軸，此理循環不窮，脗合無間。程子所謂動静無端、陰陽無始者，此也。」

按：朱子答林德久云：「昨在玉山學中，與諸生説話，司馬宰令人録來。當時無人劇論，説得不痛快。歸來偶與一朋友説，因其未喻，反復曉譬，却説得詳盡。因並兩次所言，録以報之。試取一觀，或有助於思索也。」玩答林書所云，即指答陳書自在乙卯。

朱子註孟子，教人於四端擴充，孟子或問又教人不可只在發處用功，二義須參看。教人擴充四端者，欲人由情知性也；教人不可只在發處用功者，欲人先主敬立本，則有以存心，若待其發而後察，察而後存。未發時，無所用力，則工夫之不及者多。此朱子與南軒先生諄諄言之也。此篇於四德四端反復詳言如此精密者，蓋主敬立本是補小學第一著工夫。若不由情知性，依舊是無星之秤、無寸之尺，必墮於空虛。如陸氏之學，不細心體驗性情，所以任意乖張，必陷於芒昧；如俗儒之學，不細心體驗性情，所以止了文義，故極力發明耳。「性是太極」以下，原孟子明「性善」之旨也。「蓋四端之未發」以下，原性中本有四德，故有四端也。「然四端之未發」以下，正教人就發處驗得由情知性也。「仁義禮智既知得界限分曉」以下，言仁、義統禮、智也。「仁義雖對立」以下，言仁包四者也。「仁包四端而智居四端之末」以下，言智能成始成終，終則有始也。必如是歷歷用功，方有以存心立本。而心之肅然主敬者，純是天理，存在此處存，發在此處發，隨時隨地，無非用功處，則知二義實相須而不相礙矣。嗚呼！朱子之示人至矣哉。不知四德條理，由情知性，已大不可；不知對立關鍵，仁包四者，智能終始之旨，則終散漫無紀，本原不定也。若夫執「一草一木亦有理」之説，謂性情與草木平鋪用功者，豈足與言朱子聖學哉。

答林德久云：「彭書荷留意，此公之去，深爲可惜。」「所喻日用功夫，甚慰所望。但云一著力便覺多事，此恐未然。此心操舍存亡，只在瞬息間，本不須大段著力，然又不可不著力。如此久之，自然見效。」「窮理亦無他法，只日間讀書應事處，每事理會便是。雖若無大頭段增益，然亦只是積累，久後不覺自浹洽貫通，正欲速不得也。」「某嘗愛韓子説所以爲性者五，而今之言性者皆雜佛老而言之，所以不能不異，在諸子中最爲近理。蓋如吾儒之言，則性之本體便只是仁義禮智之實。如佛老之言，則先有箇虚空底性，後方旋生此四者出來；不然亦説性是一箇虚空底物，裏面包得四者。今人却爲不曾曉得自家道理，只見得他説得熟，故如此不能無疑。又纔見説四者爲性之體，便疑實有此四塊之物磊塊其間，皆是錯看了也。須知性之爲體，不離此四者，而四者又非有形象方所可撮可摩也，但於渾然一理之中，識得箇意思情狀，似有界限，而實亦非有牆壁遮欄分别處也。然此處極難言，故孟子亦只於發處言之，如言四端，又言『乃若其情，則可以爲善』之類。是於發處教人識取，不是本體中元來有此，如何用處發得此物出來，但本體無著摸處，故只可於用處看便省力耳。」

又答林德久云：「新齋雖就，而竹木未成陰。今歲適有科舉之累，來者亦無多人。」「持敬之云，誠如所論，此是最緊切處。大病之餘，又苦目昏，讀書不得，兀坐終日，於此甚有味也。界限之説，亦是要見得五行之在性中，各有體段，要得分辨不雜，不可説未感時都無分别，感物後方有分别也。觀程先生『冲漠無朕』一段可見矣。」

此二書讀者當細玩。蓋朱子格物之功，以知性爲要，吾儒學朱子之學，亦以知性爲要。補小學必從主敬下手，入大學必從志學志道下手。知性工夫，必從本心發端，體驗本原，著實擴充。於孟子、太極圖説加意研究，反之身心，果見仁義禮知意思情狀在這裏，又反到思慮未萌、事物未至時，只有渾渾融融、大正欽明氣象在這裏，確有據依，絶不是恍惚影響，始覺得説虛説空及疑有四塊者，皆不得謂之知性也；始覺得四者非有形象方所可撮可摩，兀坐終日，甚有味也；始覺得未感時便有分別，不待感時方有分別也。此義至微至大，滋味無窮，所以立人之道與立天地之道一般，無始無終，俱在知性討消息。明儒惟薛敬軒透此旨，彼雜禪者，豈能與於此哉！

二書篇首「殿記」數語，「科舉」數語，自在乙卯。

福州學經史閣記云：「予惟古之學者無他，明德新民，求各止於至善而已。夫所明之德、所止之善，豈有待於外求哉！識其在我而敬以存之，其亦可矣。其所以必曰讀書云者，則以天地陰陽、事物之理、修身事親、齊家治國，以至於平治天下之道，與凡聖賢之言行、古今之得失、禮樂之名數，下而至於食貨之源流、兵刑之法制，是亦莫非吾之度内，有不可得而精粗者。若非考諸載籍之文，沉潛參伍，以求其故，則亦無以明夫明德體用之全，而止其至善精微之極也。然自聖學不傳，世之爲士者，不知學之有本，而唯書之讀，至其所以求於書，不越乎記誦、訓詁、文詞之間，以釣聲名、干禄利而已。是以天下之書愈多而理愈昧，學者之事愈勤而心愈放，詞章愈麗、論議愈高而其德業事功之實愈無以逮乎古人。然非書之罪也，讀者不知學之有本而無以爲之地也。今觀常君之爲教，既開之以古人斆學之意，而後爲之儲書，以博其問辨之趣，建閣以致其奉守之嚴，則亦庶乎本末之有序矣。予雖有言，又何以加於此哉！然無已而有一言焉。則亦曰：姑使二三子者，知夫爲學之本有無待於外求者，而因以致其操存持守之力，使吾方寸之間，清明純一，真有以爲讀書之地，而後宏其規，密其度，循其先後本末之序，以大玩乎閣中之藏，則夫天下之理，其必有以盡其纖悉，而一以貫之。異時所以措諸事業者，亦將有本而無窮矣。因序其事，而並書以遺之。慶元初元九月。」

玩是記，知朱子防後世詞章、記誦、訓詁之弊，深且遠矣。自宋末歷元，諸儒多以博覽精考爲朱子正派。其上焉者，能礪廉隅、立名節，以佐其博物洽聞之學，不失儒者氣象。而按之朱子盡道之全體大用、進學之積實從容，已隔幾重矣。至於專尚詞章、記誦、訓詁者，不知去朱子幾尋丈，而猶以宗朱子爲名，良可歎已。有志學朱子者，必奉是記爲準，著實主敬存養，使本心清明淡定，不爲威惕，不爲利疚，而讀書窮理以栽培之，細循工夫先後本末之序，盡其明體達用之量，然後隨其所造之淺深，皆能得朱子之遺教矣。不知用力於明新止善之本，而徒靠紙上著工夫，豈朱子所許者哉！

答晏亞夫書云：「某去歲到闕，不及五旬而罷。」「亞夫別後，進學如何？向見意氣頗多激昂，而心志未甚凝定，此須更於日用之間，益加持敬工夫，直待於此見得本來明德之體，動静如一，方有入頭處。」

按：朱子曰：「聖賢教人有定本，如博學、審問、謹思、明辨、篤行是也。其人資質剛柔、敏鈍，不可一概論，其教則不易。禪家教更無定，今日説有定，明日又説無定。陸子静似之。聖賢之教，無内外、本末、上下，今子静却要理會内，不管外面，却無此理。硬要轉聖賢之説爲他説，寧若爾説且作爾説，不可誣罔聖賢亦如此。」以朱子此段合之湯林所録，乃知朱子之學，立體應用，無少欠缺。朱子所云心上理會，要見裏面是甚底物事，卓然在這裏，紙上説底全然靠不得云者，原在心裏四德用工夫，心裏四德實統天下事物。故答亞夫所云「見得本來明德之體」，與象山之理會内不同，象山只言此心本無虧欠，其於明德體用，實不曾見得。其不見得者，由不用持敬窮理工夫也。蓋朱子是時，明德之體，呈露昭著，動静一致，處處是這裏面物事貫通，實非象山可比。學者果能透得朱子根本在裏面用工夫，内外、本末、上下毫無間隔，方知朱、陸不同。陽明晚年定論之説，直不知朱子者耳。不然，雖連篇累牘，究何益哉？

答林德久云：「近覺向來所論，於本原上甚欠工夫。間爲福州學作一記，發明此意，欲寫奉寄，以斯遠亟欲附家報，未能辦，俟後便也。」又曰：「持敬固是本原，然亦須隨事省察，去其不如此者。」

此書即在福學記後，自在乙卯。

此即先儒所謂晚年指示本體之意也。在朱子之意，是説文字論本原工夫者少，故特著此記，非教人做工夫未嘗於本原上發揮也。如語類中指示本原已十數年於兹矣，豈至六十六歲始教人重本原乎？

楚辭集註成，序云：「右楚詞集註八卷，今所校定其第録如上。蓋自屈原賦離騷而南國宗之，名章繼作，通號『楚辭』，大抵皆祖原意，而離騷深遠矣。竊嘗論之：原之爲人，其志行雖或過於中庸，而不可以爲法，然皆出於忠君愛國之誠心。原之爲書，其辭旨雖或流於跌宕怪神、怨懟激發，而不可以爲訓，然皆生於繾綣惻怛、不能自已之至意。雖其不知學於北方，以求周公、仲尼之道，而獨馳騁於變風、變雅之末流，以故醇儒莊士或羞稱之。然使世之放臣、屏子、怨妻、去婦抆淚謳唫於下，而所天者幸而聽之，則於彼此之間，天性民彝之善，豈不足以交有所發，而增夫三綱五典之重，此予之所以每有味於其言，而不敢直以詞人之賦視之也。然自原著此詞，至漢未久，而説者已失其趣。如太史公蓋未能免，而劉安、班固、賈逵之書世復不傳。及隋、唐間，爲訓解者尚五六家，又有僧道騫者，能爲楚聲之讀，今亦漫不復存，無以驗其説之得失。而獨東京王逸章句與近世洪興祖補注並行於世，其所訓詁名物之間則已詳矣。顧王書之所取舍，與其題號離合之間，多可議者，而洪皆不能有所是正。至其大義，則又皆未嘗沉潛反復、嗟歎詠歌，以尋其文詞指意之所出，而遽欲取喻立說，旁引曲證，以强附於其事之已然。是以或以迂滯而遠於性情，或以迫切而害於義理，使原之所爲抑鬱而不得申於當年者，又晦昧而不見白於後世。予於是益有感焉。疾病呻吟之暇，聊據舊編，粗加隱括，定爲集註八卷。庶幾讀者得以見古人於千載之上，而死者可作，又足以知千載之下有知我者，而不恨於來者之不聞也。嗚呼悕矣，是豈易與俗人言哉！」

按：年譜註「楊楫跋云：慶元乙卯，楫侍先生於考亭精舍，先生憂時之意形於色。忽一日，出示學者以所註楚辭一篇。」玩此，朱子是篇實有苦心，後儒有議之者，烏知朱子哉？當慶元初，侂胄秉政，群小弄權，子直竄流，正人削跡。寧宗一懷王也，侂胄一上官大夫也，南宋一弱楚也。睹此昏亂景象、危殆世局，凡爲臣子有忠愛之心者，咸食不甘味，寢不安枕，或著歌詠，以冀君上悔悟，訛心畜邦於萬一焉。朱子註楚辭之苦心，於此序見之矣。彼烏知朱子哉！

學校貢舉私議略曰：「古者學校貢舉之法，始於鄉黨，而達於國都。教之以德行道藝，而興其賢者、能者。蓋其所以居之者無異地，所以官之者無異術，所以取之者無異路，是以士有定志而無外慕，蚤夜孜孜，惟懼德業之不修，而不憂爵禄之未至。夫子所謂『言寡尤，行寡悔，禄在其中』，孟子所謂『修其天爵而人爵從之』，蓋謂此也。若夫三代之教，藝爲最下，然皆猶有實用而不可闕。其爲法制之密，又足以爲治心養氣之助，而進於道德之歸。此古之爲法，所以能成人材而厚風俗，濟世務而興太平也。」又曰：「蓋嘗思之，必欲乘時改制以漸復先王之舊，而善今日之俗，則必如明道先生熙寧之議，然後可以大正其本，而盡革其末流之弊。如曰未暇，則莫若且均諸州之解額以定其志，立德行之科以厚其本，罷去詞賦，而分諸經、子史、時務之年以齊其業，又使治經者必守家法，命題者必依章句，答義者必通貫經文，條舉衆説而斷以己意。學校則遴選實有道德之人，使專教導，以來實學之士。裁減解額、舍選謬濫之恩，以塞利誘之塗。至於制科、詞科、武舉之屬，亦皆究其利病，而頗更其制。則有定志而無奔競之風，有實行而無空言之弊，有實學而無不可用之材矣。此其大略也。」

按：是篇作於乙卯，見語類一百九卷。朱子是時退老田間，無復用世，而教人材、培國本之意未嘗不惓惓也。著爲私議六條，後世誠遵而行之，則士皆尚實行、敦實學、通世務，體用兼該，不爲浮辭無用之學矣。然教之者難其人，必如明道先生熙寧議，方能得老成以爲士表，六條乃可次第舉行。蓋熙寧議，經也；貢舉私議，緯也。一經一緯，而士行正，人材出，風俗淳，治道其進於古乎。

前朝自陽明集朱子晚年定論，宗其説者以朱子晚年用力於本體。試讀此篇，教人通經習史，爲治平之用，則知尊德性、道問學是當年立教定式也。

朱子曰：「古人自入小學時，已自知許多事了；至入大學時，只要做此工夫。今人全未曾知此。古人只去心上理會，至去治天下，皆自心中流出。今人只去事上理會。」

又曰：「定是理，静在心。既定於理，心便會静。若不定於理，則此心只是東去西走。」

朱子出示理會科舉文字，大要欲均諸州解額，仍乞罷詩賦，專經學論策，條目井井。云：「且得士人讀些書，三十年後恐有人出。」

以上湯泳録。

心上理會，定由於多讀書。此朱子教人定本。若不多讀書，安能心定於理乎？

丙辰，朱子六十七歲。

答張元德云：「衡陽之訃，想已聞之，深足傷歎。然當路攻擊，意殊未已。今雖如此，亦恐更有追削禁錮之類，而一時善類次第皆不可保。吾輩雖閑中講學，固爲美事，然亦恐有不可測者。此方深以爲懼，而賢者乃以勸彭丈，何也？熹幸已得祠，差可自安。近與學者講論，尤覺横渠成誦之説是爲捷徑。蓋未論看得義理如何，且收得此心有歸著處，不至走作。然亦須是專一精研，使一書通透爛熟，都無記不起處，方可別換一書，乃爲有益。若但輪流通念，而覈之不精，則亦未免枉費工夫也。須是都通透後，又却如此温習，乃爲佳耳。所説易傳極有難記當處，蓋經之文意本自寬平，今傳却太詳密，便非本意，所以只舉經文，則傳之所言提挈不起，貫穿不來，須是於易之外別作一意思讀之，方得其極。尋常每欲將緊要處逐項抄出，別爲一書，而未暇。大抵讀書求義，寧略毋詳，寧疏毋密，始有餘地也。詳故碎，密故拘。歐、嚴、譚君近來看得又如何？更望以此相勉。但於所讀之書，經文注脚記得首尾通貫浹洽，方有可玩繹處。如其不然，泛觀雜論，徒費日月，決無所益也。」

朱子實見聖學正脈，必從窮理收心，方能路逕不差。二項工夫，非讀書不能有得，何也？不知讀書以淑身者，書自書，理自理；能淑身者，以書載聖賢身心道理，窮是書之理，則明吾心之理。不知讀書以收心者，書自書，心自心；能收心者，以書載聖賢收斂身心工夫，入是書之門户，則凝吾心之性命，決非二事也。成誦尤是先著。成誦方可由此窮理收心，不成誦又何望乎？静坐亦是入門要著，但看得重，偏向那一邊去，便不可。所以讀書以明義理，主敬以防虚静，朱子終身拳拳於此二者，何得謂晚年專重本體，不教人讀書也？

按：「衡陽之訃」，謂趙汝愚卒於衡州也。此書自在丙辰。答靜坐書，未詳，附後。

始修禮書。

按：年譜云：「先是草奏欲乞修三禮，會去國，不及上。至是歲始修焉。」自南宋以前，三禮並存，無有綱紀。朱子特以儀禮爲經，周禮、大小戴記及諸經有及於禮者或附於經，或附於義，其外如弟子職、保傅傳之屬，自爲一篇，以附其目。有家禮、鄉禮、學禮、邦國禮、王朝禮，而喪禮、祭禮則勉齋先生續之。於是禮經有綱有紀，習之者得有所宗主，以尋流溯源矣。嗚呼！禮者，人之大經也。自貌言動静、冠昏喪祭，以至鄉射朝聘，不可一事而無禮；自天子以至士庶，不可一人而無禮；自少壯以至耄期，不可一日而無禮。能隆禮由禮，則爲有方之士；不隆禮由禮，則爲無方之民。禮之所興，衆之所治；禮之所廢，衆之所亂。信乎禮之所係，重矣大矣。所難者，條目互見錯出，無所循序稟程耳。誠能熟復此書，本太一兩儀，以會其元，正之身心，以立其體，習之日用，以親其事，措之政教，以大其施，逐卷逐條，務求實用，雖不能盡合先王當日之制，而已無失乎先王當日之意。是書之有益於人心、有裨於家國天下何如哉？

通解係晚年編集。朱子教人立本讀書，不可缺一，於此益見。

朱子曰：「理會得時，今老而死矣，能受用得幾年？然十數年前理會不得，死又却可惜。」原注：「丙辰冬。」

此段黄士毅録。

答胡季隨云：「此一條嘗以示諸朋友，有輔漢卿者下語云：『灑然冰解凍釋，是工夫到後疑情剥落，知無不至處。知至則意誠而自無私欲之萌，不但無顯形之過而已。若只是用意持守，著力遏捺，苟免顯然尤悔，則隱微之中，何事不有？然亦豈能持久哉！意懈力弛，則横放四出矣。今曰學者須常令胸中通透灑落，恐非延平先生本意。』此説甚善。大抵此箇地位，乃是見識分明，涵養純熟之效，須從真實積累功用中來，不是一旦牽强著力做得。今湖南學者所云『不可以急迫求之，只得且持守，優柔厭飫，而俟其有得』，未爲不是，但欠窮理一節工夫耳。答者乃云『學者須常令胸中通透灑落』，却是不原其本，而强欲做此模樣。殊不知通透灑落如何令得？纔有一毫令之之心，則終身只是作意助長、欺己欺人，永不能到得灑然地位矣。」又云：「遺書所云釋氏有盡心知性，無存心養性，亦恐記録者有誤。要之，釋氏只是恍惚之間見得些心性影子，却不曾仔細見得真實心性，所以都不見裏面許多道理。政使有存養之功，亦只是存養得他所見底影子，固不可謂之無所見，亦不可謂之不能養，但所見所養非心性之真耳。」又云：「先立根本，後立趨嚮，即所謂未有致知而不在敬者。」又云：「收得放心後，然後自能尋向上去，亦此意也。」又云：「『外面只有些罅隙便走了』，此語分明，不須註解。只要時時將來提撕，便喚得主人公常在也。」

諸儒皆云朱子晚年多指示本體，此語固然。然晚年教人窮理之功，尤一刻不放鬆。觀其答胡季隨者，知窮理有益於涵養，煞非淺鮮。若窮理不精，胸中安得通透灑落？如自家被人薦舉，非胸中實見得出處道理，毫髮不能假借，此心必致摇惑。即出處辭受可以苟免尤悔，自家心性道理未曾的確分明，依舊只是影子。故須窮究心性本原，事物變化，都是這箇，則心思方定，應酬始當。後二段「敬」字工夫，親切有味，此窮理、涵養初非兩事也。按：輔漢卿録甲寅所聞，此書中有「示輔漢卿」云云，姑附於此。

答曾致虚云：「所論誠敬之説甚善。但欽夫之意，亦非直謂學者可以不誠。蓋以爲既曰持敬，便合實有持敬之心，不容更有不誠之敬，必待别著誠字，然後爲誠也。大抵『誠』字在道則爲實有之理，在人則爲實然之心，而其維持主宰全在『敬』字。今但實然用力於敬，則日用工夫自然有總會處，而道體之中，名實異同，先後本末皆不相礙者。不以敬爲事而徒曰誠，則所謂誠者，不知其將何所措？且五常百行，無非可願，雜然心目之間，又將何所擇而可乎？願於日用間一驗其實，因風示其可否焉。」

按：文集答致虚二書後一書本註「乙卯二月一日」，故序此於甲寅後。

「欠窮理一節工夫」一句，斷定湖南一派之失。不窮到極處，所見不真，則所養亦不真。故朱子有所不滿。而實有持敬之心，則南軒得力境候。蓋實用力於敬，日用工夫自有總會處；與窮理相貫通，非用功者不喻也。

答李晦叔云：「持敬、讀書只是一事，而表裏各用力耳。若有所偏，便疑都不曾做工夫。今且逐日著實做將去，未須比量難易，計較得失，徒然紛擾，不濟事，反害事。要令日用之間，只見本心義理，都不見有他物，方有得力處耳。」

又答李晦叔云：「氣一也，主於心者則爲志氣，主於形體者即爲血氣。」

李晦叔問云：「肌膚之會、筋骸之束，乃是持敬用力之久，便覺得身心如此。東萊謂『操存則血氣循軌而不亂，收斂則精神内守而不浮』，恐是此意。某尋常試之，誠覺得如此，然於鬧處又却不然。」朱子曰：「東萊此説是也。然不當作兩句看，此處只是放去收來頃刻間事，只一『操』字只是多了，不須如此著意安排也。」

又答李晦叔云：「若是冥然都無覺處，則此能致知者是何人耶？此是最親切處，所宜深察。」

又答李晦叔云：「此是至親切處。龜山之説，亦不謂此須反之於心。只就放去收來時體看，只此操時，當處便存，只要功夫接續，不令間斷耳。」又曰：「罷却許多閑安排，除却許多閑言語，只看『操則存』一句是如何，亦不可重疊更下注脚。」又曰：「若欲正心誠意，須是格物致知。」

五段皆是身心喫緊處，學者逐段返之於心，切實用工，何得以涵養專推他家耶？果切實用功，則居敬、窮理自是一事，安肯以涵養專推他家耶？五段云「只此操時，當處便存，只要工夫不間斷」，此入手要訣。一段云「日用間只見本心義理，不見有他物」，此用工實據。到此地位，自知朱子尊道合一之妙，決不他求矣。

按：「氣一」、「肌膚」二條之下一條晦叔云：「伊川罷説書而辭朝官，先生罷侍講而辭待制，事體實同。」朱子曰：「此事不敢自分疏，後世自有公論。」則此答自在乙卯後，前後五書並附。

答林德久云：「別紙所論，敬爲求仁之要，此論甚善。所謂『心無私欲，即是仁之全體』，亦是也。但須識得此處便有本來生意融融洩洩氣象，乃爲得之耳。顔子不改其樂，是他功夫到後自有樂處，與富貴貧賤了不相關，自是改他不得。仁智壽樂，亦是功夫到此，自然有此效驗。」

此書所云心無私欲，此處便有本來生意，尤是求仁第一義。識得生意，方知吉凶同患，立人達人，從心苗發出，假借不得也。無私欲而並無生意，只是冷灰，異端之教豈聖門求仁之旨哉！

答任伯起云：「所喻已業荒廢，比亦深以爲疑。意謂世味漸深，遂已無復此志，今乃猶有愧恨之心，足以見善端之未泯也。一旦幡然，如轉户樞，亦何難之有哉！熹病衰之軀，飲食起居尚未能如舊，流竄放殛，久已置之度外。諸生遠來，無可遣去之理。朝廷若欲行遣，亦須符到奉行，難以遽自匆匆也。詳觀來諭，似有仰人鼻息以爲慘舒之意，若方寸之間日日如此，則與長戚戚者無以異矣。若欲學道，要須先去此心，然後可以語上。上蔡先生言『透得名利關，方是小歇處』，今之士大夫何足道？能言真如鸚鵡也。不知曾見此書否？」

此一書自在甲寅後。

此書前答任伯起云：「示諭静中私意横生，此學者之通患。能省察至此，甚不易得。此當以敬爲主，而深察私意之萌多爲何事，就其重處痛加懲窒，久之純熟，自當見效。不可計功於旦暮，而多爲説以亂之也。論語別本未曾改定，俟後便寄去。然且專意就日用處做涵養省察工夫，未必不勝讀書也。」又云：「誠敬寡慾，皆是緊切用力處，不可分先後，亦不容有所遺也。然非逐項用力，但試著實持守體察，當自見耳。」玩此二書，語語親切，學者反身體驗，自有得力。後一書，朱子此時險夷死生久已視之如一，幾於化矣。學道須到此地位，方安穩，是究竟處。

答張元德云：「明道教人静坐，蓋爲是時，諸人相從，只在學中，無甚外事，故教人如此。今若無事，固是只得静坐；若特地將静坐做一件工夫，則却是釋子坐禪矣。但只著一敬字，貫通動静，則於二者之間自無間斷處，不須如此分别也。」

朱子晚年不專教人静坐，蓋防虚寂也。

董叔重問朱子云：「程先生論『鳶飛魚躍』處曰：『與必有事焉而勿正之意同，活潑潑地。』銖詳先生舊説，蓋謂程子所引『必有事焉』與『活潑潑地』兩語皆是指其實體，而形容其流行發見無所滯礙倚著之意。其曰『必』者，非有人以必之，曰『勿』者，非有人以勿之者，蓋謂有主張是者而實未嘗有所爲耳。今説則謂『必有事焉而勿正心』者，乃指此心之存主處；『活潑潑地』云者，方是形容天理流行無所滯礙之妙。蓋以道之體用流行發見雖無間息，然在人而見諸日用者，初不外乎此心，故必此心之存，然後方見得其全體呈露，妙用顯行，活潑潑地，略無滯礙耳。所謂『必有事而勿正心』者，若有所事而不爲所累云爾。此存主之要法。蓋必如此，方得見此理流行無礙耳。銖見得此説，似無可疑，而朋友間多主舊説。」朱子答云：「舊説固好，似涉安排。今説若見得破，則即此須臾之頃，此體便已洞然，不待説盡下句矣。可更猛著精彩，稍似遲慢便蹉過也。」

朱子今説，得叔重一問，聖學工夫顯有把柄，不比他家虚見。所云「見得破，即此須臾之頃，此體已洞然」者，謂功深見大，當此心有事勿正處，即是全體呈露，妙用顯行，不待説盡活潑潑地，方見此理流行無礙。所以須猛著精彩，常存此洞然氣象，而操存省察，不使有毫髮之間斷也。旨哉，言乎！董銖從朱子最早，以録在丙辰，故附之。

答謝成之云：「某病老益衰，今年尤甚，亦理之常。所恨聞道既晚，而行之不力，上無以悟主聽，下無以變時習，而使斯文蒙其黮闇，是則不能無愧於古人耳。」「若論爲學，治己治人，有多少事？至如天文地理、禮樂制度、軍旅刑法，皆是著實有用之事業，無非自己本分内事。古人六藝之教，所以游其心者，正在於此。其與玩意於空言，以校工拙於篇牘之間者，其損益相萬萬矣。」

朱子教人，有體有用。「禮樂」數條，「實是自己本分内事」，直從天命源頭透來，非虚語也。蓋無私欲之本體，原有融融洩洩生意在，所以自古聖賢皆是吉凶同患，立達相通底。如典禮命討，祇以安民；食貨賓師，都歸農政。若不如是，皋陶、箕子豈能一日安哉！後世教法，惟胡安定先生治事齋得此遺意。必講之有素，行之有效，方能直達生意，無有虧欠也。彼篇牘工拙，不過釣名弋譽之私心，損壞仁體特甚，此朱子所以拳拳垂誡耳。

玩斯文「蒙其黮闇」之語，自在禁僞學時，故附於丙辰後。

答曾無疑云：「大率人之爲學，當知其何所爲而爲學，又知其何所事而可以爲學，然後循其次第，勉勉而用力焉。必使此心之外更無異念，而舊習之能否、世俗之毁譽、身計之通塞，自無一毫入於其心，然後乃可幾耳。顧此迂濶，干觸科禁，恐非賢者進取之利，更冀審於未動之前，毋使貽後日之悔焉，乃所願也。」

又答曾無疑云：「嘗聞之孟子之言有曰：『人之所以異於禽獸者幾希，庶民去之，君子存之。』此君子所爲而學也。然欲存此，則必有以識此之爲何物，而後有以存之。能識之，則所以存之者，又必勉勉孜孜而不少懈焉，然後乃可幾也。此君子之所以爲學者而終身勉焉，唯恐一毫之不盡，而不敢少貳其心者也。今足下自謂學無本原，心常駁雜，豈亦自覺其未嘗用力於此而然耶？此其自知亦明矣。然又欲因其固有而循習之，則亦可以殊塗而同歸，則未知足下所謂固有者爲何物，又如何而循習之，與何者爲殊塗，又同歸於何許也。又謂雖舊習之未忘，而未嘗爲學之累，則又未知今之新者爲何學，而昔之舊者若何而能不爲之累也。凡此所云，竊恐非獨熹之愚有所未解意者，足下之心亦未必真能别其孰爲同異而孰爲是非也。足下幸試思之，其然乎？其不然乎？如其果然，則願姑以前者所引孟子之言爲主，而博考古昔聖賢之道以參驗之，則夫人之所爲而學與其所以學者，不待外求而得之於我，向之所謂固有、所謂同歸者，姑爲有以識之，而知昔之舊者真不足爲，而果有累乎今日之新矣。人之爲學，必其有以先識乎此而知取舍之所定，然後其工夫利病可得而言。如其不然，徒爲論説，皆是空言，無下落處，無所補於事也。景陽、季章於此皆嘗有聞，雖未知其後來所進如何，然苟善取之，亦當有以爲助矣。吾人既不見用於世，只有自己分上一段工夫。若見得門户分明，端緒正當，實用得些子氣力，乃可以不負降衷秉彝之重，此外瑣瑣，一知半解，正不足爲重輕也。不審明者亦有意乎？」

又答曾無疑云：「孝弟忠恕，若淺言之，則方是人之常行，若不由此，即日用之間更無立脚處，故聖人之教，未嘗不以爲先，如所謂『入則孝，出則弟』，『忠恕違道不遠』是也。若極言之，則所謂通於神明，光於四海，無所不通。而曾子所以形容聖人一貫之妙者，亦不過如此，又非如前者言之可易而及也。故大學之道，必以格物致知爲先，而於天下之理、天下之書，無不博學審問、謹思明辨，以求造其義理之極，然後因吾日用之間、常行之道，省察踐履，篤志力行，而所謂孝弟之至，通於神明，忠恕之一以貫之者，乃可言耳。蓋其所謂孝弟忠恕，雖只是此一事，然須見得天下義理表裏通透，則此孝弟忠恕方是活物。如其不然，便只是箇死底孝弟忠恕，雖能持守終身，不致失墜，亦不免但爲鄉曲之常人、婦女之檢柙而已，何足道哉！」

澐嘗謂讀論語，當先體驗「人之生也直」章；讀孟子，當先體驗「人之所以異於禽獸」章。必有不甘於罔生幸免念頭，方能循「志據依游」規模做去；必有不甘爲庶民禽獸念頭，方能循「善信美大」規模做去。然其不能果決振奮者，由於舊習能否、世俗毀譽、身計通塞三種病根爲之障蔽，故必去此病根，方能向學。欲去病根，仍在不爲罔生禽獸著念。能去病根，可爲君子；不去病根，便是禽獸。所以朱子教人，先以「立志不爲禽獸」爲主，循聖賢所謂學、問、思、辨、行實實做工夫，進一步，方覺「心不存，知不致」底病痛，又進一步，方覺「能存心，能致知」底滋味。必知滋味，則三種病根可浄，向上階級可漸次而升。此君子之學，有所爲而爲，而爲學之功有序可循者，誠以不甘爲禽獸之罔生故也。果能如是，則孝弟忠恕皆是仁義禮知所發生流注，有源可守，有委可達，通神明、光四海，一以貫之，俱在於此，自與拘守一行者不同，豈待於外求者哉？然克念罔念即在轉瞬間，是以君子兢業終身，惟恐失墜，讀書窮理，克己集義，身心中有著實工夫，從生至死，精明篤恭。可危也夫！可懼也夫！

前一書「干觸科禁」數語，自是禁僞學時，後書俱承前書申明，故附之。

答曾景建云：「文字之設，要以達吾之意而已。政使極其高妙，而於理無得焉，則亦何所益於吾身？何所用於斯世？公家舍人公謂王荆公曰：『文字不必造語及摹擬前人，孟、韓文雖高，不必似之也。』況又聖賢道統正傳見於經傳者，初無一言之及此乎？至於讀書，則固吾事之不可已者。然觀古今聖賢立言垂訓，亦未始不以『孝弟忠信』、『收斂身心』爲先務，然後即吾日用之間，參以往訓之指，反復推窮，以求其理之所在，使吾方寸之間虛明洞徹，無毫髮之不盡，然後意誠、心正、身修，而推以治人，無往而不得其正者。若但泛然博觀而概論，以爲如是而無非學，如是而無非道，則吾恐其無所歸宿，不得受用，而反爲彼之『指本心講端緒』者所笑矣。録示先大父司直公所記龜山先生語，前此所未見，然以其他語推之，知其誠出於龜山無疑也。」

又答曾景建云：「便中辱書，備知向來偏參反求始末，而又深以主一、窮理得所歸宿爲喜也。然二事知之甚易，而爲之實難；爲之甚易，而守之爲尤難。主一之功，固須常切提撕，不令間斷，窮理之事又在細心耐煩，將聖賢遺書從頭循序就平實明白處玩味，不須貪多，但要詳熟，自然見得意緒。若騖於高遠，涉獵領解，則又不免如向來之清話，欲求休歇而反成躁亂也。異端之蔽，自是己分上差却，入路欠却工夫。其迷溺者固無足道，其慨然以攘斥爲己任者，又未免有外貪内虛之患，亦徒爲譊譊而已，若之何而能喻諸人哉。幸更思之，若於己分上真實下得切己工夫，則於此等亦有所不暇矣。」

前書於福州學經史閣記同旨，朱子教人滴滴歸源意也，讀者宜依法自做工夫，不可忽略。後書即申前意，攘斥異端數語，尤爲金鑑。

按二書未詳何年，玩後「前此辱書」、中云「主一」、云「先德所抄龜山語」，與此二書相應，則此二書自在後書之前，故記於丙辰後。

答胡季隨云：「熹憂患侵凌，來日無幾，思與海内知交痛相切磨，以求理義全體之至極，垂之來世，以繼聖賢傳付之望，而離群索居，無由會合。如季隨者，尤所期重，而相去甚遠，再見恐不可期，此可爲深歎恨也。先訓之嚴，後人自不當置議論於其間。但性之有無善惡，則當舍此而别論之，乃無隱避之嫌，而得盡其是非之實耳。善、惡二字，便是天理人欲之實體。今謂性非人欲可矣，由是而並謂性非天理，可乎？必曰極言乎性之善而不可名，又曷若直謂之善而可名之爲甚易而實是也？比來得書，似覺賢者於此未有實地之可據，日月易逝，深可憂懼。」

善不可名性，朱子拳拳力辨其非。此説流衍不已，明朝無善無惡之宗旨横行至今，尚有附和之者，乃知朱子先見之明，若逆知後世之弊。其防微杜漸之心，不千載如揭哉！

玩篇首「憂患」數語，自在暮年，丙辰謗興，故姑附於此。

答劉季章云：「昨已具前幅，而細看來書，方論董子功利之語，而下句所説曾無疑事，即依舊是功利之見。蓋天下只有一理，此是即彼非，此非即彼是，不容並立。故古之聖賢心存目見，只有義理，都不見有利害可計較。日用之間應事接物，直是判斷得直截分明，而推以及人，吐心吐膽，亦只如此，更無回互。若信得及，即相與俱入聖賢之域；若信不及，即在我亦無爲人謀而不盡底心，而此理是非昭著明白。今日此人雖信不及，向後他人須有信得及底，非但一時之計也。若如此所論，則在我者未免視人顔色之可否以爲語默。只此意思，何由能使彼信得及乎？然此亦無他，只是自家看得道義自不能端的，故不能真知是非之辨而爲此回枉，不是説時病痛，乃是見處病痛也。」

又答劉季章云：「所喻已悉，但所謂語句偶爾而實却不然者，只此分疏，便是舊病未除。所謂誠於中、形於外，此又何可諱耶？無疑之病，亦是如此。適答其書，説得頗痛快，可試取觀。又謂病只在懶惰者，亦只消得此一病便是無藥可醫。人之所以懶惰，只緣見此道理不透，所以一向提掇不起。若見得道理分明，自住不得，豈容更有懶惰時節耶？所謂此外無難除之病者，亦信未及，況自以爲無，則其有者將至矣。便敢如此斷制，竊恐所以自省者亦太疏耳。又謂海内善類消磨摧落之後，所存無幾，此誠可歎。若鄙意則謂纔見消磨得去，此等人便不濟事。若使真有所見，實有下工夫處，則便有鐵輪頂上轉旋，亦如何動得他？大學定本修換未畢，俟得之即寄去。王晉輔好且勸他莫管他人是非長短得失，且理會教自家道理分明，是爲急務。此事之外，不可使有毫髮雜用心處也。然人要閑管，亦只是見理不透，無頓自己身心處，所以如此。願更察此。」

朱子又有答季章云：「孟子說『未有仁而遺其親』二句，便是仁義未嘗不利。然董生却說『正其誼』四句，又是仁義未必皆利。孟子之言雖是理之自然，然到直截剖判處却不若董生之有力。」玩此，義理之介極其分明。由朱子此時心目間只是義理，不見他物，一切利害擠曳不動，所以教季章如此切實。此窮理之功，有助於涵養也。

玩此二書，未詳何年。玩「消磨摧落」語，自是謗興之時，又與答曾無疑同時，姑附於丙辰。

答孫敬甫云：「祠官雖幸得請，然時論洶洶，未有寧息之期，賤迹蓋未可保。然姑使無愧於吾心，則可矣，他非智慮所能避就也。所喻因胸次隱微之病，而知心之不可不存，此意甚善。要之，持敬、致知實交相發，而敬常爲主。所居既廣，則所向坦然，無非大路。聖賢事業，雖未易以一言盡，然其大概似恐不出此也。年來多病杜門，閒中見得此意頗端的，故樂以告朋友也。如陸氏之學，在近年一種浮淺頗僻議論中固自卓然，非其儔匹。其徒傳習，亦有能修其身、能治其家、以施之政事之間者。但其宗旨本自禪學中來，不可揜諱。當時若晁文元、陳忠肅諸人，分明招認，著實受用，亦自有得力處，不必如此隱諱遮藏，改名换姓，欲以欺人而人不可欺，徒以自欺而自陷於不誠之域也。然在吾輩，須但知其如此，而勿爲所惑。若於吾學果有所見，則彼之言釘釘膠粘一切假合處，自然解拆破散，收拾不來矣〔六〕。切勿與辨，以起其紛拏不遜之端，而反爲卞莊子所乘也。少時喜讀禪學文字，見杲老與張侍郎書云：『左右既得此把柄入手，便可改頭換面，却用儒家言語説向士大夫，接引後來學者。』後見張公解經文字一用此策，但其遮藏不密，索漏露處多，故讀之者一見便知其所自來，難以純自託於儒者。若近年則其爲術益精，爲説浸巧，拋閃出没，頃刻萬變，而幾不可辨矣。然自明者觀之，亦見其徒爾自勞，而卒不足以欺人也。但杲老之書，近見藏中印本，却無此語，疑是其徒已知此陋，而陰削去之，然人家必有舊本可考，偶未暇尋訪也。近得江西一後生書，有兩語云：『瞋目扼腕而指本心，奮髯切齒而談端緒。』此亦甚中其鄉學之病，然已戒之姑務自明，毋輕議彼矣。信筆不覺縷縷，切勿輕以示人，又如馬伏波之譏杜季良也。所論太極之説，亦爲得之。然此意直是要得日用之間，厚自完養，方有實受用處。不然，則只是空言，而反爲彼瞋目切齒者所笑矣。切宜深戒，不可忽也。」

又答孫敬甫云：「大學所言格物致知，只是説得箇題目，若欲從事於其實，須更博考經史，參稽事變，使吾胸中廓然無毫髮之疑，方到知止有定地位。不然，只是想象箇無所不通底意象，其實未必通也。近日因修禮書，見得此意頗分明。」「易傳初以未成書，故不敢出。近覺衰耄，不能復有所進，頗欲傳之於人，而私居無人寫得，只有一本，不敢遠寄。俟旦夕抄得，却附便奉寄。但近緣僞學禁嚴，不敢從人借書吏，故頗費力耳。」

前書先言用功之要，正朱子主敬純熟，所以與象山絶不相同。後言象山之失自禪宗來，合玉山講義觀之，則朱子傳聖道之脈，放淫辭之害，於此二篇見之矣。講義所云仁義禮智皆具於心，此致知親切處。而仁義禮知根於心而不失者，非主敬不能養，故此言持敬、致知實交相發也。迨於能敬以養仁義禮知之性，則性中所有自是廣居，性之感物而應者，無非仁義禮知之所貫通，大事小事總不外此，真向大路由之而無疑者也。朱子自早年即用力於此，中間歷許多轉折，探討積累，涵養至六十七歲，覺得仁義禮知底道理都在這裏，愈久愈熟，純一端的，故告之友朋、訓於門人者，不覺言之詳明，出之親切，以傳道於學子。象山深非「持敬」，借聖賢之言，改頭換面，以發己見。是以朱子剖其根原，破其巧術，使善匿者無所藏身矣。後一書詳言格致工夫在博考經史、參稽事變，使胸中廓然無毫髮之疑。其教人窮理，諄諄垂訓如此。彼謂晚年指示本體，同於陸氏者，豈其然哉！

又曰：「心與理一，不是理在前面爲一物。理便在心之中，心包蓄不住，隨事而發。」因笑云：「説到此自好笑。恰似那藏相似，除了經函，裏面點燈，四方八面皆如此光明燦爛，但今人少能看得如此。」

又曰：「讀書若有所見，未必便是，不可便執著。且放在一邊，益更讀書，以求新見。聖人七通八達，事事説到極致處。學者須是多讀書，使互相發明，事事窮到極致處。所謂本身徵民，不繆不悖，無疑不惑，直到這箇田地方是。語云『執德不弘』，易云『寬以居之』，聖人多説箇廣大寬洪之意，學者要須體之。」

又曰：「讀書既多，義理已融會胸中，尺度一一已分明，而不看史書，考治亂，理會制度典章，是猶陂塘之水已滿而不決以溉田。若讀書未多，義理未有融會處，汲汲焉以看史爲先務，是猶陂塘一勺之水以溉田，其涸也可立而待也。」

又曰：「講學固不可無，須是更去自己分上做工夫。若只管説，不過一兩日都説盡了。只是工夫難。」「蓋人心本善，方其見善欲爲之時，此是真心發見之端。然才發，便被氣稟物欲隨即蔽錮之，不教他發。此須自去體察存養，看得此，最是一件大工夫。」

又曰：「人須是有廉恥。孟子曰：『恥之於人大矣。』恥便是羞惡之心，人有恥則能有所不爲。人言今人見曾子唯一貫之旨，遂得道統之傳。此雖固然，但曾子平日是箇剛毅有力量、壁立千仞底人，觀其謂『士不可以不弘毅』，『可以託六尺之孤，可以寄百里之命，臨大節而不可奪』，『彼以其富，我以吾仁，彼以其爵，我以吾義，吾何慊乎哉』底言語，可見。雖是做工夫處比顏子覺粗，然緣他資質剛毅，先自把捉得定，故得卒傳夫子之道。後來有子思、孟子，其傳亦永遠。又如『富與貴』章，必先教取舍之際界限分明，然後可做工夫。不然，立脚不定，安能有進？」又云：「學者不於富貴貧賤上立定，則是入門便差了也。」

或問：「莫不有以見其所當然而不容已，與其所以然而不可易者。」朱子曰：「如人見赤子入井，皆有怵惕、惻隱之心，此其事所當然而不容已者。然其所以如此者，何故？必有箇道理之不可易者。今學者，如爲忠爲孝，爲仁爲義，但只據眼前理會得箇皮膚便休，都不曾理會得那徹心徹髓處。以至於天地間造化，固是陽長則生，陰消則死，然其所以然者是如何？又如天下萬事，一事各有一理，須是一一理會教徹。不成只説道：『天吾知其高而已，地吾知其厚而已，萬物萬事吾知其爲萬物萬事而已。』明道詩云：『道通天地有形外，思入風雲變態中。』觀他此語，須知有極至之理，非册子上所能載者。」廣曰：「大至於陰陽造化，皆是『所當然而不容已』者。所謂太極，則是『所以然而不可易』者。」曰：「固是。人須是自向裏入深去理會此箇道理。才理會到深處，又易得似禪。須是理會到深處，又却不與禪相似，方是。今之不爲禪學者，只是未曾到那深處；才到那深處，定走入禪去也。程門高弟上蔡、龜山也時時去他那下探頭探腦，心下也須疑他那下有箇好處在。大凡爲學，須是四方八面都理會教通曉，仍更理會向裏來。如喫菓子，先去其皮殼，後食其肉，更和那核子都咬破，始得。大學之道，所以在致知、格物。格物，謂於事物之理各極其至，窮到盡頭。

今人於外面天地造化之理都理會，而中間核子未破，則所理會得者亦未必皆是，終有未極其至處。」因舉五峰之言曰：「『身親格之以精其知』，雖於『致』字得向裏之意，却恐遺了外面許多事。某便不敢如此説。須是内外本末、隱顯精粗，一一周徧，方是儒者之學。」

又曰：「人於仁義禮知，惻隱、羞惡、辭遜、是非四者，須當日夕體究，令分曉精確。其初發時毫毛如也；及推廣將去，充滿其量，則廣大無窮。如人當惻隱、羞惡、辭遜、是非而不惻隱、羞惡、辭遜、是非者，皆是失其本心。此處皆當體察，必有所以然也。只此便是日用間做工夫處。」

又曰：「人心於應事時，只如那無事時方好。」又曰：「人心能操則常存，豈特夜半平旦。」又云：「惻隱、羞惡是已發處，人須是於未發時有工夫始得。」

又曰：「人心操則存，舍則亡，須是常存得，造次顛沛必於是，不可有一息間斷。於未發之前，須是得這虚明之本體分曉。及至應事接物時，只以此處之，自然有箇界限節制，湊著那天然恰好處。」

問：「『必有事焉』，孟子論養氣，只是謂集義。程子以之説鳶飛魚躍之妙，乃是言此心之存耳。」朱子曰：「孟子謂『必有事焉』者，言養氣當用工夫，而所謂『工夫』則集義是也，非便以此句爲『集義』之訓。至程子則借以言是心之存，而天理流行之妙自見耳。只此一句已足，又恐人太以此事爲重，則天理反塞而不得行，故又以『勿正心』言之。然此事易説得近禪去。」廣云：「所謂『易説得近禪』者，莫是如程子所謂『事則不無，擬心則差』之説否？」曰：「也是如此。」廣云：「若只以此一句説，則易得近禪。若以全章觀之，如『費而隱』與『造端乎夫婦』兩句，便自與禪不同。」曰：「須是事事物物上皆見得此道理，方是。他釋氏也説『佛事門中，不遺一法』，然只如此説，看他做事却全不如此。」廣云：「舊説多以『天地聖人所不知不能』及『鳶飛魚躍』爲道之隱，所以易入於禪。唯謝氏引夫子『與點』之事以明之，實爲精切。故程子謂浴沂、風雩、詠歸，言樂而得其所也。蓋孔子志在使萬物各得其所。曾點知之，故孔子與之。」曰：「曾點他於事事物物上真箇見得此道理，故隨所在而樂。」廣云：「到此已兩月，蒙先生教誨，不一而足。近來静坐時，收斂得心意稍定，讀書時亦覺頗有意味。但廣老矣，望先生痛加教誨。」朱子笑曰：「某亦不敢不盡誠。如今許多道理，也只得恁地説。所以不如古人者，只欠箇古人真見耳。如曾子説忠恕，是他開眼便見得真箇可以一貫。忠爲體，恕爲用，萬事皆可以一貫。如今人須是對册子上安排對副，方始説得近似。少間不説，又都不見了，所以不濟事。」正淳云：「某雖不曾理會禪，看來聖人之説，君君臣臣、父父子子，皆是實理流行。釋氏只管向上去，是空理流行。」曰：「他雖是説空理，然真箇見得那空理流行。自家雖是説實理，然只是説耳，初不曾真箇見得那實理流行也。釋氏空底，却做得實。自家實底，却做得空，緊要處只争這些子。伶利者雖理會得文義，却不曾真見，質朴者和文義都理會不得。譬如撑船著淺了，無緣撑得動。須是源頭决開，放得那水來，則船無大小，無不浮矣。」廣云：「所謂源頭工夫，莫只是存養修治否？」曰：「存養與窮理工夫皆要到。然存養中便有窮理工夫，窮理中便有存養工夫。窮理便是窮那存得底，存養便是養那窮得底。」

又曰：「今有一種學者，愛説某自某月某日有一箇悟處後覺。及問他如何地悟，又却不説。便是曾子傳夫子一貫之道，也須説有箇來歷，因做甚麽工夫，聞甚麽説話，方能如此。今若云都不可説，只是截自甚月甚日爲始，已前都不是，已後都是，則無此理。人心存亡之决，只在一息間，此心常存則皆是，此心才亡便不是。聖賢教人，只據眼前便著實做將去。孟子猶説存心養性，孔子不説此樣話，但云時習、孝弟、謹信、愛衆、親仁、無求安飽、敏慎就正、非禮勿視聽言動、如見如承、不欲勿施、其言也訒。學者初做時，固不能無間斷。做來做去，做到徹時，自然純熟，自然光明。一刻有一刻工夫，一時有一時工夫，一日有一日工夫。豈有截自某日爲始，前段都不是，後段都是底道理！如曾子未聞一貫之説時，他須知敬、孝、慈、信，件件都實理會得了，實做將去，零零碎碎，煞著了工夫，只是争些小在。及聞一貫之説，他便於言下將那實心來承當得、體認得，平日許多工夫，千頭萬緒，皆是此箇實心做將出來。如今人説者，只是箇虚底一以貫之耳。」

諭廣曰：「今講學也須如此，更望於主一上做工夫。若無主一工夫，則所講底義理無安頓處，都不是自家物事。若有主一工夫，則外面許多義理方始爲我有，却是自家物事。工夫到時，才主一便覺意思好，卓然精明。不然，便緩散消索了，没意思。」廣云：「到此侍教誨三月，雖昏愚，亦自覺與前日不同，方始有箇進修底田地，歸去當閉户自做工夫。」曰：「也不問在這裏不在這裏，也不説要如何頓段做工夫，只自脚下便做將去。固不免有散緩時，但才覺便收斂將來，漸漸做去。但得收斂時節多，散緩之時少，便是長進處。故孟子説『學問之道無他，求其放心而已』。所謂求放心者，非是别去求箇心來存著，只才覺放，心便在此。」因言：「横渠説做工夫處，更精切似二程。二程資禀高，潔浄，不大段用工夫。横渠資禀有偏駁夾雜處，大段用工夫來。觀其言曰：『心清時少，亂時多。其清時，視明聽聰，四體不待羈束而自然恭謹，其亂時反是。』説來大段精切。」

又謂廣：「見得義理雖稍快，但言動間覺得輕率處多。子曰『仁者其言也訒』，仁者之言自不恁地容易。謝氏曰：『視聽言動不可易，易則多非禮。』須時時自省覺，自收斂，稍緩縱則失之矣。」翌日，廣請曰：「自到師席下，一日見先生泛説義理不是面前物，皆吾心固有者。又一日見先生説『如今學者大要在唤醒上』，自此方知得做工夫底道理。今静坐時、讀書玩味時，此心常在；一與事接，心便緩散了。所以輕率之病見於言動。得先生警誨，自此更當於此處加省察收攝之功。然侍教只數日，更望痛加教飭。」朱子良久舉伊川説曰：「『人心有主則實，無主則虛』，又一説曰：『有主則虛，無主則實。』公且説看是如何？」廣云云。朱子曰：「心虛則理實，心實則理虛。『有主則實』，此『實』字是好，指理言。『無主則實』，此『實』字是不好，指私欲言。以理爲主，則此心虛明，一毫私意著不得。如一泓清水，有少許砂土便見。」

或問：「人許多無頭面不緊要之思慮，不知何以制之？」朱子曰：「此亦無他，只是覺得不當思慮底，便莫要思，便從脚下做將去。久久純熟，自無此等思慮。若更加以讀書窮理底工夫，則去那般不正當底思慮，何難之有！如人喜做不要緊事，如寫字作詩之屬。初時念念要做，更遏捺不得。若能將聖賢言語來玩味，見得義理分曉，則漸漸覺得此重彼輕，久久不知不覺，自然剥落消殞去。何必横生一念，要别尋捷徑，盡去了意見，然後能如此？隔夕有爲『去意見』之説者，此是不奈煩去修治他一箇身心了，作此見解。學者但當就意見上分真妄，存其真者，去其妄者而已。若不問真妄，盡欲除之，所以游游蕩蕩，虛度光陰，都無下工夫處。」因舉中庸曰：「『致中和』，所謂致中，如孟子之『求放心』、『存心養性』是也。所謂致和，如孟子論平旦之氣、充廣仁義之心是也。今却不奈煩去做這樣工夫，只管要求捷徑去意見，只恐所謂『去意見』者，正未免爲意見也。聖人教人，如一條大路，平平正正，自此直去，可以到聖賢地位，只是要人做得徹。做得徹時，也不大驚小怪，只是私欲剥落浄盡，純是天理融明爾。」又曰：「所謂致中者，非但只是在中而已，才有些子偏倚便不可。須是常在那心中十字上立，方是致中。」廣云：「此非常存戒謹恐懼底工夫不可。」曰：「固是。只是箇戒謹恐懼，便是工夫。」廣云：「數日敬聽先生教誨做工夫處，左右前後、内外本末無不周密，所謂盛水不漏。」曰：「『博我以文，約我以禮』，聖門教人只此兩事，須是互相發明。約禮底工夫深，則博文底工夫愈明，博文底工夫至，則約禮底工夫愈密。」

以上輔廣録。

按：朱子立教，盡是切要工夫。其中錯綜互見者，皆井然有條。學者須潛心理會，將聖賢言語玩味，漸覺此重彼輕，就意見上存其真者，去其妄者，視聽言動不可輕易，稍緩縱則失之。能如是，庶幾正心發露，可以默識主宰而存之，著緊體驗，造到卓然精明，然後於未發之前，虚明之本體分曉，事至物來，只以此處之，漸充漸滿。則實理之有諸己者，流行不滯，與禪家空理流行者，霄壤不同。到此時，原來全體通明者，乃得光明燦爛，四方八面無不照徹，復全其虚明之本體矣。朱子於根本處如此喫緊，如此提醒，何等親切要妙！以此自學，以此教人，皆以其所得力者曲曲道出。後之尊朱子者，不從此處指出眼目，以契朱子之心傳，以立後學之準則，漫於句讀文義斤斤墨守，前後相承，儼然立一宗派，竟若朱子之學只在句讀文義之間，是啓宗陸、王者之辨，而予之以口實也。尊朱子而不知朱子學術，實由於此。惜哉！

直卿云：「舊嘗問『視之不見，聽之不聞』處，此是收拾知覺底心，收拾義理底心？」朱子曰：「知覺在，義理便在，只是有深淺。」

此段林學蒙録。

初投朱子書，以此心不妄動爲主敬之說。朱子曰：「『主敬』二字只恁地做不得，須是内外交相養。蓋人心活物，吾學非比釋氏，須是窮理。」

問：「窮理莫如隨事致察，以求其當然之則。」朱子曰：「是如此。」問：「私意物欲方蔽錮，切恐雖欲致察而不得其真。」曰：「這箇恁地兩相擔閣不得，須是察。」又曰：「知與敬是先立底根脚。」

又曰：「始學工夫須是静坐。静坐則本原定，雖不免逐物，及收歸來，也有箇安頓處。譬如人居家熟了，便是出外，到家便安。如茫茫在外，不曾下工夫，便要收斂向裏面，也無箇著落處。」

士毅稟歸請教。朱子曰：「只前數日說底便是，只要去做工夫。」又曰：「學者最怕不知蹊徑，難與他説。今日有一朋友將書來，説從外面去，不知何益。不免説與他，教看孟子『存心』一段。人須是識得自家物事，且如存心，若不識得他，如何存得？如今既知蹊徑，且與他做去。只如主敬、窮理，不可偏廢。這兩件事，如踏一物一般，踏著這頭，那頭便動。如行步，左足起，右足自來。」

以上黄士毅録。按士毅録不紀年，以所録多與輔廣同，故附於甲寅後。

朱子曰：「讀書閑暇且静坐，教他心平氣定，見得道理漸次分曉。這箇却是一身總會處，且如看大學在『明明德』一句，須常常提醒在這裏。他日長進，亦只在這裏。人只是一箇心做本，須存得在這裏，識得他條理脈絡，自有貫通處。」

又曰：「四端皆自人心發出。惻隱本是説愛，愛則是説仁。如見孺子將入井而救之，此心只是愛這孺子。惻隱原在這心裏面，被外面事觸起。羞惡、辭遜、是非亦然。格物便是從此四者推將去，要見裏面是甚底物事。」

問：「推四端，無出乎守？」朱子曰：「學者須見得守底是甚底物事。人只是一箇心，識得箇心卓然在這裏，無走作，雖不守亦自在。學者且恁守將去。」

問：「『戒慎』、『恐懼』能存天理了，下面『謹獨』似多了一截。」朱子曰：「雖是存得天理，臨發時也須點檢，這便是他密處。若只説存天理了，更不謹獨，却是只用致中，不用致和了。」又問：「致中是未動之前，然謂之戒懼，却是動了。」曰：「公莫看得戒謹、恐懼太重了，此只是略省一省，不是恁驚惶震懼，略是箇敬底模樣如此。然道著『敬』字，已是重了，只略略收拾來便在這裏。伊川所謂『道箇敬字，也不大段用得力』。孟子曰：『操則存。』操亦不是著力把持，只是操一操便在這裏。如人之氣，才呼便出，吸便入。」

問「鳶飛魚躍」集注一段。朱子曰：「鳶飛魚躍，費也。必有一箇甚麼物使得他如此，便是隱。在人，則語默動静無非此理，只從這裏收一收，謂心。這箇便在。」

以上林賜録。

又曰：「學者喫緊，是要理會這一箇心，那紙上説底全然靠不得。」或問：「心之體與天地同其大，其用與天地流通」云云。朱子曰：「又不可一向去無形迹處尋，更宜於日用事物、經書指意、史傳得失上做工夫。即精粗表裏，融會貫通，而無一理之不盡矣。」

此段不知何氏録，年歲無考，姑附記於此。後兩行即文集答陳安卿。

因説：「某人開廣可喜，甚難得，只是讀書全未有是處。學者須是有業次，竊疑諸公亦未免如此。」德明與張顯父在坐，竦然聽教。朱子言：「前輩諸賢多只是略綽見得箇道理便休，少有苦心理會者。須是專心致意，一切從原頭理會過。且如讀堯、舜典『曆象日月星辰』、『律度量衡』、『五禮五玉』之類，禹貢山川、洪範九疇，須一一理會令透。又如禮書冠、婚、喪、祭、王朝、邦國許多制度，逐一講究。」因言：「趙丞相論廟制不取荆公之説，編奏議時已編作細註，不知荆公所論，深得三代之制。又不曾講究毀廟之禮。當是時除拆已甚，不應儀禮，可笑！子直一生工夫只是編奏議。今諸人之學，又只是做奏議以下工夫。一種稍勝者，又只做得西漢以下工夫，無人就堯、舜、三代源頭處理會來。」

此段廖德明録。毀僖、宣廟在甲寅。

按：林録皆切要語。朱子教法，全在心上。用功收斂，自是要著。戒懼、謹獨，語默動静，只從這裏收一收，何其密也！格物只從四者推將去，何其有源也！須從有源推廣，若不推廣窮究，尚書、禮書一一體會，則四者分量不盡，雖收心亦無用，且於源頭處多虧欠矣。讀書窮理，豈可一日曠哉。

又曰：「天下未有無理之氣，亦未有無氣之理。」

又曰：「貞而不固則非貞。貞如板築之有榦。」又曰：「貞固以貞爲骨子，則堅定不可移易。」

又曰：「凡看道理，要見得大頭腦處分明，下面節節只是此理，散爲萬殊。如孔子教人，只是逐件逐事説箇道理，未嘗説出大頭腦處；然四面八方合聚湊來，也自見得箇大頭腦。若孟子便已指出教人。周子説出太極，已是太煞分明。如惻隱之端，從此推上，是此心之仁；仁即天德之元；元即太極之陽動。如此節節推上，亦自見得大總腦處。若看得太極處分明，必能見得天下許多道理條件皆自此出，事事物物上皆有箇道理，元無虧欠。」

又曰：「學者爲學，未問真知與力行，且要收拾此心，令有箇頓放處。若收斂都在義理上安頓，無許多胡思亂想，則久久自於物欲上輕，於義理上重。」

又曰：「孔子所謂『克己復禮』，中庸所謂『尊德性，道問學，致中和』，大學所謂『明明德』，書曰『人心惟危，道心惟微，惟精惟一，允執厥中』，聖賢千言萬語，只是教人明天理、滅人欲。天理明，自不消講學。人性本明，如寶珠沉溷水中，明不可見，去了溷水，依舊自明。自家若知是人欲蔽了，便是明處。只是這上便緊緊著力主敬，一面格物。今日格一物，明日格一物，正如遊兵攻圍拔守，人欲自消鑠去。所以程先生説『敬』字，只是謂我自有一箇明底物事在這裏。把箇『敬』字抵敵，常常存箇敬在這裏，則人欲自然來不得。子曰：『爲仁由己，而由人乎哉。』緊要處正在這裏。」

或問：「知至以後，善惡既判，何由意有未誠處？」朱子曰：「『惟聖罔念作狂，惟狂克念作聖』。一念才放下，便是失其正。自古無放心底聖賢，然一念之微，所當深謹，才説知至後不用誠意，便不是。『人心惟危，道心惟微』，毫釐間不可不子細理會。才説太快，便失却此項工夫也。」

又曰：「胡氏『不失本心』一段極好，儘用子細玩味。聖人千言萬語，只是要人收拾得箇本心，不要失了。日用間著力屏去私欲，扶持此心出來。理是此心所當知，事是此心所當爲，不要埋没了他，可惜。如修身、齊家、治國、平天下，至大至公，皆要此心爲之。」又云：「人心皆有許多道理，不待逐旋安排入來。但人陷溺其心，於是此理不明。聖人立許多節目，只要人剔刮得自家心裏許多道理出來而已。」

又曰：「能於分殊中，事事物物，頭頭項項，理會得其當然，然後方知理本一貫。不知萬殊各有一理，徒言理一，不知理一在何處。如顔子穎悟，聞一知十，固不甚費力。曾子之魯，逐件逐事一一根究著落到底。故孔子告以『吾道一以貫之』。曾子發出『忠恕』二字，大煞分明。理會得川流處，方見得敦化處。孔子於鄉黨，從容乎此也。學者戒慎恐懼而謹獨，所以存省乎此也。格物者，窮究乎此也；致知者，真知乎此也。能如此著實用功，即如此著實到那田地，而理一之理自森然其中，一一皆實，不虚頭説矣。」

又曰：「不怨天，不尤人，聖人都不與己相干，只是理會下學而自然上達。下學是立脚只在這裏，上達是見識自然超詣。到得後來，上達便只是這下學，元不相離。」

朱子問銖曰：「伊川説：『善觀者，却於已發之時觀之。』尋常看得此語如何？」銖曰：「此語有病。若只於已發處觀之，恐無未發時存養工夫。」曰：「楊、吕諸公説求之於喜怒哀樂未發之時，伊川又説於已發處觀，如此則是全無未發時放下底。今且四平著地放下，要得平帖湛然，無一毫思慮。及至事物來時，隨宜應接，當喜怒則喜怒，當哀樂則哀樂。喜怒哀樂過了，此心湛然者，還與未發時一般，方是兩下工夫。若只於已發處觀，則是已發了，又去已發，展轉多了一層，却是反鑑。看來此語只説得聖人之止，如君止於仁，臣止於敬，是就事物上説理，却不曾説得未發時心，後來伊川亦自以爲未當。」銖曰：「此須是動静兩下用工，而主静爲本。静而存養，方始動而精明。」曰：「只爲諸公不曾説得静中未發工夫，如胡氏兄弟説得已發事大猛了。」銖曰：「先生中和舊説已發其義。」朱子因言當時所見次第云云。

問：「或問所謂『吾身之天地萬物』如何？」朱子曰：「尊卑上下之大分，即吾身之天地也。應變曲折之萬端，即吾身之萬物也。」

問：「先生舊説程先生論『子思喫緊爲人處，與「必有事焉，而勿正心」之意同，活潑潑地』，只是程先生借孟子此兩句形容天理流行之妙，初無凝滯倚著之意，今説却是將『必有事焉』作用功處説，如何？」朱子曰：「必是如此，方能見得這道理流行無礙也。」

又曰：「某人説書，是捏合來説，乃是心上病。心不專静純一，故思慮不精明。要須養得此心令虚明專静，使道理從裏面流出便好。」銖曰：「豫六二『介于石，不終日，貞吉』，正謂此。」曰：「然。」張仁叟問：「何以能如此？莫只在静坐否？」曰：「自去檢點。且一日間試看此心幾箇時在内，幾箇時在外。如此檢點，則自見矣。」又曰：「讀書須將心帖在書册上，逐字看得各有著落，方好商量。須是收拾此心，令專静純一，日用動静間都在，不馳走散亂，方看得文字精密。如此方是有本領。」

以上董銖録。

叔重問：「所謂『求放心』者，不是但低眉合眼，死守此心而已，要須常使此心在義理上。」朱子曰：「也須有專静之功始得。」時舉因云：「自來見得此理真無内外，外面有跬步不合道理，便覺此心慊然。前日侍坐，深有得於先生『醒』之一字。」曰：「若長醒在這裏，更須看惻隱、羞惡、是非、恭敬之心所發處，始得。當一念慮之發，不知是屬惻隱耶，羞惡、是非、恭敬耶？須是見得分明，方有受用處。」

此段潘時舉録。

按以上所録，則知朱子之學高出諸儒之上。諸儒議朱子者，皆不知朱子者也。有以分理、氣議朱子者，不知朱子分理、氣者，欲人於理中識氣，不可認氣是理，豈以理、氣爲二物乎？蓋天地間只是一箇理，理之有象者是氣，有象中之無象者是理，原不可分爲二物，即以人乘馬之言論之。曹月川先生深以爲非，是不知朱子者。大凡譬喻可以意會，不可執著。天下有無人之馬，不可謂有無理之氣；天下有無馬之人，不可謂有無氣之理。則朱子人馬之喻，可無疑矣。有靜坐久覺心通天地萬物爲格物，而不宗朱子格物之説者，不知朱子「尊卑上下」大分四句，乃通天地萬物實事。盡得實事，正是從大頭腦流露出來。若諸儒不從實事做工夫，雖見得心通天地萬物，終是虛見。乃知朱子位育之功，步步踏實地也。有以四端不指所發言，與朱註背者，不知朱子「長醒」之説即「無思無爲，寂然不動」之旨；更看所發，即「感而遂通天下之故」之旨。縱云性體是常感常寂、常寂常感的，但寂、感一致，不待看而無不當、無不通者，聖人也；必須看而後當且通者，賢人之學也。即聖人寂、感一致，而感處畢竟是寂中一點發動可見處，何得謂不指所發，大畔孟子、朱子耶？大抵朱子此時已是寂、感一致，而教人則有塗轍可循，不似諸儒向茫茫蕩蕩處去做也。如「知、仁交際之間，乃萬化之機軸」，「看得太極分明，必見得天下許多道理條件皆自此出」，「養得此心虛明專靜，使道理從裏面流出」，「日用動靜都在，不馳走散亂」云者，正寂、感一致，實氣象、實受用處。朱子所謂「理會得時」者，此之謂也。至於教人，則緊緊著力主敬「長醒在這裏，更須看所發始得」數語，循此而行，可以自下升高，自近及遠，不患不至聖賢地位，自知朱子之教，確不可易。彼捷徑頓悟者，直是影響，又何怪其紛紛置喙哉。

朱子曰：「温公之言，如桑麻穀粟。且如稽古録極好看，常思量教太子諸王。恐通鑑難看，且看一部稽古録。人家子弟若先看得此，便是一部古今在肚裏了。」林學蒙録。

又曰：「在經筵時，論嫡孫承重之服，當時不曾帶得文字行。旋借得儀禮看，又不能得分曉，不免以禮律爲證。後來歸家檢注疏看，分明説『嗣君有廢疾不任國事者，嫡孫承重』。當時若寫此文字出去，誰人敢争？此亦講學不熟之咎。」萬人傑録。

問：「先生須更被大任用在。」朱子曰：「某何人，安得有此？然亦做不得，出來便敗。且如在長沙城，周圍甚廣，而兵甚少。當時事未定，江上洶洶，萬一兵潰，必趨長沙。守臣不可去，只是浪戰而死。此等事須是有素定家計。魏公初在五路，治兵積粟，爲五年計，然後大舉。因虜人攻犯淮甸，不得已爲牽制之師。事既多違，魏公久廢，晚年出來便做不得。欲爲家計，年老等不得了，只是逐急去，所以無成。某今日亦等不得了，規模素不立，才出便敗。」廖德明録。

乙卯年，朱子作科舉私議一通，付過看。大概欲於三年前曉示，下次科場以某經、某子、某史試士人。知大義，每道只六百字，其餘兩場亦各不同。後次又預前以某年科場，别以某經、某子、某史試士人，蓋欲其逐番精通也。王過録。

又曰：「今人獄事，只管理會要從厚，不知不問是非善惡，只務從厚。豈不長姦惠惡？

大凡事付之無心，因其所犯，考其情實，輕重厚薄付之當然，可也。若從薄者固不是，只云我只要從厚，則此病所係亦不輕。某在長沙治一姓張人，初不知其惡如此，只因所犯追來，久之乃出頭。適有大赦，遂且與編管。後來聞得此人凶惡不可言，人只是平白地打殺不問。門前有一木橋，商販者自橋上過，若以柱杖拄其橋，必捉來弔縛。此等類甚多，若不痛治，何以懲戒？公等他日仕宦，不問官大小，每日詞狀須置一簿，穿字號，録判語，到事亦作一簿，發放文字亦作一簿。每日必勾了號，要一日内許多事都了，方得。若或做不辦，又作一簿記未了事，日日檢點了，如此方不被人瞞了事。今人只胡亂隨人來理會，來與不來都不知，豈不悮事？」

此段董銖録。

看一部稽古録；預爲家計；貢舉私議；各作一簿，日日檢點：此通經史、歷世務之要法，學者實實能行，才識便長許多，毋輕忽過。

【校勘記】

〔一〕仍請一面指揮合干人排備齋舍几案床榻之屬　「合干」原作「若干」，據晦庵集卷一〇〇改。

〔二〕以狗物欲於軀殼之外　「物欲」二字原脱，據晦庵集卷一四補。

〔三〕以爲至足　「足」原作「是」，據晦庵集卷七四改。

〔四〕著實行履　「著實」二字原無，據上文補。

〔五〕深中膏肓　「肓」原作「盲」，據語類卷一一八改。

〔六〕自然解拆破散收拾不來矣　「拆」原作「折」，「拾」原作「捨」，據晦庵集卷六三改。

朱子聖學考略卷十

丁巳，朱子六十八歲。

正旦，朱子書於藏書閣下東楹云：「周敬王四十一年壬戌，孔子卒，至宋慶元三年丁巳，一千六百七十六年。」萬人傑録。

朱子書此，有「文王既没，文不在兹乎」之意。非深透朱子之學，不能信也。

答林正卿云：「季通書來，亦謂正卿甚進，不知乃有異論如此。此正是渠病處，蓋不先其在己，而欲廣求於外，所以向裏不甚得力。又不察學者才識之高下，而概欲其無所不知，所以誤得他人亦多馳騖於外。吾人當識其好處，而略其所偏也。聞渠謫居却能自適，亦甚不易。歸期正不須問，旬呈亦不必求免。如陳了翁曾作諫官，及被謫，猶著白布衫、繫麻鞋赴旬呈。朝廷行遣罪人，正欲以此困辱之，若必求免，是不受君命也；不受君命，不受天命也，而可乎？所論易，大概得之，但時事人位等字説得太早，今只可且作卦爻看，看得通透了，到推説處，方説得平居無事處時應事之法，是第二節事也。如乾之初九，只是陽氣潛藏之象，未可發用之占耳。若便著箇不易乎世、不成乎名、隱而未見、行而未成底人坐在裏面，便死煞了。非所謂潔静精微者。若會得卦爻本意，却不妨當此時、居此位、作此人也。」

答曾景建云：「前此辱書，蔡季通行曾附數字奉報矣。所論主一之功甚善，但讀書須更量力，少看而熟復之，只依文義尋箇明白處去，自然有味，不在極力苦思，轉求轉遠也。先德所抄龜山語，以他書考之不妄，然却不及向來所記雜説數條，必是又有李蕭遠所定也。」

答林德久云：「熹屏居如昨，朋舊多勸謝客省事者，亦嘗試之，似難勉强。又揀別取舍，却恐反生怨怒，不若坦懷待之。若合須過嶺，此亦何可避也！」

答潘子善書云：「所論爲學之意善矣，然專務静坐，又恐墮落那一邊去。只是虚著此心，隨動隨静，無時無處不致其戒謹恐懼之力，則自然主宰分明，義理昭著矣。然著箇『戒謹恐懼』四字，已是壓得重了。要之，只是略綽提撕，令自省覺，便是工夫也。」「純仁可念，此間方爲季通遠謫作惡，忽又聞此，其禍乃更甚於季通，使人不能忘懷。」

按：通鑑丙辰十二月，「竄蔡元定於道州」，則此四書自在丁巳。朱子處患難，只如平常，其德性堅定，萬理明徹，有與時消息意思，非第不以患難動心也。當此之時，仍以讀書窮理立教，尤以向裏爲主，量力講求，不可馳騖。彼以朱子晚年專指本體，與格物狥外者，曷觀於此而自悟其非耶？

有一朋友微諷云：「先生有『天生德於予』底意思，却無『微服過宋』之意。」朱子曰：「某又不曾上書自辨，又不曾作詩謗訕，只是與朋友講習古書，説這道理，更不教做，却做何事？」因曰：「論語首章言：『人不知而不愠，不亦君子乎！』斷章言：『不知命，無以爲君子。』今人開口亦解一飲一啄自有定分，及遇小小利害，便生趨避計較之心。古人刀鋸在前，鼎鑊在後，視之如無物者，蓋緣只見得這道理，都不見那刀鋸鼎鑊。」又曰：「死生有命，如合在水裏死，須是溺殺，此猶不是深奥底事、難曉底話。如今朋友都信不及，覺見此道日孤，令人意思不佳。」

以上萬人傑録。

朱子曰：「讀書須是要身心都入在這一段裏面，更不問外面有何事，方見得一段道理出。如『博學而篤志，切問而近思』，如何却説箇『仁在其中』？蓋自家能常常存得此心，莫教走作，則理自然在其中。今人却一邊去看文字，一邊去思量外事，只是枉費了工夫。不如放下了文字，待打叠教意思静了，却去看。」

或問正心修身。朱子曰：「今人多是不能去致知處著力，此心多爲物欲所陷了。惟聖人能提出此心，使之光明，外來底物欲皆不足以動我，内中發出底又不陷了。」

問意誠。朱子曰：「表裏如一便是。但所以要得表裏如一，却難。今人當獨處時，此心非是不誠，只是不奈何他。今人在静處，非是此心要馳騖，但把捉他不住。」

又曰：「『默而識之』者，不言而此物常在也。今人但説著時在，不説時不在。『非禮勿視』，要和根株取，不是只禁你不看。聽、言、動皆然。」

又曰：「心爲主，心把得定，人欲自然没安頓處。」

以上曾祖道録。

朱子謂器之看書病於草率，器之云：「如今將先生數書循環看去。」曰：「都讀得了，方可循環再看。如今讀一件事，須是真箇理會得這一件了，方可讀第二件。讀這一段，須是理會得這一段了，方可讀第二段。少間漸漸節次看去，自解通透。只五年間，可以讀得經、子諸書，迤邐去看史傳，無不貫通。韓退之所謂『沉潛乎訓義，反覆乎句讀』，須有沉潛反覆之功方得。所謂『審問之』，須是表裏内外無一毫之不盡，方謂之審。恁地竭盡心力，只見得兩三分了，便草草揭過，少間只是鶻突無理會，枉著日月，依舊似不曾讀。只如韓退之、老蘇作文章，本自没要緊事，然他大段用功，方會漸漸掃去那許多鄙俗底言語，换了箇心胸，説這許多言語出來。如今讀書，須是加沉潛之功，將義理去澆灌胸腹，漸漸盪滌去那許多淺近鄙陋之見，方會見識高明。」因説：「讀詩惟是諷誦之功，上蔡亦云『詩須謳吟諷誦以得之』。某舊時讀詩，也只先去看許多注解，少間却被惑亂。後來讀至半了，都只將詩來諷誦至四五十過，已漸漸得詩之意，却去看注解，便覺減了五分以上工夫。更從而諷誦四五十過，則胸中判然矣。」因説：「如今讀書，多是不曾理會得一處通透了，少間却多引前面疑難來説，此最學者大病。」

此段錢木之録。

朱子教人讀書，先要掃去許多鄙俗見識，非讀書以義理澆灌胸腹不可。若不循此法，讀書雖多，亦奚以爲？

季通被罪，臺評及朱子。朱子飯罷，樓下起西序行數回，即中位打坐。賀孫退歸精舍，告諸友。漢卿筮之，得小過「公弋取彼在穴」，曰：「先生無恙，蔡所遭必傷。」即同輔萬季弟至樓下。朱子坐睡甚酣，因諸生偶語而覺，即揖諸生。諸生問所聞蔡丈事如何。曰：「州縣捕索甚急，不曉何以得罪。」因與正淳説早上所問孟子未通處甚詳。繼聞蔡已遵路，防衛頗嚴，諸友急往中途見別，朱子舟往不及。聞蔡留邑中，皆詹元善調護之。朱子初亦欲與經營，包顯道因言：「禍福已定，徒爾勞擾。」朱子嘉之，且云：「顯道説得自好，未知當局如何。」是夜諸生坐樓下，圍爐講問而退。

此段葉賀孫録。年譜：「丁巳，朱子别蔡元定於寒泉精舍。」按：是時，朱子聖學已進於大成，亦只從志氣堅定，造到性天純一地位。學者不可驟慕純一，輕視堅定，舍堅定亦無純一矣。玩朱子所云，提出此心，使之光明，不動不陷，及只見道理，不見刀鋸鼎鑊，便將自家斬剉了，也須壁立萬仞始得。此是志氣堅定後，雖歷奇禍極難，而志氣絶不動摇。人見其不動摇，咸謂此造道極處，而不知其堅定久矣，自早年來已如此堅定，至於造道之深，亦只如此堅定，止有生熟之分，初無二説也。其所謂熟者，於何見之？早年於處境時，尚少自然從容氣象，此非可以勉爲者。積之之久，生死禍福了然於心，故其日用之間只是成性存存，常在這裏。凡其外來者，順逆險易，惟循理而行，不惟無一毫勉强，並無一毫把捉，視逆如順，視險如易。玩季通被罪一段，知朱子所得者深，所養者熟，豈淺學者能窺其底藴哉！然是時之所得所養，亦有可形容者。朱子讀書講學，居敬主静之功，非一日矣。日以聖賢切要之言培養其根本，日以經書精微之義開拓其心胸。凡居家居官、事上安民之道，都從講學中透出，凡生人生物、因天因地之原，都從講學中透入，所以本體呈露，妙用顯行。覺得千人萬人只是這箇四德，都在自家性分之内；覺得生死消息、君臣父子、動静食色，都是天地之志與事。而吾之知之行之者，即是繼述天地之志與事，如此廣大，如此精實，所以吾之心即天地之心，只是一箇道理。天地在此，人物在此，心目間只是義理而安固不摇，只是義理而洋溢不息。即心是性，即人是天，此朱子是時之學之大成也。孰謂朱子泛言格物，而本體不虛哉？孰謂朱子從格物入，而不於主靜加意哉？

子升問：「周禮如何看？」朱子曰：「也且循注疏看去。第一要見得聖人是箇公平底意思。如陳君舉說：『天官之職，如膳羞衣服之官皆屬之，此是治人主之身。』此說自是。到得中間有官屬相錯綜處，皆謂聖人有使之相防察之意，這便不是。天官是正人主之身，兼統百官，地官主教民之事，大綱已具矣。春、夏、秋、冬之官，各有所掌，如太史等官屬之宗伯，蓋以祝、史之事用之祭祀之故；職方氏等屬之司馬，蓋司馬掌封疆之政。最是大行人屬之司寇，難曉。蓋儀禮覲禮，諸侯行禮既畢，出，『乃右肉袒於廟門之東』。王曰：『伯父無事，歸寧乃邦。』然後再拜稽首，出自屏。此所謂『懷諸侯則天下畏之』是也，所以屬之司寇。如此等處，皆是合著如此，初非聖人私意。大綱要得如此看。其間節目，有不可曉處，如官職之多，與子由所疑三處之類，只得且缺之，所謂『其詳不可得而聞也』。或謂周公作此書，有未及盡行之者，恐亦有此理。只如今時法令，其間頗有不曾行者。」木之因說：「舊時妄意看此書，大綱是要人主正心、修身、齊家、治國、平天下，使天下之民無不被其澤，又推而至於鳥獸草木，無一不得其所而後已。不如是，不足以謂之裁成輔相、參贊天地耳。」曰：「是恁底，須要識公平意思。」因說：「如今學問，不考古固不得。若一向去採摭故事，零碎湊合說出來，也無甚益。孟子慨然以天下自任，曰：『當今之世，舍我其誰？』到說制度處，只說『諸侯之禮，吾未之學，嘗聞其略也』。要之，後世若有聖賢出來，如儀禮等書，也不應便行得。如封建諸侯，柳子厚之說自是。當時却是他各自推戴爲主，聖人從而定之耳。如今若要將一州一縣封某人爲諸侯，人亦未必安之。兼數世之後，其弊非一。如鄉飲酒之禮，若要教天下之人皆如此行，也未必能。只是後世太無制度。若有聖賢，爲之就中定其尊卑隆殺之數，使人可以通行，這便是禮；爲之去其哇淫鄙俚之辭，使之不失中和歡悅之意，這便是樂。」

客說社倉訟事。朱子曰：「如今官司鶻突，都無理會，不如莫辨。」因說：「如今委送事，不知屬官能否，胡亂送去，更無分曉了絶時節。某在潭州時，州中僚屬朝夕相見，却自知得分曉，只縣官無由得知。後來區處每月版帳錢，令縣官逐人輪番押來，當日留住，試以公事。又怕他鶻突寫來，却與立了格式，云：今蒙使府委送某事如何。一、某人於某年月日於某處理某事，某官如何斷。一、又於某時某再理，某官如何斷。一、某今看詳此事理如此，於條合如何結絶。如此，人之能否，皆不得而隱。」

又曰：「諸葛孔明大綱資質好，但病於粗疏。孟子以後人物，只有子房與孔明。子房之學出於黄老，孔明出於申韓，如授後主以六韜等書與用法嚴處，可見。若以比王仲淹，則不似其細密。他却事事理會過來。當時若出來施設一番，亦須可觀。」

以上錢木之録。

朱子論古禮難盡行於後世，是通變至論，有後聖出，亦不能易。屬官輪番試事，是知人要法，居官者當遵而行之。

戊午，朱子六十九歲。

答林德久云：「仕宦只合從選部注擬，今人干堂慣了，不覺其非，故有志之士亦不免俯首其間，爲人所前却，此可爲後來之戒也。無事静坐，有事應酬，隨時隨處無非自己身心運用，但常自提撕，不與俱往，便是功夫。事物之來，豈以漠然不應爲是耶？疑義已略用己意説釋其後，恐有未安，更望反復。大抵似用意未精，咬嚼可破也。漢卿甚不易得，想亦難得相聚也。齋中自去秋後，空無一人，亦幸省事。今復頗有來者，然亦不多，目前未見卓然可望也。唯江西吴必大伯豐者，相從累年，明敏過人，儘能思索，從事州縣，隨事有以及民，而自守勁正，不爲時勢所屈，甚不易得。今乃不幸短命而死，甚可傷悼耳。」

答孫敬甫書云：「所論才説存養，即是動了，此恐未然。人之一心，本自光明，不是死物。所謂存養，非有安排造作，只是不動著他，即此知覺炯然不昧，但無喜怒哀樂之偏、思慮云爲之擾耳。當此之時，何嘗不静，不可必待冥然都無知覺，然後謂之静也。去年嘗與子約論之，渠信未及，方此辨論，而忽已爲古人，深可嘆恨。今録其語，謾往一觀，深體味之，便自可見也。『誠意』一節，此段章句、或問近皆略有修改，見此刊正舊版，俟可印即寄去。」

朱子存養之功，原不專在無聞無見時。隨時隨處，提撕敬畏，直是合動静用功之法，理明然後私意脱落，故不差入釋氏。象山惟以求放心爲主，静時流於坐禪入定，動時任心任氣，質行去，儒、釋之判，分明可見。陽明惟宗象山，故於動静交養、存心致知、齊頭用功之説，全然差却，何得以晚同愚世耶？大學章句、或問至戊午猶修改，不及改正之説謬無疑矣。

按：朱子曰：「從陸子静者，不問如何，箇箇學得不遜。只纔他門前過，便學得悖慢無禮，無少長之節，可畏可畏！」蓋象山氣質，不軌於理，以就和平，故致得學者如此。由於持敬工夫差了，當其静時，早有偏在，故發於氣質者終偏。又不讀書窮理，以變化氣質，是以識見亦偏也。朱子答孫仁甫曰：「人無英氣，固安於卑陋而不足以語上，其或有之而無以制之，則又反爲所使，而不肯遜志於學，此學者之通患也。所以古人設教，自洒掃、應對、進退之節，禮、樂、射、御、書、數之文，必皆使之抑心下首以從事於其間而不敢忽，然後可以消磨其飛揚倔强之氣，而爲入德之階。今皆無此矣，則惟有讀書一事，尚可以爲攝伏身心之助。然不循序而致謹焉，則亦未有益也。故今爲學者計，且當就日用間致其下學之功。讀書窮理，則細立課程，奈煩著實，而勿求速解；操存持守，則隨時隨處，省覺收斂，而毋計近功。如此積累，做得三五年工夫，庶幾心意漸馴，根本粗立，而有可據之地。不然，終恐徒爲此氣所使，而不得有所就也。」朱子如此立教，安有悖慢無禮之失。觀此，則朱、陸之得失了然矣。

答林正卿云：「季通云亡，凡在同志，無不痛傷。然人生要必有死，遲速遠近，亦何足較。聞其臨行，却甚了了，區處付屬，皆有條理，亦足强人意也。所示中庸疑義，略此條析奉報。大率朋友看文字多有淺迫之病，淺則於其文義多所不盡，迫故於其文理亦或不暇周悉。兼義理精微，縱横錯綜，各有意脈，今人多是見得一邊，便欲就此執定，盡廢他説，此乃古人所謂執德不弘者，非但讀書爲然也。要須識破此病，隨事省察，庶幾可以深造而自得也。」

答潘子善云：「所喻主一工夫，甚善。千萬更加勉力爲佳。書説今宜報去。去歲卷子，八月間已寄往黄巖矣，不知何故未到。然大抵看得似皆疏淺，更且玩索其間曲折意味，方有得力處也。學禮之意甚善，然此事頭緒頗多，恐精力短，包羅不得。今可且讀詩，俟他日所編書成，讀之未晚。書雖讀了，亦更宜温習。如大學、語、孟、中庸則須循環不住温習，令其爛熟爲佳。春秋一經，從前不敢容易令學者看，今恐亦可漸讀正經及三傳。且當看史功夫，未要便穿鑿説褒貶道理，久之却别商量，亦是一事也。公食禮至今未寄來，已報恭叔、致道趣之矣。子約之亡，深可痛傷。此間蔡季通死貶所，尤可惜，目前便覺無人説得話也。」

玩二書，朱子教人讀書窮理極精密，孰云晚年專指本體乎？讀書有得，亦是書中至理。若執一邊，便廢他説，故不可不熟讀，其中曲折不見，便有執一之弊。故朱子特發明之。

作書傳。

按：年譜云：「大全集止載二典、禹謨、金縢、召誥、洛誥、武成諸説數篇，及親稿百餘段具在，其他大義悉口授蔡沈，俾定成之。」

朱子所註數篇，迄今反復潛玩，述上天立君子民之意、帝王奉天勤民之道、師臣陳善責難之忱與夫存心出治之本、用人行政之方，以及天文地理、文義字訓之詳，無不備具。至於口授大義，九峰先生聞之熟矣，故十年而書傳遂成。

問：「前輩説治懼，室中率置尖物。」朱子曰：「那箇本不能害人，心下要恁地懼，且習教不如此妄怕。」問：「習在危堦上行底，亦此意否？」曰：「那箇却分明是危，只教習教不怕著。」問：「習得不怕，少間到危疑之際，心亦不動否？」曰：「是如此。」

問：「程子教人，每於己分上提撕，然後有以見流行之妙。正如先生昨日答語中謂『理會得其性情之德，體用分別，各是何面目』一段一般。」朱子曰：「是如此。」問：「人之手動足履，須還是都覺得始得。看來不是處，都是心不在後，挫過了。」曰：「須是見得他合當是恁地。」問：「『立則見其參於前，在輿則見其倚於衡』，只是熟後自然見得否？」曰：「也只是隨處見得那忠信篤敬是合當如此。」又問：「舊見敬齋箴中云『擇地而蹈，折旋蟻封』，遂欲如行步時，要步步覺得他移動。要之，無此道理，只是常常提撕。」曰：「這箇病痛須一一識得方得。且如事父母，方在那奉養時，又自著注脚解説道『這箇是孝』；如事兄長，方在那順承時，又自著注脚解説道『這箇是弟』，便是兩箇了。」問：「只是如事父母，當勞苦有倦心之際，却須自省覺説這箇是當然。」曰：「是如此。」

以上胡泳録。

按：胡録二段是身心合一工夫。若能不動心、見道理，非深入有得者不能。洪範五事、論語四勿皆從身心着實用工，以理爲主，心在身在，理、心、身只是一箇孔孟正脈在此。

己未，朱子七十歲。

答廖子晦云：「前此草草奉答，只是説得皮膚，因此却得左右明辨力抽，敷述詳明，然後乃能識得前後所説之本意，而區區愚見，亦因得以自竭，非小補也。詳來喻，正謂日用之間別有一物光輝閃爍，動蕩流轉，是即所謂『無極之真』、所謂『谷神不死』。二語皆來書所引。所謂無位真人，此釋氏語，正谷神之酋長也。學者合下便要識得此物，後將心想象照管，要得常在目前，乃爲根本工夫。至於學問踐履，零碎湊合，則自是下一截事，與此粗細迥然不同。雖以顔子之初仰高鑽堅，瞻前忽後，亦是未見此物，故不得爲實見耳。此其意則然矣，若果是如此，則聖人設教，首先便合痛下言語，直指此物，教人著緊體察，要令實見，著緊把捉，要常在目前，以爲直截根原之計。而却都無此説，但只教人格物致知、克己復禮，一向就枝葉上、零碎處做工夫，豈不誤人枉費日力耶？論、孟之言平易明白，固無此等玄妙之談。雖以子思、周子喫緊爲人，特著中庸、太極之書以明道體之極致，而其所説用功夫處，只説擇善固執、學問思辨而篤行之，只説『定之以中正仁義而主静』、『君子修之吉』而已。未嘗使人日用之間，必求見此天命之性、無極之真而固守之也。蓋原此理之所自來，雖極微妙，然其實只是人心之中許多合當做底道理而已〔一〕。但推其本，則見其出於人心，而非人力之所能爲，故曰天命。雖萬事萬化，皆由此中流出，而實無形象之可指，故曰無極耳。若論工夫，則只擇善固執、中正仁義便是理會此事處，非是别有一段根原功夫又在講學應事之外也。如説求其放心，亦只是説日用之間收斂整齊，不使心念向外走作，庶幾其中許多合做底道理漸次分明，可以體察，亦非捉取此物藏在胸中，然後别分一心出外以應事接物也。來書又云，事事物物皆有實理，如仁義禮智之性、視聽言動之則，皆從天命中來，須知顔、曾定見全體，即無一不善。此説雖似無病，然詳其語脈，究其意指，亦是以天命全體爲物之渾然，而仁義禮智之性、視聽言動之則，皆是其中零碎渣滓之物，初不異於前説也。至論所以爲學，則又不在乎事事物物之實理，而特以洞見全體爲功。凡此似亦只是舊病也。且曰洞見全體而後事無不善，則是未見以前，未嘗一一窮格以待其貫通，而直以意識想象之耳。是與程子所訶對塔而説相輪者，何以異哉？來喻又疑考異中説韓公見道之用而未得其體，以爲亦若自謂根原、學問各有一種功夫者，此亦不然。前日鄙意正爲韓公只於治國平天下處用功，而未嘗就其身心上講究持守耳，非病其不曾捉得此物藏在懷袖間也。此是學問功夫徹上徹下細密緊切處，向使不因來喻之詳，終未覺其病之在是。今幸見得，不是小事，千萬詳看此説，須仔細尋繹，更推其類，盡將平生所認有相關處一一勘驗，當自見得。如有未契，更宜反覆，不可容易放過也。安卿之病正亦坐此，向來至此，説得既不相合，渠便藏了，更不説著，遂無由與之講論，至今以爲恨。或因與書，幸亦以此曉之，勿令久自拘縶也。大顛問答，初疑只是其徒僞作，後細思之，想亦有些彷彿。計其爲人山野質樸，雖不會説，而於修行地位做得功夫著實，故其言語有力，感動得人。又是韓公所未嘗聞〔二〕，而亦切中其病，故公既聞其語，而不覺遂悦之也。然亦只此便見得韓公本體功夫有欠闕處，如其不然，豈其自無主宰，只被朝廷一貶、異教一言而便如此失其常度哉？此等處極不可草草看過，更宜深體之也。其餘已具見於考異外集卷中者，今不復論。然若不得此碑，亦無由見得許多曲折也。坡公海外意況，深可嘆息。近見其晚年所作小詞，有『新恩雖可冀，舊學終難改』之句，每諷詠之，亦足令人慨然也。二詩亦未甚曉，不敢又便率然奉答。然恐亦只是舊來意思，但請只就前説觀之，恐亦可自見得矣。蓋性命之理雖微，然就博文約禮實事上看，亦甚明白，正不須向無形象處東撈西摸，如捕風繫影，用意愈深而去道愈遠也。」

安卿初見朱子於漳州，後十年又來見，有顔子、曾點之訓。此言安卿之病，亦即指此。則此書在己未無疑矣。夫儒、佛之辨，止在毫釐，雖經前賢發明，若非朱子剖而晰之，又有陸氏一教，後學將何所禀程耶？蓋人心之靈，原有許多道理，自立志居敬時，許多道理根本皆在這裏。所謂明德，所謂天命之性，即此本心便是。但一隙之覺，無由光明洞達；初生之苗，無由植立盛大。知之不明，行之不盡，無以復得本來具足之性。只是用知行工夫，知得多，行得多，窮理愈徹，性體愈明，集義愈久，性體愈固，自有打成一片，復得本性時候。緣此心、此理原是一物，非是零碎而不融會。不做零碎工夫，無由得到融會地位，故朱子教人居敬，知行齊頭用工，無有滲漏也。且細玩「若論功夫」數行，正是教人理會根原，不使外馳，許多合做道理皆從此分明，所謂「由大本推達道」者實在於此，豈不立本而徒向枝葉零碎做工夫者哉？特持守身心，而不向事物窮究，竊恐持守者亦虛而無實，不免「對塔説相輪」之弊耳。況末段論韓公，正辨其不持守身心，而豈以持守爲可緩乎？要之，不可重體輕用，重心輕事，使心體恍惚流於真人谷神一派也。若象山之説，合下便要先捉得一箇物事，洞見全體，下面工夫都疏略了。陳、廖，朱子之高弟也，微有好高之意，故語類及此篇痛切指示從「博文約禮實事」上做去，至切至近，有把柄，有大用，然後顔、曾、周、程之學了然明白，朱、陸之判無毫髮同處。學者反復詳味，自知朱子辨陸之功不在禹下，而其惓惓教學之心，至今昭明如日月也。

問：「或謂『虛靈不昧』是精靈底物事，『具衆理』是精靈中有許多條理，『應萬事』是那條理發見出來底。」朱子曰：「不消如此解説。但要識得這明德是甚物事，便切身做工夫，去其氣禀物欲之蔽。能存得自家箇虛靈不昧之心，足以具衆理，可以應萬事，便是明得自家明德了。若只是解説『虚靈不昧』是如何，『具衆理』是如何，『應萬事』又是如何，却濟得甚事？」問：「明之之功，莫須讀書爲要否？」曰：「固是要讀書。然書上有底，便可就書上理會；若書上無底，便著就事上理會；若古時無底，便著就而今理會。所謂明德者，只是一箇光明底物事。如人與我一把火，將此火照物，則無不燭。自家若滅息著，便是暗了明德；能吹得著時，又是明其明德。所謂明之者，致知、格物是要知得分明，誠意、正心、修身是要行得分明。又要功夫無間斷，使無時不明方得。」

問或問説敬處。朱子曰：「四句不須分晰，只做一句看。」次日，又曰：「夜來説敬，不須只管解説，但整齊嚴肅便是敬，散亂不收斂便是不敬。四句只行著，皆是敬。」

問：「或問云『心雖主乎一身』六句，不知用是心之用否？」朱子曰：「理必有用，何必又説是心之用？夫心之體具乎是理，而理則無所不該，而無一物不在，然其用實不外乎人心。蓋理雖在物，而用實在心也。」又云：「理徧在天地萬物之間，而心則管之；心既管之，則其實不外乎此心矣。然則理之體在物，而其用在心也。」次早，朱子云：「此是以身爲主，以物爲客，故如此説。要之，理在物與在吾身，只一般。」

又曰：「『朝聞道，夕死可矣』。此聞是知得到、信得及，方是聞道，故雖死可也。若以聽人之説爲聞道，如此便死，亦可謂枉死了。」

問喜怒哀樂未發、已發之別。朱子曰：「未發時無形影可見，但於已發時照見。謂如見孺子入井有惻隱之心，便照見得有仁在裏面；見穿窬之類有羞惡之心，便照見得有義在裏面。」「蓋仁未有惻隱之心，只是箇愛底心；蓋義未有羞惡之心，只是箇斷制底心。惟是先有這物事在裏面，但隨所感觸，便自是發出來。故見孺子入井，便有惻隱之心；見穿窬之類，便有羞惡之心；見尊長，便有恭敬之心；見得是非，便有是之非之之心。從那縫罅裏迸將出來，恰似寶塔裏面四面毫光放出來。」又云：「孟子此一章説得來連那本末内外、體用精粗都包在裏面，無些欠闕處。」

或問：「『孟子道性善』章，看來孟子言赤子將入井，有怵惕惻隱之心，只就情上見，説得暫時發見處。如言『孩提之童，無不親其親』，只是就情上説得他人事，初無預於己。若要看得自己日用工夫，惟程子所謂：『天下之理，原其所自，未有不善。喜怒哀樂未發，何嘗不善。發而中節，即無往而不善；發不中節，然後不善。』此語最爲親切。學者知此，當於未發時加持敬工夫，已發加省察工夫，方爲切己。」朱子曰：「不消分這箇是親切，那箇是不親切，如此則成兩截了。蓋是四者未發時，那怵惕惻隱與孩提愛親之心皆在裏面了。少間發出來，即是未發底物事。静也只是這物事，動也只是這物事。如孟子所説，正要人於發動處見得是這物事。蓋静中有動者存，動中有静者存。人但要動中見得静，静中見得動。若説動時見得是一般物事，静時又見得别是一般物事；静時見得是這般物事，動時又見得不是這般物事，没這説話。蓋動時見得這物事，即是静時所養底物事。静時若存守得這物事，則日用流行即是這物事。而今學者且要識得動静只是一箇物事。」

問「夜氣」一章。朱子曰：「這病根只在放其良心上。蓋心既放，則氣必昏；氣既昏，則心愈亡。兩箇互相牽動，所謂『梏之反覆』。下文『操則存，舍則亡』，却是用功夫緊切處，是箇生死路頭。」

國秀問：「向曾問身心性情之德，蒙批誨云云。宋傑竊於自己省驗，見得此心未發時，其仁義禮智之體渾然未有區别。於此敬而無失，則發而爲惻隱、羞惡、辭遜、是非之情，自有條理而不亂。如此體認，不知是否？」朱子曰：「未須説那『敬而無失』，與未有區别，及自有條理而不亂在，且要識認得這身心性情之德，是甚底模樣。説未有區别，亦如何得？雖是未發時無所分别，然亦不可不有所分别。蓋仁自有一箇仁底模樣物事在内，義自有一箇義底模樣物事在内，禮、智皆然。今要就發處，認得在裏面物事是甚模樣。故發而爲惻隱，必要認得惻隱之根在裏面是甚底物事；發而爲羞惡，必要認得羞惡之根在裏面是甚底物事；禮、智亦如之。譬如木有四枝，雖只一箇大根，然必有四根，一枝必有一根也。」又問：「宋傑尋常覺得資質昏愚，但持敬則此心虛静，覺得好。若敬心稍不存，則裏面固是昏雜，而發於外亦鶻突，所以專於『敬而無失』上用功。」曰：「這裏未消説敬與不敬在。蓋敬是第二節事，而今便把來夾雜説，則鶻突了，愈難理會。且只要識得那一是一，二是二。便是虛靜，也要識得這物事；不虛靜，也要識得這物事。如未識得這物事時，則所謂虛靜亦是箇黑底虛靜，不是箇白底虛靜。而今須是要打破那黑底虛靜，換做箇白底虛靜，則八窗玲瓏，自無不融通。不然，則守定那裏底虛靜，終身黑淬淬地，莫之通曉也。」

以上呂燾録。

「或謂虛靈」以下八句，本體工夫俱有。所謂「模樣」、「物事」者，即明德本體。本體無從識，須從惻隱、羞惡、恭敬、是非發見處，便見本體。物事模樣，純是一團生幾盎然。此是朱子教人第一着工夫，須與程子「能敬則知此」參看。蓋不敬則不能知，敬而不體驗模樣，亦不能知也。若識得這物事模樣，將兢兢保守，動靜雖殊，皆是這物事作主；稍有擾亂，這物事便不肯做。讀書是明這物事，居敬是守這物事，聞道是聞這物事，惟這物事常在這裏，端凝不動。故其已發也，四端感動，而端凝不動之本體生幾依舊在這裏；其未發也，一元藴蓄，而端凝不動之本體生幾依舊在這裏。在物在身，只是這物事；本末内外、體用精粗、玲瓏融通，都是這物事。若不識這物事，求於動中見靜，靜中見動，既有起伏轉換之勞，到底不識主腦，所見究屬影響也。朱子教人，實於明德本體上用功，原非以博洽廣聞見。何宗朱子者偏諱之，使本領處缺略耶？玩此數段，朱子實從大學、孟子得力。從來看大學明德、孟子四端，無有如此透闢親切者。看透仁義禮智根原來歷模樣，體驗擴充，久之，無論已發、未發，這箇物事常在這裏。學力所到，皆是這箇物事，貫通運用，會得四端、本末、内外、體用、精粗都包在裏面，方透得明德實際，真曾、孟後一人也。高忠憲以陸、王是孟子一派，豈其然哉！

問：「形體之動與心相關否？」朱子曰：「豈不相關！自是心使他動。」曰：「喜怒哀樂未發之前，形體亦有運動，耳目亦有視聽，此是心已發，抑未發？」曰：「喜怒哀樂未發，又是一般。然視聽言動，亦是心向那裏。若形體行動心都不知，便是心不在，行動都没理會了，説甚未發？未發不是漠然全不省，亦常醒在這裏，不恁地困。」

又曰：「讀書不可專就紙上求理義，須反來就自家身上以手自指。推究。秦漢以後，無人説到此，亦只是一向去書册上求，不就自家身上理會。自家見未到，聖人先説在那裏，自家只借他言語來就身上推究，始得。」

問：「知有聞見之知否？」朱子曰：「知只是一樣知，但有真不真。争這些子，不是後來又别有一項知，所知亦只是這箇事。如君止於仁、臣止於敬之類，人都知得此，只後來便是真知。」

又曰：「浩然之氣，只是這血氣之氣，不可分作兩氣。人之言語動作所以充滿於一身之中者，即是此氣。只集義積累到充盛處，仰不愧，俯不怍，這氣便能浩然。」問：「何謂合而有助之意？」曰：「此語已精。天下莫强於理義，當然是義，總名是道，以道義爲主，有此浩然之氣去助他，方勇敢果决以進。如這一事，合當恁地做，是義；自家勇敢果决去做，便是有這浩然之氣去助他。如君有過，臣諫之，是義也；有冒死而不顧者，便是浩然之氣去助此義。如合説此話，却恧縮不對，便是餒。」

又曰：「若論原頭，未發都一般，只論聖人動静則全别。動亦定，静亦定。衆人有未發時，只是他不曾主静看，不曾知得。」

又曰：「吕氏未發之前，心體昭昭具在，説得亦好。」

問：「吕與叔云：『未發之前，心體昭昭具在，已發乃心之用。』南軒辨昭昭爲已發，恐太過否？」朱子曰：「這辨得亦没意思。敬夫太聰明，看道理不子細。伊川所謂『凡言心者，皆指已發而言』，吕氏只是辨此一句。伊川後來又救前説曰：『凡言心者，皆指已發而言，此語固未當。心一也，有指體而言者，寂然不動是也；有指用而言者，感而遂通是也；惟觀其所見如何。』此語甚圓無病。」問：「心本是箇動物，不審未發之前，全是寂然而静，還是静中有動意？」曰：「不是静中有動意。周子謂『静無而動有』。静不是無，以其未形而謂之無；非因動而後有，以其可見而謂之有耳。橫渠『心統性情』之説甚善，性是静，情是動，心則兼動静而言，或指體，或指用，隨人所看。方其静時，動之理在。伊川謂：『當中時，耳無聞，目無見，然聞見之理在，始得。及動時，又只是這静底。』」淳舉伊川以動之端爲天地之心。曰：「動亦不是天地之心，只是見天地之心。如十月豈得無天地之心？天地之心流行只自若。『元亨利貞』，元是萌芽初出時，亨是長枝葉時，利是成遂時，貞是結實歸宿時。下梢若無這歸宿處，便也無這元了。惟有這歸宿處，元又從此起，元了又貞，貞了又元，萬古只如此，循環無窮，所謂『維天之命，於穆不已』，説已盡了。十月萬物收斂，寂無蹤跡，到一陽動處，生物之心始可見。」曰：「一陽之復，在人言之，只是善端萌處否？」曰：「以善言之，是善端方萌處；以惡言之〔三〕，昏迷中有悔悟向善意，便是復。如睡到忽然醒覺處，亦是復。又如人沉滯，道不得行，到極處，忽少亨達，雖未大行，已有可行之兆，亦是復。這道理千變萬化，隨所在無不渾淪。」

問：「鬼神造化之迹，何謂迹？」朱子曰：「神是陽，鬼是陰。往者屈，來者伸，便有箇迹恁地。」淳因舉謝氏「歸根」之説。朱子曰：「『歸根』本老氏語，畢竟無歸，這箇何曾動？」

問「思修身，不可不事親」三句。朱子曰：「此處却是倒看，根本在修身。修身得力處，却是知天。知天，是知至、物格，知得箇自然道理。學若不知天，便記得此又忘彼，得其一失其二。未知天，見事頭緒多；既知天了，這裏便都定，這事也定，那事也定。」

問：「『中正仁義而主静』，中仁是動，正義是静。如先生解曰：『非此心無欲而静，則何以酬酢事物之變而一天下之動哉？』今於此心寂然無欲而静處，欲見所以正義者，何以見？」朱子曰：「只理之定體便是。」又曰：「只是那一箇定理在此中，截然不相侵犯。雖然，就其中又各有動静，如惻隱是動，仁便是静；羞惡是動，義便是静。」

問：「聖人動亦定，静亦定。所謂定者是體否？」朱子曰：「是。」曰：「此是惡物來感時定，抑善惡來皆定？」曰：「惡物來不感，這裏自不接。」曰：「善物則如何？」曰：「當應便應，有許多分數來，便有許多分數應。這裏自定。」曰：「『子哭之慟』，何以見其爲定？」曰：「此是當應。須是『擴然而大公，物來而順應』。」再三誦此語，以爲説得圓。

問：「聖人定處未詳。」朱子曰：「『知止而後有定』，只看此一句，便了得萬物各有當止之所。知得，則此心自不爲物動。」曰：「舜『號泣於旻天』，『象憂亦憂，象喜亦喜』。當此時，何以見其爲定？」曰：「此是當應而應，當應而應便是定。若不當應而應，是亂了；當應不應，又是死了。」

問：「未發之前，當戒謹恐懼，提撕警覺，亦是知覺。而伊川謂『既有知覺，却是動』，何也？」朱子曰：「未發之前，須常恁地醒，不是瞑然不省。若瞑然不省，則道理何在？成甚麼大本？」曰：「常醒便是知覺否？」曰：「固是知覺。」曰：「知覺便是動否？」曰：「固是動。」曰：「何以謂之未發？」曰：「未發之前，不是瞑然不省，怎生説做静得？然知覺雖是動，不害其爲未動。若喜怒哀樂，則又别。」曰：「恐此處知覺雖是動，而喜怒哀樂却未發否？」朱子首肯曰：「是。下面説『復見天地之心』，説得好。復一陽生，豈不是動？」曰：「一陽雖動，然未發生萬物，便是喜怒哀樂未發否？」曰：「是。」

「問形體」以下十三段，其中云「讀書不可專就紙上求義理，須反來身上推究」，此朱子教人讀書要法。蓋聖人言語都是就自家身上發明，以示後人，今只誦讀，於身心何益？故朱子切實指示學者，所當反身默驗也。其曰「常醒在這裏」，「這箇何曾動」，「這裏都是定」，「只是一箇定理在」，再三言之，至諄至切。尤要緊者，須玩「惡物來不感，這裏自不接」二句。學者不得定者，緣這名利心不浄；名利來感，便與之接；忿懥、恐懼、好樂、憂患，心不浄，四項事來感，便與之接。原其不浄感接之由，緣性體不復天理，不的確、不光明、不堅强，理不定故也。須是性體純乎天理，極的確，極光明，極堅强，千定萬定在這裏，任他名利、忿懥四項等事來，我這裏只以理處之，毫不爲其所污染摇動，只如平常，的確光明堅定，此方是理定，方是常醒。其工夫原於知天，知天即在體驗未發氣象，是自家本來性體，動静皆以性體爲主，故能理定。若惡物來而感且接，如虎傷火爇，便不是平日未發氣象，此性體便死便焦，不得復生復潤，安能得定？可不懼哉！朱子唤醒迷人，何等肫切，不當率意讀之。只自驗定時如何，不定時如何，冷煖便自知覺，難以筆舌道也。

謂淳曰：「不須將戒謹恐懼説得太重，只是常常提撕，認得這物事，常常存得不失。『如臨深淵，如履薄冰』，曾子亦只是順這道理，常常恁地把捉去。若不用戒謹恐懼，而此理常流通者，惟天地與聖人耳。便是堯、舜、周、孔，不成説是從容中道，不要戒謹恐懼。他那工夫，亦自未嘗得息。子思説『尊德性』，又却説『道問學』這五句，是爲學用功精粗全體説盡了。如今所説，却只偏在『尊德性』上去，無『道問學』底許多工夫。恐只是占便宜自了之學，出門動步便有礙，做一事不得。時變日新而無窮，安知他日之事非吾輩之責乎？若只是自了，便待工夫做得二十分到，終不足以應變。到那時，却怕人説道不能應變，也牽强去應，應得便只成杜撰，便只是人欲，又有誤認人欲作天理處。若應變不合義理，只平日許多工夫依舊都是錯了。吾友僻在遠方，無師友講明，又不接四方賢士，又不知遠方事情，又不知古今人事之變，這一邊易得暗昧了。一日間，事變無窮，一身有許多事，一家有許多事，一國、天下事業恁地多，都要人與他做。不成我只管得自家？若將此樣學問去應變，如何通得許多事情，做出許多事業？學者須是立定此心，汎觀天下之理，精粗巨細，無不周徧。

下梢打成一塊，亦是一箇物事，方可見於用。不是揀那精底放在一邊，粗底放在一邊。所謂天理人欲，只是一箇大綱如此，下面煞有條目。須是就事物上辨別，那箇是天理，那箇是人欲，不可恁地空説，將這大綱來罩却，籠統無界分。恐一向暗昧，更動不得。」

語陳安卿曰：「吾友所説從原頭來，又却要先見箇天理在前面，方去做，此正是病處。是先見『有所立卓爾』，然後『博文約禮』也。若把天理不放下相似，把一箇空底物放這邊也無頓處，放那邊也無頓處。這天理説得蕩漾，似一塊水銀滚來滚去，捉拿不住。又如水不沿流遡源，合下便要尋其源，鑿來鑿去，終是鑿不得。下學上達，自有次第。於下學中又有次第，致知又有許多次第，力行又有多少次第。」淳曰：「下學中，如致知時，亦有理會那上達底意思否？」曰：「非也。致知，今且就這事上理會箇合做底是如何，少間又就這事上思量合做底因甚是恁地，便見得這事道理合恁地。又思量因甚道理合恁地，便見得這事道理原頭處。逐事都如此理會，便件件知得箇原頭處。」淳曰：「件件都知得箇原頭處，凑合來便成一箇物事否？」曰：「不怕不成一箇物事。只管逐件恁地去，千件成千箇物事，萬件成萬箇物事，將久自然撞著成一箇物事，方如水到船浮。」又曰：「聖人教人，只是一法，教萬民及公卿大夫士之子皆如此。如『父子有親，君臣有義』，初只是有兩句，後來又就『父子有親』裏面推説許多，『君臣有義』裏面推説許多。而今見得有親有義合恁地，又見得因甚有親，因甚有義，道理所以合恁地。節節推上去，便自見原頭處。」

問：「前夜承教誨，不可先討見天理，私心更有少疑。蓋一事各有一箇當然之理，真見得此理，則做此事便確定，不然，則此心末梢又會變了。不審如何？」朱子曰：「這自是一事之理。前夜所説，只是不合要先見一箇渾淪大底物攤在這裏，方就這裏放出去做那萬事，不是於事都不顧理，一向冥行而已。事親中自有箇事親底道理，事長中自有箇事長底道理；這事自有這箇道理，那事自有那箇道理。各理會得透，則萬事各成萬箇道理。四面湊合來，便只是一箇渾淪道理。而今只先去理會那一，不去理會那貫，將尾作頭，將頭作尾，没理會了。」

所謂「四面湊合來」者，須細體認，若湊合有迹，焉能合一。緣工夫是零碎，本來都是一理，如水流木榮，穀實草茂，生各不同，都是地中所生。實實用功，方知朱子之言有味。若象山之學，恐是斥鹵之地也。

諸友入侍坐定，朱子目淳申前説曰：「若把這些子道理只管守定在這裏，則相似山林苦行一般，便都無事可做了，所謂『潛心大業』者何有哉？」淳曰：「已知病痛，大段欠了下學工夫。」曰：「近日陸子静門人寄得數篇詩來，只將顏淵、曾點數件事重疊説，其他詩、書、禮、樂都不説。如吾友下學，也只是揀那尖利底説，粗鈍底都掉了。今日下學，明日便要上達。如孟子，從梁惠王以下都不讀，只揀告子、盡心來説，其他五篇都删了。如論語二十篇，只揀那曾點底意思來涵泳，論語何用説許多事。前日江西朋友來問，要尋箇樂處。某説，只是自去尋，尋到那極苦澁處，便是好消息。人須是尋到那意思不好處，這便是樂底意思來，却無不做工夫自然樂底道理。而今做工夫，只是平常恁地去理會，不要把做差異看了。粗底做粗底理會，細底做細底理會，不消得揀擇。論語、孟子恁地揀擇了，史書及世間粗底書如何地看得！」

諸友揖退，朱子留淳獨語，曰：「何故無所問難？」淳曰：「數日承先生教誨，已領大意，但當歸去作工夫。」曰：「此別定不再相見。」淳問曰：「己分上事已理會，但應變處更望提誨。」曰：「今且當理會常，未要理會變。常底許多道理未能理會得盡，如何便要理會變？聖賢説話，許多道理平鋪在那裏，且要濶著心胸平去看，通透後自能應變。不是硬捉定一物，便要討常、討變。今也須如僧家行脚，接四方之賢士，察四方之事情，覽山川之形勢，觀古今興亡、治亂、得失之迹，這道理方見得周徧。『士而懷居，不足以爲士矣』。不是塊然守定這物事在一室，關門獨坐了，便可以爲聖賢。自古無不曉事底聖賢，亦無不通變底聖賢，亦無關門獨坐底聖賢。聖賢無所不通，無所不能，那箇事理會不得？如中庸『天下國家有九經』，便要理會許多物事。如武王訪箕子陳洪範，自身之視、聽、言、動、思，極至於天人之際，以人事則有八政，以天時則有五紀，稽之於卜筮，驗之於庶徵，無所不備。如周禮一部書，載周公許多經國制度，那裏便有國家當自家做？只是古聖賢許多規模，大體也要識。蓋這道理無所不該，無所不在。且如禮、樂、射、御、書、數，許多周旋升降、文章品節之繁，豈有妙道精義在？只是也要理會。理會得熟時，道理便在上面。又如律曆、刑法、天文、地理、軍旅、官職之類，都要理會。雖未能洞悉其精微，然也要識箇規模大概，道理方周洽通透。若只守箇些子，捉定在那裏，把許多都做閑事，便都無事了。如此，只理會得門内事，門外事便了不得。所以聖人教人要博學！二字力説。須是『博學之，審問之，慎思之，明辨之，篤行之』。『子曰：「我非生而知之者，好古敏以求之者也。」』『文武之道，布在方策。』『在人，賢者識其大者，不賢者識其小者。夫子焉不學？而亦何常師之有？』聖人雖是生知，然也事事理會過，無一之不講。這道理不是只就一件事上理會見得便了。學時無所不學，理會時却是逐件上理會去。凡事雖未理會得詳密，亦有箇大要處，縱詳密處未曉得，而大要處已被自家見了。今公只就一線上窺見天理，便説天理只恁地様子，便要去通那萬事，不知如何得？萃百物，然後觀化工之神；聚衆材，然後知作室之用。於一事一義上欲窺聖人之用心，非上智不能也，須撤開心胸去理會。天理大，所包得亦大。且如五常之教，自家而言，只有箇父子兄弟夫婦，才出外，便有朋友。朋友中，事已煞多。及身有一官，君臣之分便定，這裏面又煞多事，事事都合講過。他人未做工夫底，亦不敢向他說。如吾友於己分上已自見得，若不説與公，又可惜了。他人於己分上不曾見得，泛觀萬事，固是不得。而今已有箇本領，却只捉定這些子便了，也不得。如今只道是持敬，收拾身心，日用要合道理無失，固是好。然出而應天下事，應這事得時，應那事又不得。學之大本，中庸、大學已説盡了。大學首便説『格物致知』，爲甚要格物致知？便要無所不格，無所不知。物格知至，方能意誠、心正、身修，推而至於家齊、國治、天下平，自然滔滔去都無障礙。」

以上陳淳録。

玩朱子謂淳五段，知朱子之學絶非陸、王比也。陸、王雖非遺物，然其教以静爲主，至於格物工夫多疏略。即其格物亦煞用工，如陸之治荆門、王之用兵，皆素所講求者，然其立教，不教人細心讀書，所以多疏略也。若朱子之學，先立定此心，收拾得緊，不至走失，全要格物。物理明則應事當，方是有體有用之學。如云「天理大，所包得亦大」，非實有得，烏能爲是言也？朱子實從周易「太極」、西銘體會過來，見得乾元、坤元，包羅天之陰陽，地之柔剛，人之仁義，綱常名教，都該括在這裏。人夾雜私欲，不能明此明德，所以日就狹小。故朱子教人先明仁義禮智渾然之性，立定脚根，以爲本領，及推之物理。如洪範「九疇」、易六十四卦、禮三千三百、天文地理制産學校之類，歷歷推究，雖不能透極精微，其大綱大目處早已胸有成局。及臨事應變，雖不能曲盡纖悉，而要領布置處早已合乎人心。宜乎世變，天地間許多道理皆是性體中所有，所謂「四面湊合來」，便只是一箇渾淪道理。正以格物便能湊合，不格物便不能湊合，不是將外面道理强合來也。陸、王之學，只以心光明爲格物。心地光明者，自能合理，但考究不詳，必有不合理處。故兩家弟子，或任質，或狹私，流毒不小，皆不格物之弊。今兩家集具在，有言格物如此之明晰者乎？但知收心而不知格物，自正嘉後士習皆然。而近世尊朱子者，又流於章句時文之習，使朱子格物實義又致遏抑。聖學復明，其何日哉？

讀朱子封事奏對諸篇，及教安卿數段，竊嘆格致誠正、修齊治平、達德達道、九經之傳，非朱子莫與承接也。孔、顏、曾、思、孟天德王道之全體大用，盡在大學、中庸，而經史致用之學，於此統聚，於此發舒，若非立定此心，力加講求，識得大綱，分得涇渭，則事至物來，必有舛錯，何以當天下事乎？故朱子教及門諸賢，於全體大用，實實立心講求。迄今觀勉齋、敬子，經營措置皆有濟民却敵實事，此體用兼該之正教也。前朝如東廓輩，體處著力，而用不足，荆川輩，用處著力，而體又不足，則體用皆失之矣。誠反復於朱子教安卿者，不恍然知所用力乎！

安卿先生庚戌見朱子於漳州，朱子教以窮究根原來處，安卿遂從此深入有得，是以有「仁説」、「心説」及「問論語」諸章，皆精實切當，朱子深然之。及己未再見，朱子教以立定此心，汎觀天下之理，許多規模大體也要識。安卿又從此無書不讀，無物不格。其見於北溪集答陳伯澡、梁伯翔諸書，學者誠取安卿諸篇讀之，始知朱子所以教，安卿所以學，大有正路可由，正門可入。由安卿之學以進於朱子，亦即由顔子之博約、曾子之忠恕以進於聖道也。人病不知耳。知之、學之、得之，實有自飽自知其味之妙，豈可忽哉。

朱子曰：「看易，須是看他卦爻未畫以前是怎模樣，卻就這上見得他許多卦爻象數是自然如此，不是杜撰。且詩則因風俗世變而作，書則因帝王政事而作，易初未有物，只是懸空説出。當其未有卦畫，則渾然一太極，在人則是喜怒哀樂未發之中。一旦發出，則陰陽吉凶事事都有在裏面。人須是就至虚静中見得這道理周遮通瓏方好。若先靠定一事説，則滯泥不通了。此所謂『潔静精微，易之教也』。」

此段林學履録。

又曰：「未畫之前，在易只是渾然一理，在人只是湛然一心，都未有一物在，便是寂然不動，喜怒哀樂未發之中也。忽然在至虚至静之中有箇象，方發出許多象數吉凶道理來，所以靈，所以説『潔静精微之謂易』。」

此段沈僩録，與學履録同時。

右林、沈二段，朱子統六十四卦於畫前之易，統喜怒哀樂於未發之中，此聖賢滴滴歸源處，必如此用功，方見易理即人心之正，人心之正即易理。以易理洗心，則卜筮之説正大有意味在也。

或言：「太學補試，動一二萬人之冗。」朱子曰：「要得不冗，將太學解額減損，分布於諸州軍解額少處。如此則人皆只就本州軍試，又何苦就補試也。」呂燾。

又曰：「天生一世人才，自足一世之用。自古及今，只是這一般人。但是有聖賢之君在上，氣焰大，薫蒸陶冶得别，這箇自争八九分。只如時節雖不好，但上面意思略轉，下面便轉。况乎聖賢是甚力量！少間無狀底人自銷鑠改變，不敢做出來，以其平日爲己之心爲公家辦事，自然修舉，蓋小人多是有才底。」李儒用。

或言：「太祖受命，盡除五代弊法，故能易亂爲治。」朱子曰：「不然。只是去其甚者，其他法令條目多仍其舊。大凡做事底人，多是先其大綱，其他節目可因則因，此方是英雄手段。如王介甫，大綱都不曾理會，却纖悉於細微之間，所以弊也。」李儒用。

又曰：「籍溪嘗云：建炎間勤王之師所過州縣，如入無人之境，恣行擒掠，公私苦之。

有陳無玷者，以才略稱。嘗作某縣，宿戒邑人，各備器械，候聞鐘聲，則人執以出，隨其所居，相比排列。未幾，勤王之師入縣，將肆縱横之狀，即命擊鐘。邑人聞之，如其宿戒以出，師徒見其戈矛森列，不虞其有備若此也，相顧失色，遂整師以過，秋毫無犯，邑人德之。」李儒用。

或問：「季通八陣圖説，其間所著陳法是否？」朱子曰：「皆是元來有底。但季通分開許多方圓陳法，不相混雜，稍好。」又問：「史記所書高祖垓下之戰，季通以爲正合八陳之法。」曰：「此亦後人好奇之論。大凡有兵須有陳，不成有許多兵馬相戰鬭，只衮作一團，又只排作一行？必須左右前後，步伍行陣，各有條理，方得。今且以數人相撲言之，亦須擺布得所而後相角。今人但見史記所書甚詳，漢書則略之，便以司馬遷爲曉兵法，班固爲不曉，此皆好奇之論。不知班固以爲行陣乃用兵之常，故略之，從省文爾。看古來許多陳法，遇征戰亦未必用得。所以張巡用兵，未嘗倣古兵法，不過使兵識將意，將識士情。蓋未論臨機應變，方略不同，只如地圓則須布圓陳，地方則須布方陣，亦豈容概論也？」又曰：「常見老將説，大要臨陣，又在番休遞上〔四〕，分一軍爲數替，將戰，則食第一替人，既飽，遣之入陣，便食第二替人。覺第一替人力將困，即調發第二替人往代。第三替亦如之。只管如此更番，則士常飽健而不至於困乏。鄉來張柔直守南劍，戰退范汝爲，只用此法。方汝爲之來寇也，柔直起鄉兵與之戰。令城中殺牛羊豕作肉串，仍作飯，分鄉兵爲數替，以入陣之先後，更迭食之，士卒方皆有餘，遂勝汝爲。」

林丈説〔五〕：「彭子壽彈韓侂胄只任氣性，不顧國體，致侂胄大憾於趙相〔六〕，激成後日之事。」朱子曰：「他絶不曉事情，率爾而妄舉。」陳淳録。

安卿問：「二十而一，十一，十二，二十而三，二十而五，如何？」朱子曰：「近處役重，遠處役輕。且如六鄉，自是家家爲兵。至如稍、縣、都，却是七家只出一兵。」直卿云：「鄉遂用貢法，都鄙用助法，則是都鄙却成九一。但鄭注『二十而一』等及九賦之類，皆云是計口出泉，如此又近於太重。」曰：「便是難曉，這箇今且理會得大概。若要盡依他行時也難。似而今時節去封建井田，尚煞争。淳録云：「因論封建井田，曰：『大概是如此，今只看箇大意。若要行時，須别立法制，使簡易明白。取於民者，只以供上之用，上不至於乏，而下不至於苦，則可矣。今世去封建井田大段遠。』」恰如某病後，要思量白日上昇，如何得？今且醫得無事時，已是好了。如浙間除了和買丁錢，重處減些，使一家但納百十錢，只依而今税賦放教寬，無大故害民處。淳録云：「如漳之鹽錢罷了。」如此時，便是小太平了。前輩云，本朝税輕於什一，也只是向時可恁地説，今何啻數倍！緣上面自要許多用，而今縣中若省解些月椿，看州府不來打罵麽？某在漳州解發銀子，折了星兩，運司來取，被某不能管得，判一箇『可付一笑』字，聽他們自去理會。似恁時節，却要行井田，如何行得？伊川常言，要必復井田封建；及晚年，又却言不必封建井田，便也是看破了。淳録云：「見暢潛道録：『想是他經歷世故之多，見得事勢不可行。』」且如封建，自柳子厚之屬論得來也是太過，但也是行不得。淳録云：「柳子厚説得世變也是。但他只見得後來不好處，不見得古人封建底好意。」如漢當初要封建，後來便恁地狼狽。若如主父偃之説，天子使吏治其國而納其貢税，如此便不必封建也得。淳録云：「若論主父偃説底封建，則皆是王族貴驕之子，不足以君國子民，天子使吏治其國而已。」今且做把一百里地封一箇親戚或功臣，教他去做，其初一箇未必便不好，但子孫決不能皆賢。若有一箇在那裏無稽時，不成教百姓論罷了一箇國君？若只坐視他害民又不得，却如何區處？淳録云：「封建以大體言之，却是聖人公共爲民底意思，是爲正理。以利害計之，第一世所封之功臣猶做得好在；第二世繼而立者，箇箇定是不曉事，則害民之事靡所不爲。百姓被苦來訴國君，因而罷了，也不是；不與他理會，亦不是。未論別處如何，只這一處，利少而害多，便自行不得。」更是人也自不肯去。今且教一箇錢塘縣尉，封他作静江國王、鬱林國王，他定是不肯去，寧肯作錢塘縣尉。唐時理會一番襲封刺史，人都不肯去。苻秦也曾如此來，人皆戀京師快活，都不肯去，却要遣人押起。淳録作：「苻堅封功臣於數國，不肯去，迫之使去。」這箇決是不可行。若是以大概論之，聖人封建却是正理。但以利害言之，則利少而害多。子由古史論得也忒煩，前後都不相照。

想是子由老後昏眩，説得恁地。某嘗作説辨之，得四五段，不曾終了。若東坡時，便不如此。他每每兩牢籠説。他若是主這一邊説時，那一邊害處都藏著不敢説破。如子由便是只管説，後説得更無理會。」黄義剛。與淳同録。

人才隨上轉移，做事先其大綱，此爲政操要法也。封建井田難行，此段發明詳悉，後來腐儒多執泥，並未見此，故載之，知程、朱所言如是，庶治道有定論矣。

答吕子約云：「代語之喻甚善。妄爲此語，今已是十餘年，每以告人，無領略者。今乃得子約書，知其爲切要之語，始有分付處也。但前日張富歸所惠書，所論或問中語，却似未安。請且自反於心，分別未發、已發界分令分明，却將册子上所説來合看，還是如此否？自心下看得未明，却將衆説回互，恐轉生迷惑，斷置不下也。且如子約平生還曾有耳無聞、目無見時節否？便是祭祀，若耳無聞、目無見，即其升降饋奠，皆不能知其時節之所宜，雖有贊引之人，亦不聞其告語之聲矣。故前旒黈纊之説，亦只是説欲其專一於此而不雜他事之意，非謂奉祭祀時都無聞見也，況又平居無事之時乎？故程子云：『若無事時，耳須聞，目須見。』既云耳須聞、目須見，則與前項所答已不同矣，又安得曲爲之説而强使爲一義乎？至静之時，但有能知能覺者，而無所知所覺之事，此於易卦爲純坤，不爲無陽之象。若論復卦，則須以有所知覺者當之，不得合爲一説矣。故康節亦云：『一陽初動處，萬物未生時。』

此至微至妙處，須虛心靜慮，方始見得。若懷一點偏主彊說意思，即方寸之中先自擾擾矣。」

又答呂子約云：「『未發』、『浩氣』二義，皆雜亂膠轕，不可爬梳。」「今奉勸不若只取子思、孟子之言虛心平看，且勿遽增他說，只以訓詁字義隨句略解，然後反求諸心，以驗其本體之實爲何如，則其是非可以立判。若更疑著，請復詳論之。夫未發、已發，子思之言已自明白。程子數條引寂然感通者，皆與子思本旨符合，更相發明。但答呂與叔之問，偶有『凡言心者，皆指已發』一言之失，而隨即自謂未當，亦無可疑。至遺書中『纔思即是已發』一句，則又能發明子思言外之意，蓋言不待喜怒哀樂之發，但有所思，即爲已發。此意已極精微，説到未發界至十分盡頭，不復可以有加矣。問者不能言下領略，切己思惟，只管要説向前去，遂有無聞無見之問。據此所問之不切，與程子平日接人之嚴，當時正合不答，不知何故却引惹他，致他如此記録，前後差舛，都無理會。後來讀者，若未敢便以爲非，亦且合存而不論。今却據守其説，字字推詳，以爲定論，不信程子手書此固未當之言，而寧信他人所記自相矛盾之説，彊以『已發』之名侵過『未發』之實，使人有生已後、未死已前，更無一息未發時節，惟有爛熟睡著可爲未發，而又不可以立天下之大本。此其謬誤，又不難曉，故或問中粗發其端。今既不信，而復有此紛紛之論，則請更以心思、耳聞、目見三事較之，以見其地位時節之不同。蓋心之有知與耳之有聞、目之有見爲一等時節，雖未發而未嘗無；心之有思，乃與耳之有聽、目之有視爲一等時節，一有此則不得爲未發。故程子以有思爲已發則可，而記者以無聞無見爲未發則不可。若苦未信，則請更以程子之言證之。如稱許渤持敬，而注其下云：『曷嘗有如此聖人？』又每力詆坐禪入定之非，此言皆何謂耶？若必以未發之時無所見聞，則又安可譏許渤而非入定哉？此未發、已發之辨也。若氣配道義，則孟子之意不過曰此氣能配道義，若無此氣，則其體有不充而餒然耳。此其賓主向背、條理分合，略無可疑，但粗通文理之人，無先入偏滯之説以亂其胸次，則虚心平氣而讀之，無不曉會。若反諸身而驗之，則氣主乎身者也，道義主乎心者也；氣形而下者也，道義形而上者也。雖其分之不同，然非謂氣在身中，而道義在皮外也，又何嫌於以此配彼，而爲崎嶇詰曲以爲之説曰『道義本存乎血氣，但無道義，則此氣便餒，而止爲血氣之私，故必配義與道，然後能浩然而無餒』乎？若果如此，則孟子於此當別有『穩』字，以盡此意之曲折，不當下一『配』字，以離二者合一之本形，而又以氣爲主，以倒二者賓主之常勢也。且其上既言『其爲氣也』以發語，而其下復言『無是餒也』以承之，則所謂『是』者，固指此氣而言。若無此氣，則體有不充而餒然矣。若如來喻，以『是』爲指道義而言，若無此道義，即氣爲之餒。則孟子於此亦當別下數語，以盡此意之曲折，又不當如此倒其文而反其義，以疑後之學者，如今之云也。且若如此，則其上本末須説『以直養而無害』，其下亦不須更説『是集義所生』矣。」「其他分別血氣浩氣、小體大體，皆非孟子正意，而妄爲離合，却自墮於二物之嫌。原其所以，只因『配義與道』一句不肯依文解義，著平實説，故須從頭便作如此手勢翻弄，乃可以迤邐遷就，委曲附會，而求其通耳。今亦不暇悉數以陷於來喻之覆轍，然只如此説，已覺不勝其冗矣。幸深思之，且以近分上明理致知爲急，不須汲汲以救護前輩爲事。蓋其言之得失，白黑判然，已不可揜，救之無及，又況自家身心義理不曾分明，正如方在水中，未能自拔，又何以救他人之溺乎？但所云未發不可比純坤，而當爲太極，此却不是小失，不敢隨例放過。且試奉扣：若以未發爲太極，則已發爲無極耶？若謂純坤不得爲未發，則宜以何卦爲未發耶？竊恐更宜静坐，放教心胸虚明凈潔，却將太極圖及十二卦畫安排頓放，令有去著，方可下語。此張子所謂『濯去舊見，以來新意』者也。」

又答吕子約云：「謂當行之理爲達道，而冲漠無朕爲道之本原，此直是不成説話。不謂子約見處乃只如此，亦無怪乎他説之未契也。須看得只此當然之理，冲漠無朕，非此理之外别有一物冲漠無朕也。至於形而上下，却有分别。須分得此是體，彼是用，方説得一源；分得此是象，彼是理，方説得無間。若只是一物，却不須更説一源無間也。」

又答吕子約云：「子思只説喜怒哀樂，今却轉向見聞上去，所以説得愈多，愈見支離紛冗，都無交涉。此乃程門請問記録者之罪，而後人亦不善讀也。不若放下，只自直看子思説底。須知上四句分别中和，不是説聖人事，只是汎説道理名色地頭如此。下面説『致中和』，方是説做功夫處，而唯聖人爲能盡之。若必以未有見聞爲未發處，則只是一種神識昏昧底人，睡未足時被人驚覺，頃刻之間，不識四到時節，有此氣象。聖人之心湛然淵静，聰明洞徹，決不如此。若只如此，則洪範五事當云『貌曰儼，言曰啞，視曰盲，聽曰聾，思曰塞』，乃爲得其性，而致知居敬費盡工夫，却只養得成一枚癡獃罔兩漢矣。千不是萬不是，痛切奉告莫作此等見解。若信不及，一任狐疑，今後更不能説得也。詳看此段來意，更有一大病根，乃是不曾識得自家有見聞知覺而無喜怒哀樂時節。試更著精彩看，莫要只管等閒言語，失却真的主宰也。」又云：「以未發爲太極，只此句便不是，所以下文一向差却。未發者太極之静，已發者太極之動也。須如此看得，方無偏滯，而兩儀四象、八卦十二卦之説皆不相礙矣。」

前一書言未發時，耳須聞，目須見，無知覺之事，而有知覺之理。正純坤不爲無陽，與復卦一陽初動不同。此種境地，須自家體驗。純坤有陽，是萬感俱寂而一理炯然之象；復卦一陽是隱隱有感，而未見於事之象。微妙處須自識得，方能辨别涵養，不可以筆舌道也。第二書言未發喫緊處，在心之有知二段。未發而未嘗無知，聞見昭昭具在，即純坤有陽，萬感俱寂而一理炯然之象也。一有此，則不得爲未發。思、視、聽、感則幾動，即復卦一陽有感而未見於事之象也。第三書「只此當然之理，冲漠無朕」，説明用不離體，體不離用，不得舍當行之理，别尋未發矣。第四書「不曾識得自家有見聞知覺而無喜怒哀樂時節」一語，畫出程子「無見聞而有見聞之理在底」模樣，令學者反觀，益親切矣。寺丞之差，由於以未發爲太極，遂有錯解「無聞無見」之疑，朱子特注明之，能以太極作骨子，則未發已發、陰陽動静皆太極運用。寺丞終未理會，朱子所以有答敬甫一書申明此旨也。至於氣配道義之説，寺丞以「無是」「是」字指道義言，與上下文不合，不知無氣配道義，便是氣不能行道義，單指道義而遺氣，豈孟子本指？朱子詳晰辨論，正窮理的當處。要之，朱子此時，全體太極，静中一點覺處，昭融明旭，太極之覺也；動中一點静處，堅固凝聚，太極之定也。即覺即定，心中太極不倚於陽也；即定即覺，心中太極不倚於陰也。只有浩氣渾淪，純是道義，所謂全體太極也。浩氣即元氣之直達處，元氣渾，浩氣盛。元氣者，太極之含藏；浩氣者，太極之發舒。不可以體、用分，却有終始意，學者反身玩味，毋徒以文字讀之，則幾矣。

四書未詳何年，以六十三卷答孫敬甫「去年嘗與子約論，忽已爲古人」之語考之，則四書在丁巳無疑矣。故附於後。

答廖子晦云：「所論顔子之嘆，大概得之，然亦覺有太煩雜處。約而言之，則高堅前後者，顏子始時之所見也；博文約禮者，中間用力之方也。欲罷不能以後者，後來得力之效驗也。中庸所謂『得一善則拳拳服膺而不失』者，正謂此博文約禮工夫不可間斷耳。若能如此實用其力，久之自然見得此箇道理無處不在，不是塊然徒守一物而硬定差排，唤作心性也。若不如此，政使思索勞苦，説得相似，亦恐隨手消散，不爲吾有，況欲望其融會貫通而與己爲一耶？舊見李先生常説：『少從師友，幸有所聞，中間無講習之助，幾成廢墮。然賴天之靈，此箇道理時常只在心目間，未嘗敢忘。』此可見其持守之功矣。然則所見安得而不精，所養安得而不熟耶？近時朋友漫説爲學，然讀書尚不能記得本文，講説尚不能通得訓詁，因循苟且，一暴十寒，日往月來，漸次老大，則遂漠然忘之，更無頭緒可以接續，至有不獲講學之利，而徒取廢錮之禍者，甚可嘆也。來喻蓋已得此大意，然持之以久，全在日用工夫勿令間斷，久當自有真實見處也。」又云：「爲政以寬爲本者，謂其大體規模意思當如此耳。古人察理精密，持身整肅，無偷惰戲豫之時，故其政不待作威而自嚴，但其意則以愛人爲本耳。及其施之於政事，便須有綱紀文章、關防禁約，截然而不可犯。然後吾之所謂寬者得以隨事及人，而無頽弊不舉之處；人之蒙惠於我者亦得以通達明白，實受其賜，而無間隔欺蔽之患。聖人謂政以寬爲本，而今反欲其嚴，正以古樂以和爲主，而周子反欲其淡。蓋今之所謂寬者乃縱弛，所謂和者乃哇淫，非古之所謂寬與和者，故必以是矯之，乃得其平耳。如其不然，則雖有愛人之心，而事無統紀，緩急先後、可否與奪之權皆不在己，於是姦豪得志，而善良之民反不被其澤矣。此事利害只在目前，不必引書傳、考古今然後知也。緩急、可否是兩事，無程限則緩急不在己，不親臨則可否不在己。今見爭訟人到官，常苦不得呈覆〔七〕，須當計會案吏然後得之，便可見其無政事，不待可否失當然後知其謬矣。又如縣道送兩税簿上州磨審，皆有日限，有違失則糾正之，無即簽押用印給還。今有數月不還者，守倅漫不加省。如此之類，不可勝數。以此爲寬，不知孔子意裏道如何也。但爲政必有規矩，使姦民猾吏不得行其私，然後刑罰可省、賦歛可薄。所謂以寬爲本，體仁長人，孰有大於此者乎？」

又答廖子晦云：「心性一段，大概則然。但中間方説心爲之主，不知從前説太極、二五、四端之未發時，此心却在甚處？可更思之。」又云：「曾點一段，集註中所引諸先生説已極詳明。蓋以其所見而言，則自源徂流，由本制末，堯舜事業，何難之有？若以事實言之，則既曰行有不揜，便是曾點實未做得，又何疑哉？聖人與之，蓋取其所見之高、所存之廣耳，非謂學問之道，只到此處便爲至極而無以加也。然則學者觀此，要當反之於身，須是見得曾點之所見、存得曾點之所存，而日用克己復禮之功却以顔子爲師，庶幾足目俱到，無所欠闕。」

前書首段，只在居敬窮理著實用功，事事反己，刻刻檢身，雖當倥偬，亦有依據，庶不至隨手消散。果能如此，後書二段，皆可默會。而「見點所見，存點所存」，「克己復禮，以顔子爲師」，千古學聖津梁被此數語道破，不做顔子工夫，便有流弊矣。前書第二段尤宜詳玩，蓋學與政初無二理，當身規矩條理固要分明，行政規矩條理亦須了徹。若不了徹，空言一體之愛，何濟於事？何益於民？何快足於心？不過謹身寡過之士耳。細註極精實，可坐言起行者，非閱歷人不知。

按：前書有「廢錮之禍」一語，後書第七段有「韓文考異刻版」數語，似當在丁巳，故附之。

答度周卿書云：「比來爲況如何？讀書探道亦頗有新功否耶？歲月易得，義理難明。但於日用之間，隨時隨處提撕此心，勿令放逸，而於其中隨事觀理，講求思索，沉潛反覆，庶於聖賢之教漸有默相契處，則自然見得天道性命真不外乎此身，而吾之所謂學者，舍是無有別用力處矣。因書信筆，不覺縷縷，切勿爲外人道也。」

按：朱子與晏亞夫書云「明年便七十矣。去年度周卿歸，嘗託致意」云云，則此書亦在丁巳前後，故附於此。

合本卷所載答潘子善書觀之，雖是教潘、度二君用功之要，朱子此時若用力、若不用力，自然合一，可見於此矣。蓋朱子持敬工夫至純至熟，致知工夫至精至密，至於暮年，至精至密者皆融會於至純至熟之中，打成一片。故其静也，仁義禮智之有界分而渾然者全體於中而無不在；及其動也，仁義禮智之因感觸而秩然者發見於外而無不宜。一動一静，即心即理，深造自得，左右逢原，是以抽關啓鍵，盡傾底裏，以開示學者，使知所以用力，以無失乎孔孟立教之正脈焉。試閲象山文集，有一言若此之詳明親切者乎？彼援朱入陸者，妄謂朱陸之同。即尊朱排陸者，競謂朱陸之異。至其所以異者，無如此二篇之詳明親切，苟學者反復而潛玩之，其必有以信之矣。

答林德久云：「如所謂私意脱落無有渣滓爲盡心，即不知却如何説『存心』兩字？兼既未知性，即是於理尚有未明，如何便到得此田地耶？此處一差，便入釋氏見解矣。此理甚明，更宜思之。況知者有漸之詞，盡者無餘之義，其意象規模自應有先後也。太虚實理，正是指形而上者而言。既曰形而上者，則固自無形矣，然謂之無理，可乎？以此思之，亦自曉然也。」

此書未詳何年，文集序於仕宦書後，故附之。

李敬子問云：「燔竊妄謂顔子『四勿』、曾子『三省』，與夫博文約禮、動容正顔之事，皆資外養内之事也。學者惟當悉意於此。」朱子曰：「勿之省之亦由内。要之内外不是判然兩件事也。」又問云：「燔嘗謂欲君德之美，當重保傅之選；欲士風之美，當正教取之法；

欲吏道良，當久其任；欲民俗厚，當興禮樂；欲强甲兵，當倣寓兵之意；欲足財用，當急農桑之務。」朱子云：「大概是如此。然須更讀書窮理，博觀古今聖賢所處之方，始有實用，不爲空言也。」

玩朱子「勿之省之亦由内」語、「實用不爲空言」語，是有體有用之教，可循塗以從事者也。朱子答余國秀云：「所謂貼裏者，但謂不可向外理會，不干己事，及求知於人之類耳。若學問之功，則無内外身心之間，無粗細隱顯之分。初時須要大綱持守，勿令放逸，而常切提撕，漸加嚴密。更讀聖賢之書，逐句逐字，一一理會，從頭至尾，不要揀擇。如此久之，自當見得分明，守得純熟矣。今看此册，大抵不曾著實持守，而遽責純熟之功；不曾循序講究，而務極精微之蘊。正使説得相似，只與做舉業一般，於己分上全無干涉。此正不貼裏之病也。」觀此，則朱子持守讀書，至老皆以此立教，聖學大宗，定於一是，何得尚有異説乎？

答敬子書未詳何年。按答胡伯量云「敬子説是」，則與答伯量者亦相近，伯量録在戊午，故附之。

因説「天之明命」，曰：「這箇物事即是氣，便有許多道理在裏。人物之生，都是先有這箇物事，便是天當初分付底。既有這物事，方始具是形以生，便有皮包裹在裏。若有這箇，無這皮殼，亦無所包裹。而今儒者只是理會這箇，要得順性命之理。佛、老也只是理會這箇物事。老氏便要常把住這氣，不肯與他散。佛氏也只是見這箇物事，便放得下，所以死生禍福都不動。只是他去作弄了。」又曰：「各正性命，保合太和，聖人於乾卦發此兩句最好。人之所以爲人，物之所以爲物，都是正箇性命。保合得箇和氣性命，便是當初合下分付底。保合便是有箇皮殼包裹在裏，如人以刀破其腹，此箇物事便散却便死。」

又曰：「而今人會説話行動，凡百皆是天之明命。『人心惟危，道心惟微』，也是天之明命。」

又曰：「心須卓立在八九者之外，謂忿懥之類。而勿陷於八九者之中，方得其正。聖人之心，周流應變而不窮，只爲在内而外物入不得，及其出而應接，又不陷於彼。」

問「五十知天命」。朱子曰：「上蔡云：『理之所自來，性之所自出。』此語自是。子貢謂性與天道，性便是自家底，天道便是上面一節。這箇物事，上面有箇腦子，下面便有許多物事，徹底如此。太極圖便是這箇物事。箕子爲武王陳洪範，先言五行，次言五事。蓋在天則爲五行，在人則爲五事。知之者，須是知得箇模樣形體如何。某舊見李先生云：『且静坐體認作何形象。』」問：「體認莫用思否？」曰：「固是。且知四端雖固有，孟子亦言『思則得之，不思則不得』也。」又曰：「此箇道理，大則包括乾坤，提挈造化，細則入毫釐絲忽裏去，無遠不周，無微不到，但須是見得箇周到底是何物。」

又曰：「聖人之心，直是表裏精粗無不昭徹，方其有所思，都是這裏流出，所謂『德盛仁熟』，『從心所欲不踰矩』，莊子所謂『人貌而天』。蓋形骸雖是人，其實是一塊天理，又焉得而不樂！」

朱子因説「子在川上」章，問曰：「今不知吾之心與天地之化是兩箇物事，是一箇物事？公且思量。」良久乃曰：「今諸公讀書，只是去理會得文義，更不去理會得意。聖人言語，只是發明這箇道理。這箇道理，吾身也在裏面，萬物亦在裏面，天地亦在裏面。通同只是一箇物事，無障蔽，無遮礙，吾之心即天地之心，聖人即川之流，便見得也是此理，無往而非極致。但天命至正，人心便邪；天命至公，人心便私；天命至大，人心便小。所以與天地不相似。而今講學，便要去得與天地不相似處，要與天地相似。」又曰：「虛空中都是這箇道理，聖人便隨事物上做出來。」又曰：「如今識得箇大原了，便見得事事物物都從本根上發出來。如一箇大樹，有箇根株，便有許多芽蘖枝葉，牽一箇則千百箇皆動。」

又曰：「大人之所以爲大人者，却緣是他存得那赤子之心。而今不可將大人之心只作通達萬變，赤子只作純一無僞説。蓋大人之心，通達萬變而純一無僞；赤子之心，未有所知而純一無僞。」

問：「氣是合下有否？」朱子曰：「是合下有。若不善養，則無理會，無主宰，或消滅不可知，或使從他處去亦不可知。」

又曰：「於天無怨，於人無怍，下學而上達，自在這裏做，自理會得。如水無石，如木無風，貼貼地在這裏，但有天知而已，以其與天相合也。」

問：「而今看道理不出，只是心不虛靜否？」朱子曰：「也是不曾去看。會看底，就看處自虛靜，這箇互相發。」

謂夔孫云：「公既久在此，可將一件文字與衆人共理會。」夔孫請所看底文字。曰：「且將西銘看。」及看畢，夔孫依朱子解説過，朱子曰：「而今解得分曉了。」夔孫請再看底文字。索近思録披數板，云：「也揀不得。」遂云：「『無極而太極』，而今人都想像有箇光明閃爍底物事在那裏，那不知本是説無這物事，只是有箇理，解如此動靜而已。及至一動一靜，便是陰陽。『太極動而生陽』，只是從動處説起。其實動之前又有静，静之前又有動。推而上之，其始無端；推而下之，以至未來之際，其卒無終。自有天地，便只是這物事在這裏流轉，一日便有一日之運，一月便有一月之運，一歲便有一歲之運。都只是這箇物事滚滚將去，如水車相似：一箇起，一箇倒；一箇上，一箇下。其動也，便是中是仁〔八〕；其静也，便是正是義。不動則静，不静則動。如人不語則默，不默則語，中間更無空處。又如善惡，不是善便是惡，不是惡便是善。『聖人定之以中正仁義』，便是主張這箇物事。蓋聖人之動便是元亨，其静便是利貞，都不是閑底動静。所以繼天地之志，述天地之事，便是如此。如知得恁底便生，知得恁地便死，知得恁地便消，知得恁地便長，此皆是繼天地之志。隨他恁地進退，消息盈虚，與時偕行。小而言之，饑食渴飲，出作入息；大而言之，君臣便有義，父子便有親，此都是述天地之事。只是這箇道理，所以君子修之便吉，小人悖之便凶。這物事機關一下撥轉，便攔他不住。所以聖賢『兢兢業業，一日二日萬幾』，戰戰兢兢，至死而後知免。大化恁地流行，只得隨他恁地，故曰『存心養性，所以事天；夭壽不貳，修身以俟之，所以立命』。這與西銘都相貫穿，只是一箇物事。如云『五行一陰陽也，陰陽一太極也，太極本無極也。五行之生也，各一其性。無極之真，二五之精，妙合而凝，乾道成男，坤道成女，二氣交感，化生萬物。萬物生生，而變化無窮焉』。便只是『天地之塞吾其體，天地之帥吾其性』，只是説得有詳略緩急耳。而今萬物到秋冬時各自斂藏，便恁枯瘁。忽然一下春來，便自發生條暢。這只是一氣，一消一息。那箇滿山青黄碧緑，無非天地之化流行發見。而今自家吃他、著他、受用他，起居食息都在這裏，離他不得。所以仁者見之便謂之仁，知者見之便謂之知，無非是此箇物事。『繼之者善』，便似日日裝添模樣。『成之者性』，便恰似造化都無可做了。到得『成之者性』，就那上流行出來，又依前是『繼之者善』。人物莫不如此。如人方在胞胎中，受那父母之氣，則是『繼之者善』。及其生出來，便自成一箇性了，便自會長去，這後又是『繼之者善』，只管如此。『仁者謂之仁』，便是見那發生處；『知者謂之知』，便是見那收斂處。『百姓日用而不知』，便是不知所謂發生，不知所謂收斂，醉生夢死而已。周先生太極通書便只滚這幾句。易之爲義，也只是如此。只是陰陽交錯，千變萬化，皆從此出，故曰『易有太極』。這一箇便生兩箇，兩箇便生四箇，四箇便生八箇，八箇便生十六箇，十六箇便生三十二箇，三十二箇便生六十四箇，故『八卦定吉凶，吉凶生大業』。聖人所以説出時，只是使人不迷於利害之途耳。」少頃，又舉「誠幾德」一章説云：「『誠無爲』只是自然有實理恁地，不是人做底，都不曾犯手勢。『幾善惡』便是心之所發處有善有惡了。『德』便只是善底，爲聖爲賢，只是這材料做。」又舉第三「大本達道章」説云：「未發時便是那静，已發時便是那動。方其静時，便是有箇體在裏了。一起一倒，無有窮盡。若静而不失其體，便是天下之大本立；動而不失其用，便是天下之達道行。説來説去，只是這一箇道理。」夔孫問云：「此箇道理，孔子只説『一陰一陽之謂道，繼之者善，成之者性』，都不曾分别出性是如何。孟子乃分别出，説是有此四者，然又只是以理言。到周先生説方始盡，方始見得人必有是四者，這四者亦有所附著。」朱子曰：「孔子説得細膩，説不曾了。孟子説得粗、疏略，只是説『成之者性』，不曾從原頭推説來。然其界分，自孟子方説得分曉。」陳仲蔚因問：「龜山說：『知其理一，所以爲仁；知其分殊，所以爲義。』仁便是體，義便是用否？」曰：「仁只是流出來底，義是合當做底。如水，流動處是仁，流爲江河，匯爲池沼，便是義。如惻隱之心便是仁，愛父母、愛兄弟、愛鄉黨、愛朋友故舊，有許多差等，便是義。且如敬，只是一箇敬，到敬君、敬長、敬賢，便有許多般樣。禮也是如此。如天子七廟，諸侯五廟，這箇便是禮。其或七或五之不同，便是義。禮是理之節文，義便是事之所宜處。呂與叔說『天命之謂性』云：『自斬而緦，喪服異等，而九族之情無所憾。自王公至皂隸，儀章異制，而上下之分莫敢爭。自是天性合如此。』且如一堂有十房父子，到得父各慈其子，子各孝其父，而人不嫌者，自是合如此也。其慈其孝，這便是仁，各親其親，各子其子，這便是義。這箇物事分不得，流出來便是仁；仁打一動，義、禮、知便隨在這裏了。不是要仁使時，義却留在後面，少間放出來。其實只是一箇道理，論著界分，便有許多分別。且如心、性、情，虛明應物，知得這事合恁地，那事合恁地，這便是心；當這事感則這理應，那事感則那理應，這便是性；出頭露面來底便是情。其實只是一箇物事。而今這裏略略動，這三箇便都在，子細看來，亦好則劇。」又舉邵子「性者道之形體」處曰：「道雖無所不在，然如何地去尋討他，只是回頭來看，都在自家性分之內。自家有這仁義禮知，便知得他也有仁義禮知，千人萬人，一切萬物無不是這道理。推而廣之，亦無不是這道理。他說『道之形體』，便是說得好。」

又曰：「某當初講學，也豈意到這裏？幸而天假之年，許多道理在這裏，今年頗覺勝似去年，去年勝似前年。」

以上林夔孫録。

謂顯道曰：「久不相見，不知年來做得甚工夫？」曰：「只據見成底書讀。」朱子曰：「聖賢已說過，何待更去理會他？但是不恁地，恁地都不濟事。」次日又言：「昨夜睡不著，因思顯道恁地說不得。若是恁地，便不是『自强不息』底道理。人最怕陷溺其心，而今顯道輩便是以清虛寂滅陷溺其心。劉子澄輩便是以務求博雜陷溺其心。周公思兼三王以施四事，其有不合者，仰而思之，夜以繼日；幸而得之，坐以待旦。聖賢之心，直是如此而已。」其生徒復說「孝弟爲仁之本」。朱子曰：「說得也都未是。」因命林子武說一過。既畢，朱子曰：「仁是根，惻隱是根上發出底萌芽，親親、仁民、愛物，便是枝葉。」次日，親下精舍，大會學者。朱子曰：「荷顯道與諸生遠來，某平日說底便是了，要特地說，又似無可說。而今與公鄉里平日說不同處，只是争箇讀書與不讀書，講究義理與不講究義理。如某便謂是須當先知得，方始行得。如孟子所謂詖、淫、邪、遁之辭，何與自家事？自家必欲知之，何故？若是不知其病痛所自來，少間自家便落在裏面去了。子曰：『詩可以興，可以觀，可以群，可以怨。邇之事父，遠之事君，多識於鳥獸草木之名。』那上面六節，固是當理會。若鳥獸草木之名，何用自家知之？但是既爲人，則於天地之間物理須要都知得方可。張子曰：『書所以維持此心，一時放下，則一時德性有懈。』也是説得『維持』字好。蓋不讀書，則此心便無用處。今但見得些子，便更不肯去窮究那許多道理。陷溺其心於清虚曠蕩之地，却都不知，豈可如此？」直卿與某相聚多年，平時看文字甚子細，數年在三山，也煞有益於朋友，今可爲某説一遍。」直卿起辭，朱子曰：「不必多讓。」顯道曰：「可以只將昨日所説『有子』章申之。」於是直卿略言此章之指，復歷敘聖賢相傳之心法。既畢，朱子曰：「仁便是本，仁更無本了。若説孝弟是仁之本，則是頭上安頭，以脚爲頭，伊川所以將『爲』字屬『行』字讀，蓋孝弟是仁裏面發出來底。『性中只有箇仁義禮智，何嘗有箇孝弟來？』他所以恁地説時，緣是這四者是本，發出來却有許多事，千條萬緒皆只是從這四箇物事裏面發出來。如愛，便是仁之發，才發出這愛來時，便事事有：第一是愛親，其次愛兄弟，其次愛親戚，愛故舊，推而至於仁民，皆是從這物事發出來。人生只是箇陰陽，那陰中又自有箇陰陽，陽中又自有箇陰陽，物物皆不離這四箇。而今且看，如天地便有箇四方；以一歲言之，便有箇四時；以一日言之，便有箇晝夜昏旦；以十二時言之，便有四箇三；若在人，只是仁義禮智這四者。方未發時，只是仁義禮智；及其既發，便有許多事。但孝弟至親切，所以行仁以此爲本。如這水流來下面，做幾箇塘子，須先從那第一箇塘子過。那上面便是水源頭，上面更無水了。仁便是本，行仁須是從孝弟裏面過，方到那第二箇、第三箇塘子。但據某看，孝弟不特是行仁之本，那三者皆然。如親親、長長，須知親親當如何，長長當如何。『年長以倍，則父事之；十年以長，則兄事之；五年以長，則肩隨之』，這便是長長之道。事君時是一般，與上大夫言是一般，與下大夫言是一般，這便是貴貴之道。如此便是義。事親有事親之禮，事兄有事兄之禮。如今若見父不揖，後謂之孝弟，可不可？便是行禮也由此過。孟子說：『孩提之童，無不知愛其親；及其長也，無不知敬其兄。』若是知得親之當愛，兄之當敬，而不違其事之之道，這便是知。只是這一箇物事，推於愛則爲仁，宜之則爲義，行之以遜則爲禮，知之則爲知。」良久，顯道云：「江西之學，大要也是以行己爲先。」朱子曰：「如孝弟等事數件合先做底，也易曉，夫子也只略略說過。如孝弟、謹信、汎愛、親仁，也只一處恁地說。若是後面許多合理會處，須是從講學中來。不然，爲一鄉善士則可，若欲理會得爲人許多事，則難。」此一段本注「與夔孫同録」。

朱子曰：「人如何不博學得。若不博學，說道修身行己，也猛撞做不得。大學『誠意』，只是說『如好好色，如惡惡臭』。及到說修身處時，已自寬了。到後面也自無甚事。其大本只是理會致知、格物。若不致知、格物，便要誠意、正心、修身；氣質純底，將來只成一箇無見識底獃人。若是意思高廣底，將來遏不下，便都顛了，如劉淳叟之徒。六經說『學』字，自傅說方說起來：『王，人求多聞，時惟建事。學於古訓，乃有獲。』」朱子至此，諷誦「念終始典於學，厥德修罔覺」，曰：「這數句，只恁地說，而其曲折意思甚密。便是學時自不知不覺，其德自修。而今不去講學，要修身，身如何地修。」此段本注夔孫下。

以上黃義剛録。

問：「『莫之致而至者命也』。如比干之死，以理論之，亦可謂之正命。若以氣論之，恐非正命。」朱子曰：「如何恁地說得。盡其道而死者，皆正命也。當死而不死，却是失其正命。此等處當活看。如孟子說『桎梏而死者非正命』，須是看得孟子之意如何。且如公冶長雖在縲紲，非其罪也。若當時公冶長死於縲紲，不成說他不是正命？有罪無罪，在我而已。古人所以殺身以成仁。且身已死矣，又成箇甚底？直是要看此處。孟子謂『舍生取義』，又云『志士不忘在溝壑，勇士不忘喪其元』，學者須是於此處見得定，臨利害時，便將自家斬剉了，也須壁立萬仞始得。而今人有小利害，便生計較，說道恁地死非正命，如何得？」本注「夔孫同」。

此段林賜録。

前十段所云「各正性命，保合太和」，「吾心即天地心」，「下學上達，貼貼地在這裏」，皆切要細密語也。玩太極、西銘、通書、周易一段，朱子是時正是渾然「中正仁義」，「主張這箇物事」，「不是閑底動静」也。「戰戰兢兢，死而後已」，「只得隨他恁地」，正是事天立命真趣味也。「滿山青黄碧緑，無非天地之化流行發見」，「起居食息都在這裏，離他不得」，正是主張這箇物事也。「通書只滚這幾句，易也只是如此。」朱子心中備具太極、西銘、通書、周易道理也。後説到仁義禮智是主張這箇物事之樞紐，天地萬物道理都在自家性分之内，即所謂許多道理在這裏也。玩訓顯道一段，見世間事千條萬緒，皆從這四箇物事發出來，與前段互相發明，朱子身心行事總是四德流通也。後二段教人格物、講學明此理，壁立萬仞守此理，學者必遵此，方有主張也。嗚呼！朱子之學至矣。朱子於聖賢經書，細心講究義理，而涵養固守之，積累既多，久與俱化，此心即前聖之心、天地之心，許多道理融會貫通，直到左右逢原、大成時候也。若夫象山非無讀書窮理之功，亦略窺大意而已。其中條理之精密、次第之曲折，許多合理會處，皆置不講，只以經書言語幫助自己見識。觀其於太極一書，直以老子爲比，則西銘、通書、周易亦未必能見底裏，所以俯視聖賢，輕忽經書，大爲學脈之害。其徒之柔者，不過一鄉善士；其狠者，率多悖禮，勢所必至。而陽明宗之，直一派陰禪説話，於太極、西銘、通書、周易道理毫無理會矣，豈不大可懼哉！

問：「人之死也，不知魂魄便散否？」朱子曰：「固是散。」又問：「子孫祭祀，却有感格者，如何？」曰：「畢竟子孫是祖先之氣，他氣雖散，他根却在這裏。盡其誠敬，亦能呼召得他氣聚在此。此事難説，只要人自看得。」問：「下武詩『三后在天』，先生解云：『在天，言其既没而精神上合於天。』此是如何？」曰：「便是又有此理。」用之云：「恐只是此理上合於天耳。」曰：「既有此理，便有此氣。」或曰：「想是聖人禀得清明純粹之氣，故其死也，其氣上合於天。」曰：「也是如此。這事又微妙難説，要人自看得。世間道理有正當易見者，又有變化無常不可窺測者，如此方看得這箇道理活。又如云：『文王陟降，在帝左右。』如今若説文王真箇在上帝之左右，真箇有箇上帝如世間所塑之像，固不可。然聖人如此説，便是有此理。如周公金縢中『乃立壇墠』一節，分明是對鬼。」用之問：「先生答廖子晦書云：『氣之已散者，既化而無有矣，而根於理而日生者，則固浩然而無窮也。故上蔡謂我之精神即祖考之精神，蓋謂此也。』」問：「根於理而日生者浩然而無窮，此是説天地氣化之氣否？」曰：「此氣只一般。周禮所謂『天神、地示、人鬼』，雖有三樣，其實只一般。若説有子孫底引得他氣來，則不成無子孫底他氣便絶無了？他血氣雖不流傳，他那箇亦自浩然日生無窮。如禮書，諸侯因國之祭祭其國之無主後者，如太公封於齊，便用祭甚爽鳩氏、季崱、逢伯陵、蒲姑氏之屬。蓋他先主此國來，禮合祭他。道理合如此，便有此氣。如衛侯夢康叔云：『相奪予饗。』蓋晉侯都帝丘，夏后相亦都帝丘，則都其國自合當祭。不祭，宜其如此。又如晉侯夢黄熊入寢門〔九〕，以爲鯀之神，亦是此類。不成説有子孫底方有感格之理？便使其無子孫，其氣亦未嘗亡也。如今祭勾芒，他更是遠。然既合當祭他，便有此氣。要之，通天地人只是這一氣，所以説『洋洋乎如在其上，如在其左右』。虚空偪塞，無非此理，自要人看得活，難以言曉也。所以明道答人鬼神之問，云：『要與賢説無，何故聖人却説有？要與賢説有，賢又來問某討。』説只説到這裏，要人自看得。孔子曰：『未能事人，焉能事鬼？』而今且去理會緊要道理，少間看得道理通時，自然曉得。上蔡之説，已是煞分曉了。」

此段道理，必從周易、太極、西銘實實穿過來。克己養性，心正意誠，自家心中清明正大之理氣洋溢飽滿，隨時皆是，方是心中正理正氣與天地正理正氣相接，自然合一，覺得盈天地間總是這箇，其不息者皆正理正氣流行。張子所謂「生死一，天人一」，即此段精義也。

履之問：「聖人得天地清明中和之氣，宜無虧欠，而夫子反貧賤，何也？」朱子曰：「便是稟得來有不足。他那清明也只管得做聖賢，却管不得那富貴。稟得那高底，則貴；稟得那厚底，則富；稟得那長底，則壽。貧、賤、夭者反是。夫子雖得清明者以爲聖人，然稟得那低底、薄底，所以貧賤。顏子又不如孔子，又禀得那短底，所以又夭。」又問：「一陰一陽，宜若停匀，則賢不肖宜均。何故君子常少，小人常多？」曰：「自是他那物事駁雜，如何得齊？」又問：「如此，則天地生聖賢只是偶然，不是有意。」曰：「天地那裏説我特地要生箇聖賢出來？也只是氣數到那裏，恰相湊著，所以生出聖賢。及至生出，則若天之有意耳。」

又曰：「這箇物事要得不難。如饑之欲食，渴之欲飲，如救火，如追亡，似此年歲間，看得透，活潑潑地在這裏流轉，方是。」

又曰：「看得道理熟後，只除了這道理是真實法外，見世間萬事，顛倒迷妄，耽嗜戀著，無一不是戲劇，真不堪著眼也。」

又答人書云：「世間萬事，須臾變滅，皆不足置胸中，惟有窮理修身爲究竟法耳。」

又曰：「書只是讀，讀多自然曉。今即思量得，寫在紙上底，也不濟事，終非我有，只貴乎讀。這箇不知如何，自然心與氣合，舒暢發越，自是記得牢。縱饒熟看過，心裏思量過，也不如讀。讀來讀去，少間曉不得底，自然曉得；已曉得者，越有滋味。若是讀不熟，都没這般滋味。而今未説讀得注，且只熟讀正經，行住坐卧，心常在此，自然曉得。嘗思之，讀便是學。夫子説『學而不思則罔，思而不學則殆』，學便是讀。讀了又思，思了又讀，自然有意。若讀而不思，又不知其意味；思而不讀，縱使曉得，終是䡰䡳不安。一似倩得人來守屋相似，不是自家人，終不屬自家使喚。若讀得熟，又思得精，自然心與理一，永遠不忘。某舊苦記文字不得，後來只是讀，今之記得者，皆讀之功也。」

又云：「今緣文字印本多，人不著心讀。漢時諸儒以經相授者，只是暗誦，所以記得牢，故其所引詩句多有錯字。如孟子所引詩、書亦多錯，以其無本，但記得耳。」

此五段須細玩。知貴賤、清濁之氣質，則知氣不齊；知道理活潑潑極有憑據，則變滅者不足礙胸中；知書當熟讀牢記，則不流於空虛。熟讀尤要緊。澐性極鈍，只讀正經，讀思工夫，循環反復，果如朱子所言。先聖賢决無虚語，只在人自勉耳。

又曰：「平日涵養之功，臨事持守之力。涵養持守之久，則臨事愈益精明。平日養得根本固善，若平日不曾養得，臨事時便做根本工夫，從這裏積將去。若要去討平日涵養，幾時得？」又曰：「涵養之則，凡非禮勿視、聽、言、動，禮儀三百，威儀三千，皆是。」

或言：「静中常用存養。」朱子曰：「説得有病。一動一静，無時不養。」

問：「敬貫動静而言。然静時少，動時多，恐易得撓亂。」朱子曰：「如何都静得？有事須著應。人在世間，未有無事時節，要無事，除是死也。自早至暮，有許多事，不成説事多撓亂，我且去静坐？敬不是如此。若事至前，而自家却要主静，頑然不應，便是心都死了。無事時敬在裏面，有事時敬在事上。有事無事，吾之敬未嘗間斷也。且如應接賓客，敬便在應接上；賓客去後，敬又在這裏。若厭苦賓客而爲之心煩，此却是自撓亂，非所謂敬也。故程子說『學到專一時方好』，蓋專一，則有事無事皆是如此。程子此段，這一句是緊要處。」

問：「主敬時私欲全不萌，此固是仁。或於物欲中打一覺悟，是時私欲全無，天理盡見，即此便是仁之全體否？」朱子曰：「此亦不可恃。且如在此静坐時固敬，應事接物能免不差否？只才被人叫時，自家便隨他去了。須於應事接物上不錯，方是。這箇便是難。」

問持敬與克己工夫。朱子曰：「敬是涵養操持不走作；克己，則和根打併了，教他盡净。」又問敬齋箴。曰：「此是敬之目，說有許多地頭去處。」

又曰：「静爲主，動爲客。静如家舍，動如道路。」

又曰：「若不用躬行，只是說得便了，則七十子之從孔子，只用兩日說便盡，何用許多年隨著孔子不去？不然，則孔門諸子皆是獃無能底人矣。恐不然也。古人只是日夜皇皇汲汲去理會這箇身心，到得做事業時，只隨自家分量以應之。如由之果，賜之達，冉求之藝，只此便可以從政，不用他求。若是大底功業，便用大聖賢做，小底功業，便用小底賢人做。各隨他分量做出來，如何可强！」

又曰：「人之所以易得流轉、立不定者，只是脚根不點地。」

問：「『知止而後有定』，須是格物、知至以後方能如此。若未能物格、知至，只得且隨所知分量而守之否？」朱子曰：「物格、知至也無頓斷。都知到盡處了，方能知止有定。只這一事上知得盡，則此一事便知得當止處。這箇各隨人淺深。固是要知到盡處方好。只是未能如此，且隨你知得者，只管定去。所以聖人之教，要人只管理會去。」

又曰：「定對動而言。初知所止，是動底方定，方不走作，如水之初定。靜則定得來久，物不能撓，處山林亦靜，處廛市亦靜。安則靜者廣，無所適而不安。靜固安，動亦安。看處甚事，皆安然不撓，安然後能慮。今人心中搖漾不定疊，還能處得事否？慮者，思之精審也。人之處事，於叢冗急遽之際而不錯亂者，非安不能。聖人言雖不多，推出來便有許多説話，在人細看之。」

又曰：「如今説格物，只晨起開目時，便有四件在這裏，不用外尋，仁、義、禮、智是也。」

又曰：「世間之物，無不有理，皆須格過。古人自幼便識其具。如事君事親之禮、鐘鼓鏗鏘之節、進退揖遜之儀，皆目熟其事，躬親其禮。及其長也，只是窮此理，因漸及於天地鬼神、日月陰陽、草木鳥獸之理，所以用工也易。今人皆無此等禮數可以講習，只靠先聖遺經自去推究，所以要人格物主敬，便將此心去體會古人道理，循而行之。如事親孝，自家既知所以孝，便將此孝心依古禮而行之；事君敬，便將此敬心依先聖所説古禮而行之。一一須要窮過，自然浹洽貫通。」

又曰：「『知至而后意誠』，須是真知了，方能誠意。知苟未至，雖欲誠意，固不得其門而入。惟其胸中了然，知得路徑如此，知善之當好，惡之當惡，然後自然意不得不誠，心不得不正。」因指燭曰：「如點一條蠟燭在中間，光明洞達，無處不照，雖欲將不好物事來，亦没安頓處，自然著他不得。若是知未至，譬如一盞燈，用罩子蓋住，則光之所及者固可見，光所不及處，皆黑暗無所見，雖有不好物事安頓在後面，固不得而知也。所以貴格物。如佛、老之學，他非無長處，但只知得一路。其知所及者，路逕甚明，無有差錯；知所不及處，皆顛倒錯亂，無有是處，緣無格物工夫也。」問：「物未格時，意亦當誠。」曰：「固然。豈可説物未格，意便不用誠？自始至終，意常要誠。但知善當好，惡當惡。臨事不如此者，只是實未曾見得。若實見得，自然行處無差。」

或問：「意者，聽命於心。今曰『欲正其心，先誠其意』，意乃在心之先矣。」朱子曰：「『心』字卒難摸索。心譬如水，水之體本澄湛，却爲風濤不停，故水亦摇動。必須風濤既息，然後水之體静。人之無狀汙穢，皆在意之不誠。必須去此，然後能正其心。及心既正後，所謂好惡哀矜，與修身齊家中所説者，皆是合有底事。但當時時省察其固滯偏勝之私耳。」

又曰：「『顧諟天之明命』，古註云：『常目在之。』説得極好。非謂有一物常在目前可見，也只是常存此心，知得有這箇道理光明不昧。方其静坐未接物，此理固湛然清明；及其遇事應接，此理亦隨處發見。只要人常提撕省察，念念不忘，存養久之，則是理愈明，雖欲忘之而不可得矣。孟子所謂求放心，只常存此心便是。存養既久，自然信向。決知堯、舜可爲，聖賢可學，如菽粟必飽，布帛必煖，自然不爲外物所誘。若是若存若亡，如何會信？如何能必行？」又曰：「千書萬書，只是教人求放心。聖賢教人，其要處皆一。苟通得一處，則觸處皆通矣。」

林安卿問：「『真知』之『知』與『久而後有覺』之『覺』同否？」朱子曰：「大略也相似，只是所指不同。真知是知得真箇如此，覺是忽然心中自有所覺悟，曉得道理是如此。人只有兩般心：一箇是是底心，一箇是不是底心。只是才知得這是箇不是底心，只這知得不是底心，便是是底心。便將這知得不是底心去治那不是底心。知得不是底心便是主，那不是底心便是客。便將這箇做主去治那箇客，便常守定這箇知得不是底心做主，莫要放失，更那别討箇心來唤做是底心。如非禮勿視、聽、言、動，只才知得這箇是非禮底心，此便是禮底心，便莫要視。」

前六段主敬主静，親切要妙，皆有奥義，全在敬不間斷，不隨物轉。後八段言知止，言定，言格物，言存養，言主心，皆朱子親歷過來的，故道得有滋味如此。學者須將朱子格言一一反之身心，驗得敬時如何，不敬時如何，不隨物時如何，隨物時如何，靜時如何，不靜時如何，覺得不遵朱子用功，便身心無下落，則自有不能已者矣。又一一反之身心，驗得知止、定是如何，不知止、不定是如何，能格物、能存養、有主心是如何，不格物、不存養、無主心是如何，覺得不遵朱子用功，便蒙罔一生，與草木鳥獸無别，當有竦然汗下者矣。朱子教人，要存得此心理光明不昧，無事有事常是湛然，如此的確切實。而宗陸、王者全不研究此等處，直謂朱子本體不虛。宗朱子者又不從此發揮，只將句讀文義拈來拈去，不出時文窠臼，反大聲疾呼，以爲此是朱子正脈。嗚呼！朱子聖學一晦於陽明之攻擊，再晦於後儒之講説，不有遠識特起之士，何能挽其萬一哉。中間「若不用躬行」一段，尤見體用一致，隨器力學，無責人求備之説。陽明以朱子無不知、無不能立教爲病，特著拔本塞源論，從其教者附和之。不知朱子立教，原不求備，只隨分量做。讀此段則朱子專重身心、隨力致用之教，千載可見矣，豈有泛求務博之病乎？

德元問：「何謂『妙衆理』？」朱子曰：「大凡道理，皆是我自有之物，非從外得。所謂知者，便只是知得我底道理，非是以我之知去知彼道理也。道理固本有，用知方發得出來。

若無知，道理何從見？所以謂之『妙衆理』。」

郭兄問「莫不有以知夫所以然之故，與其所當然之則」。朱子曰：「所以然之故，即是這上面一層。如君所以仁，蓋君是箇主腦，人民、土地皆屬他管，他自是用仁愛。試以一家言之，爲家長者便用愛一家之人，惜一家之物，自是理合如此，若天使之然。每常思量著，極好笑，自那原頭來便如此了。又如父所以慈，子所以孝，蓋父子本同一氣，只是一人之身，分成兩箇，其恩愛相屬，自有不期然而然者。其他大倫皆然，皆天理使之如此，豈容强爲哉！且以仁言之，只天地生這物時便有箇仁，他只知生而已。從他原頭下來，自然有箇春夏秋冬，金木水火土。故賦於人物，便有箇仁義禮智之性。仁屬春，屬木。看春間天地發生，藹然和氣，如草木萌芽，初間僅一針許，少間漸漸生長，以至枝葉花實，變化萬狀，便可見他生生之意。非仁愛，何以如此？緣他本原處有箇仁愛温和之理如此，所以發之於用，自然慈祥惻隱。義屬金，是天地自然有箇清峻剛烈之氣。所以人稟得，自然有裁制，便自然有羞惡之心。禮、智皆然。蓋自本原而已然，非旋安排教如此也。」

問「天未始不爲人，而人未始不爲天」。朱子曰：「天即人，人即天。人之始生，得於天也；既生此人，則天又在人矣。凡語言、動作、視聽皆天也。只今説話，天便在這裏。顧諟，是常要看教光明燦爛，照在目前。」

又曰：「只是這一心，更無他説。『興於詩』，興此心也；『立於禮』，立此心也；『成於樂』，成此心也。」

謂林安卿曰：「論敬，自是徹頭徹尾要底。如公昨夜之説，只是發動方用克，則未發時，不成只在這裏打瞌睡懵懂，等有私欲來時，旋捉來克？如此得否？」又曰：「若待發見而後克，不亦晚乎？發時固是用克，未發時也須致其精明，如烈火之不可犯，始得。」

文振説浩然之氣。朱子曰：「不須多言。這只是箇有氣魄、無氣魄而已。人若有氣魄，方做得事成，於世間禍福、得喪、利害方敵得去，不被他恐動。若無氣魄，便做人衰颯怯懾，於世間禍福、利害易得恐動，只是如此。他本只是答公孫丑『不動心』，纏來纏去，説出許多『養氣』、『知言』、『集義』，其實只是箇『不動心』。人若能不動心，何事不可爲？然所謂不動心，不在他求，只在自家知言集義，此氣自然發生於中。不是只行一兩事合義，便謂可以掩襲於外而得之。子曰：『不得中行而與之，必也狂狷乎。』看來這道理須是剛硬，立得脚住，方能有所成。只觀孔子晚年方得箇曾子，曾子得子思，子思得孟子，此諸聖賢都是如此剛果决烈，方能傳道這道理。若慈善柔弱底，終不濟事。如曾子爲人，語、孟中諸語可見。子思亦是如此，如云『摽使者出諸大門之外』，又云『以德，則子事我者也，奚可以與我友』。孟子亦是如此，所以皆做得成。學聖人之道者，須是有膽志。其决烈勇猛，於世間禍福、利害、得喪不足以動其心，方能立得脚住。若不如此，都靠不得。況當世衰道微之時，尤用硬著脊梁，無所屈撓，方得。然其工夫只在自反常直，仰不愧天，俯不怍人，則自然如此，不在他求。」又曰：「今人多將顔子做箇柔善底人看，殊不知顔子乃是大勇，乃是他剛果得來細密，不發露。如有大氣力底人，都不使出，只是無人抵得他。孟子則攘臂扼腕，盡發於外。論其氣象，則孟子粗似顔子，顔子較小如孔子。孔子則渾然無迹，顔子則微有迹，孟子其迹盡見。然學者則須自粗以入細，須見剛硬、有所卓立，然後漸漸加工，如顔子、聖人也。」

又曰：「『必有事焉』，只消此一句，這事都了。下面『而勿正，心勿忘，勿助長』却似剩語，却被這三句撑拄夾持得不活轉，不自在。然活轉自在人，却因此三句而生。只是纔喚醒，這物事便在這裏，點著便動。只此便是天命流行處，便是『天命之謂性，率性之謂道』，便是仁義之心，便是『惟皇上帝降衷於下民』。謝氏所謂『活潑潑地』，只是這些子，更不待想像尋求，分明在這裏觸著便應。通書中『元亨誠之通，利貞誠之復』一章便是這意思。見得這箇物事了，動也如此，静也如此，自然虚静純一，不待更去求虚静，不待體認，只喚著便在這裏。」或曰：「吾儒所以與佛氏異者，吾儒則有條理，有準則，佛氏則無此爾。」曰：「吾儒見得箇道理如此了，又要事事都如此。佛氏則説『便如此做也不妨』，其失正在此。」

「德元」以下四段，皆從自家身心道理直遡到天命源頭，見得人生只此心此理，即是天命，安可不了然？安可不顧諟？「謂安卿」以下三段，正見克己、集義，便是天命之性常在這裏。朱子實見得天地之心，虛靜純一，只是元亨利貞道理充塞盈滿，無一毫聲臭，觸著便發，感著便應，且常發常應，常靜常一，無有息時。朱子之心到此時即天地之心，虛靜純一，只是仁義禮智道理充塞盈滿，無一毫聲臭，觸著便發，感著便應，且常發常應，常靜常一，無有息時，則是朱子之心與天地之心通一無二也。其用功處，全在「剛果決烈，方立得脚住」。天行健，人不剛果決烈，安能合得健德？惟其剛果決烈，却是虛靜純一，所以即心即天。朱子自心合天，與教人合天之説，具見於此矣。

「郭兄問」段、「必有事」段，讀者尤當著眼，細細理會。只此藹然秩然肅然截然了然之性，天地生成萬物是如此，人心統御萬物亦如此，原非二物，只要理會得透徹。果能透徹，見得這箇物事在這裏，動也如此，靜也如此，實是觸著便應，多少受用快活！此理自周、程、張四夫子發揮出來，尚是渾含；至朱子始分晰極其明白，統會極其融洽。所謂「天命流行」、「性道」、「仁義」、「降衷」、「活潑」，果然只在這些子，天人生死合一，都在於此，正指示大路與人偕行，共造聖域之金針也。正嘉後學者不過靜虛得力，何曾透徹此理源頭。此孔孟大宗，斷斷屬朱子無疑矣。

又曰：「君子之言，豈可妄發？某嘗説，賈誼固有才，文章亦雄偉，只是言語急迫，失進言之序。看有甚事，都一齊説了，宜絳、灌之徒不説，而文帝謙讓未遑也。看他會做事人便别，如韓信、鄧禹、諸葛孔明輩，無不有一定之規模，漸漸做將去，所以所爲皆卓然有成。這樣人方是有定力，會做事。如賈誼胸次終是鬧，著事不得有些子在心中，盡要迸出來，只管跳躑爆趠不已，如乘生駒相似，制御他未下。所以言語無序，而不能有所爲也。易曰：『艮其輔，言有序，悔亡。』聖人之意可見矣。」

此段論前賢定力深藏處，極有味，當參玩。

敬子問：「旦晝不梏亡，則養得夜氣清明。」朱子曰：「不是靠氣爲主，蓋要此氣去養那仁義之心。如水之養魚，水多則魚鮮，水涸則魚病。養得這氣，則仁義之心亦好，氣少則仁義之心亦微矣。」

問「夜氣」一章。朱子曰：「氣只是這箇氣，日裏也生，夜間也生。只是日間生底，爲物欲梏之，隨手又耗散了。夜間生底，則聚得在那裏，不曾耗散，所以養得那良心。且如日間目視耳聽、口裏説話、手足運動，若不曾操存得，無非是耗散底時節。夜間則停留得在那裏，如水之流，夜間則閘得許多水住在這裏，這一池水便滿。次日又放乾了，到夜裏又聚得些小。若從平旦起時，便接續操存而不放，則此氣常生而不已。若日間不存得此心，夜間雖聚得些小，又不足以勝其旦晝之梏亡，少間這氣都乾耗了，便不足以存其仁義之心。如船閣在乾燥處，轉動不得了。」又曰：「『夜氣不足以存』，非如公説心不存與氣不足，是此氣不足以存仁義之心。伊川云：『夜氣所存，良知良能也。』這『存』字是箇保養衛護底意。」又曰：「此章不消論其他，要緊處則在『操則存』上。」

問「存心養性以事天」。朱子曰：「天教你父子有親，你便用父子有親；不然，便是違天。」問：「如何是『天者理之所從出』？」曰：「天便是那太虛，但能盡心、知性，則天便不外是。性便有那天。」問：「『不惑』、『知天命』便是『知天』、『知性』之説否？」曰：「然。他那裏自看得箇血脈相牽連，要自子細看。龜山問學者曰：『人何故有惻隱之心？』學者曰：『出於自然。』龜山曰：『安得自然如此？若體究此理，知其所從來，則仁之道不遠矣。』便是此説。」

問「由太虛」云云。朱子曰：「本只是一箇太虛，漸漸細分説得密耳。太虛便是這四者之總體，而不雜乎四者而言。『由氣化有道之名』，氣化是那陰陽造化，寒暑晝夜、雨露霜雪、山川木石、金水火土皆是，只這箇便是那太虛，只是便雜却氣化説。雖雜氣化，而實不雜乎太虛，未説到人物各具當然之理處。」問：「太虛便是太極圖上面底圓圈，氣化便是圓圈裏陰静陽動否？」曰：「然。」又曰：「『合虛與氣有性之名』，有這氣，道理便隨在裏面；

無此氣，道理無安頓處。如水中月，須是有此水，方映得那天上月；若無此水，終無此月也。心之知覺，又是那氣之虚靈底。聰明視聽，作爲運用，皆是有這知覺，方運用得這道理。所以横渠説：『人能弘道，是心能盡性。非道弘人，是性不知檢心。』又邵子曰：『心者，性之郛郭。』此等語，皆秦、漢以下人道不到。」又問：「人與鳥獸固有知覺，但有通塞，草木亦有知覺否？」曰：「亦有。周茂叔牕前草不除去，云『與自家意思一般』，便是有知覺。只是鳥獸底知覺不如人，草木底知覺不如鳥獸。又如大黄喫著便瀉，附子喫著便熱。是他知覺只從這一路去。」又問：「腐敗之物亦有否？」曰：「亦有。如火燒成灰，將來泡湯，也嶮苦。」因笑曰：「頃信州諸公正説草木無性，今夜又説草木無心矣。」

又曰：「『君子引而不發，躍如也』。須知得引箇甚麽，怎生地不發，又是甚麽物事躍在目前。須是聳起這心與他看，教此心精一，無些子夾雜，方見他那精微妙處。」又曰：「道理散在天下事物之間，聖賢也不是不説，也全説不得，自是那妙處不容説。然雖不説，只才挑動那頭時，那箇物事自跌落在面前。如張弓滿而不發箭，雖不發箭，已知得真箇是中這物事了。須是精一其心，無些子他慮夾雜，方看得出。」

楊通老問：「中庸或問引楊氏所謂『無適非道』云云。」朱子曰：「上是天，下是地，中間有許多日月星辰、山川草木、人物禽獸，此皆形而下之器。然這形而下之器之中，便各自有箇道理，此便是形而上之道。所謂格物，便是要就這形而下之器，窮得那形而上之道理，如何便將形而下之器作形而上之道理得。其所以飲食作息者，皆道之所在。若便謂飲食作息者是道，則不可。與龐居士『神通妙用，運水搬柴』之頌一般，亦是此病。須是運得水，搬得柴是，方是神通妙用。若運得、搬得不是，如何是神通妙用？佛家所謂『作用是性』，便是如此。説我這箇會説話底，會作用底，叫著便應底，便是神通妙用，更不問道理如何。儒家須是就這上尋討箇道理方是道。禪老云『赤肉團上有一無位真人，在汝等諸人面門上出入』云云。他便是只認得這箇，把來作弄。」或問：「告子之學便是如此。」曰：「佛家底又高，告子底死殺了，不如佛家底話。而今學者就故紙上理會，也解説得去，只是都無快活和樂底意思，便是和這佛家底也不曾見得。似他佛家者雖是無道理，然他却一生受用，一生快活，便是他就這形而下者之中，理會得似那形而上者。而今學者看來，須是先曉得這一層，却去理會那上面一層，方好。而今都是和這下面一層也不曾見得，所以和那上面一層也理會不得。」又曰：「天地中間，物物上有這箇道理，雖至没緊要底物事，也有這箇道理。蓋『天命之性』這道理却無形，無安頓處，只那日用事物上，道理便在上面。這兩箇元不相離，凡有一物，便有一理，所以君子貴『博學於文』。看來博學似没緊要物事，然那許多道理便都在這上，都從那源頭上來。所以無精粗小大，都一齊用理會過，蓋非外物也。一齊理會，方周遍無疏漏。」又曰：「『道不可須臾離』。所謂不可離者，謂道也。若以舉止動作便是道，則無適而非道，無時而非道，君子何用恐懼戒謹？何用更學道爲？爲其不可離，所以須是依道而行。如人説話，不成便以説話者爲道？須是有箇仁義禮智始得。若便以舉止動作爲道，何用更説不可離得？」又曰：「大學所以説格物，却不説窮理。蓋説窮理，則似懸空無捉摸處；説格物，只就那形而下之器上便尋那形而上之道，便見得這箇元不相離，所以只説格物。『天生烝民，有物有則』。所謂道者如此，何嘗説物便是則？龜山便指物做則，只就這物上分精粗爲物則。如云『目物也，目之視乃則也；耳物也，耳之聽乃則也』。殊不知，目視耳聽依舊是物，其視之明、聽之聰方是則也。」

「敬子」以下六段，教人養得此氣，方養得住仁義之心。蓋以心、氣原不分爲二，亦不混爲一；知其不混爲一，方知其渾然是一。此須反身體驗，心是如何，氣是如何，心宰氣是如何，氣養心是如何，一一勘驗明白，方有得力。嗚呼！微矣微矣。澐非知養氣者，但數十年來，循朱子之訓而體驗之，稍有端緒焉。其始也，知主敬補小學，不知立志。及知立志時，此志甚微，若存若亡，若有若無，茫然不知下落，又從事於端莊凝定以收斂之，隨事體察而力行之，居敬窮理，積之數年，此志稍定，此氣稍寧，覺得志、氣實有相依之妙。始立志時，非志無以御奔逸之氣；及養氣時，非氣無以涵微渺之志。其相依之妙，直有不可言語形容者。雖然，猶恐其似形而上者也，從太極圖說，實體驗於身心，必反之一毫雜念不生，只有天理昭融之時，乃恍然曰：此其形而上者乎！然又不可以暫時領會，便謂有得也。即此氣象，是朱子所謂仁義禮智渾然燦然之性，理會根原來歷模樣，的的確確是如此，積月累歲，驗之又驗，到得常常一毫雜念不生，只有天理昭融之會，庶幾其有合也。然又極微，全在保養護衛之功不稍間斷，仍從居敬窮理循循做去，其積之歲紀無可歇手也，歷之困窮無可歇手也，極之生死無可歇手也。此澐從朱子遺編尋味探討，用力梗概有如此，未知合否，因編聖學考，至此并記之，以明朱子揭探源立本之旨，以垂訓後世者，如此切實，有可依據做工夫，不得草草略過也。

用之問：「戒懼不睹不聞，是起頭處，至『莫見乎隱，莫顯乎微』，又用緊一緊。」朱子曰：「不可如此說。『戒謹恐懼』是普說，這道理徧塞都是，無時而不戒謹恐懼。到得隱微之間，人所易忽，又更用謹，這箇却是喚起說。戒懼無箇起頭處，只是普遍都用。如桌子有四箇角頭，一齊用著工夫，更無空缺處。若說是起頭，又遺了尾頭；說是尾頭，又遺了起頭；若說屬中間，又遺了兩頭。不用如此說，只是無時不戒謹恐懼，只自做工夫，便自見得。曾子曰：『戰戰兢兢，如臨深淵，如履薄冰。』不成到臨死時，方如此戰戰兢兢！他是一生戰戰兢兢，到死時方了。」

問：「呂氏所謂『執』，楊氏所謂『驗』，所謂『體』，或問辨之已詳。延平却云：『默坐澄心，以驗夫喜怒哀樂未發之前氣象爲如何。』驗字莫亦有呂、楊之失否？」朱子曰：「他只是要於平日知得這箇，又不是昏昏地都不管他。」

問：「『體物而不可遺』，是有此物便有鬼神，凡天下萬物萬事皆不能外夫鬼神否？」朱子曰：「不是有此物時便有此鬼神，説倒了。乃是有這鬼神了，方有此物。及有此物了，又不能違夫鬼神也。『體物而不可遺』，用拽轉看。將鬼神做主，將物做賓，方看得出是鬼神去體那物，鬼神却是主。」

又曰：「『誠者，物之終始』。來處是誠，去處亦是誠。誠則有物，不誠則無物。」

又曰：「大德是敦那化底，小德是流出那敦化底來。這便如忠恕，忠是敦那恕底，恕是流出那忠來底。如中和，中是大德敦化，和是小德川流。自古亘今，都只是這一箇道理。『天高地下，萬物散殊，而禮制行矣；流而不息，合同而化，而樂興焉。』聖人做出許多文章制度禮樂，顛來倒去，都只是這一箇道理做出來。以至聖人所以爲聖，賢人所以爲賢，皆只是這一箇道理。人若是理會得那源頭，只是這一箇物事，許多頭項却有歸著。」

問：「本義云：『忠信主於心者，無一念之不實。』恐是成德，非進德事。」朱子曰：「若有一毫不實，如捕風捉影，更無下工處，德何由進？」又問：「居業如何實？」曰：「日日如此，從生至死，常如此用工夫，無頃刻不相似。」又曰：「『知崇禮卑』亦是此意。『知崇』，進德事；『禮卑』，居業事。」

問：「『無非教也』，都是道理在上面發見？」朱子曰：「然。」因引禮記中「天道至教，聖人至德」一段與孔子「予欲無言」一段。「天地與聖人都一般，精底都從那粗底上發見，道理都從氣上流行。雖至粗底物，無非是道理發見。天地與聖人皆然。」

又曰：「『至之謂神，以其伸也；反之爲鬼，以其歸也。』人死便是歸，祖考來格便是伸。」

又曰：「邵康節，看這人須極會處置事，被他神閑氣定，不動聲氣，須處置得精明。他氣質本來清明，又養得來純厚，又不曾枉用了心。他用那心時，都在緊要上用。被他靜極了，看得天下事理精明。嘗於百原深山中闢書齋，獨處其中。王勝之常乘月訪之，必見其燈下正襟危坐，雖夜深亦如之。若不是養得至靜之極，如何見得道理如此精明！只是他做得出來，須差異。康節甚喜張子房。」問：「不知其真箇用時如何。」曰：「須有些機權術數。」

或問：「近見廖子晦言今年見先生，問延平先生『靜坐』之說，先生頗不以爲然。不知如何?」朱子曰:「這事難説。静坐理會道理,自不妨。只是討要静坐,則不可。理會得道理明透,自然是静。今人都是討静坐以省事,則不可。嘗見李先生説:『舊見羅先生説春秋,頗覺不甚好。不知到羅浮静極後,又理會得如何。』某心常疑之。以今觀之,是如此。蓋心下熱鬧,如何看得道理出?所謂静坐,只是打疊得心下無事,則道理始出。道理既出,則心下愈明静矣。」

敬子舉先生所謂「傳命之脈」及佛氏「傳心」、「傳髓」之説。朱子曰:「便是要自家意思與他爲一,若心不在上面,書自書,人自人,如何看得出?」

又曰:「人之血氣固有强弱,然志氣則無時而衰。苟常持得這志,縱血氣衰極,也不由他。如某而今如此老病衰極,非不知每日且放晚起以養病,但自是心裏不穩,只交到五更初,目便睡不着了。雖欲勉强睡,然此心已自是箇起來底人,不肯就枕了。以此知人若能持得這箇志氣定,不會被血氣奪。凡爲血氣所移者,皆是自棄自暴之人耳。」

問:「尋常遇事時,也知此爲天理,彼爲人欲。及做時,乃爲人欲引去,事已却悔,如何?」朱子曰:「此便是無克己工夫。這樣處,極要與他掃除打疊方得。如一條大路,又有一條小路,明知合行大路,然小路面前,有箇物引著自家不知不覺行從小路去,及至前面,荆棘蕪穢,又却生悔。此便是天理、人欲交戰之機,須是遇事時便與克下,不得苟且放過。

此須明理以先之，勇猛以行之。若上智聖人，不用著力。若賢人資質，先也用分别教是而後行之。若是中人，須大段著力，無一時一刻不照管克治，始得。曾子曰：『仁以爲己任，不亦重乎！死而後已，不亦遠乎！』又曰：『戰戰兢兢，如臨深淵，如履薄冰。而今而後，吾知免夫！』直是恁地用功方得〔一○〕。」

問：「『色容莊』持久甚難。」朱子曰：「非用功於外也，心肅而容莊。」問：「若非聖人説下許多道理，則此身四支耳目更無安頓處。」曰：「然。古人嘗言之，非禮則耳目手足無所措。」

又曰：「今公掀然有飛揚之心，以爲治國平天下如指諸掌。不知自家一箇身心都安頓未有下落，如何説功名事業？怎生治人？古時英雄豪傑不如此。張子房不問著他不説。某諸葛孔明甚麽樣端嚴！公浙中一般學，是學爲英雄之學，務跅弛豪縱，全不點檢身心。某這裏須是事事從心上理會起，舉止動步，事事有箇道理。一毫不然，便是欠闕了他道理。固是天下事無不當理會，只是有先後、緩急之序，須先立其本，方以次推及其餘。今公們學都倒了，緩其所急，先其所後，少間使得這身心飛揚悠遠，全無收拾處。而今人不知學底，他心雖放，猶放至近。今公雖曰知爲學，却放得遠，少間會失心去，不可不覺。」

又曰：「某平生不會懶，雖甚病，亦一心欲向前做事，自是嬾不得。」

物事也。「用之」以下二段，言戒懼操存之功也。「問體物」三段，言鬼神、言誠源頭只一箇物事也。「問本義」三段，言進德居業是不已的事，而天地之教、神伸鬼歸皆此理也。「又曰邵康節」八段，言邵子、延平之静，言自己之持志，言這裏事從心上理會，皆心行也。切要處尤當著眼。其曰「戒懼無箇起頭處，只是普遍都用」者，合下便當戒懼，只緣工夫間斷接續，故有起頭處。若實用功者見得心體如此流行，則戒懼工夫亦當如此流行。戒懼一鬆，心體便放。知得關係重大，又知得心體本光明、本端凝，烏得不刻刻提撕乎？其曰「來處是誠，去處是誠。誠則有物，不誠則無物」者，尤喫緊指點。學者亦知當誠，只爲不能長久，故至舍亡。又以雖不誠，未便是禽獸；豈知一有不誠，則有物與無物同。「來處是誠」，人所同也。去處則散亂渺茫，雖有如無，豈不大可悲痛！其曰「日日如此，從生至死，無頃刻不相似」者，從「忠信」深入體驗，本來明德分曉，所進在此，所居在此，便無頃刻可優忽處。學者通病在把「忠信」看輕了，不知道之浩浩，無從下手，惟立誠纔有可居之地。一念誠實，這就是明德呈露，愈精進、愈廣大，終身游息其中，有無窮滋味，是自家廣居，不可一日離者。若離此一步，便屬舍亡，便屬游魂，可懼可哀！猛省猛省！其曰「理會道理明透，自是静」者，從來「静」之一字最難著手，所以朱子力防討静一路，煞有深心。玩程子「敬則自虚静，不可把虚静當做敬」之言，則知静從敬顯，然或有難以持久之病。惟朱子「理明自静」之説，爲更的確。若明得性體本不可着一物汙染，方還天地潔清本性，何處容得一毫雜念；明得性體本是萬物皆備，方還天地完全本性，何處容得一毫虧欠。合程、朱之言，從「敬」、「明」二字著實用功，則不期静而自静，不走入虚寂一路矣。其曰「常持得這志，縱血氣衰極，也不由他」者，從來持志工夫，須有幾番鍛煉，僅安常處順，信以爲然者，恐恃不得；一經折挫，便至銷阻。惟試以大困窮，此志不屈；試以大拂逆，此志不屈；試以大疾病，此志不屈。此三種境，人所必有，無本領者逐境苦惱，此志昏弱，可惜可惜！惟有本領者，歷歷堅强，能勝得他，方是得力。此中消息，只可自喻。若信不及，守不定，安可不痛加策勵，上負聖賢，自虧天性。到極之生死，便難著力，措手不及了，枉生可痛。讀朱子之言，直是天道之行健不息，人事之守死善道都是一理，所以全始全終也。其曰「某這裏事事從心上理會，舉止動步皆有道理」者，此旨極微密。宗陽明者漫言朱子工夫皆在見聞上，又曰晚年方用力於根本，豈知朱子事事從心上理會，歷數十年如一日。但陽明從心空處著力，朱子從心實處用力，此爲殊途耳。且細玩朱子此數語，便見朱子小心翼翼如臨淵谷氣象，一切道理都自胸中流出，自有心管身、身依心，形性渾融一致之妙。非體驗自家身心有得，不能知朱子徹表徹裏總此道理灌注也。願學者詳味之。

朱子因言及釋氏，而曰：「釋子之心却有用處，朝夕汲汲不捨，所以無有不得之理。今公等學道，安得似他？此心元不曾有所用，逐日流蕩放逐，如無家之人，悠悠漾漾，似做不做，從生至死，忽然無得而已。有謹飭不妄作者，亦資禀如此。其心亦無所用，只是閑慢過日。若是汲汲用功底人，自别。他那得工夫説閑語？精專懇切，無一時一息不在裏許。思量一件道理，直是思量得徹底透熟，無一毫不盡。今公等思量這一件道理，到半間不界，便掉了，少間又看那一件。如此，没世不濟事。若真箇看得這一件道理透，入得這箇門路，以之推他道理，也只一般。公等每日只在門外走，所以都無入頭處，不濟事。」又曰：「學道做工夫，須是奮厲警發，悵然如有所失，不尋得則不休。如自家有一大光明寶藏，被人偷去，此心肯放捨否？定是追尋得了方休。做工夫亦須如此。」

又曰：「某舊時看文字極難，諸家説盡用記。且如毛詩，那時未似如今説得如此條暢。古今諸家説盡用記取，閑時將起思量。這一家説得那字是，那字不是；那一家説得那字不是，那字是；那家説得全是，那家説得全非；所以是者是如何，所以非者是如何。只管思量，少間這正當道理自然光明燦爛在心目間，如指諸掌。今公們紐捏把攬來説，都記得不熟，所以這道理收拾他不住，自家也使他不動。」敬子云：「而今每日只優游和緩，分外看幾遍，讀幾遍，意思覺不同。」曰：「而今使不得優游和緩，須是苦心竭力下工夫，方得。那優游和緩，須是做得八分九分成了，方使得。而今便説優游和緩，只是泛泛而已。這箇做工夫，須是放大火中鍛煉，溶成汁，瀉成鋌，方得。今只略略火上熁，全然生硬，不屬自家使在，濟得甚事？須是縱橫舒卷，皆由自家使得，方好。今學者所以不得力，只是不熟。」

又曰：「濂溪、二程、横渠們説話，無不斬截有力，語句自是恁地重。看得寬緩無力者，只是心念不整肅，所以如此。緣心念不整肅，所以意思寬緩，都凑泊那意思不著，説從别處去。須是心念整肅，看教他意思嚴緊，説出來有力，四方八面截然有界限，始得。」

又曰：「讀書之法，只要落窠槽。今公們讀書，盡不曾落得那窠槽，只是走向外去思量，所以都説差去。」

問學者曰：「公今在此坐，是主静？是窮理？」久之未對。曰：「便是公不曾做工夫。如若不是主静，便是窮理，只有此二者。既不主静，又不窮理，便是心無所用，閑坐而已。如此做工夫，豈有長進之理？佛者曰：『十二時中，除了著衣喫飯是别用心。』夫子亦云：『造次必於是，顛沛必於是。』須是如此做工夫，方得。公等每日只是閑用心，問閑事，説閑話底時節多；問緊要事、究竟自己底事時節少。若是真箇做工夫底人，他自是無閑工夫説閑話，問閑事。聖人言語有幾多緊要，大節目尤緊要。」

又曰：「不待接事時方流入於私欲，只那未接物時此心已自流了。須是未接物時也常剔抉此心，教他分明，少間接事便不至於流。上蔡解『爲人謀而不忠』云：『爲人謀而忠，非特臨事而謀；平居静慮，思所以處人者，一有不盡則非忠。』此雖於本文説得大過，然却如此。須於此處常常照管得分明，方得。」

又曰：「只守得塊然底虚静，雖是虚静，裏面黑漫漫地，濟得甚事？所謂虚静者，須是將那黑底打開，成箇白底，教他裏面東西南北玲瓏透徹，虚明顯敞，如此方唤做虚静。」

或問左傳疑義。朱子曰：「公不求之六經、語、孟之中，而用功於左傳，所謂『棄却甜桃樹，緣山摘醋梨』。天所賦於我者，如光明寶藏，不會收得，却上他人門上教化一兩錢，豈不哀哉？只看聖人所説，無不是這箇大本。如云『天高地下，萬物散殊，而禮制行矣。流而不息，合同而化，而樂興焉』。不然，子思何故説箇『天命之謂性，率性之謂道，修道之謂教』？此三句是乃天地萬物之大本大根，萬化皆從此出。人若能體察得，方見得聖賢所説道理，皆從自己胸襟流出，不假他求。某向嘗見吕伯恭愛與學者説左傳，某嘗戒之曰：『語、孟、六經許多道理不説，恰説這箇？縱那上有些零碎道理，濟得甚事？』伯恭不信，後來又説到漢書。若使其在，不知今又説到甚處，想益卑矣，宜爲陸子静所笑也。子静底甚高，只是下面空疏，無物事承當。伯恭底甚低，如何得似他？」又曰：「人須是於大原本上看得透，自然心胸開濶，見世間事皆瑣瑣不足道矣。」又曰：「每日開眼，便見這四箇字在面前：仁、義、禮、智。只趯著脚指頭，便是這四箇字。若看得熟，於世間道理，沛然若决江河而下，莫之能禦矣。若看得道理透，方見得每日所看經書，無一字一句、一點一畫不是道理之流行，見天下事，無大無小、無一名一物不是此理之發見。如此，方見得這箇道理渾淪周遍，不偏枯，方見得所謂『天命之謂性』底全體。今人只是隨所見而言，或見得一二分，或見得二三分，都不曾見那全體，不曾到那極處，所以不濟事。」

以上沈僩録。

「朱子因言」以下八段，皆是教人做工夫，步步著緊者。如云「無一時一刻不在裏許」，「奮勵警發，悵然如有所失」，又云「正當道理光明燦爛在心目間，如指諸掌」，又云「須是心念整肅，看教他意思嚴緊，説出來有力」，又云「讀書之法，要落窠槽」，又云「常剔抉此心，教他分明」，此數條是用功入微處，學者當依此體驗，乃知朱子一片婆心流露，字字句句各有指歸，絶非向外用心也。至末段直是朱子自寫胸中道理，非深體味之不能見。蓋朱子是時，道德純熟，滿腔子都是道理充足，如「天下至聖」「充積極其盛，發見當其可」地位。一切經書中文義道理總在朱子胸中，隨所寓目，即是道理流行於行間，絶無語言文字之迹；一切天壤間名物道理總在朱子胸中，隨所感觸，即是道理流行於事物，絶非形象方名之粗。所以然者，惟朱子見那本體到完全極至處，大學所謂「至善」，中庸所謂「天性」，實實在這裏，無所不包，故即心、即經書、即事物，總是一箇道理，流布洋溢，無有内外，無有彼此，渾身都在道理中也。孟子而後，惟周、程、張、朱到得此境。自朱子後，並無一人見到此、學到此者。不失偏空，便失龐雜，有如是精粗一致，渾然無迹者乎？攻朱子者不研究到此，宗朱子者亦不研究到此，紛紛口舌，何能損益聖學之萬一哉！

又曰：「横渠言『至之謂神，反之謂鬼』，固是。然雷風山澤亦有神，今之廟貌亦謂之神，亦以方伸之氣爲言爾。此處要錯綜周徧而觀之。伸中有屈，屈中有伸，便看此意。伸中有屈，如人有魄是也；屈中有伸，如鬼有靈是也。」

又曰：「某煞有話要與諸公説，只是覺次序未到，而今只是面前小小文義尚如此理會不透，如何説得到其他事？這箇事，須是四方上下、小大本末一齊貫穿在這裏，一齊理會過。其操存踐履處，固是緊要，不可間斷。道理大原固要理會，纖悉委曲處也要理會，制度文爲處也要理會，古今治亂處也要理會，精粗大小無不當理會。四邊一齊合起，功夫無些罅漏。東邊見不得，西邊須見得；這下見不得，那下須見得。既見得一處，其他處亦可類推。而今只從一處去攻擊他，又不曾著力，濟得甚事？如坐定一箇地頭，而他支脚也須分布擺陣。如大軍廝殺相似，大軍在此坐以鎮之，游軍依舊去別處邀截，須如此作工夫方得。」

因建陽士人來請問，朱子曰：「公們如此做工夫，大故費日子。覺得今年只似去年，前日只似今日，都無昌大發越底意思。這物事須教看得精透後，一日千里始得。而今只泛泛在皮毛上理會，都不曾抓著那癢處，濟得甚事？做工夫一似穿井相似，穿到水處，自然流出來不住。而今都乾燥，只是心不在，不曾著心。如何説道，出去一日便不曾做得工夫？某常説，正是出去路上好做工夫。且如出十里外，既無家事炒，又無應接人客，正好提撕思量道理。所以學貴時習，到時習自然説也。如今不敢説時習，須看得見那物事方能時習。如今都看不見，只是不曾入心，所以在牕下看，才起去便都忘了。須是心心念念在上，便記不得細注字，也須時時提撕經正文在心，也争似。而今都只在那皮毛上理會，不曾抓著癢處。若看得那物事熟時，少間自轉動不得。自家脚才動，自然踏著那物事行。」又云：「須是得這箇道理入心，不忘了，然後時時以義理澆灌之。而今這種子只在地面上，不曾入地裏去，都不曾與土氣相接著。」

以上不知何氏録，玩語意與沈氏録同，故附之。

「横渠」一段言鬼神屈伸之理。二段、三段言窮理極該括，言存心讀書極入微。全要看見這物事，由是存心、窮理、讀書，處處有把柄。這物事非他，即至善，即天命，即太極也。朱子如此教人，猶謂專於訓詁，豈其然哉！

因論封建，曰：「此亦難行。使膏粱之子弟不學而居士民上，其爲害豈有涯哉？且以漢諸王觀之，其荒縱淫虐如此，豈可以治民！故主父偃勸武帝分王子弟而使吏治其國，故禍不及民。所以後來諸王也都善弱，蓋漸染使然。積而至於魏之諸王，遂使人監守，雖飲食亦皆禁制，更存活不得。及至晉懲其弊，諸王各使之典大藩，總强兵，相屠相戮，馴致大亂。」僩云：「監防太密，則有魏之傷恩；若寬去繩勒，又有晉之禍亂。恐皆是無古人教養之法故爾。」曰：「那箇雖教，無人奈得他何。」或言：「今之守令亦善。」曰：「却無前代尾大不掉之患，只是州縣之權太輕，卒有變故，更支撑不住。」僩因舉祖宗官制沿革中，説祖宗時州郡禁兵之額極多，又有諸般名色錢可以贍養。及王介甫作相，凡州郡兵財皆括歸朝廷，而州縣益虚，所以後來之變，天下瓦解，由州郡無兵無財故也。」曰：「只祖宗時州郡已自輕了。如仁宗朝，京西群盜横行，破州屠縣，無如之何。淮南盜王倫破高郵，郡守晁仲約以郡無兵財，遂開門犒之使去。富鄭公聞之大怒，欲誅守臣，曰：『豈有任千里之寄，不能拒賊而反賂之？』范文正公争之曰：『州郡無兵無財，俾之將有捍拒？今守臣能權宜應變，以全一城之生靈，亦可矣，豈可反以爲罪耶？』然則彼時州郡已如此虚弱了，如何盡責得介甫？」沈僩録。卓録今附於下。「王介甫只是刮刷太甚，凡州郡禁兵闕額，盡令勿填補。且如一州有千人禁軍，額闕五百人，則本郡不得招填。每歲樁留五百名之衣糧，并二季衣賜之物，令轉運使掌之，而盡歸於朝廷。如此，煞得錢不可勝計。」又云：「也怪不得州郡，欲添兵，誠無糧食給之，其勢多招不得。某守南康，舊有千人禁軍額，某到時纔有二百人而已，然歲已自闕供給。本軍每年有租米四萬六千石，以三萬九千來上供，所餘者止七千石，僅得贍三月之糧。三月之外，便用別擘畫措置，如斛面加糧之屬。又盡，則預於民間借支。方借之時，早穀方熟，不得已出榜，令民先將早米來納，亦謂之租米。俟冬則折除其租米，亦當大米之數。如此猶贍不給。壽皇數數有指揮下來，必欲招滿千人之額。某申去云：『不難於招，只是無討糧食處。』又行下云：『便不及千人，亦須招填五百人。』雖聖旨如此，然終無得錢糧處，只得如此挨過日子而已。」

又曰：「居今之世，若欲盡除今法，行古之政，則未見其利而徒有煩擾之弊。又事體重大，阻格處多，決然難行。要之，因祖宗之法而精擇其人，亦足以治，只是要擇人。范淳夫唐鑑其論亦如此，以爲因今郡縣足以爲治。某少時常鄙之，以爲苟簡因循之論。以今觀之，信然。」

問：「爲政更張之初，莫亦須稍嚴以整齊之否？」朱子曰：「此事難斷定說，在人如何處置。然亦何消要過於嚴？今所難者，是難得曉事底人。若曉事底人，歷練多，事纔至面前，他都曉得依那事分寸而施以應之，人自然畏服。今人往往過嚴者，多半是自家不曉，又慮人欺己，遂將大拍頭去拍他，要他畏服。若自見得，何消過嚴？便是這事難。」

「彭仲剛子復作台州臨海縣，理會役法甚善。朝廷措置役法，看如何措置，終是不公。且如鄉有寬狹，寬鄉富家多，狹鄉富家少，狹鄉富家靳靳自足，一被應役，無不破家蕩産，極可憐憫。彭計一縣有幾鄉，鄉有濶狹，某鄉多富家，某鄉少富家，却中分富家以畀兩鄉，令其均平。其有不均處，則隨其道里遠近分割裨補，令其恰好，人甚便之。」或曰：「恐致人怨。」曰：「不怨。蓋其公心素有以信於民，民自樂之。雖非法令之所得爲，然使民宜之，亦終不得而變也。又有所在利於爲保正，而不利於爲保長者。蓋保長催税，其擾極多。某在紹興，有人訴不肯爲保長，少間却計會情願做保正〔一一〕，某甚嘉之，以爲捨易而就難。及詢之士人，乃云保長難於保正。又有計會欲爲保長者，蓋有所獲於其中。所在風俗不同，看來只用倍法：若産錢滿若干，當爲保正；外又計其餘産若干〔一二〕，當爲保長；若産錢倍多，則須兩番爲保正。如此則無争。又催税之法，頃見崇安趙宰使人俵由子，分爲幾限，令百姓依限當廳來納，甚無擾。及過隆興，見帥司令諸邑俵由子催税，而責以十限。縣但委之吏手，是時饑餓，民甚苦之，恣爲吏人乞覓。或所少止七百，而限以十限，每限自用百錢與吏。或欲作一項輸納，吏又以違限拒之；或所少不滿千錢，而趂限之錢則已踰千矣〔一三〕。其擾不可言。所以做官難，非通四方之風俗情僞，如何了得。」

因論保伍法。或曰：「此誠急務。」朱子曰：「固是。先王比閭保伍之法便是此法，都是從這裏做起，所謂『分數』是也。兵書云『御衆有多寡，分數是也』，看是統御幾人，只是分數明，所以不亂。王介甫鋭意欲行保伍法，以稽天下坐食之兵〔一四〕，不曾做得成。范仲達名如璋，太史之弟。爲袁州萬載令，行得保伍極好，自來言保伍法無及之者。此人有心力，行得極整肅，雖有姦細，更無所容。每有疑似無行止人〔一五〕，保伍不敢著，互相傳送至縣，縣驗其無他，方令傳送出境。訖任滿，無一寇盜。頃張定叟知袁州，託其訊問，則其法已亡，偶有一縣吏略記大概。」

又曰：「某保甲草中所説縣郭四門外置隅官四人，此最緊要，蓋所以防衛縣郭以制變。諸縣有官府、獄訟、倉庫之屬，須是四面有箇防衛始得。一箇隅官，須各管得十來里方可。諸鄉則只置彈壓之類，而不復置隅官，默寓箇大小相維之意於其間。又後面『子弟』一段須是著意理會。這箇子弟，真箇要他用，非其他泛泛之比，須是別有箇拔擢旌賞以激厲之，乃可。此等事難處，須是理會教他整密無些罅縫，方可。」

又曰：「自秦置守、尉、監，漢有刺史、郡守，如今監司，專主按察。至漢末令刺史掌兵，遂侵郡守之權，兼治民事，而刺史之權獨重。後來或置或否。漢有十二州、百三郡，郡有太守，州有刺史。歷代添置州名愈多，而郡愈少，又其後也遂去郡而爲州，故刺史兼治軍民而守廢。至隋又置郡守，後又廢守置刺史，而刺史遂爲太守之職。某嘗説不用許多監司，每路只置一人，復刺史之職，正其名曰按察使，令舉刺州縣官吏。其下却置判官數員以佐之，如轉運判官、刑獄判官、農田判官之類。農田專主婚田，轉運專主財賦，刑獄專主盜賊，而刺史總之。稍重諸判官之權，資序視通判，而刺史視太守。判官有事欲奏聞，則刺史爲之發奏。刺史不肯發奏，則許判官自徑申御史臺、尚書省，以分刺史之權。蓋刺史之權獨專，則又不便。若其人昏濁，則貽害一路，百姓無出氣處，故又須略重判官之權。諸判官下却置數員屬官，如職幕官之類〔一六〕。如此則重權歸一，太守自治州事，而刺史則舉刺一路，豈不簡徑省事而無煩擾耗蠹之弊矣。」

陳問：「復讎之義，禮記疏『穀梁春秋許百世復讎』。又某書『庶人許五世復讎』，又云『國君許九世復讎』。又某人引魯桓公爲齊襄公所殺，其子莊公與齊桓公會盟，春秋不譏。自桓至定公九世，孔子相定公，會齊侯於夾谷，是九世不復讎也。此説如何？」朱子曰：「謂復百世之讎者是亂説。許五世復讎者，謂親親之恩欲至五世而斬也。春秋許九世復讎，與春秋不譏、春秋美之之事，皆是解春秋者亂説。春秋何嘗説不譏與美他來？聖人作春秋，不過直書其事，美、惡人自見。後世言春秋者，動引譏、美爲言，不知他何從見聖人譏、美之意？」又曰：「事也多樣。國君復讎之事又不同。」僩問：「疏中又引君以無辜殺其父，其子當報父之讎，如此則是報君，豈有此理？」曰：「疏家胡說，豈有此理？」又引伍子胥事，說聖人是之。曰：「聖人何嘗有明文是子胥來？今之爲春秋者都是如此。」胡問：「疏又引子思曰：『今之君子，退人若將墜諸淵。毋爲戎首，不亦善乎？』言當執之，但勿爲兵首，從人以殺之可也。」曰：「盡是胡說。子思之意，蓋爲或人問：『禮爲舊君有服，禮歟？』子思因云：『人君退人無禮如此，他不爲戎首來殺你，已自好了，何況更望其爲你服？』此乃自人君而言，蓋甚之之辭，非言人臣不見禮於其君，便可以如此也。讀書不可窒塞，須看他大意。」

又曰：「周自東遷之後，王室益弱，畿內疆土皆爲世臣襲據，莫可誰何。而畿內土地亦皆爲諸侯爭據，天子雖欲分封而不可得。如封鄭桓公，都是先用計指射鄶地，罔而取之，亦是無討土地處。此後王室子孫，豈復有疆土分封？某嘗以爲郡縣之事已萌於此矣。至秦時是事勢窮極，去不得了，必須如此做也。」

又曰：「陸宣公奏議極好看。這人極會議論，事事委曲說盡，更無滲漏。雖至小底事，被他處置得亦無不盡。如後面所說二税之弊，極佳。人言陸宣公口說不出，只是寫得出。

今觀奏議中多云『今日早面奉聖旨』云云，『臣退而思之』云云，疑或然也。」問：「陸宣公比諸葛武侯如何？」曰：「武侯氣象較大，恐宣公不及。武侯當面便説得，如説孫權一段，雖辨士不及。」「其細密處，不知比宣公如何？」「只是武侯也密。如橋梁道路、井竈圊溷，無不修繕，市無醉人，更是密。只是武侯密得來嚴，其氣象剛大嚴毅。」

以上沈僴録。

問：「或言今日之告君者皆能言『修德』二字，不知教人君從何處修起？必有其要。」朱子曰：「安得如是説？只看合下心不是私，即轉爲天下之大公。將一切私底意思盡屏去，所用之人非賢，即别搜求正人用之。」問：「以一人耳目，安能盡知天下之賢？」曰：「只消用一箇好人作相，自然推排出來。有一好臺諫，知他不好人，自然住不得。」德明録。

禮刑用專家，均鄉富户，通四方風俗情僞，明分數，用監司一人、判官數員，好宰相，好臺諫，此等大綱目，是食粟衣布之事，極平常、極緊要、極難安頓得妥，學者當潛心焉。

庚申，朱子七十一歲。

書周深父更名序云：「水之深者，淵洄澄澹，人莫能測其源底之所極。其或未然，則必濬之而後深，此理之必然也。深父更名，以避前聖，其意則已善矣。而其所欲名者，又即其字而得夫所以深之之道焉，豈不又甚可嘉也哉。自今以往，因稱有警，而日有以深乎其內，使相與遊者但見其淵洄澄濬，有異於前而莫際其極，是則深父之果能爲深，而不負乎此名也夫。庚申閏月。」

按：朱子答周深父云：「大抵人要讀書，須是先收拾身心，令稍安靜，然後開卷，方有所益。若只如此馳騖紛擾，則方寸之間自與道理全不相近，如何看得文字？今亦不必多言，但且閉門端坐半月十日，却來觀書，自當信此言之不謬也。」玩此書，知朱子教深父「深之」之道有自來矣。閉門端坐、收拾身心，「深之」之始事也；開卷有益，「深之」之繼事也。若不收拾身心，如何讀書？若不讀書，如何道理浹洽？必遵此言，著實用功，使方寸之間淵洄澄濬，然後道理凝聚在這裏。深父所造不知何如，序作於此書之後，其亦可與言「深之」之道者乎。

三月辛酉，朱子改大學「誠意」章。

按：年譜云：「戊午歲，嘗與廖德明帖云：『大學又修得一番，簡易平實，次第可以絶筆。』是日改『誠意』章，午後疾甚不能興。先是，己未夜爲諸生説太極圖，庚申夜復説西銘甚詳，且言：『爲學之要，惟事事審求其是，决去其非，積累久之，心與理一，自然所發皆無私曲。聖人應萬事，天地生萬物，直而已矣。』」玩此，知朱子聖學自始至終步步著實，全此直理，毫無元妙處。孔子曰：「人之生也直。」原人始生之理，本直也。朱子臨没，以「心與理一，所發無私，聖人應事直而已矣」垂訓，人當完全此直理也。天以直理生人，人以直理全天，天人合一之學，只此直理以全歸也夫。

甲子，朱子卒。

按：年譜云：「前夕癸亥，精舍諸生入問疾，曰：『誤諸君遠來，然道理亦止是如此。但相倡率下堅苦工夫，牢固著足，方有進步處。』諸生退，乃作三書。一與子在，令早歸收拾遺文。一與黃幹，令更加勉力，且云：『吾道之託在此，吾無憾矣。』及令收禮書底本，踵而成之。其書界行開具逐項合修條目，且封一卷往爲之式。一與范念德，托寫禮書。甲子，即命移寢中堂。黎明，諸生復入問疾，因請曰：『先生之疾革矣，萬一不諱，當用書儀乎？』朱子摇首。『然則當用儀禮乎？』亦摇首。『然則以儀禮、書儀參用之乎？』乃頷之。就枕，誤觸巾，目門人使正之，揮婦人毋得近，諸生揖而退。良久，恬然而逝。午初刻也。」玩「堅苦工夫，牢固著足」八字，是朱子一生定識定力，至此純熟通明，不用著力矣。學者不循此進步，斷無是處，故諄諄以此垂訓。即曾子告門人敬子之旨，的是孔門正脈。視南安道中「光明何恨」之言何如也？識者自辨之。

【校勘記】

〔一〕然其實只是人心之中許多合當做底道理而已　「只」原作「見」，清華鈔本同，據晦庵集卷四五改。

〔二〕又是韓公所未嘗聞　「未」原作「謂」，據清華鈔本、晦庵集卷四五改。

〔三〕以惡言之　「惡」原作「德」，清華鈔本同，據語類卷六二、七一改。

〔四〕又在番休遞上　「上」原作「士」，清華鈔本同，據語類卷一三六改。

〔五〕林丈説　「丈」原作「文」，據清華鈔本、語類卷一〇七改。

〔六〕致侂胄大憾於趙相　「於」原作「故」，據語類卷一〇七改。清華鈔本作「放」。

〔七〕常苦不得呈覆　「苦」原作「若」，據清華鈔本、晦庵集卷四五改。

〔八〕便是中是仁　「中是仁」原作「仁是中」，清華鈔本同，據語類卷一一六乙正。

〔九〕又如晉侯夢黄熊入寢門　「晉」原作「衛」，蓋涉上而誤，據語類卷三改。

〔一〇〕直是恁地用功方得　「功」原脱，據清華鈔本、語類卷一一六補。

〔一一〕少間却計會情願做保正　「保正」原作「保長」，據語類卷一一一改。

〔一二〕外又計其餘産若干　「其」原作「某」，據清華鈔本、語類卷一一一改。

〔一三〕而趂限之錢則已踰千矣　「千」原作「半」，據清華鈔本、語類卷一一一改。

〔一四〕以稽天下坐食之兵　「食」原作「令」，清華鈔本同，據語類卷一一一改。

〔一五〕每有疑似無行止人　「似」原作「以」，清華鈔本同，據語類卷一一一改。

〔一六〕如職幕官之類　「幕」原作「募」，據清華鈔本、語類卷一一二改。

附録一：著録與序跋

四庫全書總目

朱子聖學考略十卷，副都御史黄登賢家藏本。國朝朱澤澐撰。澤澐字止泉，寶應人。朱陸二派在宋已分，洎乎明代弘治以前，則朱勝陸，久而患朱學之拘；正德以後，則朱陸争詬；隆慶以後，則陸竟勝朱，又久而厭陸學之放，則仍申朱而絀陸。講學之士，亦各隨風氣，以投時好。是編詳敘朱子爲學始末，以攻金谿、姚江之説。蓋澤澐生於國初，正象山道弊、鹿洞教興之日也。（録自四庫全書總目卷九七子部七儒家類存目三）

清文獻通考

朱子聖學考略十卷

朱澤澐撰。澤澐字止泉。寶應人。（録自清文獻通考卷二二

朱子聖學考略序

居敬窮理，兼營並進之學。惡乎始？曰：始自周文王，「緝熙敬止，純亦不已」，居敬之學也。望道未見，非窮理而何？繼之者爲周公，「敬之敬之，天惟顯思」，居敬之學也。仰而思之，夜以繼日，非窮理而何？孔子明陰陽消息之故，盡性至命之原，由不惑知天命，以至耳順從心。既已知行合一矣，乃發易韋編，而繫之以辭，曰「易無思也，無爲也，寂然不動，感而遂通天下之故」，此居敬之功也。又曰「極深研幾」，則爲窮理之學矣。其曰「閑邪存誠」，此居敬之學也。又曰「知至至之，知終終之」，則爲窮理之學矣。論者謂曾子之一貫偏於行，子貢之一貫偏於知，不知曾子之學由格致以及於誠正，子貢之學由文章以造於性天，所謂一貫者，由知而貫於行，由行而貫於知，所以溝通其居敬窮理之事也。合内外，兼本末，無二道也。子思發明至誠之學，居敬也；曰明善，曰學問思辨，無非窮理也。孟子言「盡心知性」，窮理也；曰「存心養性」，居敬也。至於知天事天，其功盡矣，七篇之中，言察識擴充者，其義尤夥，然則居敬窮理，固如太極之兩儀，不容偏廢，聖賢相傳之心法，莫踰於此。至宋程子始約言之曰「涵養須用敬，進學則在致知」，朱子出，乃益大暢厥旨。然而不體之於身，不驗之於心，不知其層累曲折之故，則亦終於不達而已矣。文治少年有志程朱之學，年十七，讀陳清瀾先生學蔀通辨，知陽明先生傳習録之非。十八歲以後，讀朱子大全並陸稼書先生讀朱隨筆、吴竹如先生評朱子集語，愛其剖析之精，然反而求之於朱子之書，若涉大水，其無津涯，偶稱述之不過爲口耳講貫之助，未嘗得躬行實踐之方也。中年服官，荏苒無進德。歲在癸亥，忽忽年五十九矣，講學於無錫國學專修館，及門諸子編輯朱文公集校釋，乃始聞寶應朱止泉先生有朱子聖學考略一書，亟求之，則聞其家僅存二帙，刻本、鈔本各一。爰乞金壇馮夢花同年轉假刻本讀之，然後知止泉先生真得朱子之心傳者也。先生之言曰：「朱子三見延平先生，夙從事於涵養致知，初猶隔閡，至己丑年四十乃始悟居敬窮理合一之旨，至丙申年四十七學益大進，其用功次第，詳見於答張敬夫先生、答湖南諸公、答胡廣仲、林次仲諸書，及中和舊説序、已發未發説。凡其經歷而自言之者，舉可考而知也。」文治往者讀寶應王白田先生所纂朱子年譜，歎其采擇精博，於出處進退之際載之綦詳。今讀聖學考略，則又爲朱子文字之編年考。一邑一時而得兩大賢，後世爲朱子學者，舍二先生其誰與歸？然嚮非其信道之篤，體驗之純，又曷克臻此。竊嘗謂有天地以來，形上爲道，形下爲器，虚與實而已。吾人爲學有所偏主，不流於虚寂之途，則入於膠柱之域。

先儒謂陸子「尊德性」，朱子「道問學」，不知此乃紫陽自謙之辭，後人誤會之，專求朱學於章句文字之間，而不知省察於操存踐履之際，以是而接於事物，則偏執而不通，以是而求爲聖賢，則拘虛而不能上達。夫第以章句而已，則大學「明明德」、「明命」之注，與夫中庸「戒慎恐懼」、「見隱顯微」，孟子盡心章「舜居深山」章之注，其開示後學者，爲何如哉！然則專求朱學於實者，固當以此書藥之，而專求朱學於虛如陽明先生者，又惡能有所藉口乎！世道淪胥，邪說暴行盈天下，學者心粗氣浮，不復知聖學爲何事，然則此書者豈獨爲傳道之南針，抑亦救人心之嚆矢矣。文治昕夕誦維，愛不能釋，而先生之裔孫芾丞、憶劬者將付諸梓，及門寶應劉君翰臣、嘉興王君瑗仲，均與讐校之役，來問序於余。會及門桐鄉吴君子馨在津門圖書館鈔得止泉先生宗朱要法一卷以示余。宗朱要法者，故聖學考略之首卷，當時刊刻所遺。余細讀之，析理毫芒，原心秒忽，精粹無與倫比，蓋止泉先生數十年服膺朱子之功略見於斯，然非初學所能驟及也。爰屬其附刻於後，以免躐等之弊。異日者止泉先生之學行將大昌於世，其皆芾丞、憶劬表揚之功也夫。甲子十一月冬至，後學唐文治謹序。

吴其昌跋

朱止泉先生遺書，世多不能舉其名，以故佚亡過半。至吾師唐先生始毅然起而求之，然數經兵燹，文獻散落，殘闕有間矣。其昌不敏，嘗有助吾師遍求之志，數年來奔走吴越、江淮、燕趙，以弇陋所及，於寶應劉氏得易旨六卷、文集八卷，於錫得外集五卷，於滬得朱子文選十四卷，於蘇得聖學考殘本四卷。後聞吾師已於先生裔孫家得聖學考全本十卷，如此而已。今秋於津門又得宗朱要法一卷，合意編五卷，因先録其宗朱要法。先生遺書尚不止此，他日或有得焉未可知也。夫以先生學之之勤，思之之精，行之之篤，本其心體實踐之餘，發而爲書，宜皆字字可傳萬世，永爲學朱子者之表式，而孰知百餘年間簡斷縑爐已如此。然則世之不務躬行，而欲以區區殘卷故紙，冀萬一或能傳於後世，以博其名之不朽，嗚呼，其亦誤矣。其昌願學朱子有年矣，而竟絲毫無得，豈非以此也與！今讀先生書，乃知學朱子有道在此，而不在彼也。先生此書發明學朱子者，其道有四：立志存養，窮理力行，始言學者之病，次取文集、語類以證明之，次又取文集、語類以救藥之。挈綱於上，詳目於下，秩然有條，貫澈終始。故凡宗朱而不得要法者讀此書，則雖以其昌之愚，亦且恍然而悟，是真天下學者必不可少之書也。故亟録而傳之,惜乎先生所著朱子誨人編之不存也。甲子仲秋,後學海甯吴其昌志於天津之寄廬。

劉啓瑞跋一

聖學考略既命工重刊,其明年吴君子馨於津門得宗朱要法,録副寄太倉師,且以示余。是書本考略卷首,因請於朱丈茀丞昆仲先從事焉。子馨既爲正其訛字,而傳鈔再四,亦不能無誤。適見朱慰予丈家有姚春木先生原刻本,借歸校改,然如原書奪落,第八頁第一行「旋安排」上應有「逐」字。又第五行「深」上應有「資」字。第十一頁第七行「又録」,乃「徐居父録」之誤。第八行「説得」下應有「去」字,皆刻成後校出。與吴跋四頁兩誤,皆漏未更正。其窮理之末一段,力行之末兩段,「一病」皆作「亦病」,或别有故,今姑仍之。第二十一二頁「前五條」「中五條」,兩「五」字原空,今以意爲補。但「末二條」條上應空未空,且應加二字,未及增入,姑志於此。止泉先生著作以考略爲生平所最致力,而刻本既爲其姪輅妄改,姚春木所得之王氏本又不可復睹,不得不據原本重刊,而以王君箴傳辨僞一篇附於書末,俾覽者有所考鏡。至先生遺書之存佚,道光間裔孫毓賢曾跋於陽明朱子晚年定論辨後,今迻録列此，並以吳君跋尾附焉。他日倘可次第訪得，重爲刊布，使寶應之傳復顯於世，是則愚所企望也已。後學劉啓瑞謹識。

重刻後，審知刻工敚誤者，第十頁十四行「逐日逐段分明理會」，敚「逐日」二字，不及更正，並志於此。

劉啓瑞跋二

朱丈芾丞昆仲既謀重刻朱止泉先生聖學考略，屬余及王君瑗仲校字。原本從河南李氏傳鈔，間有訛誤，因取朱子文集、語類一一校正。而家藏文集僅蔡方炳刻本，語類僅吕氏寶誥堂刻本，訛誤亦多，未敢據改，就其異同處列出之，轉段得明刻、涂刻諸本互校，成校記一卷，而無關大義者間從略焉。既而得不全原刻本，知鈔本即從此出，其王雒師、姚春木兩先生所藏止泉原本不可得見矣。刻既竣，乃得殘稿兩册，審爲朱輅節要底本，誠有與刻本不同者。每歲前無朱子年若干歲一條，分卷則第七自戊申始，亦異今刻，惜非完書，而其删節處可證雒師之言不誣。邑人有藏節要刻本者，祕不示人，蓋其傳亦不廣也。瑗仲既斠暇，其後助予校勘且匡不逮者，潘君省安之功爲多，而省安旋中風疾，右臂不能作字，猶羅諸本案頭，口授女子子記述之。時方宅憂，校用藍筆，雌黄未滅，虞淵遽迫，傷哉！適王丈慧言以教授留蘇，舉以浼之，乃底于成。書之顯晦，固亦有時，成書之遲，無逾此者。蓋自創議重刊，以迄出版，已一星終焉。上距辛丑朱中丞公傭録時，閲卅有五年，芾丞昆仲始得竟中丞次第付刊之遺志，而余以鄉里後進附名簡末，未始非厚幸也。乙亥秋季劉啓瑞識。

附録二：傳記

止泉先生朱公行狀

先生諱澤澐，字湘淘，别號止泉，姓朱氏，揚州寶應人。前明有凌谿先生諱應登，射陂先生諱曰藩俱以文學有盛名，先生之七世祖、六世祖也。曾祖諱爾遠，邑諸生，封中書舍人。祖諱克簡，順治丁亥進士，仕雲南道御史。父諱約，康熙壬子副榜，仕晉州牧。先生晉州公之次子也。生而端慤，爲兒童不好嬉戲，言動如老成人。既長，遊鄉校，雖習舉子業，而志意高遠，翛然有出塵之趣。嘗侍祖御史公庭側，得性理全書觀之，心悦神怡，景仰聖賢，撫膺歎慕，不能自已。偶於書肆購得程畏齋讀書分年日程，喜甚，即尋其次序，小學、四書、孝經、易、書、詩、三禮、春秋經傳，計年熟讀，旁及通鑑綱目、文獻通考、大學衍義，周、程、張、朱暨明儒文集，無不一一研究，窮日繼夜。雖遭水旱貧窘，以逮婚喪酬應擾攘之中，自立課程不暫輟。

又侍父晉州公山左費縣署中，費有故家高某，藏書極多，先生盡借觀之，二十一史依次閲畢，其於兩漢、三國、唐、宋、五代中賢人君子嘉言善行，與經制典則之要，皆手録之，積久成累帙。嘗究心天文之學，聞海陵泗源陳公厚耀精天文，往請問焉，得渾天圖以歸，自製之，中夜起觀推測，盡識其故。又聚歷代輿圖，考知寰宇分合，按之禹貢九州，凡險夷因革要害之處，罔不瞭如指掌。至於黄河之自源達流而入於海，歷代遷徙，與或潰或塞之利弊，又其精詳無遺者也。

蓋先生少時專務該博，多識彊記，而於聖賢切要之言，反躬體察，恨未得其要歸。顧獨念朱子之學實繼周、程而紹顔、孟以上溯孔子，自訾朱子者陸象山倡於前，王陽明幟於後，因有謂朱子爲「道問學」，陸象山、王陽明爲「尊德性」，分門裂户，勢同水火，以是蓄疑於中，久而莫釋。然後伏取朱子文集、語類全編讀之，潛思力究，至忘寢食。初從中和舊説序、已發未發説、與湖南諸公、答張欽夫書，知其用功親切，惟在静中持守，不敢昏亂；動中省察，不敢紛馳，幾信朱子傳心之奥在是矣。而又以爲静中之動、動中之静終未融徹，復不能無疑，乃玩答陳超宗、陳器之、林德久、林擇之書，玉山講義及太極圖説、西銘註解，遂恍然悟夫未發時四德渾具，自有條理，已發時四端各見，品節不差，而語類中陳北溪所録窮究根源來歷一條，爲教人入門下手處。蓋學者先識義理大概規模於胸中，而日用之間整齊嚴肅，惟從莊敬涵養做工夫，自一身之中，以至人倫事物之故，即於莊敬涵養中窮究根源來歷如何，皆有以察夫天命之極致，而真知之、而固守之，如是，則義理始爲我有而用功精進，與曩時意趣迥乎不同。誠有見夫静則昭昭不昧，而天理渾淪之原於此而存；動則井井有條，而天理脈絡之分於此而發。一動一静，雖有體用之殊，而體常涵用，用不離體，静固凝然，動亦凝然，境有萬變，心體則一。凡經書子史所爲妙道精義者，活潑洋溢，皆統攝於此，融洽於此，此先生四十以前之梗概也。

由是深信朱子居敬窮理之學爲孔子相傳以來之的緒，有不可得而移易者。蓋居敬者存其天理之本然，而非空寂；窮理者窮其天理之條件，而非外馳。故從來道問學莫如朱子，尊德性亦莫如朱子。彼夫爲朱陸同異之説，妄以尊、道分塗者固邪説誣民，充塞仁義，即學朱子之學而居敬不知體認已發、未發斯理流行之實，徒矜持於貌言視聽之閒，未免昏憒紛擾；徒勞把捉窮理，不知推尋性情體段、身心源頭之實，遽偏觀夫天下事物之繁，亦未免失却本領，汎濫無歸。是則所謂居敬者，豈朱子之居敬，而所謂窮理者，豈朱子之窮理哉？先生蓋積十餘年從朱子書中加精思實體之功，而後信爲學脈不易之傳也。

先生既得朱子之學脈，涵養玩索之功日嚴日密。始者涵養猶須著力，久而益熟，覺四德端緒昭著分明。始者玩索猶費思慮，久而益徹，覺經史旨趣觸類貫通。存心窮理，只是一事，窮即窮其所存之理，日益昭明；存即存其所窮之理，日益安固。蓋有不可得而精粗者，自四十以後，又二十餘年，其積累沉深，造詣峻絶，至於如此。嗚呼，朱子之學，其密切要妙之旨，當時及門如陳北溪、黄勉齋、蔡西山、九峰諸先生親承指授，守之無訛，迨其後傳之愈久，而愈失其真。前明惟薛文清、胡敬齋兩先生實紹其統，而教不大行。自王陽明惟尊陸象山，倡良知之説，輒敢目朱子爲支離，晦盲否塞百有餘年。雖其後生徒潰敗，破决藩籬，賴東林諸賢以及近世大儒閑邪衛道之力大聲疾呼，而於朱子密切要妙之旨，剖析未精。先生生數百年後，獨從遺編探其微言，以體諸身，以存諸心。雖以布衣終老，不獲顯於時，而闇室屋漏，篤實自修，不求聞達之志，擬之蔡西山、九峰兩先生以及胡敬齋先生，蓋先後相望，如同一轍云。

先生誨人必由其誠，有來學者誘掖鼓厲，至於再三。晚年來學益衆，終日答問，亹亹不已。嘗語學者曰：「士之專務讀書而不知存養者，固有入耳出口、買櫝還珠之弊，若專務存養而不於經史千條萬緒中貫串會通，亦祇爲釋、老之清浄，非儒者正宗。吾願自今學者取四書、五經及周、程、張、朱書熟讀詳玩，躬體心會，如是數年，自見得從上聖賢相傳的緒，非他説所能惑也。」

其論存心有曰：「人之有身，各得天地生物之理以生，自然便有惻怛慈愛之心，所謂仁也。其截然斷制者則爲義，其肅然恭敬者則爲禮，其惺然分辨者則爲智。仁義禮智，粹然至善，渾具於心，是即未發之中，中庸所謂「容執敬别」、「溥博淵泉」者，正形容其妙。及其既發，亦只此四者當愛而愛，當斷而斷，當恭而恭，當辨而辨，由内形外，肫誠懇摯，雖尋常小事，皆此本領流露，蓋所謂體用一原者可見於此。而其喫緊著力，唯在於敬之一字。静時能敬，則四德之根發榮滋長，體段呈露；動時能敬，則四德之萌直達流行，節目分明。此朱子發揮敬字最爲聖學存心之要。若陽明之存心，首言無善無惡，當其未發，已剪伐至善根源，既同釋氏之斷滅；逮其應事，祗欲隨緣應付，又類老氏之無爲。内外判隔，體用乖違，以視朱子之學，不猶莠之與苗，鄭聲之與雅樂耶！

其論讀書有曰：「書者聖賢義理充塞於中，而形於言詞，以覺後世者也。後之讀者當因言以求其心，考跡以觀其用，優柔饜飫，真見書中所言皆吾心固有之理，非從外索者，久之此心栽培深邃，擴充光明，遂覺吾之心與聖賢之心默相契合，渾然無復古今之間，如此方爲實得。不然，考索文義，講求訓詁，乃誇多鬬靡之習，宜爲彼之講本心者所嗤也。」

至論讀書次第，曰：「讀書之序，先小學，以立爲人之基；次近思録，以識性命梗概、學問實功於是；進以大學、語、孟、中庸章句、集註、或問，然後以次讀禮記、詩、書、易、春秋，句句字字，誦之味之。凡先儒發明處，看得通透融釋，使四書、五經之精藴洞然於方寸。由是而讀史，可知古今治亂安危之故，君子小人進退消長之幾。因以應事，可知義利公私之辨，成敗得失之由，如持權衡以度輕重長短，不爽銖黍矣。」

先生雖不見用於世，而用世之具無不殫悉。嘗以爲朱子之學有本有末，必本末交盡，方合於「明德」、「新民」、「止至善」之道。故朱子文集、語類所載，内任外任，經世大業，一一推求。他如陸宣公、范文正、司馬温公、李忠定、張宣公、黄文肅、真文忠集，實德實事，接續探討，覺其措置有揆諸三代之遺意，通之當今而咸宜者，顧藴蓄於中，無所施設而條目森森，略見於友朋問答間，真可坐而言，起而行也。

先生道益高，養益邃，方玩其所樂於畎畝中，杜門韜晦，不冀人知，而令聞遠著，賢公卿大夫往往慕仰之。雍正六年秋，吾邑艾堂劉公師恕總督直隸，時奉世宗憲皇帝詔，舉所知一人，擬首薦先生。將繕疏以進，先具書幣，遣其弟造先生之廬請焉。先生即日反其幣，作答書懇辭乃免。是時江南監司及郡守聞先生名，知不可强致，嘗於邑令學博進見時，囑轉達景慕之意。邑令有造門請謁者，先生以諸生不敢抗禮辭，再三至然後見之。

先生平居坐卧聽事東一小室，四壁書盈架，中僅容膝。每日未明即起，肅容端坐，辨色時展卷莊誦，事至斯應，應已復故。日昃無事，閉關静坐。既暮，挑燈伏案，從容諷咏，率至夜分，陶然就寢。雖祁寒盛暑，未嘗有一日之間也。

先生事親盡孝，太夫人李宜人早卒，奉事晉州公日久，晉州公居官力爲善政，署以内事委先生主之，剔弊除奸，凡幕賓臧獲，莫不嚴憚。及晉州公致仕歸，先生隨伯兄承養，朝夕無違色。晉州公捐館，時先生五十有四，哀毁骨立，未葬前不脱衰絰。既葬，祗奉几筵，殷奠時享，號慕三年不衰。家祠祭祀，一遵朱子家禮，酌獻拜跪，雖老病不少怠。每逢先人忌辰，變服茹素，哀痛如初喪焉。

持躬莊敬齋肅，私居燕處，與大庭廣衆無所異。克己寡欲，於世味芬華，澹然一無所嗜。居常清苦簡默，布衣蔬食終日，處之泊如也。事有宜躬親者不辭瑣細，雖匆迫繁雜之中，精神閒泰，綽然有餘裕。待家人品節均壹，而撫恤之恩纏綿無已。守量入爲出之規，豐凶有所制，臨財慎取予，稍涉非義，不敢以自處，亦不敢以處人。親賢樂善，殷勤如就芝蘭；嫉惡甚嚴，雖一飯未嘗假借。處鄉黨姻戚，無論親疏，厚薄各稱其宜，而一歸於誠信。或振匱恤乏，饋遺稠叠，未嘗爲人道説。有以事來謀者，從容商榷，必竭慮傾懷，無不盡其謀。豪富貴盛之家，踪跡澗遠，未由親習；苟微賤有犯者，默默受之不與較。身居草萊，志在天下，四方傳聞歲豐人阜，不勝欣然；倘有水旱之災，流離之苦，輒憂形於色。心胸恢擴，每當天高氣爽，風清月（自）〔白〕之候，吟咏自適，渾渾乎不知内之爲内而外之爲外者。

先生自辛亥春有脾疾，飲食減損，骨象清癯，日未明輒起，温習經書如初。有勸先生宜少輟者，先生曰：「吾之讀書，適意怡情，無勞於心，猶飲食之不能離也。」持守之功，益加强固。謂其子曰：「聖賢工夫正於困苦時驗之，若稍放倒，便自墮落，豈可不懼！」至冬飲食更減，瘠痳益清，每日三鼓寢，五鼓即起。天明後盥沐觀書，竟日不怠。壬子六月，骨愈瘦，神愈旺，每日讀易，日昃後坐小院納涼，手持邵子擊壤集，吟哦往復，充然自得。旬日外月色轉佳，每夜玩樂不忍就寢。時箴傳日日趨侍。十三日夜，講乾、坤二卦。十四日夜，講「大哉聖人之道」一章，語意懇惻，娓娓不懈。十六日，早起如平常，讀易至益卦，謂其子曰：「益象言『遷善改過』，此工夫無時可已，直到曾子易簀，亦祇是此。」念到此時，猶是曾子爲學進益處也。晨食後，散步庭中，俄頃吐作，遂不粒食，而病革矣。十七日清晨，箴傳至榻前，先生曰：「死生一致。」因吟邵子詩云：「『任經生死心無異，雖隔江湖路不迷』，生固在天地間，死亦在天地間，無有兩般。」又曰：「吾之學遠不逮古人，然朱子一脈，微有窺焉。所遺文藁，吾生平心力在此，汝與吾子收拾存之，是所望也。」十八日早，喬公省齋漌同其弟德園潔來視，先生曰：「相別不遠。年來所商亦詳且盡，但願努力經書，培養一心，令此理親切端的，實有諸己，方不辜負此生耳。某此時病甚苦，想古人如文忠烈、楊忠愍在獄中受苦百倍而心不少亂，吾輩安常處順，偶遇病困便不能耐，豈不慙對古人乎？死生平常事，時至則行，無所戀也。」因吟詩數首，朗咏數過。門人戚友更進疊至，先生一一酬答，皆諄諄以讀書力學爲囑，語不及他。十九日質明，先生手自診脈，命家人速備喪具，强起端坐，囑其子以守身力學，且曰：「居喪之禮，以哀戚爲主，又必整齊嚴肅，不獨浮屠異教理不可用，即鼓吹酒饌一切喧雜煩鬧之事俱宜屏絶。親朋相愛者只自撰詩文，備酒果告我靈前而已。」少頃，語箴傳曰：「吾此刻心無他念，只炯炯者還之造化耳。朱子論曾子易簀云『空洞中惟餘此念』，信不我欺。」未幾，氣漸微，復就枕。耳素重聽，至此忽聰，家人哭泣聲細甚，且隔房舍，先生聞之，已不能言，猶强曰「須寧静」。適家君與家叔父抑夫公至，先生猶舉手作别。家君曰：「先生全受全歸，毫無遺憾。」先生頷之。家君與家叔父甫出，先生恬然逝矣。距生於康熙丙午三月十日，享年六十有七。明年三月甲申，葬於城北松原莊之兆。

先生配李孺人，六合少司寇諱敬孫女，增廣生恩廕七品京職諱之實女。孺人勤儉和淑，善持家政，閨門之内統紀肅然。先生嘗曰：「吾自少得以專心向學而無内顧之憂者，蓋有賴焉。」子一人，光進，女一人，適箴傳。孫男允忱，女一人，俱幼。

先生於無極二五、乾父坤母之原昭著方寸，其視天地變化、萬物發育與自己心胸總此生理，彌塞充滿，無少間隙。存主之功日以廣大，而自視欿然，覺道理無窮，時時提撕，時時玩習，直至屬纊之朝，此志不懈。記曰：「俛焉日有孳孳，斃而後已。」先生真無媿焉。

所著有詩文、語録、雜著若干卷。平生誦讀經書有所得，隨筆記之，皆切於身心者若干卷，曰學旨。朱子文集大全，潛心熟玩，考證朱子之學，其早年、中年、晚年所以屢造益深，疑而悟，悟而精進之故，先後次第，昭然可據，遂輯朱子聖學考略一編，積十年而始成。如朱子誨人編、三學辨、先儒闢佛考、陽明晚年定論辨，凡若干卷，皆窮理精微之藴也。其論治道謂養民必在守令，養士必重儒，官而總率之則在監司。輯前代循良治蹟曰吏治集覽，輯前代教學善政曰師表集覽，輯大臣撫綏之善道曰保釐集覽，皆有以見先生之志焉。先生既逝，遠近之人，無論識與不識，莫不景仰先生之賢，願讀先生遺文，以想見其爲人。

箴傳侍先生二十餘年，蒙先生之教育不爲不久，知先生之言行不爲不詳，大懼闕軼放失，無以發揚其萬一，爲罪滋大，用是不揣譾陋，輒舉先生學脈淵源之自，并生平行誼論説之大略，具條件如右，敢請於當世立言之君子賜以碑銘傳記，表章潛德。他日汗青采録，或入於道學，或入於儒林，惟太史氏簡擇焉。門人王箴傳謹狀。（録自乾隆四年劉師恕序刻本朱止泉先生文集卷八）

朱澤澐傳

朱湘陶，名澤澐，寶應人。早年力學，得程氏分年日程，即次讀之。閲數年而略徧，更涉獵天文、輿地諸書，窮竟原委，久之始志於道。讀朱子語録有得，嘗言世之名朱學者，其居敬也，徒矜持於言貌，而所爲不睹不聞者離矣；其窮理也，徒汎濫於名物，而所爲無方無體者昧矣。于是有舍德性而言問學，以爲朱學固如是者，不知從來道問學莫如朱子，尊德性亦莫如朱子。觀朱子中和之説，其於中庸之旨深乎，故知居敬、窮理只是一事，窮即窮其所存之心，存即存其所窮之理，初非有二也。雍正六年，詔公卿各舉所知，澤澐同邑之劉師恕爲直隸總督，知澤澐之學行，欲薦于朝，作書與其弟，使先爲道意，弗應。晚年得脾疾，然猶五更起觀書，至夜分不倦。疾甚，吟康節詩曰「任經生死心無異，雖隔江湖路不迷」，命家人治後事，别親友。卒。（録自清江藩國朝宋學淵源記卷下）

朱澤澐傳

朱澤澐，字湘陶，江南寶應人。早歲勤學，得程氏分年日程，即依次讀之，數年而徧。復博覽天文輿地諸書，窮竟原委。久之，始有志于聖人之道。讀朱子語録，反覆不厭，數有心得，寄言世之名朱學者，其居敬也，徒矜持于言貌，而所爲不覩不聞者離矣；其窮理也，徒汎濫于名物，而所爲無方無體者昧矣。于是有舍德性而言問學，以爲朱學固如是者，不知從來道問學莫如朱子，尊德性亦莫如朱子。觀朱子中和之説，其于中庸之旨深乎，故知居敬、窮理只是一事，窮即窮其所存之心，存即存其所窮之理，初非有二也。知此則朱陸之辨可無辭費矣。雍正六年，詔公卿各舉所知，直隸總督劉師恕薦，湘陶固辭弗應。（録自清凌揚藻蠡勺編卷二八）

朱澤澐傳

朱澤澐，字湘陶，號止泉，寶應人。爲諸生，初從（陳）〔程〕畏齋讀書分年日程，即尋其次序，刻勵誦習。學天文於泰州陳厚耀，能得其意。繼而專意理學，居敬窮理，以朱子爲師。嘗曰尊德性莫如朱子，道問學亦莫如朱子。彼以尊道爲殊塗，倡爲異同之論者，非知朱子者也。講學錫山，又遺書關中，皆遵闡紫陽之學。澤澐嘗與王懋竑論敬貫動静而以静爲本，依朱子答南軒書也。懋竑曰：「人之有動静也，猶其有呼吸也。静則必動，動則必静，論其循環則有互根之妙，論其時節則有各致之功。朱子已發未發説作於己丑，有「以静爲本」之語，甲午以來，不復主此説矣。主静之指出於濂溪，而朱子丙申記濂溪書堂、己亥作隆興祠記、癸卯爲韶州祠記、癸丑爲邵州祠記，俱不一言主静，蓋敬可以貫動静，而静不可以賅動，專言静則偏矣。」澤澐深服之。雍正六年，直隸總督何世璂、劉師恕薦之，堅不起。年六十七，卒於家。先著朱子聖學考略二卷及止泉文集八卷，後又成朱子聖學考略十卷，朱子誨人編、三學辨、先儒闢佛考、陽明晚年定論辨、吏治集覽、師表集覽凡如干卷。高斌贊云：「涵養未發，實功縣密。體具用周，敬静合一。考亭語類，深契潛孚。讀書居業，堪繼薛胡。」殁後，學者祀之於東林道南祠。（録自清錢林文獻徵存録卷四）

東林書院志朱澤澐傳

朱澤澐，字湘陶，寶應人。居敬窮理，一遵朱子。所著有朱子聖學考略、止泉文集。四庫提要、二林居集。嘗曰：「尊德性莫如朱子，道問學亦莫如朱子。彼執尊、道分途，爲早晚異同之論者，豈知朱子者哉！」嘗講道錫山，通書關中，皆闡明朱學。殁後學者祀之於東林道南祠。東林書院志。（録自清阮元儒林傳稿卷一）

朱澤澐傳

朱澤澐，字湘淘，號止泉，寶應人。約次子，邑增生。初得程畏齋讀書分年日程，即尋其次敍，刻苦誦習。常講求經世之術，學天文于泰州陳厚耀，能得其意；繼而專事理學，守朱子之説，辨象山、陽明之非，一時學者從之。之雍正六年，詔書各舉所知，直隸總督何世璂、劉師恕以澤澐薦，堅不起。年六十七，卒于家。著文集八卷、朱子聖學考略十卷、朱子誨人編、王學辨、先儒闢佛考、陽明晚年定論辨、吏治集覽、師表集覽凡若干卷。河督高使相斌贊云：「涵養未發，實功縣密。體具用周，敬静合一。考亭語類，深契潛乎。讀書居業，堪繼薛胡。」崇祀鄉賢及無錫道南書院。（録自清阮元淮海英靈集丁集卷一）

朱湘陶先生事略

朱先生澤澐，字湘陶，號止泉，江蘇寶應人。少勤學，得程氏分年日程，即依次讀之，閲數年而徧。更博覽天文輿地諸書，窮竟原委。久之，始有志聖人之道。讀朱子語類有心得，反覆不厭，嘗言世之名朱學者，其居敬也徒矜持於言貌，而所爲不覩不聞者離矣；其窮理也徒泛濫於名物，而所爲無方無體者昧矣。於是有舍德性而言問學，以爲朱子固如是者，不知從來道問學莫如朱子，尊德性亦莫如朱子，觀朱子中和之説可知矣。故知居敬、窮理止是一事，窮即窮其所存之心，存即存其所窮之理，非有二也。平居齋肅如對神明，遇喪祭一以朱子家禮爲法。雍正六年，詔公卿各舉所知，直隸總督劉公思恕欲薦先生，命其弟造廬請，弗應。晚歲得脾疾，然猶五更起，盥沐，觀書至夜分不倦。誡其子曰：「聖賢工夫正於困苦時驗之，若稍縱弛，便至墮落，可不懼哉？」疾甚，吟邵子詩，别親友，怡然而逝，年六十七。著有朱子聖學考略、朱子誨人編、王學辨、先儒闢佛考、陽明晚年定論、止泉文集。嘗講道錫山，通書關中，皆闡明紫陽之學。歿後學者祀之東林道南祠。（録自清李元度國朝先正事略卷三一）

朱澤澐傳

國朝朱澤澐，字湘淘，寶應諸生。少有志經世，凡天文、算數、河渠有關於政治民生者，博覽遐稽，釐然有裨於實用。後見性理大全，乃篤嗜宋儒之學，一以朱子爲宗。而涵養莊敬，隨時體認已發未發實理流行，數十年如一日。雍正六年詔大臣舉賢良，同里劉思恕總督直隸，具書幣以請，擬疏薦。澤澐反幣致書，卒不就。所著止泉文集八卷，朱子聖學考略十卷。子光進，字宗洛，能傳其父學。（録自清阿史當阿（嘉慶）揚州府志卷之五一）

朱澤澐傳

朱澤澐，字湘淘，號止泉，諸生。少有經世志，凡天文、算數、河渠關於政治民生者，博覽遐稽，鑿然有裨於實用。後見性理大全，乃篤嗜宋儒之學，一以朱子爲宗，而涵養莊敬，隨時體認已發未發實理流行，數十年如一日。雍正六年，詔大臣舉賢良，同里劉師恕總督直隸，具書幣以請，擬疏薦。澤澐反幣致書，卒不就。澤澐門人喬漌，字星渚，年近五十始折節向學，受業於澤澐，體薛文清讀書録「知一字，行一字；知一句，行一句」數語，痛自刻勵，有所疑必相質辨，題其堂曰「困學」，至老不懈。乾隆元年舉孝廉方正，固辭不就。澤澐子光進，字宗洛，能傳其父學。嘗於齋中懸朱子像，曰庶此心有所收斂。喬億輓朱止泉先生詩：「歎息騎箕入杳冥，江天雲霧失晨星。紫陽絶學今誰維，泣把遺編認典刑。」「河汾弟子傳經久，元晏先生卧病餘。海内竟無文舉義，不將通德表門閭。」「點勘研朱老不閒，居臨城市户常關。他年國史誰

增補，名在儒林隱逸間。」（録自清孟毓蘭（道光）重修寶應縣志卷一七）

朱澤澐傳

朱澤澐，字湘陶。少勤學，得程氏讀書分年日程，尋序誦習，更學天文於泰州陳厚耀，能得其意。久之，有志於聖人之道。念朱子之學實繼周、程，紹顔、孟，以上溯孔子，有謂「朱子爲道問學，陸王爲尊德性」者，復取朱子文集、語類讀之，一字一句，無不精心研窮，反身體認。質之懋竑，懋竑屢荅之。深信朱子居敬窮理之學，爲孔子以來相傳的緒，窮即窮其所存之心，存即存其所窮之理，止是一事，喟然歎曰：「尊德性者，莫如朱子；道問學者，亦莫如朱子矣。」雍正六年，詔大臣各舉所知，直隸總督劉師恕欲薦於朝，使其弟造廬請，弗應。晚年得髀疾，然猶五更起，盥沐，觀書至夜分不倦。誡其子光進曰：「聖賢工夫，正於困苦時驗之。」疾甚，謂門人喬僅曰：「死生平常事，時至則行，無所戀也。」吟邵雍詩，怡然而逝。年六十有七。所著止泉文集八卷、朱子聖賢考略十卷。（録自趙爾巽清史稿卷四八〇列傳二六七）

朱澤澐傳

朱澤澐字湘陶，號止泉，寶應人。諸生。生而端愨，爲兒童不好嬉戲。得程畏齋讀書分年日程，即尋其次序，刻苦誦習。嘗講求經世之學，凡天文躔度、山川形勝，以及水利河渠、農田社倉、學校諸法，考核精詳。又學天文於泰州陳先生曙峰。久之，有志於聖人之道。念朱子之學實繼周、程，紹顔、孟，以上溯孔子，有謂朱子爲道問學，陸、王爲尊德性者，以是蓄疑於中，復取朱子文集、語類觀之，潛思力究，至忘寢食。初從中和舊説序、已發未發説、與湖南諸公、答張欽夫書，知其用功親切。惟在静中持守，動中省察，而又以静中之動，動中之静，終未融澈，不能無疑，乃玩答陳超宗、陳器之、林德九、林擇之書、玉山講義及太極圖説、西銘注解，恍然悟未發時四德渾具，自有條理，已發時四端各見，品節不差。而語類中陳北溪所録「窮究根源來歷」一條，爲教人入門下手處。由是深信朱子居敬窮理之學爲孔子以來相傳的緒，不可移易。蓋居敬者，存其天理之本然，而非空寂；窮理者，窮其天理之條件，而非外馳。故從來道問學莫如朱子，尊德性亦莫如朱子。彼執尊、道分途以爲早晚異同之論者，豈知朱子者哉！嘗講學錫山，通書關中，皆闡明朱子之學。雍正六年，同邑劉艾堂官直隸總督，奉詔舉所知一人，擬疏薦先生。先生作書懇辭，乃免。晚得脾疾。一日讀易至益卦，謂其子光進曰：「益象言遷善改過，此功夫無時可已。直到曾子易簀，猶是進益處。」又曰：「聖賢功夫，正於困苦時驗之。若稍縱弛，便至墮落，可不懼哉！」疾甚，吟邵康節詩，怡然而逝，年六十七。著有止泉文集八卷，外集五卷，朱子聖學考略十卷，學旨、朱子誨人編、先儒闢佛考、王學辨、陽明晚年定論辨、吏治集覽、師表集覽、保釐集覽各若干卷。參史傳、王箴傳撰行狀、沈錫鼎撰傳、學案小識。（録自徐世昌等編纂清儒學案卷五二白田學案）

附録三：聖學考略辨僞

先業師朱止泉先生纂朱子聖學考略凡十卷，既刻以行世，而其中被姪輅改易貿亂，盡失其舊。今依原本摘其大者略加駁正，并輅節要本亦互證焉。他所删削甚多，未能悉辨，姑詳列各條附著於後：

先生原本著凡例後有宗朱子要法四十七條，詳悉廣備，最是喫緊教人用功處，今輅删去不載。

先生原本有總目，見編年分敘，不致遺漏，俾閲者開卷便識大概規模，今輅删去不載。

先生原本目録分十卷，每卷有年可考者旁註題之下，無年可考者但註題，不旁註年，附於卷末，閲者瞭然易辨。今輅將首卷丁亥三條係有年可考者。移於卷末，在無年可考後。又後七卷首戊申九條有年可考者。於六卷之末。在無年可考後。這兩處夾雜不清，不獨此二卷眉目混淆，并令各卷旨意皆欠分曉。

先生原本無標干支於前以表歲之説，只開首列一條朱子庚戌生，以後凡有年可紀者，順推之自知，凡表歲有斷不可者，朱子文集、語類原有年月日，或系於首，或系於末者，灼然可稽。其有年雖無考，而答某書在某居官何時，在某卒前何時，因附於某年，詳見按論中。既著考據所自，而亦微露不敢遽定之意。今硬標列在某歲後，是認真在某年矣，大失先生虚心推校之本指。况卷末不註年者約略在數年中，并不敢定其爲何年，故統附卷末，亦詳見按論中，俾閲者合前卷玩之，條理井然。今硬將未詳何年者系於某歲之後，與按論顯相背違，豈成編書手筆耶！先生凡例中無表歲一條，而書内表歲皆輅爲之，人無緣知其非先生筆也。只此一端更張，□以先生凡例對勘，種種不合，是亂先生編書之體者，此其最。

先生原本分卷，或三年，或四年，或五年，而如二卷前與湖南諸公、論中和第一書註己丑，揚方録家禮成俱註庚寅，至於答張欽夫、胡廣仲、林擇之諸書，皆在未詳何年之列。按論皆云約在己丑後，故統附於卷後。閲者合通卷觀之，條理井井。今輅標己丑之後系以湖南諸公，論中和書標庚寅之歲，凡答張欽夫、胡廣仲、林擇之諸書皆系焉，是己丑止於一書，而庚寅所系何其太多，且按論又俱云「約在己丑後」，當日何不附於己丑，而附於庚寅？豈非先生之荒忽乎？查節要俱以附己丑後者，列於己丑之歲安置，反覺熨貼，似表歲之例於原本處處不妥，而於節要處處皆妥，則人孰從而知先生原本無表歲之説乎？此是輅用意最深處。

首卷輅標「乙酉三十六歲」一條以下空不載，二卷輅標「辛卯四十二歲」一條以下空不載。先生編是書，總目原無一年缺遺者，即如首卷，未詳何年之列。答何叔京二書，按論云「或李先生殁後，未遇南軒先生前筆」，當在甲申、乙酉而後數年中，是乙酉未嘗無書也，而乃將空標一筆，竟似絶無書者，豈非先生自相矛盾耶？又二卷未詳何年之列答胡廣仲三書，按論云「序此於庚寅、辛卯間」，答林擇之三段按論云「自在居憂時，故類序於己丑、庚寅後」，答張敬夫四書按論云「當在寅、卯間」，其註清辛卯尤瞭然也。而乃將空標一筆，竟似絶無書者，豈非先生自相矛盾耶？查節要乙酉不表歲，答何叔京書，輅按云「當在乙、丙間」；辛卯不表歲，仍用先生按論「當在寅卯間」語，豈非原本極混淆，而節要極清楚乎？此其心不堪爲人道也。

先生四卷原本「周易本義成」下低一字，載朱子答吕伯恭論易一書後，接「讀此一書」發明一大段爲按論，今輅刪去答吕伯恭論易一書，而載按論於「周易本義成」下，似「讀此一書」爲讀本義之一書矣，豈非大謬？輅亦不應茫昧至此，查節要仍載吕伯恭論易一書而附以按論，此何以故？

先生六卷原本答余正叔三書，答陳才卿一書，俱在未詳何年之列，有按論二條，前一條論云「按陳才卿集，甲辰九月，才卿因正叔見朱子，先生故以此三書類敘而附於丙、丁間」，此先生編書之意也。今略移陳才卿書於九卷乙卯，别作按論一條，而余正叔二書仍置六卷，以第二條按論綴其後。細思陳才卿書原在未詳何年之列，即不移置乙卯，亦於義無失，而删第一條按論，則載余正叔二書緣由無所考，此二書何爲而置於此耶？且第二條按論乃總括余、陳三書之旨而言，如「這下認得天理之正，無事時便加持養，立箇主宰」，用答余二書中語也。「須是端的在我，造到參倚不舍」，用答陳書中語也。既去陳書，而第二條按論仍如舊，則所用陳書中語豈非贅設乎？略不應茫昧至此。查節要削去余二書并第二條按論，自覺爽然，此略用意處。

先生六卷原本答劉公度、趙幾道兩書，係按論第二條，今略移置於劉趙兩書前，爲程正思書按論第二條。細玩此條，專發揮趙幾道書中「一切容忍」之旨，與程正思書絶不相涉，何爲瞀亂至此？查節要盡舉而削之，亦覺爽然，此略用意處。

先生九卷載蕭録云「明道教人静坐，李先生亦教人静坐，養精神不定，則道理無凑泊處」，又云「須是静坐，方能收斂」，此所載最先生著意處。今略削不載，大失原本之指，而查節要則載之，此果何心？

先生原本五卷包揚録共八條，今略削去四條，細玩後所載按論，乃總八條而括言之者。今既删去四條，則按論中如擇宰相、禮法、工料等語都無著落。查節要盡舉而削之，豈不爽然

耶！此亦輅用意處。又原本第八條末小註云「以上包揚録」，今輅删去這五字，而接口端蒙

録，有小註，似前四條皆屬端蒙録，可無「以上」二字，則非皆端蒙録也。潦草如此，不知輅果何心。

去年秋，箴傳赴京應禮部試，謁中堂陳大人於居第，出講習録見示。伏讀中堂高大人論校先生書，曰：「須細察其原書草本，一字不遺，乃得其真精神。慎勿輕易删改，或失本來面目。」至哉斯言。因憶先生成是書，覓人謄寫清本，囑先君子删訂。先君子夾籤相商，卒未有所改易。逮先生没，其子光進屢以遺囑爲請，先君子再三斟定，答書云：「嘗願有所删定，今思之亦不必然，但使本書流傳，自可使後人見前輩用功處深。」蓋即恐失本來面目之謂也。不幸光進病亡，箴傳惟藏之篋中，不敢失。未幾從子輅有僞本出，匿先生原本不以示人，不知箴傳别有一原本，迺先生質先君子在十數年前者也。自箴傳所存原本出而僞本之盜竊不可掩矣。於是變而爲節要，以附原本後，謂「非擅有改易，特選其要者，便於觀覽」耳。言之似可聽，然踪跡詭秘，不令箴傳得窺之。欣聞中堂高大人暨中丞張大人刻先生是書原本，雖名爲官局，而實則輅私閉梓人於外宅，並節要亦梓焉。刻既竣，總不令邑中一人見，箴傳加意搜訪，終不得覯以爲恨。去秋落第，自京歸，往海陵，值學台雷大人傳學師陸君諭，向輅索原本並節要各數部以進。爾時尚在裝訂，散置陸君館所，箴傳因得借觀，

乃知節要仍是僞本之舊而加增潤焉。其原本實不圖紊亂至此，細探其用心，蓋貽先生以紊亂之咎，而形其删改之爲有章程也。藉非有真原本與之對勘，亦孰從而爲先生白其誣哉。卷首分校姓氏，門人列箴傳其中，并及兒子希伊，是先生之姪與壻暨外孫同司校讐，其爲真原本斷斷無疑。箴傳愈不勝痛心疾首，而竊恐隱忍緘默，既大負高大人、張大人闡揚盛意，亦將來無以對先生父子於地下。用是不避攻訐之罪，先辨其大者。謹録宗朱子要法并總目、原目録别呈觀覽，而他增删處，擬更悉加剖析，未遑也。伏冀大人君子憫其苦衷，知非好嘵嘵争論者。若蒙賜改正，定復原本以流傳後世，尤莫大之幸，是箴傳所百拜禱祀而請者爾。乾隆十八年癸酉孟春之月王箴傳謹識。（録自民國二十四年刻本朱子聖學考略附録）

陽明輯朱子晚年定論辨

[清]朱澤澐 撰
戴揚本 校點

目録

校點説明……八五七
序……八五九
陽明朱子晚年定論辨序……姚椿　八六一
陽明輯朱子晚年定論辨……八六三
書先鄉賢公陽明輯朱子晚年定論辨後……朱毓賢　八八六
附録……八八七

校點説明

陽明輯朱子晚年定論辨一卷，清朱澤澐撰。朱澤澐（一六六六—一七三二），字湘淘，一作湘陶，别號止泉，揚州府寶應（今江蘇寶應）人，康熙五年生，雍正十年卒。朱澤澐是清代前期有著較大影響的朱子學學者，著述甚富，然多已失傳，今存著作除陽明輯朱子晚年定論辨外，尚有朱子聖學考略十卷、止泉文集八卷等。清史稿儒林傳一有傳。

陽明輯朱子晚年定論辨是朱澤澐針對王陽明編纂的朱子晚年定論進行辨析的一部著作。自明代中期起，所謂朱陸「早異晚同」之説倡行，王陽明亦於正德年間以朱熹四書集注、四書或問等著作爲其中年未定之説，語類則因出自門人之手，多爲「挾勝心以附己見」，名且朱熹本人晚歲亦大悟其舊説之非，遂採録裒輯朱熹論學書劄與象山相合者三十餘通，名之「晚年定論」，意爲朱熹晚歲既悟之論，以還原其學説的「本來面目」。朱澤澐認爲王陽明編輯朱子晚年定論一書，「前掩朱子之真，後蔽來學之識」，遂就其所引朱熹書劄，逐條加以辨析闡釋，一一附於其後，以駁斥王陽明之論。如批評陽明爲便於闡發自己觀點，將朱熹中年的論述擅定作晚年之説。又如批評陽明之説以無善無惡之心爲主，「忽持敬而喜虚閒静」、「鄙誦讀而任己見狂」。王陽明是明代著名的理學家，他編纂的朱子晚年定論對明後期以及清初學者有較大的影響，亦是當時學風的一種反映。朱澤澐的辨駁之作，與之針鋒相對，則代表了清初尊朱排陸學者的觀點。

陽明輯朱子晚年定論辨有朱澤澐自序，署康熙五十二年。今惟存道光四年盧昶、盧昕、盧昉校刻本，書前并有道光四年姚椿序和署名「孫男毓賢」的後序。後序敍述遺著存佚情況甚爲詳盡，凡經刻印者皆有記録，稱陽明輯朱子晚年定論辨得之朱澤澐友人喬秦川曾孫榮恩，則是書在道光年間盧氏校刻前似未曾付梓。

本書的體例，保留了王陽明朱子晚年定論原序和所裒輯之朱熹書信的順序，逐條附識朱澤澐評析之語於後，卷末有朱澤澐的總結之語。本次校點工作，王書部分的内容，據上海古籍出版社一九九二年版王陽明全集點校本卷三朱子晚年定論通校一過。所引朱熹論學書劄原文，亦據二〇〇三年上海古籍出版社、安徽教育出版社出版的朱子全書晦庵先生朱文公文集（簡稱晦庵集）進行參校。限於校點者水平，校勘標點或有不當之處，敬請讀者賜正。

戴揚本　二〇一七年七月

序

陽明先生，前朝功臣也。若其學術，質之孔、孟、程、朱，不無毫髮之差，故宗陸毀朱，以終其身。所輯朱子晚年定論，後世學者或以爲有合，而不知其有數失焉。以中年未定之説如答何叔京諸書，一概目爲晚年，一失也。以中年透徹之説如答林擇之、楊子直、張敬夫書，一概目爲晚年，二失也。凡教人向裏用功，自是朱子中年以後定見，如答吴茂實等書，必曰晚年，三失也。向裏用功，自是立本要著，又有因人立教，言之特力者，如答劉子澄、吕伯恭兄弟書，一概以爲晚年定論，四失也。至於涵養、讀書，集中多有互言，一概不録，五失也。集中晚年指斥象山及其徒者，如答趙幾道等書，確有明據，並非門人附和，陽明先生絶不參考，第舉所録者執爲晚同，豈有當乎！要之朱子立本之學，定之中正仁義而主静立極之旨也，陸、王立本之學，收拾精神、無善無惡之旨也，一是一非，原大不同，乃爲此編而强同之。予深憂其亂大賢之正學，塗後生之耳目，故逐條辨明，又立説於後，使閲者知其非是，不至有騎牆不決之見，庶於正學稍助云爾。康熙五十二年癸巳竇應朱澤澐止泉氏書於顧天齋。

陽明朱子晚年定論辨序

自元、明以來，以崇奉朱子爲法，循之則理，拂之則亂。逮其後滯於文義而昧夫本根，於是餘姚王氏出而刼之，陽附孔、孟之名，陰用桑竺之實，而又以名譽塗一時之耳目，以權謀濟一時之事功，遂使新安之學爲世詬病，而無如其書之終不可掩也，且恐後人之執朱以議我，則又爲晚年定論，以會合兩家之說，卒之術彌工而心彌拙，其於朱子抑又何加損焉。當時辨其非者羅、顧之倫，皆有論說，至當湖陸先生而大定。寶應朱止泉先生生當湖之後，而所學合轍，其爲是辨，考訂詳悉，具載本書。抑椿於此猶復有說。陸、王之學，於本心不爲無見，陸氏則專恃乎此，王氏則又益以權術。今使我之自治不能如陸、王之嚴，而徒以是非之辭，騰口說而務爭勝，則我所自治者已疏，而是非亦卒不可得而定，此豈先生所以著是書之心哉。蓋孔子仁管仲，而陸子與先生斥陸、王，其說不同，其所以爲道一也。吾黨盧君昶將刻是書，而辱徵其語，輒書是說以歸之。寶應喬侍讀萊嘗記聖祖召見陸公，論及乎陽明之學，公對曰「其人則是，其學則非」，而王氏希伊於乾隆辛酉臨川李侍郎主試江南時，答策中且及乎陸、王之從祀，兹邑人士之學，可謂知所本矣。道光四年孟夏晦日婁後學姚椿書於寶應學署之坎軒。

陽明輯朱子晚年定論辨

陽明子序曰：洙泗之傳，至孟子而息。千五百餘年，濂溪、明道始復追尋其緒，自後辨析日詳，然亦日就支離決裂，旋復湮晦。吾嘗深求其故，大抵皆世儒之多言有以亂之。守仁早歲業舉，溺志詞章之習，既乃稍知從事正學，而苦於衆説之紛撓疲薾，茫無可入，因求諸老、釋，欣然有會於心，以爲聖人之學在此矣。然於孔子之教，閒相出入，而措之日用，往往缺漏無歸，依違往返，且信且疑。其後適官龍場，居險處困，動心忍性之餘，恍若有悟，體念探求，再更寒暑，證諸五經、四子，沛然若決江河而放諸海也。然後嘆聖人之道坦如大路，而世之儒者妄開竇逕，蹈荆棘，墮坑塹，究其爲説，反出二氏之下，宜乎世之高明之士厭此而趨彼也，此豈二氏之罪哉。閒嘗以語同志，而聞者競相非議，目以爲立異好奇，雖每痛反深抑，務自搜剔瘢瑕，而愈益精明的確，洞然無復可疑，獨於朱子之説有相牴牾，恒疚於心。竊疑朱子之賢而豈其於此尚有未察，及官留都，復取朱子之書而檢求之，然後知其晚歲固已大悟舊説之非，痛悔極艾，至以爲自誑誑人之罪，不可勝贖。世之所傳集註、或問之類，乃其中年未定之説，自咎以爲舊本之誤，思改正而未及。而其諸語類之屬，又其門人挾勝心以附己見，固於朱子平日之説猶有大相繆戾者。而世之學者局於見聞，不過持循講習於此，其於悟後之論，概乎其未有聞，則亦何怪乎予言之不信，而朱子之心無以自暴於後世也乎！予既自幸其説之不謬於朱子，又喜朱子之先得我心之同然，且慨夫世之學者徒守朱子中年未定之説，而不復知求其晚歲既悟之論，競相呶呶，以亂正學，不自知其已入異端。輒採録而裒集之，私以示夫同志，庶幾無疑於吾説，而聖學之明可冀矣。正德乙亥冬十一月朔後學餘姚王守仁序。

按：序文之旨不當於朱子者有三錯。朱子悟舊説之非，是指「已發是心，未發是性」，後來悟得「心統性情」，故以舊説爲非在四十歲時。至於「道問學」工夫太多，後悔以爲自誑誑人，亦在四十後、五十前，而陽明必目爲晚年始悟，一錯也。朱子著述纂輯諸書，如論、孟或問，自以爲未確，至於四書章句集註、大學、中庸或問，乃屢加改定，至易簀而後已者，陽明概以爲未定之説，二錯也。語類一書，朱子平日與門人講究心性之旨，皆身體心會切要之語，居敬涵養、讀書窮理實踐之功，間有解文義處，不過十之一二。且其中求仁收心，指示學者極其親切，凡有志立大本者，舍是無以入門，正聖學津梁所在，陽明概以門人「挾勝心附己見」目之，三錯也。由其頓悟智慧之見據於胸中，雖閲朱子書，亦止涉其大略，合於己者，便以爲晚年既悟之論，不合於己者，便以爲中年未定之説，而年之早晚，立意之顯微，皆所未詳。貽害後學，已二百餘年矣，予深憂之，爲之辨其年與其意，紀於逐段之下焉。

答黄直卿書：爲學直是先要立本，文義卻可且與説出正意，令其寬心玩味，未可便令考校同異，研究纖密，恐其意思促迫，難得長進。將來見得大意，略舉一二節目漸次理會，蓋未晚也。此是向來定本之誤〔一〕，今幸見得，卻須勇革，不可苟避譏笑，卻誤人也。

按：此書自是四十後教勉齋立本窮理之法。書中云「立本居敬，涵養也」，云「漸次理會，讀書窮理也」，玩立言之意，與陽明頓悟之説不同。且此書止云「差誤」，陽明改爲「定本之誤」，未免附會已見矣。

陽明序此書於首者，意謂朱子著説太多耳，不知朱子註經，皆身心切要語。滄州精舍論學者教人讀書工課，與此書同意，學者參觀互考，便見朱子惓惓後學，全在居敬窮理，安可偏重乎？

答吕子約：日用工夫，比復何如？文字雖不可廢，然涵養本原而察于天理人欲之判，此是日用動静之間，不可頃刻間斷底事。若於此處見得分明，自然不到得流入世俗功利權謀裏去矣。熹亦近日方實見得向日支離之病，雖與彼中證候不同，然其忘已逐物、貪外虚内之失，則一而已。程子説「不得以天下萬物撓己，己立後，自能了得天下萬物」，今自家一箇身心，不知安頓去處，而談王説霸，將經世事業別作一箇伎倆商量講究，不亦誤乎？相去遠，不得面論，書問閒終説不盡，臨風嘆息而已。

按：此書當在乙未、丙申閒，文意與答吕伯恭、道閒與蔡季通講論一書同。玩「涵養本原」數語，即已發未發説所云「敬以持之，使此氣象常存而不失」。此是日用本領工夫，觀於已發之際，所以察其端倪之動，而致其擴充之功之旨。蓋其悟已久，用功從此益密，非始悟時也。

答何叔京：前此僭易拜稟博觀之弊，誠不自揆，乃蒙見是，何幸如此。然觀來喻，似有未能遽舍之意，何邪？此理甚明，何疑之有？若使道可以多聞博觀而得，則世之知道者爲不少矣。熹近日因事，方有少省發處，如「鳶飛魚躍」，明道以爲與「必有事焉勿正」之意同者，今乃曉然無疑。日用之閒，觀此流行之體初無閒斷處，有下工夫處，乃知日前自誑誑人之罪，蓋不可勝贖也。此與守書册、泥言語全無交涉，幸於日用閒察之，如此則知仁矣。

按此書首有「今年不謂飢歉至此」云云，自在戊子。蓋朱子自癸未時悔未悟未發之旨，延平先生没，無所稟教，丁亥會南軒，此書所見，與答南軒「浩浩大化，一家自有一箇安宅」之意同。當斯時也，正是以「性爲未發，心爲已發」之見，至己丑春方悟「心統性情」、「透徹未發」，視此書又有進焉，則此書實是未定之説。陽明乃以三十九歲之言爲晚年既悟之論，何不詳玩本篇，通考前後，而輕於立言若此也？

答潘叔昌：示喻天上無不識字底神仙，此論甚中一偏之弊，然亦恐只學得識字，卻不曾學得上天，即不如且學上天耳。上得天了，卻旋學「上大人」亦不妨也〔二〕。中年以後，氣血精神能有幾何？不是記故事時節。熹以目昏，不敢著力讀書，閒中靜坐，收斂身心，頗覺得力。閒起看書，聊復遮眼，遇有會心處，時一喟然耳。

按：此書自在晚年。味其語意，亦以叔昌駁雜，故力箴之，學者自當以「閒中靜坐，收斂身心」爲本，而駁雜者尤宜猛省。且此書後幅二百餘字，大有意味。其云「熟講勤行，以趨聖賢之域」，又云「高者溺於虛無，下者淪於卑陋」，正教之以「居敬窮理」，兼盡其功，而不可蹈金谿虛無、永嘉卑陋之弊耳。陽明止録前百餘字，而截去後幅，豈非以不合己意之故乎？

答潘叔度：熹衰病，今歲幸不至劇，但精力益衰，目力全短，看文字不得。瞑目靜坐，卻得收拾放心，覺得日前外面走作不少，頗恨盲廢之不早也。看書鮮識之喻誠然，然嚴霜大凍之中，豈無些小風和日暖意思，要是多者勝耳。

按：此書亦在晚年，通答叔度五書考之，相去不遠。第三書説「敬以直内」甚詳，又嚴儒、釋之辨，則知朱子所云「瞑目閒坐，收斂身心」者，亦只整齊嚴肅，心有主宰之謂，而非還其「無善無惡之心體」之謂也。

答吕子約：孟子言學問之道惟在「求其放心」，而程子亦言「心要在腔子裏」。今一向耽著文字，令此心全體都奔在册子上，更不知有己，便是箇無知覺不識痛癢之人，雖讀得書，亦何益於吾事邪！

按：此書當在辛丑後。後幅「仁字之説」一段，正欲吕公即程子之言，實向自家身心體驗，方能識得仁之本體，與篇首「聖賢遺言，無非存心養性之事」數語相應，何得截去前後，單録此數語耶！且此書之意，亦以吕公讀書必有不合聖言處，致生弊病，若單舉此數語，則朱子教人由聖言以存心養性之旨，不幾大晦也耶！

與周叔謹：應之甚恨未得相見，其爲學規模次第如何？近來吕、陸門人互相排斥，此由各徇所見之偏，而不能公天下之心以觀天下之理，甚覺不滿人意。應之蓋嘗學於兩家，不知其於此看得果如何？因話扣之，因書喻及爲幸也。熹近日亦覺向來説話有太支離處，反身以求，正坐自己用功亦未切耳。因此減去文字功夫，覺得閒中氣象甚適。每勸學者，亦且看孟子「道性善」、「求放心」兩章，著實體察收拾爲要，其餘文字，且大概諷誦涵養，未須大段著力考索也。

按：此書年月雖不可考，然按答石應之第一書與此參看，益見此書之旨矣。答應之云「祠禄休養」，自是晚年，又云「紬繹舊文，愈覺聖賢不我欺，近時喙喙争鳴亂道而誤人」，則朱子涵養、窮理工夫並進，吕、陸兩家皆所不取。又云公謹「意緒頗多支離，更與鐫切，令稍直截，當益長進」，則此書之以身教，正「鐫切」之意，非至此時方覺「支離」，方覺「閒中甚適」也。玩第四書答叔謹云「當以敬爲主，深察私意之萌，痛加懲窒，久之純熟，自當見效」之語，知朱子此時之心，是常敬常畏，常規常矩，本體瑩然，純熟見效之候，何得執向來説話數語，便以爲晚年方悟耶？若執此爲晚年方悟，則答象山「得力」一語，又何説焉？

答陸子静：熹衰病日侵，去年災患亦不少。比來病軀方似略可支吾，然精神耗減，日甚一日，恐終非能久於世者。所幸邇來日用工夫頗覺有力，無復向來支離之病。甚恨未得從容面論，未知異時相見，尚復有異同否耳？

按：象山年譜記此書於丙午。朱子自癸未後悔未透未發之旨，丁亥晤南軒，日事反求，己丑豁悟，力事涵養，至丙午已十八年矣。所云「日用工夫頗覺得力」者，正操存純熟，動是此理，静是此理，隨動隨静，皆有寂然不動氣象，即答林德久所云「隨時隨處，無非自家身心運用，常切提撕，不與俱往」之實功實效也。是時年五十七，已到動静合一境地，絶非晚年方悟，於此書尤爲切證焉。且此段前有云「道理即在面前，乃欲别求玄妙於意慮之表，亦已誤矣」，此數語不獨顯戒子淵，亦實微諷象山，正見朱、陸不同處，陽明何爲截去耶！

答符復仲：聞向道之意甚勤，向所喻義利之間，誠有難擇者。但意所疑以爲近利者，即便舍去可也。向後見得親切，卻看舊事，只有見未盡、舍未盡者，不解有過當也。見陸丈回書，其言明當，且就此持守，自見功效，不須多疑多問，卻轉迷惑也。

按：此書當在乙未既會象山之後。立教切當，語未有所謂悔、所謂悟也。

答吕子約：日用工夫不敢以老病而自懈，覺得此心操存舍亡，只在反掌之間。向來誠是太涉支離，蓋無本以自立，則事事皆病耳。又聞講授亦頗勤勞，此恐或有未便。今日正要清源正本，以察事變之幾微，豈可一向汩溺於故紙堆中，使精神昏弊，失後忘前，而可以謂之學乎！

按：此書文集載明丁未九月十三，是在答象山「日用得力」一書之後矣。豈有既「日用得力，無復支離」，而又始悔「太涉支離」之理乎？蓋此書云然者，特以力箴吕公耳。大抵己丑、庚寅數年間云「悔支離」者，是自言也，此後云「悔支離」者，是借自言以教人，如「吾嘗終日不食」章意也。不會此旨，概云晚年方悟，胥失之矣。

與吴茂實：近來自覺向時工夫止是講論文義，以爲積集義理久，當自有得力處，卻於日用工夫全少檢點。諸朋友往往亦只如此做工夫，所以多不得力。今方深省而痛懲之，亦願與諸同志勉焉。幸老兄徧以告之也。

按：此書在庚子，玩此正朱子存養精進時。後幅言陸氏之徒主張太過，流於怪異，即見得朱子於存省切要處便有防虚寂流弊之意，不可截而不録也。

答張敬夫：熹窮居如昨，無足言者。但遠去師友之益，兀兀度日，讀書反己，固不無警省處，終是旁無彊輔，因循汩没，尋復失之。近日一種向外走作心悦之而不能自已者，皆準止酒例戒而絶之，似覺省事。此前輩所謂「下士晚聞道，聊以拙自修」者。若擴充不已，補復前非，庶其有日。舊讀中庸「慎獨」、大學「誠意」、「毋自欺」處，常苦求之太過，措詞煩猥。近日乃覺其非，此正是最切近處、最分明處，乃舍之而談空於冥漠之間，其亦誤矣。方竊以此意痛自檢勒，懔然度日，惟恐有怠而失之也。至於文字之間，亦覺向來痛病不少。蓋平日解經最爲守章句者，然亦多是推衍文義，自做一片文字，非惟屋下架屋，説得意味淡薄，且是使人看者將註與經作兩項工夫做了，下稍看得支離，至於本旨，全不相照。以此方知漢儒可謂善説經者，不過只説訓詁，使人以此訓詁玩索經文，訓詁、經文不相離異，只做一道看了，直是意味深長也。

按：此書在乙未會象山後未到南康前，已非晚年矣。書中所云「措詞煩猥」，推衍文義，是朱子自悔求之太過之意，非謂不當求之書册。陽明止録一半，後幅言修中庸、大學章句，草定論語、易首篇二卦，皆用功於訓釋而未有已焉者，何删而不録也？末幅譏象山盡廢講學，自信太過，將流於異學，又何删而不録也？大抵朱子此時居敬窮理，齊頭著力，故於訓釋聖言愈覺親切，體會自家心中義理，即是體會聖言義理。聖言義理明白，自家心中義理愈明白，無書我可分，無内外可别，一步進一步，不舍之而談空於冥漠之間，正知行兼進，脚踏實地時候，豈得概以悟目之乎！

答吕伯恭：道間與季通講論，因悟向來涵養功夫全少，而講説又多彊探必取、尋流逐末之弊，推類以求，衆病非一，而其源皆在此。恍然自失，似有頓進之功。若保此不懈，庶有望於將來，然非如近日諸賢所謂頓悟之機也。向來所聞誨諭諸説之未契者，今日細思，脗合無疑，大抵前日之病，皆是氣質躁妄之偏，不曾涵養克治，任意直前之弊耳。

按：年譜丙申二月，朱子如婺源，蔡季通從，此書首云「達婺源，遍走山間墳墓」，其在丙申，而非晚年無疑矣。朱子自悔「强探」之弊，此是居敬篤實涵養處，非如「近日諸賢頓悟」一語。又自别於象山，明言其絶不相同，後人何爲强合也。

答周純仁：閒中無事，固宜謹出，然想亦不能一併讀得許多。似此專人往來勞費，亦是未能省事隨遇而安之病。又如多服燥熱藥，亦使人血氣偏勝，不得和平，不但非所以衛生，亦非所以養心。竊恐更須深自思省，收拾身心，漸令向裏，令寧静閒退之意勝，而飛揚躁擾之氣消，則治心養氣，處世接物自然安穩，一時長進，無復前日内外之患矣。

按：此書首云「彼中有故舊可以相依」，參之答潘子善云「純仁可念」，自在晚年。書中云「令寧静閒退之意勝，飛揚躁擾之氣消」，此朱子自悟躁迫浮露之失，涵養到純熟地位，覺此病都全無了，故以此訓純仁。處患難之道當如此耳，豈晚年方悟之謂乎？

答竇文卿：爲學之要，只在著實操存，密切體認，自己身心上理會。切忌輕自表襮，引惹外人辨論，枉費酬應，分卻向裏工夫。

按：文卿所紀，語録在丙午後。此書雖不詳其年，而「自己身心上理會」，朱子自學教人，都是如此，豈待晚年而後然乎？

答吕子約：聞欲與二友俱來而復不果，深以爲恨。年來覺得日前爲學不得要領，自做身主不起，反爲文字奪卻精神，不是小病。每一念之，惕然自懼，且爲朋友憂之。而每得子約書，輒復恍然，尤不知所以爲賢者謀也。且如臨事遲回，瞻前顧後，只此亦可見得心術影子。當時若得相聚一番，彼此極論，庶幾或有剖決之助。今又失此機會，極令人悵恨也。

訓導後生，若説得是，當極有可自警省處，不會減人氣力。若只如此支離，漫無統紀，則雖不教後生，亦只見得展轉迷惑，無出頭處也。

按：此書年不可考，亦自述從前文字之失，以警呂公，與「日用工夫」一書同意，非至是始悔也。

答林擇之：熹哀苦之餘，無他外誘，日用之間，痛自斂飭，乃知「敬」字之功，親切要妙乃如此。而前日不知於此用力，徒以口耳浪費光陰。人欲橫流，天理幾滅，今而思之，怛然震悚，蓋不知所以措其躬也。

嗚呼，此一書乃朱子居憂得力之驗，而陽明亦謂之晚年，何不慎重若此乎！朱子悟未發在己丑春，母喪在己丑秋，居憂時不事文字，無有應酬，斂飭身心，專一敬畏。思親於此，慕親於此，悲親於此，涕泣哀毁之餘，只有一點本心，惺惺翼翼，自朝至夜，無不皆然。遂覺此心此理，寧靜脗合，舉平日所講求聖賢親切之訓，融會於此，貫通於此，其妙真有不可以言語形容者。是以悔光陰之浪費，口耳之徒勤，不覺委曲自道此敬修之進境，而不僅憑夫虛悟也。嗚呼，朱子立本功夫自此大徹，後答伯恭兄弟諸書，皆其日進日新，自喻以教人者。通考前後，昭然可見，益信晚歲大悟之説未爲確論云。程子云：「盡性致命，必本於孝弟。」張子云：「仁人孝子，不已於誠。」朱子於憂中透得「敬」字之妙，正由孝弟以徹性命之不已，的是程、張正脉，非虚寂者所能同也。

答林擇之：此中見有朋友數人講學，其間亦難得朴實頭負荷得者。因思日前講論，只是口説，不曾實體於身，故在己在人，都不得力。今方欲與朋友説日用之間，常切點檢氣習偏處、意欲萌處，與平日所講相似與不相似，就此痛著工夫，庶幾有益。陸子壽兄弟近日議論，卻肯向講學上理會。其門人有相訪者，氣象皆好，但其間亦有舊病。此間學者卻是與渠相反，初謂只如此講學漸涵，自能入德，不謂末流之弊，只成説話，至於人倫日用最切近處，亦都不得毫毛氣力，此不可不深懲而痛警也。

按：此書與答吴茂實「近來自覺」一書同在庚子，而此書尤見朱子省察克治極其切實，非陽明所及也。

答梁文叔：近看孟子見人即道性善，稱堯、舜，此是第一義。若於此看得透，信得及，直下便是聖賢，更無一毫人欲之私做得病痛。若信不及，孟子又説箇第二節工夫，又只引成覸、顔淵、公明儀三段説話，教人如此發憤，勇猛向前，日用之間，不得存留一毫人欲之私在這裏，此外更無别法。若於此有箇奮迅興起處，方有田地可下工夫。不然，即是畫脂鏤冰，無真實得力處也。近日見得如此，自覺頗得力，與前日不同，故此奉報。

此書首云「幾道相聚」，末云「呈幾道」。按答幾道書闢陸學甚力，學蔀通辨序於丙午，正其時也。書中云「不得留一毫人欲之私」以勉文叔，亦以勉幾道。其答幾道書有云「時學全然不曾略見天理，彷彿一味只將私意東作西捺」云云，可見朱子所謂不留人欲，與時學大不同。兩書參觀，則存天理的確處自有專屬矣。

按：朱子有云「寂然不動之中，自有條理，自有間架，不是儱侗都無一物」，又云「衆理渾具，各各分明，外邊所遇，隨感而應」，又云「仁智交際之間，乃萬化之機軸」，如此體會，陽明全無，且以善爲金玉屑而欲空之，知其所存者虛無而已，豈其同哉。

答潘恭叔：學問根本在日用間持敬集義工夫，直是要得念念省察，讀書求義乃其間之一事耳。舊來雖知此意，然於緩急先後之間，終是不覺有倒置處，誤人不少，今方自悔耳。

此書未詳何時。玩前一書言「修得大學、中庸、語、孟諸書，頗勝舊本」，似在己酉前後。在此書亦借自言以勉恭叔也。

答林充之：充之近讀何書？恐更當於日用之間爲仁之本者深加省察，而去其有害於此者爲佳。不然，誦説雖精，而不踐其實，君子蓋深恥之。此固充之平日所講聞也。

此書未詳何時。書中「講説雖精，不踐其實，君子深恥」數語，此朱子平日立教定論，豈晚年始然乎！

答何叔京：李先生教人，大抵令於静中體認大本未發時氣象分明，即處事應物，自然中節。此乃龜山門下相傳指訣。然當時親炙之時，貪聽講論，又方竊好章句訓詁之習，不得盡心於此，至今若存若亡，無一的實見處，辜負教育之意。每一念此，未嘗不愧汗沾衣也。

又答何叔京：熹近來尤覺昏憒無進步處。蓋緣日前偷惰苟簡，無深探力行之志。凡所論說，皆出入口耳之餘，以故全不得力。今方覺悟，欲勇革舊習，而血氣已衰，心志亦不復彊，不知終能有所濟否。

又答何叔京：向來妄論持敬之說，亦不自記其云何，但因其良心發見之微，猛省提撕，使心不昧，則是做工夫底本領。本領既立，自然下學而上達矣。若不察於良心發見處，即渺渺茫茫，恐無下手處也。中間一書論「必有事焉」之說，卻儘有病，殊不蒙辨詰，何邪？所喻多識前言往行，固君子之所急，熹向來所見亦是如此。近因反求未得箇安穩處，卻始知此未免支離。如所謂因諸公以求程氏，因程氏以求聖人，是隔幾重公案，曷若默會諸心，以立其本，而其言之得失，自不能逃吾之鑒邪。欽夫之學，所以超脫自在，見得分明，不爲言句所桎梏，只爲合下入處親切。今日說話，雖未能絕無滲漏，終是本領是當，非吾輩所及，但詳觀所論，自可見矣。

玩此三書，皆在戊子。第一書末幅云「語録向來收拾數家」云云，按年譜，程氏遺書成於戊子，而此書所云正在方成編之時，其在戊子無疑。第二書此段下云「今年有古田林君擇之者」云云，與此書前一書「講學親旁」、「今年卻得一林同人在此」適相脗合，而兩書皆言南軒論瞻之嚴，又相脗合，其在戊子亦無疑。第三書亦及論瞻事，末幅云「近日狐鼠雖去，主人未知窒其穴」等語。按通鑑戊子孝宗召曾覿，因劉珙諫復出之，書中所云正指此，亦在戊子無疑矣。陽明不考其年與事，而概云晚年，亦已疏甚。況細按朱子進修之序，又有大不然。「李先生教人」一段，陽明所録頗略，反復全編，乃朱子四十前未透未發之旨，所以汲皇求友，夙夜反躬，一種「學如不及」真神，不覺流露於筆墨間，至今讀之，如聞當年謦欬。至於「出入口耳」，即所謂章句訓詁之習；「無進步處」，即所謂「若存若亡，無的實見處」，初無二説也。「向來妄論持敬」一書，細考「不察良心發見處」，「默會諸心，以立其本」數行，正己丑與湖南諸公書中所云「以察識端倪爲最初下手處」之意。在此時方專用功於此，而後來悔其未盡合者。陽明不知此書所云爲後日所悔，反採爲晚年大悟之論以告學者，亦無當於朱子進修次第矣。有志宗朱子者，其詳考而深味之乎！

按：文集何叔京卒於乙未，時朱子年四十六，安可以答何書爲晚年耶？

答林擇之：所論顏、孟不同處，極善極善。正要見此曲折，始無窒礙耳。比來想亦只如此用功。熹近只就此處見得向來所未見底意思，乃知「存久自明，何待窮索」之語是真實不誑語。今未能久，已有此驗，況真能久耶！但當益加勉勵，不敢少弛其勞耳。

此書云「只就此處見得向來所未見底意思」，即前書所云「『敬』字之功，親切要妙乃如此」之意，非晚年筆。後幅流於異學之論，與雜學辨同，意想相去不遠耳。

答楊子直：學者墮在語言，心實無得，固爲大病，然於語言中罕見有究竟得徹頭徹尾者。蓋資質已是不及古人，而工夫又草草，所以終身於此，若存若亡，未有卓然可恃之實。近因病後不敢極力讀書，閒中卻覺有進步處，大抵孟子所論「求其放心」是要訣爾。

按：子直見朱子甚早，紀録在庚寅。此書亦未見其必在晚年也。

與田侍郎子真：吾輩今日事事做不得，只有向裏存心窮理，與外人無交涉，然亦不免違條礙貫。看來無著力處，只有更攢近裏面安身立命耳。不審比日何所用心，因書及之，深所欲聞也。

按：此書自是歸精舍後筆。「向裏存心窮理」，朱子數十年來皆如此用功，非至此始悟也。

答陳才卿：詳來示，知日用工夫精進如此，尤以爲喜。若知此心此理端的在我，則參前倚衡，自有不容捨者，亦不待求而得，不待操而存矣。格物致知，亦是因其所已知者推之以及其所未知，只是一本，原無兩樣工夫也。

按：才卿集紀此書於乙卯四月十八日拜朱先生書後。才卿書云「近日以來，操存省察之意不能自已，自朝至夕，無他用功。凡讀書應接，以至閒居獨處，存省底意思未嘗不在」，是以朱子答之如此。此是朱子晚年存養純熟，心理著見盛大，動静合一之語，未見所謂悔、所謂悟也。

玩才卿集中敘朱子教以「提撕警策功夫通貫動静」十字，且云「才卿可便依此日用工夫，不須更生疑慮」，見於答杜升之書，最爲切要。才卿見朱子在甲辰，年三十一，有初謁晦菴先生詩云「從此歸來復何事，風濤雖險奈虚舟」之語。是時朱子即告以真欛柄，後十年愈進愈深，故告以「心在理在」、「參前倚衡」、「不操自存」之旨。不但以晚年方悟爲不知朱子，即謂在朱門者多講文義，曷觀才卿集而自悔其失言乎！

與劉子澄：居官無修業之益，若以俗學言之，誠是如此，若論聖門所謂德業者，却初不在日用之外。只押文字，便是進德修業地頭，不必編綴異聞乃爲修業也。近覺向來爲學，實有向外浮泛之弊，不惟自誤，而誤人亦不少。方别尋得一頭緒，似差簡約端的，始知文字言語之外，真别有用心處，恨未得面論也。浙中後來事體大段支離乖僻，恐不止似正似邪而已，極令人難説，只得惶恐痛自警省，恐未可專執舊説以爲取舍也。

小學成於丁未，此書後幅言刊小學，當在丁未之前。亦借自言以教子澄耳。書云「別尋一頭緒，似差簡約端的」，即答象山「日用得力之候」，惟朱子説得平常，不可以爲此時方悟也。

按：續通鑑子澄卒于己酉。

與林擇之：熹近覺向來乖謬處不可縷數，方惕然思所以自新者，而日用之間，悔吝潛集，又已甚多，朝夕惴懼，不知所以爲計。若擇之能一來輔此不逮，幸甚。然講學之功，比舊卻覺稍有寸進，以此知初學得些靜中功夫，亦爲助不小。

按：此書首云「憂苦如昨」當在己丑、庚寅間。「靜中功夫」即答敬夫所云「以靜爲本」。朱子四十後實得力涵養未發氣象，故味靜中至味而實與偏靜者不同，何云晚年也。

答吕子約：示諭日用工夫如此，甚善。然亦且要見得一大頭腦分明，便於操舍之間有用力處。如實有一物，把住放行在自家手裏，不是謾説求其放心，實卻茫茫無把捉處也。

此正朱子涵養純粹後，教吕公直截用功，非至此方悟也。子約復書云：「某蓋嘗深體之，此箇大頭腦，本非外面物事，是我元初本有底。其曰『人生而靜』，其曰『喜怒哀樂之未發』，其曰『寂然不動』，人汩汩地過了日月，不曾存息，不曾實見此體段，如何會有用力處？程子謂『這箇義理，仁者又看做仁了，智者又看做智了，百姓日用而不知，此所以君子之道鮮。此箇亦不少，亦不剩，只是人看他不見』，不大段信得此話。及其言於『勿忘』、『勿助長』閒認取者，認乎此也，認得此則一動一静皆不昧矣。惻隱、羞惡、辭讓、是非，四端之著也，操存久則發見多；忿懥、憂患、好樂、恐懼，不得其正也，放舍甚則日滋長。記得南軒先生謂『驗厥操舍，乃知出入』，乃是見得主腦於操舍間有用力處之實話。蓋苟知主腦不放下，雖是未能常常操存，然語嘿應酬間，歷歷能自省驗，雖非實有一物在我手裏，然可欲者是我底物，不可放失；不可欲者非是我物，不可留藏。雖謂之實有一物在我手裏，亦可也。若是謾説，既無歸宿，亦無依據，縱是强把捉得住，亦止是襲取，夫豈是我元有底邪！愚見如此，敢望指教。」朱子答書云：「此段大概甚正當親切。」

此吕公切實收斂之功，而朱子許之，亦非至此方悟也。

答吴德夫：承喻「仁」字之説，足見用力之深。熹意不欲如此坐談，但直以孔子、程子所示求仁之方，擇其一二切於吾身者，篤志而力行之，於動静語嘿間勿令間斷，則久久自當知味矣。去人欲、存天理，且據所見去之存之，功夫既深，則所謂似天理而實人欲者，次第可見。今大體未正而便察及細微，恐有「放飯流歠而問無齒決」之譏也。如何如何？

此書末幅有「昨來南軒」數語，當在庚子前，亦不得爲晚年矣。

按文集南軒卒於庚子。

答或人：「中」、「和」二字，皆道之體用。舊聞李先生論此最詳，後來所見不同，遂不復致思，今乃知其爲人深切，然恨已不能盡記其曲折矣。如云「人固有無所喜怒哀樂之時，然謂之未發，則不可言無主也」。又如先言慎獨，然後及中和，此亦嘗言之，但當時既不領略，後來又不深思，遂成蹉過，孤負此翁耳。

按：此段是答林擇之，非答或人也。上有百餘字，下有百餘字，皆言未發時工夫，不宜删去。且此書正朱子四十後悟涵養、未發是要緊著，故與擇之委曲暢言，悔當年未及領會。今知慎獨是涵養喫緊處，未感物時，始能有主宰，始能安其静，始能不紛綸膠擾，有未發氣象，不孤負李先生入德親切次第。此書曲曲寫出，參之與湖南諸公書、答何叔京「貪聽講論，辜負教育」書，一一符合，陽明何爲將要語删去而第載數行，以爲晚年方悟之證耶？

答劉子澄：日前爲學，緩於反己，追思凡百，多可悔者。所論著文字亦坐此病，多無著實處，回首茫然，計非歲月工夫所能救治。以此愈不自快。前時猶得敬夫、伯恭時惠規益，得以警省，二友云亡，耳中絶不聞此等語。今乃深有望於吾子澄，自此惠書，痛加鐫誨，乃

晚年也。

書中云「去冬奏對」云云，按年譜辛丑十一月己亥奏事延和殿，則此書在壬寅，非

君子愛人之意也。

陽明先生是編出，爲之徒者錢緒山、謝虬峰、袁雩都輩一倡群和，梓而行之，自是爲朱子論異同者遂寡。甚哉，巧術之能惑人也！夫本原之旨，的是聖學要功，朱子曰本原，陽明亦曰本原；宗朱子者曰本原，宗陽明者亦曰本原。本原之説，人盡知之，而本原之所以爲本原者，不盡知也。朱子所以立本原，與陽明之所以立本原之不同者，又不盡知也。陽明以無善無惡之心爲主，明者明此，立者立此，忽持敬而喜虚閒静而已矣，鄙誦讀而任己見狂而已矣，是以大肆其詆毀之詞而無所慎重，雖有明辨其非如整菴、東橋諸君子苦口之藥，而竟不顧也。既又恐學者終不敢背朱子之書以叛其教，乃採此數十條而以爲幸己説之不謬於朱子，喜朱子先得我心之同然，於是及門不復爲朱子異同之論，而其教得大行於世。嗚呼，術亦巧矣！若朱子之學，書籍具在，學者誠能於文集、語類二書沈潛反復，分其用功之先後，溯其得力之由來，切究而身體之，則知朱子早年見延平所講求者，明仁義之心，立仁義之心也；中年由用透體者，養未發以立仁義之心，註釋經書者，因聖言以明仁義之心也；晚年純熟，仁義之心幾於化矣。

始恍然於朱子之本原,固孔、孟太極之本原,而非無善無惡之本原。朱子之立本原,固孔、孟經書事理一貫之教,而非無善無惡、智慧空虛之教,豈有毫釐之同者哉!又豈因是編之採集,王氏師弟之推挽附會,遂至前掩朱子之真,後蔽來學之識也哉!予既分辨之,又論其學之不同如此,蓋深有望於真學朱子者,以俟乎其人焉耳。

【校勘記】

〔一〕此是向來定本之誤 「定本之誤」,晦庵集卷四六作「差誤」。

〔二〕卻旋學上大人亦不妨也 「上大人」,原作「上天人」,據晦庵集卷四六改。

書先鄉賢公陽明輯朱子晚年定論辨後

先鄉賢公著述甚富，自先君子捐館後，家庭多故，稾俱散失，秖刻有文集及朱子聖學考略兩種，而聖學考又改竄失真。近年婁縣姚子壽徵君始將刻本照原本改正，補刻卷首宗朱要法，而改正聖學考尚未重刻。至舊板本河督儀封張公捐刻，張公罷職，與正誼堂書板繳抵公項，而板久亡矣。他如合意編、天文、河道、史論諸稾，暨文集、聖學考原本，并先君子撰公紀年略、先君子遺書、日記，毓賢得之表兄王耕伯先生，五經四書學旨，毓賢得之姪在鎔，朱子文選，毓賢得之盧生昶，朱子語類選目録，毓賢得之弟重同，陽明輯朱子晚年定論辨，毓賢得之公友喬秦川翁曾孫榮恩，更有朱子誨人編、象山學辨、草廬白沙陽明學辨、先儒闢佛考、諸儒雜佛考、吏治集覽、師表集覽、保釐集覽，遍訪不得。兹姚徵君刻宗朱要法外，又刻合意編，葉子雲中丞刻易經學旨，吕月滄明府刻外集，盧生刻朱子文選目録，又刻陽明輯朱子晚年定論辨。毓賢既感諸君之表章先人，深幸先集之已失而復得，而不能無憾於棉力薄材，不能遍求遺稾，統付剞劂，以傳後世。附書兹編之末，以志毓賢之過云。道光四年五月二日孫男毓賢謹識。

附録

販書偶記

孫殿起

陽明朱子晚年定論辨一卷，寶應朱澤澐撰，道光四年刊。（録自販書偶記卷九，中華書局，一九五九年）

江蘇藝文志

趙國璋

陽明朱子晚年定論辨一卷，子部儒家類，存。道光四年（一八二四）刻本。（録自江蘇藝文志揚州卷下册，江蘇人民出版社，一九九五年）

清史稿藝文志拾遺

王紹曾

陽明朱子晚年定論辨一卷，朱澤澐撰，道光四年刻本。（録自清史稿藝文志拾遺子部儒家類，中華書局，二〇〇〇年）

朱子爲學次第考

[清]童能靈 撰
朱幼文 嚴佐之 校點

目録

校點説明……八九三
朱子爲學次第考自序……八九七
凡例……八九九
卷一……九〇一
卷二……九四四
卷三……九八二
附録……一〇二〇

校點説明

朱子爲學次第考三卷，清童能靈撰。童能靈（一六八三—一七四五）字龍儔，晚號寒泉，福建連城人。生於康熙二十二年。傳稱能靈「自幼穎悟，志聖賢之學」，「性至孝，家貧，力學舌耕以養。好義周急，雖乏必拮据以應，鄉鄰薰其德，稱仁里焉。於書無所不窺，而歸宗于性命。結廬冠豸山，十年一榻如老僧」。「自二十二歲補弟子員，爲諸生者四十二年」，「年近五十，不復應舉。乾隆元年，薦博學鴻詞不就，累舉優行，皆以母老辭。晚主漳州芝山書院」。乾隆十年卒，享年六十有三。能靈之學，得自家傳。其父名正心，字七其，號留村，「專精經學，貫穿諸儒」，「晚年尤好宋五子之書」。能靈「少受學於家庭，先君子留村府君即授以章句集註及太極通書、西銘解義」，并終其一身，「守程朱家法，不踰尺寸」。能靈勤於著述，除此書外，别有周易剩義、樂律古義、周禮分釋、理學疑問等數十種傳世。傳見清史稿儒林傳、清儒學案翠庭學案、連城縣志等。

童能靈蚤歲即聞朱子之學「有早中晚之異，顧未有以辨」。後「徧讀遺書，所見異詞，輒爲標識其端，徐而察之，逐一剖晰」。久之，乃「見其説之遠至數十年，近或數年，亦或數日而一變者，其爲淺深疏密異同之辨，雖曲折纖悉，猶可得而見焉」。遂「據朱子晚年定説，以訂其早歲之異同」，而名其編曰朱子爲學次第考。按童能靈撰朱陸淵源考有曰：「明初學者皆墨守朱説，中葉王氏出，宗陸而毁朱，天下靡然從之，自正嘉迄於天崇之末，朱子之學幾於晦矣。我朝崇尚正學，尤表章朱子。聖祖之世，御纂全書，陞配十哲，示天下趨向，由是闡明者日益衆，而人心學術皆定於一焉。儀封張公撫閩時，復梓陳氏通辨行之，則此前所謂道一編及晚年定論之説，不得以惑人矣。近讀朱子文集，同異參錯，蚤晚莫辨，爰就本文事跡，證以年譜、宋史，而得其先後次第，爲之逐年編次，逐條辨析，亦不敢遠引別説，止説朱子晚年之書，訂其蚤歲之同異，名曰朱子爲學考云。」是知其書之所以「專考朱子爲學次第」，實亦專爲「朱、陸異同」之辨而作也。書中提出乾道九年癸巳朱子四十五歲是其學術前後不同之界限。又列舉朱子早晚異同之辨大要數端，曰：「一貫忠恕」、「未發已發」、「太極動静」、「仁」、「心性」、「體用」、「理一分殊」、「空妙」、「實理」，「默識而存」、「循序而進」。皆自成一家之言，與陳建學蔀通辨、朱澤澐朱子聖學考等宗朱學者之説或異。故四庫館臣稱是編「蓋繼學蔀通辨而作，與朱澤澐大致皆互相出入」，良有以也。

乾隆元年二月童能靈自序曰：「書成，閲十餘年，頃爲同學抄録，頗及遠近」，是知朱子爲學次第考約撰成於雍正後期。是書現存三個版本：一、乾隆间刻本，國家圖書館有藏，北京圖書館藏珍本年譜叢刊影印出版。二、清光緒十九年傳經堂刻西京清麓叢書辨學七種本，四庫全書存目叢書據北京師範大學圖書館藏本影印。三、清光緒二十三年連城童氏木活字印冠豸山堂全集本，厦門大學圖書館有藏。據福建省呈送第一次書目著録，該省於四庫開館時曾呈送「冠豸山堂集十五卷八本」。又據杜澤遜四庫存目標註著録，四庫存目所收童著五種：周易剩義二卷、樂律古義二卷、朱子爲學次第考三卷、理學疑問四卷、冠豸山堂文集三卷，皆爲「福建巡撫採進本」，宜即此「冠豸山堂集」本。該本每半頁十行，行二十二字，白口，四周單邊，周易剩義、樂律古義封面刊「冠豸山藏板」，或著録作「清乾隆冠豸山刻本」。今按北京圖書館藏珍本年譜叢刊影印國家圖書館藏清乾隆间刻本，版式行款與之悉同，宜即「清乾隆冠豸山刻本冠豸山堂集」之一種。此本於清光緒二十三年由連城童氏後裔重刻，即今藏厦門大學圖書館者。據該本卷首童積斌序曰：「其書始刻自其子思承公，版藏于家」，「因兵燹，并版遺失，兹合族謀再付梓，勸捐集資，故爲敘其緣起如此。」經比對，存目叢書影印北京師範大學圖書館藏光緒十九年傳經堂刻西京清麓叢書辨學七種本，與年譜叢刊影印清乾隆間刻本，行款相同，文字無多出入，宜源出於後者，惟其殘缺卷三，且影印字跡較多模糊處。而光緒二十三年重刻冠豸山堂全集本，雖有些許補正，却又别生訛誤。故此次校點，仍取北京圖書館藏珍本年譜叢刊影印該書初刊之清乾隆間刻本爲底本，取光緒二十三年連城童氏重刻冠豸山堂全集本（簡稱「全集本」）與存目叢書影印光緒十九年傳經堂刻本（簡稱「存目本」）對校，并適當參校晦庵集、朱子語類、王懋竑朱子年譜（上海古籍出版社、安徽教育出版社版朱子全書本）等他書。惟底本書名題「子朱子爲學次第考」，今據撰者自序、朱陸淵源考等，改回原名「朱子爲學次第考」。校點事畢，謹記如右。

嚴佐之、朱幼文　二〇一七年六月

朱子爲學次第考自序

子朱子之學，博文約禮，兩造其極，而有以集諸儒之大成焉，蓋前人之論具矣。夫博約，孔子之教也，而朱子造其極，然則後之學孔子者，舍朱子其誰適焉？朱子既殁，學者奉爲準繩數百年，至明之中葉，始頗爲異説以亂之，朱子之道，幾於晦蝕。我國家崇尚正學，表章朱子以風示天下，士之生於是時，咸知向往，而不惑於岐途，以臻於一道同風之盛者，豈偶然也哉！靈少受學於家庭，先君子留村府君即授以章句集注及太極、通書、西銘解義，曰：「此朱子晚年定説也。」於時蓋已聞其學有早中晚之異，顧未有以辨。久之，徧讀遺書，所見異詞，輒爲標識其端，徐而察之，則其間所與知舊門人講學之餘，往往旁涉時事，因可按以年譜及史而得其歲月先後，確有據依，然後本其平生手筆，參以門人記録，逐一剖晰。竊見其説之遠至數十年，近或數年，亦或數日而一變者。其爲淺深疏密異同之辨，雖曲折纖悉，猶可得而見焉，因名其編曰朱子爲學次第考。書成，閲十餘年，頃爲同學抄録，頗及遠近。顧念朱子道學之精微，非淺陋所窺，而學者將由朱子以達於孔氏，則於其生平議論本末先後，與所爲淺深疏密異同之辨，固有不可以不考者焉。爰自識其卷端，以質諸同志云。乾隆元年二月既望，後學連城童能靈謹識。

凡例

一、是編據朱子晚年定説，以訂其早歲之異同，其間剖晰處雖不遺餘力，未嘗敢鑿空自出意見云。

一、朱子大學中庸章句皆序於淳熙己酉，時朱子年六十歲。其前一歲五十有九，始貽書象山陸氏，辨論無極、太極，而是歲始出西銘、太極解以授學者。蓋西銘已序於乾道壬辰，太極已序於癸巳，朱子行年四十三四，二書實其生平定論之本，然皆至辨無極之年始出以示人，此所謂晚年之説也。其學庸或問見於中庸序，易學啓蒙成於五十七歲，而論孟集注則自謂如經稱等不可增減者，皆晚年之説也。其餘諸經悉見於本年之下。

一、朱子文集有關於議論本末先後次第者，朱子間已自註年月，其餘與知舊門人講學之書，多旁及一時之事。其係於國家者，可考之於史；係於一身者，可證於年譜。今已悉見於本年，而或有未盡見者，朱子本書猶可按也。

一、延平答問實爲朱子手輯，其間自註年月甚詳，無或遺略者，正以自明其當年講説本末次第也。今據朱子晚年之説，以訂其與延平異同處，細加剖晰，寧詳毋略者，蓋以其語存乎道要，即以見朱子晚説之爲至當不易，不可以授受之跡而失乎義理之精也。

一、朱子早晚異同之辨，大要數端，曰一貫忠恕，曰未發已發，曰太極動静，曰仁，曰心性，曰體用，曰理一分殊，曰空妙，曰實理，曰默識而存，曰循序而進是也。

一、是書專考朱子爲學次第，其間淺深疏密異同，曲折纖悉，逐年逐月，皆有可見，即後學用心實不出此一途，雖其爲朱子自悔處，亦必曾經一番微細體驗，方可見此理之實也。以此與陳氏通辨一書專爲朱陸異同之論，稍有别云。

一、是書之成已十餘年，當時止剖晰義理，不暇作文字，嘗自覺傷繁。前至鼇峰書院呈趙中丞師，亦嘗云爾。顧年來衰病，兼有圖書、易範、律吕及諸經、諸儒文字，精力不能遍及，姑仍舊稿，序而存之，俟諸有道云爾。

朱子爲學次第考卷一

宋高宗建炎四年庚戌，子朱子生。

紹興四年甲寅，五歲。

始入小學。朱子父韋齋先生與内弟程復亨書云：「媳婦生男，名五二。以行稱。今五歲，上學矣。」年譜。

乙卯，六歲。

朱子曰：「某五六歲時，心便煩惱：個天體不知是何物？上面是如何？」年譜繫此於四歲。今據語類朱子自言者近是。

丁巳，八歲。

通孝經大義，署其上曰：「若不如此，便不成人。」間從群兒嬉遊，獨以沙列八卦，端坐默識。年譜。

己未，十歲。

自知力學，聞長者言，輒不忘。嘗讀孟子，至「聖人與我同類者」，喜不可言，以爲聖人亦易做。年譜。

庚申，十一歲。

受學於家庭。年譜。

癸亥，十四歲。

韋齋卒。奉遺命受學於籍溪胡原仲憲、白水劉致中勉之、屏山劉彦冲子翬三人之門。初，韋齋疾革，以家事屬劉彦脩子羽，而訣于三人者。且顧謂朱子曰：「三人學有淵源，吾所敬畏。吾即死，汝往父事之，而惟其言之聽。」韋齋没，子羽爲築室於里第之旁，朱子奉母夫人祝遷居焉。乃稟學於三人之門。白水妻以女。而二劉尋没，事籍溪爲最久云。年譜。

甲子，十五歲。

朱子曰：「某十五歲時，見『雖愚必明，雖柔必强』一段，吕與叔大臨解得痛快，讀之未嘗不悚然警勵奮發。」語録。

乙丑，十六歲。

始從劉病翁所叩僧談禪。語類。詳見癸未歲。

清瀾陳氏學蔀通辯曰：「病翁即劉屏山，朱子少嘗師事之，其禪學亦從病翁來。」

能靈謹按：朱子生平論禪學，較之二程、張子尤悉且透，蓋以其好之蚤，而又久且篤焉，能深知其底藴也。後世或疑諸大儒未嘗親究禪理之妙，誤矣。

丙寅，十七歲。

朱子曰：「某十六七歲時，喫了多少辛苦讀書。」語録。

丁卯，十八歲。

舉建州鄉貢。考官蔡光烈兹謂人曰：「吾取中一後生，三策皆欲爲朝廷措置大事，他日必非常人。」年譜。

戊辰，十九歲。

登王佐榜進士。年譜。

己巳，二十歲。

朱子曰：「某從十七八歲時讀孟子，至二十歲，只逐句理會，更不通透。二十歲後，方知只恁地熟讀，自見得意思。」又曰：「自十五六至二十歲前，得上蔡語録讀之，初用朱筆畫出合處，再看用粉筆，三看用黑筆。數過之後，全與原看時不同矣。」又曰：「二十歲前，已看得書大意如此。」語録。

庚午，二十一歲。

春，如婺源展墓。時鄉會，酒酣，坐客以次歌詠。朱子獨歌離騷一章，音吐洪暢，坐客竦然。年譜。

能靈謹按：朱子於離騷，晚年猶喜誦之，且爲之註而序之矣。顧又嘗竊考離騷首段屈子自敘之語，亦似有開宗明義一章之遺意，蓋與朱子蚤題孝經之旨有會焉。然則朱子生平事親、事君、立身之梗概已即此而可想見矣。

辛未，二十二歲。

銓試中等，授左迪功郎、泉州同安主簿。年譜。

癸酉，二十四歲。

夏，將赴同安任，特往受學於延平李先生侗之門。行狀。

朱子曰：「某初師屏山、籍溪。自見於此道未有所得，乃見延平。」又曰：「初見延平，説得無限道理也。曾去學禪，李先生云：『公恁地懸空理會得許多道理，而面前事却理會不下。道亦無他玄妙，只在日用間着實做工夫處，便自見得。』某後來方曉得他説。」又曰：「李先生只教看聖賢言語。」俱語録。末段詳後癸未歲。

能靈謹按：朱子初好禪學，至此，延平始教以從日用間做工夫，又教以只看聖賢之書，則其學亦一變矣。然有不能盡變者，如後此數年答人書「馳心空妙」之悔是也。

秋，至同安任。蒞職勤敏，纖悉必親，郡縣長吏，事倚以決，苟利於民，雖勞無憚。更名其燕坐之堂曰「高士軒」，揭簿所當爲於楣間。職兼學事，選邑秀民充子弟員，訪求名士爲學職，使諸生相與漸磨，學殿齋舍加整輯焉。年譜。

乙亥，二十六歲。

在同安任。建經史閣貯書，以便學者。定釋奠禮，立故相蘇公頌祠於學宫。年譜。

能靈謹按：是時朱子方好禪學，而在官所行皆聖賢事業也。然年才二十有六耳。

丙子，二十七歲。

七月，秩滿，代者不至。冬，奉檄走旁郡。因併載老幼，送之東歸。年譜。參文集。

朱子曰：「同安簿滿，到泉州候批書，客邸借得孟子一册，子細讀，方尋得本意。」語録。

丁丑，二十八歲。

春，返同安，候代不至。假陳氏館居焉。數月，友生之嗜學者相往還，知學之有師，争尊慕之，因作畏壘菴記，以畀陳氏。年譜。

能靈謹按：畏壘之名，本莊子庚桑子偏得老聃之術，以居畏壘之山者也。今考朱子記中雖云菴名出於客意，且云「庚桑子蓋莊周、列禦寇所謂有道者，予之學不足以知之」，則亦已不欲以之自居矣。然此時竟用而不改者，以其出於蚤年也。朱子早年既嘗扣僧談禪，而晚歲又嘗訂參同契、註陰符經，學者或以爲疑。不知朱子蚤年之學，其說未定，故其見於文字間者不能一律。朱子蓋已自謂「馳心空妙之域」，而悔之屢矣。至於參同、陰符，雖不免雜學之書，然其所言者特陰陽五行之說，其中實有理致焉，即亦物理之一端也。朱子晚年，僞學禁嚴，時當自晦，然亦必其不在實理之外者，姑取以玩焉。正與其蔡季通討論琴律一例，蓋所謂「游於藝」之候也，學者其可不深察哉！

六月，延平李先生答書曰：「承喻涵養用力處，足見近來好學之篤也。但常存此心，勿爲他事所勝，即欲慮非僻之念，自不作矣。孟子有『夜氣』之說，更熟味之，當見涵養用力處也。於涵養處著力，正是學者之要，若不如此存養，終不已物也，更望勉之。」延平答問。

能靈謹按：此見朱子蚤年用力涵養之學也。

十月，代者卒不至，以四考滿罷歸。士民懷思惠教，爲立祠於學宮。既還建州，築室武彝山中，四方遊學之士從者甚衆。年譜。

能靈謹按：觀此及畏壘菴記，則是歲蓋朱子「朋來」之始也。然朱子則方親師求友，益勤不懈云。

戊寅，二十九歲。

正月，見李先生於延平。年譜。

能靈謹按：年譜於此條之下載李先生云：「爲學之要，在窮理致知、反身實踐，而以居敬爲主。」又按語類云：「李先生當時論學已有許多意思，只爲説敬字不分明，所以許多時無著模處。」竊謂語類乃親承朱子之説而記之者，年譜則搜輯於没後而爲之，自當以語類爲正。即今以延平答問及朱子所作李先生行狀考之，則所謂「論學許多意思」皆可見，而説敬字誠未有分明處也。然此三言實程子教人門户，朱子中年以後則奉之以終身矣，誠萬世學者之準繩也。

歸自延平，復上書於李先生，問一貫、忠恕之説，曰：「夫子之道不離乎日用之間，自其盡己而言之則謂之忠，自其及物而言之則謂之恕，莫非大道之全體，雖變化萬殊於事爲之末，而其所以貫之者，未嘗不一也。」延平答問。

又與范直閣書曰：「胡丈書中復主前日一貫之説甚力，但云『若理會得向上一著，則無有内外上下遠近邊際，廓然四通八達矣。』竊謂此語深符鄙意。蓋既無有内外邊際，則何往而非一貫哉！」文集。

能靈謹按：前上延平先生之説，據朱子自編延平答問載，在此年冬十一月之前，則當即往見延平之後，既歸而復書問之也。此與范直閣書亦不知其與問延平之說日月孰爲先後，但此書後幅云：「某頃至延平，見李愿中丈，問以一貫之説」云云，則正是此年春往見延平事也。文集與范書一連凡四篇，皆論一貫、忠恕之旨，而四篇詞意，次第相承，其爲一時之筆無疑。其最後一書復云「去歲，在同安獨居幾閲歲，看論語近十篇」，則又正是上年丁丑假館於陳時事也。又據語類門人問先生與范直閣書，朱子曰：「此是三十歲以前書，大概也是。然説得不似，而今看得又較别。」此尤可見此書即爲此年之説矣，今謹並列於此。

又按：一貫、忠恕之説，語類朱子以此爲論語第一章，此蓋朱子生平所爲辨之最蚤，而論之亦最詳者也。然其説晚而益精，尤莫精於集註云。集註曰：「夫子之一理渾然，而泛應曲當，譬則天地之至誠無息，而萬物各得其所也。」又曰：「至誠無息者，道之體也，萬殊之所以一本也。萬物各得其所者，道之用也，一本之所以萬殊也。」圈外註程子曰：「忠者體，恕者用，大本達道也。」如此則忠恕固宜有體用本末之分矣。今觀其與延平先生書，但曰「自其盡己而言」，「自其及物而言」，但因己與物爲差，而不以體用本末爲忠恕之别也。夫體者用之全，用者體之分也。故其當曰「曲當」，其得曰「各得」，而其殊曰「萬殊」也。恕則用之殊，而萬者乃偏主于一事，不得與忠字並列，均曰大道之全體也。夫理有全有偏，有全之偏，有偏之全，固不可以一概論也。非全無以見理之一，非偏無以見分之殊。分之所殊，殊於其偏者也。偏屬一事而不相假借，此理之所以有定分也，亦即理之所以實而無妄也。今曰處處皆全，則是無偏而非全矣。分之定者，何由而辨乎？將并體之實者，何由而憑乎？定分之莫辨，實體之莫憑，此空妙之論所爲瀾翻疊出，而事障理障之談，皆自此而起也。據後此數年朱子答汪尚書書，猶自謂其「馳心空妙之域者十有餘年」，則其在此時也，固宜不免落空矣。嘗試因而論之，所謂理有偏全者，蓋理不孤立、不單行也。嘗一事之中而衆理畢具焉。如父子之親別於君臣之義也，而父之親子則必愛而勞之，是仁中固有義矣。推之於禮與智，亦仁中所必具焉，是則偏之全也。天地之生萬物，禽獸草木各得一偏，而一物之中各具頭尾、各有消息，是即偏之全也。然禽獸草木各有定體而不相易焉，是歸于偏矣。父之勞子，雖曰仁中有義，而仁中之義固非義中之義也，是偏于仁而已矣。何謂全之偏？如未發之中，所謂「天下之大本」者，宜莫全於此也。然以之對乎已發而言，則但屬陰之静，而已是全而亦偏矣。故朱子論太極，嘗通舉性情而言，曰：「太極者，性情之妙，未發已發之理也。」又曰：「太極無方所、無地位可頓放。」動時屬陽，静時又只是陰，此所以明乎太極之理乃合未發已發而言之。其未發之時、已發之時，一時之頃，一事之中，皆非全體，而誠無方所、地位可以頓放也。必如孔子之繫易，所謂「一陰一陽之謂道」者，合陰陽而言之，是則太極之全體也，斯爲全之全乎？總之，止一理耳。未發而全者，已發之偏而可以見全焉，所謂「一物各具一太極」也。惟其全也，故曰太極惟其偏中之全也，故曰各一太極。但細玩註中「萬」字「殊」字，則體用偏全皆有定理矣，而豈曰一之所貫莫非大道之全體乎？語類朱子自言曰：「此是三十歲以前書，不似而今看得又較別。」是不可以不辨矣。

又按：朱子嘗有答黃商伯書論章句、或問者，正言理有偏全處，可證此與延平先生書所謂莫非全體之説未爲至當也。其書在章句、或問已成之後，因問而及此，蓋晚年定論也。

附答黃商伯書論章句、或問曰：「論萬物之一源，則理同而氣異；觀萬物之異體，則氣猶相近，而理絶不同也。氣之異者，粹駁之不齊；理之異者，偏全之或異。幸更詳之，自當無可疑也。」文集。

又按：程子論仁，有所謂專言、偏言之異者，尤可見理之分殊處，自屬偏也。但朱子之答黃商伯，可見天地生物之恕，不得謂莫非全體處，而程子之論仁，可見人心及物之恕，不得謂莫非全體也。

又按：一貫之說，集註云：「渾然一理，而泛應曲當，用各不同。」則所謂一貫者，實以一而貫萬也。而内外之相貫，自不待言矣。此與范直閣書但云「無有内外邊際」，則比於集註，其説已疏矣，此亦語類所謂「不似而今看得又較别」者也。近日稼書陸氏讀朱隨筆，欲據此與范直閣書以證合集註之説，能無失之毫釐者乎？

又按：朱子集註之精審，愚嘗遍考朱子晚年之説而詳辨之，見於舊著理學疑問中矣。今復述之于此，雖其詞過繁，顧于其中曲折纖悉，頗覺分明云爾。

謹按：「一貫」章集註曰：「至誠無息者，道之體也，萬殊之所以一本也。萬物各得其所者，道之用也，一本之所以萬殊也。」此其以一爲體，而萬爲用，蓋劃然分明，有不待辨者矣。雖然，體則約於一也，用乃侈而萬也，初不知其用之萬者，爲將自此一者而分之耶？爲復不必分而但即此一者之變而有萬耶？此自昔諸儒之論所爲紛紛而未定也。前明虚齋蔡氏蒙引曰：「在心只一理，在外面方有萬理。」此似亦集註「渾然一理」而「用各不同」之説，然集註初不劃然以萬理屬之外也。今既以萬理屬之外，則其所謂在心者，誠只有一而無萬矣。夫「在心」之云，乃對乎用之發外者言之，自當屬未發之體也。雖未發、已發一理流行，集註但以「至誠無息」言之，本無分界，然當其泛應而曲當之時，自是已發之後矣。其所謂一理者，至此已散而爲萬矣。惟其未發之先，寂然不動，則外無所感，中無所應，而在心之理乃渾然未之分焉，寂然未之變焉。於是考一理之實者，必於此而致其詳焉。中庸之論大本達道也，必截然分未發、已發以爲之界者，此也。今欲觀此章所謂一理者，亦即當於未發之前觀其體之實矣。昔程朱之論未發也，以爲有思慮即是發。夫在心未發之時，思慮未起，渾然寂然，即其爲一理者，且莫得見焉，何從窺其中之有萬理耶？無惑乎蔡氏以「在心爲只一理」也。在心只一理，則在外之萬理，必自此在心之一理而分矣。朱子亦謂「恕是分破出來底」，是也。然謂一理而分，則此一理之體，必實見其有可分者，不見可分之實，則此一理也，混混融融，渺無面目，當此之時，思慮未起，渾然寂然，雖曰如止水明鑑，而此水鑑之體，將毋有見於心而無見於理乎？此之不可不察也。近世吕氏又爲之説曰：「忠是盡處一，恕是推處一。」果爾，則是恕亦不得謂之萬也。即集註所謂萬殊者，特此一理之變而萬也。程子謂「隨時變易以從道」，朱子亦謂「中無定體，隨時而在」，則以萬爲一之變，亦未始非也。然以一變而萬，則此一理也，又不特有其可變，必實有其當變者焉。當變而變，故雖變而適得乎當然之分。程子所謂「權只是經」也。不見其當變，而但以爲可變，則恐誤認此一理也，初無不易之定分，而僅如水之無定質焉，流而爲川，止而爲湖，隨其地勢之方圓曲折而就之，又何以見仕止久速之各當者，雖復隨時變易而適得乎不偏不易之中哉？且夫循變之説而不已，則如方變而爲圓，左變而爲右，但因變而爲分之殊也，初不以分之殊而有變也。雖以一變而萬，而萬亦只是一也。忠固一也，恕亦一也，雖謂忠即恕之動者變而静焉，特爲萬變中之一亦無不可也，又何必獨以其一本者屬之體而以其萬殊者屬之用哉？此又不可不察也。夫自昔諸儒之論一本萬殊者，皆不出乎分與變之説矣。特分而不察其所以分，變而不察其所以變，則未分之體，幾無以自别於空寂，而萬變之用，實徒自眩爲靈幻。彼夫道體之確然爲一本、爲萬殊，皆有當然之實而非思慮作爲之所及者，何從而見之哉？愚蓋深病焉。竊嘗考程子之書及朱子晚年諸説矣，程子曰：「沖漠無朕，萬象森然已具。」又曰：「未應不是先，已應不是後。」蓋言已應之理，即其未應時之所具，而未應時所具，則即其萬象之森然於沖漠無朕中者也。此沖漠無朕者，即其萬殊之所以一本而未發之體也。此最程子精要之言，朱子採入近思録者，夫能有誤哉？迨朱子晚年答陳器之書，亦謂「性是太極渾然之體」，「其中涵具萬理」，又謂「中間衆理渾具，各各分明」，此亦即程子「萬象森然」之説而無異義也。其答徐彦章書又謂：「未發之前，萬理皆具於静中；已發之後，所具之理乃行於動中。」此又與程子「萬象森然已具」，而「未應不是先，已應不是後」之語，如出一口，其語意尤覺分明也。夫未發之前沖漠無朕者，非即泛應之本而渾然一理之在心者哉？然萬象之森然者已具是矣，是則其所以一理而可分萬殊之實也。所以一可變而萬，而當變之理即已具於萬象之森然者也。何以明之？凡理之變，皆起於不得而執一也。惟其一理之中已具萬分，各各不同，則此之一理異乎彼之一理，故不得執一而有變焉。變不因乎本然之理以應事也，而但聽事之不同而生變，亦難免於義外之學矣。且夫理之與事也，理在先乎？事在先乎？朱子曰：「未有此事，先有此事之理。」則是理固在先也。其所以處事之理，雖萬變不同，亦但即以其事之理而處之，若理原無當變者，即其事已先無此萬變矣。不此之察，而漫言分與變者，夫豈有是處而亦何往而不遇其窮哉！或曰：雖然，萬象已具於沖漠之中，又何得云一理耶？曰：程子固嘗曰「理一而分殊」，謂之分者，正謂即此一理之中各別其分也，非謂各出一理，各自分派而爲萬分也。如即此一處有方維上下之異位，即此一物有表裏首尾之殊致是也。愚亦嘗曰：天地之間，惟其無一則已，有一則必具二焉，而二中之一，又應各各具二，則十百千萬皆已在一中而共之矣。周易三百八十四爻，皆已具於六十四卦之中，六十四卦已具於八卦之中，八卦已具於四象之中，而四象之未生也，已在兩儀中具矣，兩儀之未判也，已在太極中具矣。雖太極爲理，儀象爲氣，理中固不雜乎氣也，然而太極之理，固即儀象卦爻之所從出者也。朱子易學啓蒙曰：「兩儀之未分也，渾然太極，而兩儀、四象、六十四卦之理，已爍然於其中。」又曰：「由四而八，而六十四，以至於百千萬億之無窮，其已定之形，已成之勢，皆具於渾然之中，不容毫髮思慮作爲於其間也。」今且即以兩儀之有象者觀之，彼其一奇畫而爲陽儀也，固未嘗分之而爲偶也，然而既有一奇畫，則必有一畫之首尾焉，一首一尾，而偶者已具矣。至於首尾之中，又應各有其首尾，則迭分迭密，而四象、八卦以至六十四卦，皆已無所不具矣。此固不待分之而後具也。即此一奇畫之體，已無所不具也。朱子又答黄直卿書曰：「一卦一爻，各具一太極。其各具一太極之處，又便有陰陽五行許多道理。」然則太極之一理而具萬分也，又何疑哉？或曰：此猶合理數而言之也，今專即理以求之，何如？曰：理則仁義禮智是已。然以仁言，義已具矣；以仁義言，禮智已具矣。如乾具四德，而坤亦具四德是也。朱子小學題詞曰：「仁義禮智，人性之綱。」玩一綱字，則知其中固有萬分之目在矣。今即以四者之綱之發用者言之，如父子之親，固主於仁而別於君臣之義者也，然而仁之中自有其定分焉，自有其節文焉，自有其分別焉，是義禮與智已在一仁中具矣。推之於君臣之義，復然也。天下無不仁之義，亦無無禮無智之義。以不仁即不義，而無禮無智即爲無義也。是一義之中，而仁禮與智又已具矣。推之於禮與智，復然也。是則四者爲綱，而其中有各具之仁義禮智如此也。此雖亦似乎忠恕莫非全體之説，然而各有所主，則仁中之義自分屬仁，義中之仁自分屬義，各隨其所主之仁義而分而統之，固爲各具之一太極，而非統體之太極也。然而統體之太極，其無所不具也，從可知矣。五德皆備於時出之先，而智之一德，則即其未出而有別者也。然而曰文、曰理、曰密、曰察，其詳悉者已如此矣。是則五德之統備者可知矣。中庸之論，至聖也。仲尼之「無不持載，無不覆幬」也，即其大德之中，而小德已具足也。不然，持者持何物？載者載何事？夫豈空無所有而漫以天地譬之耶？凡此皆可見一理中已具萬分之實也。或曰：雖然，朱子謂一卦一爻便有陰陽五行許多道理，則是所謂分之殊者，誠有萬不同矣。顧此有萬不同者，皆具於統體一太極之中，各各分明，能無龐雜破碎而傷其渾然之體耶？曰：不然。五官百體以至八萬四千毛孔，皆具於一身之中，未嘗不渾然一身也，初不見其龐雜破碎也。蓋一身本是一氣，而一氣之中自有陰陽五行、表裏上下之別。則清陽在上而爲首〔二〕，濁陰在下而爲足，五官爲表，五臟爲裏，細細推之，雖百骸畢備，不過以完其一氣之全體也。若不本於一氣，而身外之物一毫或雜焉，則如竹木之刺人，雖小莫容矣。何者？爲其不是一氣，而有以間吾渾然之體也。嘗覽方書，於一眼之中，必分五臟論治。此亦似各成一體者，然而在人身固渾然一物也。東坡嘗有言曰：「牽一髮而頭爲之痛，拔一毛而身爲之動，則髮皆吾頭，而毛孔皆吾身也。」此其立說本意雖與吾之所指不同，然正不妨借觀，以見一毛一髮之皆渾然一體也。且令一身之内，毛髮或有不具之處，不得爲一身之全體矣。朱子又嘗謂「合湊起來便成全體」者，正謂是也。或曰：程子有言：「性中只有仁義禮智，曷嘗有孝弟來？」據此，則一理之中，宜只有仁義禮智四者之大綱耳。大綱有四，自可以應萬變而不窮，至於應變之中，則自各見其爲仁中之仁、仁中之義、義中之義、義中之仁。要之，不外此四者之大綱也。今謂四者中又各具仁義禮智，如仁中之義、義中之仁，皆已具於渾然一理之中，此恐未盡然也。曰：據子之説，四者而外，所以應萬變而不窮者，爲將自此四者而分之耶？爲復不必分而但即此四者之變耶？此非即向所謂分而不察其可分，變而不見其當變之失也哉！且程子之言，朱子門人亦嘗及之矣。門人問曰：「先生以一分爲二，二分爲四，四分爲八，又細分將去。而程子謂性中只有仁義禮智，只分到四便住，何也？」曰：「周先生亦只分到五行住，若要細分，則如易樣分。」此可見四者之中，當有各具之仁義禮智矣。又嘗於答胡廣仲書中引程子此言而釋之曰：「父子之親，兄弟之愛，固性之所有也。然在性中只謂之仁，而不謂之父子兄弟之道也。」然則所謂「曷嘗有孝弟」者，特在性中無孝弟之名，無孝弟之事耳，豈謂無孝弟之理耶？今若以一分爲二之説而細分之，則孝弟雖統屬一仁，而孝則仁之仁也，弟則仁之義也。如孟子亦以事親從兄分仁義是也，然孟子又嘗曰「萬物皆備於我矣」。性中曷嘗有萬物？顧不可謂無萬物之理也。既有萬物之理，則知四者之中必各具四者，然後足以該萬物之數也。故集註曰：「大則君臣父子，小則事物細微，其理無一不具於性分之内也。」君臣父子之理，性中之大者。故中庸曰「率性之謂道」，即謂率性之仁，則爲父子之道；率性之義，則爲君臣之道；率仁之仁爲孝〔二〕，率仁之義爲弟，而率之之云，初非以人而率之也〔三〕。朱子曰：「率，循也。」又嘗以「隨」字代「率」字，正謂隨其性之所具〔四〕，則自有此道也。且非獨此而已，如「庸敬在兄，斯須之敬在鄉人」，敬非屬義者乎？然以五常而分配五倫，則敬兄之敬，乃長幼之序，自當屬禮也。此其所以別於君臣主敬之大義者也。然則「庸敬在兄」者，禮中之禮也；「斯須之敬在鄉人」者，又以義裁之，而爲禮中之義也。方其酌鄉人時，即率此禮中之義，以行於斯須之間，故其「斯須之敬」，亦爲出於一定之分，而非私智之所安排也。今謂性中只有四者之大綱，而無各具之細目，則是應變之處，仍不免於私智之所爲耳。又况生知安行之聖人，其動容周旋無不中禮者，即安排擬議有所不及也哉！大抵自其統體而觀之，則四者不具，固不得成其爲一理也。而既有四者之大綱，則又必有各具於四者中之細目。無各具於四者中之細目，亦不得成其四者之綱也。如此，則一理之中已具萬分者，已較然矣。然此四者中所各具之細目，既已有萬不同而卒不病其龐雜破碎者，何哉？蓋以有萬不同之分，正各有所統，而僅以成其四者之綱也；四者之綱，僅以成其統體之一理也。周子謂「五行一陰陽，陰陽一太極」者，此也。而又何患於龐雜破碎而傷其渾然之體哉！且子之所疑龐雜破碎者，以其各各不同耳。愚又譬之一身焉，正惟百體之具，俯仰向背，各各不同，乃得相反相成而互爲一體也。若使耳目、手足、形體皆同，或耳目、手足之體各具耳目、手足，而與統體之一身同，則反當各自成一身，而不得相爲一體矣。此可見萬殊之分，乃所以成其爲一理之妙，而萬分之各各不同者，皆一理之所應有也。惟一理之中，應有萬分，則一身之中，應具百體，而閱萬人之身，如出於一體焉。則知一理之具萬分者，爲此理不易之體矣，又何疑其不渾然也哉？無已，請更以孟子決之。孟子既稱「萬物皆備於我矣」，然又嘗言四端而不及五常之信，豈謂四端之中果無信乎？分明有一信而不爲之區分，則性在四端之中渾然而無迹也。而一理之具萬分者，其渾然無迹亦若是則已矣。朱子嘗謂「中間自有間架條理」，又謂「非有牆壁遮攔爲界至」者，蓋反覆言之，以明此一理之體，本具萬分而無迹也。要而論之，此一理也。橫言之，則以大統小而爲體焉，如楊子太玄以方州部家相統是也。豎言之，則以疏統密而爲用焉，如邵子經世以元會運世相統是也。夫一理之未發者，即橫言之而爲體者也；萬殊之已發者，即豎言之而爲用者也。而苟非體之無不具也，又何以用而無不周耶？是亦可知一理具萬分之實，而萬分皆一理之所分見矣。然則一又何爲而不貫乎萬也哉？嗚呼！自有集註以來，此義理没者已數百年矣，愚顧安能已於辨也夫？

附録朱子答陳器之問玉山講義書曰：「性是太極渾然之體，本不可以名字言，但其中涵具萬理，而綱領之大者有四，故命之曰仁、義、禮、智。四端之未發也，雖寂然不動，而其中間自有條理，自有間架，不是儱侗都無一物，所以外邊纔感，中間便應。如赤子入井之事感，則仁之理便應，而惻隱之心於是乎形；如過廟過朝之事感，則禮之理便應，而恭敬之心於是乎形。蓋由其中間衆理渾具，各各分明，故外邊所遇，隨感而應，所以四端之發，各有面貌之不同。孟子析而爲四，以示學者，使知渾然全體之中而燦然有條若此。」文集。

能靈謹按：玉山講義出於甲寅歲，是時朱子年六十有五，而此書則因問講義而答之者，正其晚年親筆，宜爲定論也。開首便云：「性是太極渾然之體」，「其中涵具萬理，而綱領之大者有四」。蓋曰綱領，則知固有條目在矣，曰大者，則知固有小者在矣，此其所以爲涵具萬理也。或云：綱領在内而統乎萬理之在外者，則何以云其中涵具萬理也；況曰其中自有條理間架，則是萬理之具亦非拉雜堆積在一處也。以綱領之説推之，蓋大略如愚所謂方州部家之相統是也。

附録朱子答劉韜仲問目曰：「仁義禮智四者，固性之綱維，然其中無所不包〔五〕，更詳味之。」文集。此書中間説及或問，則或問已作之後矣。

附録朱子答徐彦章書曰：「未發之前，萬理皆具，然乃虚中之實，静中之動，渾然未有形影着模，故謂之中。及其已發，然後所具之實理乃行乎動者之中耳。」文集。

能靈謹按：萬理皆具於未發之前，即所謂「謂之中」者，則一理之具萬，分明矣。

又按朱子四十以後，始分未發、已發，而此書已分得鑿鑿，固其晚年定論也。

附録朱子答黄直卿書曰：「所喻『太極散爲萬物，而萬物各具太極』，見得『道不可須臾離』之意，而與『一貫』之旨、『川上』之嘆、『萬物皆備』之説相合，大概得之。但周子之意若只如此，則當時只説此一句足矣，何用更説許多陰陽五行及通書一部種種諸説耶？蓋既曰『各具太極』，則此處便又有陰陽五行許多道理，須要隨處盡得。如先天之説，亦是太極散爲六十四卦、三百八十四爻，而一卦一爻莫不各具一太極，其各具一太極處，又便有許多道理須要隨處盡得，皆不但爲塊然自守之計而已也。」文集。

能靈謹按：一卦一爻各具一太極，便有陰陽五行許多道理，則統體之太極，固涵具萬理矣。故曰與「一貫」之旨、「萬物皆備」之説相合也。

又按：「一貫」章，語類皆只説一理之貫萬理處多，而言一理之具萬分處少，正與集註合。蓋此章本旨原重在一理故也。然亦有推原到一理之具萬分處，今附録一條最明白者於此，使讀語類者得以通考而明辨之焉。

附録語類僴録一條曰：「聖人之心，渾然一理。蓋他心裏盡包這萬理，所以散出於萬事萬物，無不各得其理。」

能靈謹按：語類諸條異同，愚另有辨説，此不盡載。

又按：一理之具萬分者，若以爲畫定界至，如鐵板鑄成塊然一物，即非道無方體之妙，而亦不得謂之渾然矣。大抵一中有四，而四各具四，以至於萬，雖分明各有定分，而萬只合於四，四合於二，二合於一也。要之，禮智已只是仁義中之仁義矣，然豈可謂但有仁義而無禮智乎？又豈可謂仁義之外別出一禮智乎？是則雖有四者，而渾然一理可見矣，即推之雖有萬分，而渾然一理可見矣。只爲此處不分明，遂以「泛應」、「曲當」者爲一理之所變化，而認得此理極靈極妙，便覺與心無別，而入於空妙矣。蓋理本在心，理感而心即動，心静而理亦藏，初非有兩時兩處也，幾何不即以心爲理耶？朱子初説正不免此，如是歲所作存齋記可考也。嗚呼！不有朱子晚年之書，吾烏從而見此理之實哉？

是歲，爲同安許順之作存齋記，曰：「人之所以位天地之中而爲萬物之靈者，心而已矣。然心之爲體，不可以見聞得，不可以思慮求，謂之有物，則不得於言；謂之無物，則日用之間無適而非是也。君子於此，亦將何所用其力哉？『必有事焉而勿正，心勿忘，勿助長也』，則存之之道也。如是而存，存而久，久而熟，心之爲體，必將瞭然有見乎參倚之間，而無一息之不存矣。」

清瀾陳氏學蔀通辨曰：「朱子初年之學，亦只說一個心，專說求心見心，全與禪、陸合。」

能靈謹按：朱子早晚之分，只在心與理之辨，而語類朱子自謂「初見延平時，說得無限道理也。曾去學禪，延平教以道無玄妙，只在日用間做工夫處便自見得」。今存齋記獨舉心而言，曰「日用之間無適而非是也」，此其與延平之所謂日用者果同乎？又曰「心之爲體，瞭然有見」云云，則分明以心爲理矣。

又按：語類延平謂朱子「懸空理會得許多道理，面前事却理會不下」，則其所謂道理者，原與事不相涉。「應」即指心之靈妙者，「泛」謂之道理也，故曰「説得無限道理」，又曰「也曾去學禪」。此處「道理」二字，恐只當「話頭」二字看也。今謹於「癸未歲」條下備録語類全文，以便考云。

冬十一月，以養親丐祠。十二月，差監潭州南嶽廟。年譜。

己卯，三十歲。

三月，作謝上蔡先生語録序，朱子所較定也。八月，召赴行在，辭。十一月，省劄促行，辭。俱年譜。

庚辰，三十一歲。

夏五月，延平答書曰：「某曩時從羅先生學問，先生令静中看喜怒哀樂未發之謂中，未發時作何氣象。此意不惟於進學有力，兼亦是養心之要。元晦偶有心恙，不可思索，更於此一句内求之，静坐看如何，往往不能無補也。」延平答問。

能靈謹按：此延平先生所得於羅先生，而以授朱子之要言也。但未發時本静而未動之時，愚於論一貫處已詳言之。至於「太極動而生陽」，便當屬之已發矣。顧延平先生他日答書，乃謂「太極動而生陽」難以已發言之，則其所謂未發者，似不專屬之静時也。又參下一書引吕與叔無形聲之説，則但無形與聲，雖一動一静而默然流行者〔六〕，皆當以爲未發也。此恐即中和舊説序「未嘗發」之旨，而朱子自謂與延平之意

「不遠」者乎。若朱子晚年之説，則今章句、或問可據，而向所附録答徐彦章一書，尤爲明晰也。

七月，延平答書曰：「所云『因看「必有事焉而勿正，心勿忘，勿助長」數句，偶見全在日用間非著意非不著意處，才有毫髮私意，便没交涉』。此意亦好，但未知用處何如，須喫緊理會這裏始得。某曩時傳得吕與叔中庸解甚詳，今此本忘之已久，但尚記得一段云：『謂之有物，則「不得於言」；謂之無物，則「必有事焉」。「不得於言」者，視之不見，聽之不聞，無形聲接於耳目，而可以近也；「必有事焉」者，莫見乎隱，莫顯乎微，體物而不可遺者也。學者見乎此，則庶乎能擇乎中庸而執之隱微之間，不可求之於耳目，不可道之於言語，然有所謂昭昭而不可欺、感之而能應者〔七〕，正惟虚心以求之，則庶乎見之。』又據孟子説『必有事焉』至於『助長』、『不耘』之意，皆似是言道體處。來諭乃體認出來，學者正要如此，但未知用時如何吻合渾然，體用無間乃是。不然，非著意非不著意，溟溟涬涬，疑未然也。」延平答問。

能靈謹按：此書所述吕與叔之言，厥後朱子於中庸或問嘗痛駁之，然此時則延平先生方以授朱子也。中引孟子「必有事焉」一段，考明道程子嘗以此爲與「鳶飛」「魚躍」同意，雖是斷章取義，然却正在上下昭著處示人活潑潑地也。朱子於此乃以爲在「非著意非不著意處」，延平先生述吕與叔之言，又以爲在「無形聲」可接，而「不可求之於耳目，不可道之於言語」處，便覺得杳冥恍惚，殊與程子之意不相合也。朱子既存其說於答問，而仍痛駁之於中庸者，一則不没早年講學之實，一則恐人終惑於其說也。願學者深察之。

又按：此書以「必有事焉」爲言道體處，而其所謂「有事」者，則指不見不聞，無形聲之可接，不可求之於耳目，不可道之於言語，獨有所謂「昭昭而不可欺，感之而能應者」焉，此便是延平先生下歲答書所謂「『太極動而生陽』難以已發言之」之意也。夫動而生陽，當是已發矣，但延平之意，以爲太極之動，本無形聲可接。即如此書感而能應處，雖是已動，而「不可求之於耳目，不可道之於言語」，便是不可作已發看也。大抵延平論未發已發，在有形聲可接與無形聲可接處，不在動静上分界也。須將延平前後諸書細考之，自見其後朱子中和舊說，遂謂「人生皆是已發，而但於已發中，時時有未發者存焉」，蓋實胚胎於此書，而展轉以求之之過也。朱子於壬辰歲作中和舊說序，固已自明其誤，而自謂其與延平之意不遠矣。嗚乎！李、朱當日授受及此，可謂入微，然正不能無誤若此。後之學者，其可不悉心以辨之歟！

又按：中庸指定喜怒哀樂，而分已發未發以爲界，不惟已發者分明可見，即未發者亦只是此喜怒哀樂之理也。此何其着實明白，而於一動一静、一體一用之間，又何其條理自然，不廢安排也。此書所述吕與叔之言，不惟説到不可求之耳目、不可道之言語處，爲近於「心思路絶」、「言語道斷」之説，即其所謂「昭昭而不可欺、感之而能應」者，亦復覺得杳冥恍惚，而使人用心於冥寂之境也。嗚乎！講學之得失如此，是豈易言歟？人心實實有其理，故隨感而各應。如朱子所謂「虚靈不昧，以具衆理而應萬事」者，其言便字字着實。今但曰「昭昭」，曰「不可欺」，曰「能應」，便只似昭昭靈靈之説，以其落空故也。

附中庸或問曰：「經文所謂『不睹』『不聞』，隱微之間者，乃欲使人戒懼乎此，而不使人欲之私得以萌動於其間耳，非欲使人虚空其心，反觀於此，以求見夫所謂中者，而遂執之以爲應事之準則也。吕氏既失其指，而所引用『不得於言』、『必有事焉』、『參前倚衡』之語，亦非論孟本文之意。至謂『隱微之間，有昭昭而不可欺、感之而能應』者，則固心之謂矣。而又曰『正惟虚心以求，則庶乎見之』，是又别以一心而求此一心、見此一心也，豈不誤之甚哉？」

冬，再見李先生於延平。退，寓舍傍西林院，閲月而後去。年譜。

辛巳，三十二歲。

二月，以書問李先生曰：「『太極動而生陽』，先生嘗曰『此只是理，做已發看不得』。某疑既言『動而生陽』，即與復卦『一陽生而見天地之心』何異？竊恐『動而生陽』，即天地之喜怒哀樂發處，於此即見天地之心。『二氣交感，化生萬物』，即人物之喜怒哀樂發處，於此即見人物之心。如此作兩節看，不知得否？」延平答書曰：「『太極動而生陽』，至理之源，只是動静闔闢，至於終萬物、始萬物，亦只是此理一貫也。到得『二氣交感，化生萬物』時，又就人物上推，亦只是此理。中庸以喜怒哀樂未發已發言之，又就人身上推尋，至於見得大本達道處，又統同只是此理。此理就人身上推尋，若不於未發已發處看，即何緣知之？蓋就天地之本源與人物上推來，不得不異。此所以於『動而生陽』，難以爲喜怒哀樂已發言之。在天地只是理也，今欲作兩節看，竊恐差了。復卦『見天地之心』，先儒以爲静見天地之心，伊川先生以爲動乃見，此恐便是『動而生陽』之理。然於復卦發出此一段示人，又於初爻以顔子『不遠復』爲之，此只是示人無間斷之意。人與天地一也，就此理上皆收攝來，『與天地合其德，與日月合其明，與四時合其序，與鬼神合其吉凶』，皆是度内耳。」延平答問。

能靈謹按：延平先生此書當以前歲一書參之。其以「動而生陽」爲「此只是理，難以已發言之」者，先生固以理爲未發也。其所謂未發者，以前書考之，則即指無形聲可接，而不可求之於耳目言語處，與今章句專以屬之於静者不同也。惟不專屬静，故雖動而生陽，動静闔闢，終始萬物，然但無形聲可接，便謂難以已發言之，在天地只是此理也。其於程子論復卦「見天地之心」處，亦謂天地之心非真有形聲之發，只是理無間斷，陽盡復來，要人於此識得而常存此心焉，如顔子之「不遠復」，則自無間斷耳。蓋不實指一陽之復爲天地之心，只作假象以示人看，乃正所以見天地之心未嘗發而可見也。彼其平居教人看未發時氣象，恐只是此意。竊謂若果如此，則是已發者但在有形聲可見處，而不可以論理矣，但可於人身喜怒哀樂之已發未發上見此理之大本達道，而不可以徑以此無形聲可接之理爲已發未發矣。其後朱子遂欲單從未發上體認，既以心認之，則不能不發，而益不可以見未發之體也。遂至展轉之間，以爲時時皆已發，而特於已發之中則自有未發者存焉，而已發未發乃至不分兩時矣。既不分兩時，故遂又總統言之曰：「昔聞之師，當於未發已發之機默識心契，然後文義事理觸類可通」云云。凡此諸説，見於答何叔京及張欽夫書中，蓋皆原於此書以動静皆爲未發也，然實與朱子晚年中庸章句、太極解義之説不同矣。然則延平此書正不若朱子晚年之精，而實不足據。今性理大全中，乃首載此書於太極圖下，小註殊與朱子解義及其他説話俱不合，蓋徒使學者茫然而莫知所從焉。竊謂延平答問乃朱子自編者，亦特以明其學之有自而不没其實耳，抑或朱子自註中和舊説，所謂「存之以見議論本末」者焉。而朱子生平雖得力於延平，顧其於延平精約之語，如「以當理而無私心」、「論仁」之屬，皆已採入集註矣。答問之編，雖多微至之處，要自有不合於程子及朱子晚年所見處，朱子惟據實編次，以不没當年所聞次第耳，非遂以此爲字字皆傳心之要也。學者但奉朱子晚年之説爲據，自可論定於千載云。

又按：朱子與延平先生授受之秘，雖非後學所敢輕議，然後之爲學者當以朱子爲宗，則自有不得不辨者焉。大抵朱子之得力於延平者，在置禪説而讀聖賢之書，因一理而窮分殊之實。蓋已見於語類及趙氏答問書後矣。至於延平先生生平涵養之粹、自得之深，則又未始不隱然見於答問及語類、文集中。然其立説不若朱子晚年之精，則毫釐之差，即有如朱子早年中和舊説之誤者，其所係豈小哉？世但以朱子師承之故，不敢一置是非，甚且必以延平之説爲準，則終身所見不出朱子早年之學，亦已自誤矣。竊謂延平受學於豫章，豫章又出於龜山，然龜山之學已不能無議，而見於朱子之説者屢矣。噫！人心天理之公，萬世學術之辨，聖賢又何嘗以一己之私義而關其口耶？試觀朱子通書後跋，則知其即周子之書所得之於延平者已僅云一二矣，何得遂以此等書爲據哉？

壬午，三十三歲。

春，迎延平先生於建安，遂與俱歸，復寓西林數月。汪端明聖錫嘗稱：「朱子師事延平久而不懈，每一去而復來，則所聞必益超絶。」末二句朱子延平行狀中語。五月，祠秩滿，復請。以上俱年譜。

六月，延平答書曰：「來諭以謂『仁是心之正理，能發能用底一個端緒，如胎育包涵，其中生氣無不純備，而流動發生自然之機，又無頃刻停息，憤盈發洩，觸處貫通，體用相循，初無間斷』，此説推廣得甚好。但又云『人之所以爲人而異乎禽獸者，以是而已，若犬之性、牛之性則不得而與焉』，若如此，恐有礙。蓋天地所生物，本源則一，雖禽獸草木，生理亦無頃刻停息間斷，但人得其秀而最靈，五常中和之氣所聚，禽獸得其偏而已。若以爲此理惟人獨得之，即恐推測體認處未精，於他處便有差也。又云『從此推出分殊合宜處是義，以下數句莫不由此，而仁一以貫之，蓋五常百行無往而非仁也』。此説大概是，然細推之，却似不曾體認得伊川所謂『理一分殊』。龜山云『知其理一，所以爲仁；知其分殊，所以爲義』之意，蓋全在知字上用著力也。謝上蔡語録云『不仁便是死漢，不識痛癢了』，仁字只是有知覺了了之體段。若於此不下工夫令透徹，即何緣見得本源毫髪之分殊哉？若於此不了了，即體用不能兼舉矣。此正是本源體用兼舉處，人道之立，正在於此。」延平答問。

能靈謹按：此朱子論仁之始也。論語集註曰「仁者愛之理」，蓋愛情而仁性也。性者未發之體，而情者已發之用也。性者生理，而情則生理之發，生意亦從可見也。

不可遽以生意當仁，況可徑以生機而論理乎？其曰心之德，則又言理之得於心者，亦即心之所得以爲心也。蓋理不離乎心，而亦不雜乎心之謂也。集註定於晚年，故一語之間而體用之别、心理之分皆曉然可見，而仍不失爲一物也。今朱子於此既以仁爲心之正理矣，其下面推廣處，又只是説得個生機是不離乎心而已雜乎心也。然延平先生乃深許之，而復引上蔡「知覺了了」之説，此正朱子後來仁説中所譏「以覺爲仁」之謬也。不獨此也，既以知覺爲仁之體矣，而即以從知上用著力者爲仁之用，則是本體工夫直爲一物，而體用亦俱在一時一處矣，故其説曰「本源體用兼舉也」。凡此皆異乎朱子晚年之説，惟其論「惟人獨得」之語，則延平爲精耳。然自是數年，朱子論仁皆不脱知覺之意，迨四十以後，始變其説而益精焉。及作集註，乃獨有取於延平「當理而無私心」之一言，亦可知延平之言，朱子不能無所擇也。明人困知記謂「諸儒中延平爲無病」，近更有以横渠、延平、南軒勝於程、朱者，亦不察矣。

八月，應詔上封事，復予祠。

八月後，又書問延平先生曰：「某昨妄謂仁之一字乃人之所以爲人而異乎禽獸者，先生不以爲然。竊謂天地生物本乎一源，人與禽獸草木之生，莫不具有此理，但氣有清濁，故禀有偏正。仁之爲仁，人與物不得不同；知仁之爲仁而存之，人與物不得不異。故伊川夫子既言『理一分殊』，龜山又有『知其理一，知其分殊』之說，先生以爲『全在知字上用著力』，亦是此意也。又詳伊川之語，竊謂『理一分殊』此句，言理之本然如此，全在性分之內、本體未發時看，合而言之，則莫非此理。然其中無一物之不該，便自有許多差別，雖散殊錯揉不可名狀，而纖毫之間同異畢顯，所謂『理一而分殊』也。『知其理一』二句，乃是發用處該攝本體而言，因此端緒而下工夫以推尋之處也。蓋『理一而分殊』一句，正如孟子所云『必有事焉』之處，而下文兩句即其所以有事乎此之謂也。大抵仁字正是天理流動之機，以其包容和粹，涵育融漾，不可名貌，故特謂之仁。其中自然文理密察、各有定體處便是義。義固不能出乎仁之外，仁亦不離乎義之內也。然則『理一而分殊』者，乃是本然之仁義。前此乃以從此推出分殊合宜處爲義，失之遠矣。」延平答問。

能靈謹按：前一書以仁爲人之所以異乎禽獸者，又謂義是從此推出分殊合宜處，此書則以仁爲人物之所不得不同，而義不出乎仁之外。此固已承延平之說而推之益密矣，但其間專以理之本然者屬之未發，而引孟子「必有事焉」之處以證之，程子嘗以「必有事焉」數句作道體看，延平及朱子早年亦云爾。專以下工夫處屬之發用，而曰「即其所以有事乎此之謂」。此則亦因延平前書之說而言之，實與朱子晚年中庸章句不同也。蓋如章句之說，則未發已發皆爲理之本，然而特分體用耳。若論下工夫處，則二者皆各有其所有事焉。如云「自戒懼而約之，即未發時致中工夫也；自謹獨而精之，即發用時致和工夫也」。何嘗專以理之本然者屬之未發，而以工夫屬之發用耶？夫理之本然自有發用，豈曰發則見於形迹而但可屬之工夫耶？惟此處剖判未定，故自此以後數年之間，或欲專向未發時下工夫，或欲併執夫未發已發之機，又或以爲未發者不專在夢寐之時，如中和舊説紛紛之論，皆是此處剖判不定故也。又此書雖以理之本然爲未發，而其所謂未發者，亦是因延平前書之意，而不專屬之「寂然不動」也，但謂不出於人力工夫處，便看作未發耳。觀其下文曰「仁是天理流動之機」，又曰「其中自然文理密察」，則是雖謂「分殊」即在「理一」之中，較之前書爲已密，然其所謂「理一而分殊」者，終是時時見其流動耳，此即中和舊説之意也。試玩「天理流動之機」，只下一機字，便是以機爲理，而與心無别矣。此其所以未免有「馳心空妙」之悔，如後來答汪尚書及薛士龍等書之言也。大抵朱子誤處，亦是學者最易誤處。顧後之學者未入深微處，又往往入而遂不得出焉，是以不可不詳考而精辨之也。

又按：此書謂「理一分殊」句是言理之本然，全在本體未發時看。朱子即於此句之下自註延平批語云：「須是兼本體已發未發時看，令合内外爲可。」竊謂本體自當屬之未發，而已發則屬用矣。今延平乃批云「兼本體已發未發時看」，可知體用不分兩時者，延平之意也。此中和舊説之所由失歟！况所謂「合内外爲可」者，亦只是要將發用應事之在外處，俱合在本體上看，正與「太極動而生陽」之書，謂「此只是理，難以已發言之」者同一意也。此延平先生之説所爲不若朱子晚年之精審者乎？

又按：此書有「全在未發時」句，已下一「時」字，似朱子亦分兩時矣〔八〕。但既以下工夫處爲發用，則其所謂時者，乃下工夫與未下工夫之時，以此而分兩時也，非以動静分兩時也。然則凡延平先生所謂未發之前及未發之時，雖下「前」字、「時」字，皆只是未下工夫之時耳，非以静之時爲未發也。須合前後諸處細考之，方可見其得失。

甲申歲答江元適第三書，其得失與此上延平書略同，辨説見後。

心理之辨、未發已發之辨，亦詳於後。

十月，答延平書曰：「承諭近日看『仁』一字頗有見處。但乍喧乍静，乍明乍暗，子細檢點，儘有勞攘處。詳此足見潛心體認用力之效，蓋須自見得病痛窒礙處，然後可進。孟子曰：『夫仁，亦在乎熟之而已矣。』乍明乍暗，乍喧乍静，皆未熟之病也。」延平答問。

能靈謹按：此可見朱子是時體認用力之效蓋如此。然竊意此病非止此一時也，更以後此數年之説考之，迨至癸巳以後庶幾可免乎？抑義理無窮，工夫難熟，學者或未嘗以身體之，又安知此病之難免也？

孝宗隆興元年癸未，三十四歲。

三月，再召，辭。有旨促行。年譜。

五月，延平答書曰：「近日涵養必見應事脱然否？須就事兼體用下工夫，久久純熟，漸可見渾然氣象矣。」延平答問。

能靈謹按：既曰「就事」，則專屬用上工夫矣，而云「兼體用」者，延平先生蓋不分體用爲兩時也。

延平先生與羅宗約博文書曰：「元晦進學甚力，樂善畏義，鮮與倫比。晚得此人商量，甚慰！」又曰：「此人極穎悟，力行可畏，講學極造其微。某因此追求有所省。渠所論難處，皆是操戈入室，須從源頭體認來，所以好説話。某昔於羅先生得入處，後無朋友，幾放倒了，得渠如此，極有益。渠初從謙開善處下工夫來，故皆就裏面體認，今既論難，見儒者路脉，極能指其差誤之處。自見羅先生來，未見有如此者。」又云：「此人别無他事，一味潛心於此。初講學時，頗爲道理所縛，今漸能融釋，於日用處一意下工夫。若於此漸熟，則體用合矣。此道理全在日用處熟，若静處有、動處無，即非矣。」年譜。

能靈謹按：此書年月未詳，顧末幅所云「漸能融釋，於日用處下工夫」，又曰「於此漸熟，則體用合矣」，正與是年答朱子書所謂「應事脱然」、所謂「久久純熟，漸見渾然氣象」者，語意相合也。又朱子明年甲申歲，始力闢禪説，而此書云「渠初從謙開善處下工夫，今見儒者路脉，極能指其差誤之處」，皆可見其不出於此時也。

六月，延平答書曰：「承諭令表弟之去，反而思之，中心不能無愧悔之恨。自非有志於求仁，何以覺此？語録有云程子語録：『罪己責躬不可無，然亦不可常留在心中爲悔。』來諭云：『悔吝已顯然，如何便消隕得胸中？』若如此，即於道理極有礙〔九〕。有此氣象，即道理進步不得矣，正不可不就此理會也。某竊以謂有失處罪己責躬固不可無，然過此以往，又將奈何？常留在胸中，却是積下一團私意也。到此境界，須推求其所以愧悔不去爲何而來。若來諭所謂，似是於平日事親事長處不曾存得恭順謹畏之心，即隨處發現之時，即於此處就本源處推究涵養之令漸明，即此等固滯私意漸化矣。又昔聞之羅先生云：横渠教人，令且留意『神化』二字，所存者神，便能所過者化。私吝盡無，即渾是道理，即所過自然化矣。更望以此二説，於静默時及日用處下工夫看如何。吾輩今日所以差池、道理不進者，只爲多有坐此境界中爾。」延平答問。

能靈謹按：此朱子從延平先生講學之書也〔一〇〕。自此以後，止有一二論時事之語，因朱子將趨召命而言之者，惟此一書可見是時師弟子講摩所至云。

十月，至行在。召到垂拱殿，奏劄凡三上。先是，朱子將趨召命，問所宜言於延平先生，首用其説以對。年譜。

能靈謹按：奏劄即前封事之意而加剴切焉。但愚於此編，特所以考朱子生平進學次第耳，若其微言則有傳註，其經世則有奏劄。是乃朱子全體大用之所存，學者又當編考之。此既不能盡載，而亦未敢以是爲足以盡朱子之學也。

是月，延平李先生卒。

朱子門人趙氏師夏曰：「文公先生嘗謂師夏曰：『余之始學，亦務爲儱侗宏闊之言，好同而惡異，喜大而耻於小，於延平之言，則以何爲多事若是，天下之理一而已，心疑而不服。同安官餘，以延平之言反覆思之，始知其不我欺矣。蓋延平之言曰：「吾儒之學所以異於異端者，理一分殊也。理不患其不一，所難者分殊耳。」此其要也。』今文公先生之言行布滿天下，光明俊偉。毫釐必辨，而有以會其同；曲折致詳，而有以全其大。所謂『致廣大而盡精微，極高明而道中庸』，本末兼舉，細大不遺。而及門之士，亦各隨其分量，有所依據而篤守，循序而漸進，無憑虚蹈空之失者，實延平先生一言之緒也。」書延平答問後。

能靈謹按：觀趙氏此言，及下條語録教讀賢書之言，則知朱子之學得力於延平先生之大者，此也。其他雜見於答問、語類中者不一，然此則其要也。朱子晚年於滄洲精舍列祀延平先生者，事見甲寅歲。殆正以此歟。若夫未發之論，則遂至沿誤數年而不已，蓋其義理雖大而且要，然自不能無失矣。今趙氏所述朱子之言並不及此，固有微意，況厥後朱子集註於程、張獨稱子，他皆稱氏，既不敢概尊延平於程、張之列，而亦不敢與他家同稱，但據實而稱以師者，蓋明其學之所得力而仍斟酌至當也。若劉聘君於朱子爲翁壻，然亦其少時之師也，則又不敢與延平同稱矣。此朱子精義之一端，須合而考之，即當時之意可見矣。慎勿以未發之論爲授受宗旨，庶幾後學不誤於所入也。

十一月，除武學博士，拜命遂歸。年譜。

是歲，論語要義成，論語訓蒙口義成。年譜。

能靈謹按：此朱子諸經傳註之始也。先是，徧求古今諸儒之説，合而編之。及講於延平，始獨主程氏，而删其穿鑿支離之説，補輯訂正爲要義一書。既又以其訓詁略而義理詳，殆非啓蒙之要，因爲删録而成口義一書，通其訓詁，正其音讀，然後會之於要義諸老先生之説，以發其精微，而又以平日所聞於師友及得之於心思者，間附見焉。二書皆有序，見文集中，今述其梗概如此云。又按：文集答汪尚書第一書本註是歲「癸未六月」，其第三書本註「甲申十月」，而其第二書無註，應在甲申十月之前、是歲六月之後也。因謹録於此。

答汪尚書第二書曰：「某於釋氏之學，蓋嘗尊其人、師其道，求之亦切至矣，然未能有得。其後以先生君子之教，校夫先後緩急之序，於是暫置其說而從事於吾學。其始蓋未嘗一日不往來於心也，以爲俟卒究吾說而後求之，未爲甚晚耳，非敢遽絀絶之也。而一二年來，心獨有所自安，雖未能即有諸己，然欲復求之外學以遂其初心，不可得矣。」

能靈謹按：據此書，則朱子之學自十五六時扣僧談禪以來，至此而一變矣。語類有一條與是書相出入，謹以並列於此。

語類朱子曰：「某年十五六時，亦嘗留心於此。謂禪也。一日在劉病翁所會一僧，與之語，其僧只相應和了說，也不說是不是，却與劉說，某也理會得個昭昭靈靈底禪。劉後說與某，某遂疑此僧更有要妙處在，遂去扣問他，見說得也煞好。及去赴試時，便用他意思去胡說，試官爲某說動了，遂得舉，時年十九。後赴同安任，時年二十四五矣，始見李先生。與他說，李先生只說不是，某倒疑李先生理會此未得，再三質問。李先生爲人簡重，却不甚會說，只教看聖賢言語。某遂將那禪來權倚閣起，意中道禪亦自在，且將聖賢書來讀。讀來讀去，一日復一日，覺得聖賢言語漸漸有味，却回頭看釋氏之說，漸漸破綻罅漏百出。」

能靈謹按：語類此條，又可見朱子之得力於延平先生者也。所謂「一日復一日，覺得聖賢言語漸漸有味」者，即上條答汪書内所謂「一二年來，心獨有所自安」是也。是時朱子年三十四，其云「一二年來」者，蓋三十二三時也。自十五六至三十二三，而始覺禪學罅漏百出，故其明年甲申歲答李伯諫及汪尚書書，皆是指其罅漏處。顧何以至四十以後於答薛士龍書内，又有「馳心空妙之域二十餘年」之悔也歟？大抵罅漏猶易見，而其精深處，乃直相似而難辨也。如楞嚴下半部便見罅漏，其上半數卷愈入愈微，自非此理十分透熟，即如史遷所謂「宿學難自解免」也。觀他日廖子晦記癸巳所聞曰：「爲他佛説得相似，近年方看得分曉。」則難分曉處又不在此罅漏之迹矣。學者正須於明年甲申以後，壬辰、癸巳以前，得朱子仍自悔爲空妙之域者，庶幾見朱子晚年之學爲繼往開來、顛撲不破之理歟。

【校勘記】

〔一〕則清陽在上而爲首　「則」上原衍「別」字，據存目本删。

〔二〕率仁之仁爲孝　「率」字原漫漶，據存目本補。

〔三〕初非以人而率之也　「以人」二字原漫漶，據存目本補。

〔四〕正謂隨其性之所具　「正」字原漫漶，據存目本補。

〔五〕然其中無所不包　「所」下原衍「無」字，據存目本及晦庵集續集卷五删。

〔六〕雖一動一静而默然流行者　「默」，原訛「點」，據存目本改。

〔七〕感之而能應者　「而」，原訛「不」，據存目本改。
〔八〕似朱子亦分兩時矣　「朱子」二字原漫漶，據存目本補。
〔九〕即於道理極有礙　「極」字原漫漶，據存目本及延平答問補。
〔一〇〕此朱子從延平先生講學之書也　「此」「也」二字原漫漶，據存目本補。

朱子爲學次第考卷二

甲申，三十五歲。

正月，之延平，哭李先生。　有祭文及李先生行狀。年譜。

能靈謹按：行狀之作在此年，蓋早年之説也。說見後。

力辨學術。　見於答李伯諫書及答汪尚書書、江元適書。

能靈謹按：延平在時，云「極能指其差誤」。於答汪尚書第二書，則自謂「心獨有所自安，而不復求之外學」。至是答李伯諫書，始力加辨晰而言之愈決矣，理固自有漸也。

答李伯諫書曰：「釋氏果能『敬以直内』，則便能『義以方外』，便須有父子、有君臣，三綱五常，缺一不可。今曰能直内矣，而其所以方外者果安在乎？又豈數者之外別有所謂義乎？以此而觀伊川之語，可謂失之恕矣。然其意不然，所謂有直内者，亦謂其有心地一段工夫耳，但其用力却有不同處，故其發有差，他却全不管著，此所以無方外之一節也。固是有根株則必有枝葉，然五穀之根株則生五穀之枝葉，華實而可食，稊稗之根株則生稊稗之枝葉，華實而不可食，此則不同耳。」文集。

能靈謹按：此書本註「甲申」，然分條辨論，今摘録此。

答汪尚書書曰：「大抵近世言道學者，失於太高，讀書講義，率常以徑易超絶、不歷階梯爲快，而於其間曲折精微正好玩索處，例皆忽略厭棄，以爲卑近瑣屑，不足留情。以故雖或多聞博識之士，其於天下之義理，亦不能無所未盡。理既未盡，而胸中不能無疑，乃不復返求諸近，顧惑於異端之説，益推而置諸冥漠不可測知之域，兀然終日，味無義之語，以俟其廓然而一悟。殊不知物必格而後明，倫必察而後盡。彼既自謂廓然而一悟者，其於此猶懵然也，則亦何以悟爲哉！又況俟之而未必可得，徒使人抱不決之疑，志分氣餒，虚度歲月而悵悵耳。曷若致一吾宗，循下學上達之序，口講心思，躬行力究，寧煩毋略〔一〕，寧下毋高，寧淺毋深，寧拙毋巧，從容潛玩，存久自明，衆理洞然，次第無隱。然後知夫大中至正之矩，天理人事之全，無不在是，初無迥然超絶不可及者。而幾微之間，毫釐必察；酬酢之際，體用渾然。雖或使之任至重而處所難，亦沛然行其所無事而已矣。此其與外學所謂『廓然而一悟』者，雖未知其孰爲優劣，然此一而彼二，此實而彼虚，則較然矣。」文集本註「甲申十月」。

能靈謹按：此書之説乃全闢外學「廓然一悟」之失也。所謂「此一而彼二，此實而彼虚」者，大意亦已盡之矣。然細考其間，尚不能無得失，而實皆從延平先生之説而來。其得處則所謂「物必格而後明，倫必察而後盡」者，蓋延平之教，「理不患其不一，而所難者分之殊」是也。其失處則不分酬酢之際，獨屬已發之用。而云「酬酢之際，體用渾然」者，蓋延平之教，謂「本源體用兼舉」，又謂「就事兼體用下工夫」，且謂「用處如何吻合渾然，體用無間」是也。今以朱子晚年定説考之，則酬酢之際當屬已發之用，而未酬酢之前當屬未發之體。今但曰「酬酢之際，體用渾然」，則是體用不分兩時，而特於發用之際，隱然常有未發之全體存於其間也，蓋中和舊説之説已根於此矣。

或問：酬酢之際如應此一事，則止是於吾心全體之中，分出一事之理以應之，所謂「理之發而屬用」者也，非其體之全也。然方其發時，感而遂通，既非擬議之所及矣，且隨事泛應，各出而不窮焉，又豈臨時杜撰之所有乎？是必有渾然全體者，常存於其間以爲大本焉。其體無時而不存斯，其用無時而或竭，是故體與用必不可分兩時也。今獨以酬酢之際屬已發之用，而以未酬酢之前屬未發之體，則方其酬酢乎此一事也，彼所爲渾然全體以爲萬事之本者，至此將安往乎？曰：不然。未發之前，渾然之中，固已具夫萬事之條理矣；已發之際，則即此渾然全體之中，分屬此一事之條理以應之，此非遂與渾然之全體離而相失也。譬之一身焉，未應用之前，其爲渾然全體者，固無所偏屬矣，及其目有所視也，則耳之神亦注乎目，而手與足皆爲目用焉；其手有所持也，則足之力亦從乎手，而耳與目又皆爲手用焉。是故用發於親親之愛，則敬亦行於親矣；用發於長長之敬，則愛亦行於長矣。蓋已發之後，一理爲主，則衆理即畢從之，不得謂其體之全者至此而遂亡也。且理更有以相反而見其存者。如喜樂之時，可謂無怒與哀矣，顧其所以爲喜爲樂者，亦即此怒哀者而反用之耳，豈得謂怒哀之體至喜樂之時而遂亡乎？又豈得謂别有一喜怒哀樂渾然之全體，雖其喜樂方發而彼全體者自未發乎？是故用主乎仁，則義亦在仁中，天下原無不義之仁也；用主乎義，則仁亦在義中，天下原無不仁之義也。何者？分雖殊而理自一故也。其用之偏主者，分之殊也；其體之渾全者，理之一也。惟其理之一，而千條萬派皆統於一，而無二理也，此其體之所以無不全也。惟其分之殊，而千條萬派不可淆亂，而各有殊分也，此其用之所以偏有所主也。且惟其理之一也，故一事之理發用，則衆理不錯出而畢向於一也。已向於一，則亦自當從其所主而不復兼主，即不害其爲分之殊矣。如愛主於親親，則凡其敬親者，亦皆爲愛中之敬矣；敬主於長長，則凡其愛兄者，亦皆爲敬中之愛矣。即如耳之從乎目，則不得謂目視左而耳且聽右，耳目將有並用也。抑不獨此也，凡此體此用之所以分者，亦第惟其理之一而分之殊故耳。蓋未發之體，即此已發者之存，而已發之用，即此未發者之著，此所謂理之一也。但體用雖一理，而其分又自殊焉。故未發之前，以其一無所向也，則渾然而全具；已發之後，以其偏有所主也，則判然而各殊。此則性情之所以分，而仍非有兩物者也。如謂發用之後既已條分派別判然而各殊矣，而其體之渾然者仍自渾然而不分，則是已發之理，特此全體未發者之聲影緒餘，而其見於酬酢之際者，亦皆非所性中存之實矣，況即此全體者之渾然而終不變，則是用雖紛然，而其體仍自寂然也，豈不異於晚年分别體立用行之説哉？是故體用之辨不明，用必歸於幻而無實，以其非即體之所發現故也；體必入於寂而常空，以其非即用之所蘊藏故也。如此展轉之間，必將馳心空妙之域而不自知矣。此朱子早年所以雖已力闢外學之誤，而四十以後仍不免馳心空妙之悔，而自謂其因彼説相似，遂至於鶻突者也。千古學術之界，其所争有毫釐千里之異者，蓋以此而已矣。

或曰：親親長長之大處，固是一理發而衆理即畢從之矣。若夫暫而乍見之所感，微而動容之所中，其於此理之應，亦僅得見其端倪耳，豈可謂衆理皆向於此一處乎？曰：感有淺深，事有久暫，則理之應者，亦因之而爲微爲顯之不同焉，然皆即此全體者之端倪也。以其事之大者言之，則固如愚所謂目有所視，而四體畢從之矣；以其事之小者言之，則又當如東坡所謂「牽一髮而頭爲之痛，拔一毛而身爲之動」者。不妨借喻以見端倪之不離乎全體也。但其各有所當，則偏主於一，而自是條理之分見者耳。此亦如杜甫詩云「仰面貪看鳥，回頭錯應人」，方其仰看時，豈不四體畢從乎仰？然已「錯應人」矣，可見發用之偏而必不能兼營也。要之，一動一静，一偏一全，此即體用之所以分，而確然不入於空幻者也。

附録朱子體用定説。

答吕伯恭别紙曰：「中庸首章言中和之所以異，一則爲大本，一則爲達道。是雖有善辨者，不能合之而爲一矣。故伊川先生云：『大本言其體，達道言其用。體用自殊，安得不爲二乎？』學者須是於未發已發處認得一一分明，然後可以言體用一源處。然亦只是一源耳，體用之不同，則固自若也。」文集。

能靈謹按：此説分别未發爲體，已發爲用，與章句合，乃癸巳以後定説也。下條同此。

又答徐彦章曰：「分别體用，乃物理之固然，非彼之私言也。求之吾書，雖無體用之云，然其曰寂然而未發者，固體之謂也，其曰感通而方發者，固用之謂也。且今之所謂一者，其間固有動静之殊，則亦豈能無體用之分哉？」文集。

能靈謹按：併體與用合而言之，本不見於吾儒經傳，然有時言體，有時言用，亦可互見也。彼立體用之説者，而實有即體即用之意，則有如所謂「用而常空、空而常用」者，於「空」「用」皆著個「常」字，便是不分兩時矣。朱子所謂「酬酢之際，體用渾然」者，殆正與相混，亦癸巳所聞自謂「鶻突」者也。必如此，附録二條定説，則「物理之固然」，始分明不可易矣。

文集答江元適三書，其詞意與此答汪書相出入，而其首篇中幅論及奏劄流傳云云，正在召對垂拱之後，是爲此年也。謹採其略，並載於此。

答江元適第一書曰：「某天資魯鈍，自幼記問言語不能及人。以先生君子之餘教，頗知有意於爲己之學，而未得其處，蓋出入於老、釋者十餘年。近歲以來獲親有道，始知所向之大方。」又曰：「聖人之學所以異於老、釋之徒者，以其精粗隱顯，體用渾然，莫非大中至正之矩，無偏倚過不及之差。是以君子智雖極乎高明，而見於言行者未嘗不道乎中庸。非故使之然，以高明、中庸無異體故也。」文集。

能靈謹按：此書全與上條答汪書同意。顧此書既云前此之出入者十餘年矣，其後答薛士龍書年已四十餘，又謂「馳心空妙之域者二十餘年」，是此時雖已力闢空妙，然尚有涉於空妙而不自覺者也。竊謂此病便是「體用渾然」一句爲之根。蓋體用既不分兩時，則時時皆見其發用，雖物理差別處，無過不及處，皆覺得是活動處，而心之與理難於分別矣。觀後此諸説，自可見也。

又按：此書及下答元適書，其通體説理，雖云無過不及、有是非可否處，然皆看得有流動不息之意，蓋正不脱壬午書中所謂「天理流動之機」，於一「機」字内見此理也。此便是心與理不分明處。學者讀朱子文集，正須於此等處辨其爲早年之説耳。近見當湖陸氏於此書及下一書中，摘取一二處，揭而書之於讀朱隨筆，殆考之不詳也。謹識於此，以爲讀朱子者告焉。晚年心理定説見戊子歲。

再答江元適書曰：「某之所聞，以爲天下之物無一物不具乎理，是以聖門之學，下學之序，始於格物以致其知，不離乎日用事物之間，别其是非，審其可否，由是精義入神，以致其用。其間曲折纖悉，各有次第，而一以貫通，無分段，無時節，無方所。以爲精也而不離乎粗，以爲末也而不離乎本〔二〕。必也優游潛玩而自得之，然後爲至。」文集。

三答江元適書曰：「天命之性，流行發用，見於日用之間，而無一息之不然，無一物之不體，其大端全體即所謂仁；而於其間事事物物，莫不各有自然之分，如方維上下定位不易，毫釐之間不可差謬，即所謂義。立人之道，不過二者，而二者則初未嘗相離也。」文集。

能靈謹按：此三書中，第一書云「高明、中庸無異體」，第二書云「不離乎日用事物之間，别是非，審可否，由是精義入神，以致其用」，第三書云「大端全體即所謂仁」，其

「定位不易，不可差謬處，即所謂義」，此皆與晚年定說大致相同也，特後來益加精密耳。惟其第一書有「體用渾然」句，第二書有「無分段，無時節」句，第三書有「流行發用，無一息之不然」句，此則與晚年之說不同矣。然細玩三書，實同一意。蓋惟無一息之不流行，則即以爲無一息之不發用；既無一息之不發用，則本體便在發用之中，而更無獨立之時，故曰「體用渾然」，又曰「無分段，無時節」也。若以後此定說考之，則發用處固是流行，然流行豈專屬已發耶？惟其一發而一未發，斯即一動一靜而不已焉，此流行之說也。今以流行發用合併言之，即與太極通書解義諸說不同矣。

又按：前壬午書中謂，「理一分殊」一句全在本體未發時看。其所謂未發者，原只指未著人力工夫時，便雖動處，亦看作未發。今則因動處，未免看來是發用了，故又稍變延平之說，以爲「無一息之不發用」，而特於發用之中，則時時見有未嘗發之本體存焉，蓋已漸入於中和舊說之解矣。自是以後，說已發處皆只在流動處看，而不專屬人力工夫矣。然其所謂未發者，則仍是延平「不見不聞，無形聲可接」之意，固非章句之所謂未發也。若如章句之說，則體用已判爲兩時，而不得謂之渾然矣。延平「動而生陽，難作已發看」，則「發」字作有形看，朱子壬午書中遂將發用作工夫看。此處又將發用作自然看，稍與延平異，但謂「無一息不發用」，則入於中和舊說矣。由是看未發者，即在發用之中，體用同時，亦依然延平之意也。

又答柯國材書曰：「近衢州有一江元適登仕泳，以書來云『頃歲獨學，嘗窺求仁之端』，又謂『須明識所謂元者，體諸中而無疑，則道之進也化也，基諸此矣』。此論似非偶然默識，試一思之何如？」又曰：「欲識仁字大概，且看不仁之人可見。蓋其心頑如鐵石，不問義理，事任己知，是以謂之不仁。識此氣象，則仁之爲道，可推而知矣。」文集。

能靈謹按：此書首云「武學闕尚有三年」，中間因及時事，考之史與年譜，皆在甲申年也。書中又引元適來書云云，益知答元適三書正在此年矣。今試竊論之。朱子後此數年嘗有答南軒書，於先識仁體之説，深不以爲然也。而此則方有取於元適之言，其爲得失可知矣。其中言仁氣象，試按而推之，則不頑者，其心之虛靈也；不任己知者，謙退認理也。此雖亦是仁者氣象，然已覺四德皆包在内矣，於仁之界限不清，而亦未見心理之别、性情之分也。試以後此答南軒論仁諸書參之，精粗深淺又何如耶？

又按：書中有云：「論語比年略加工夫，然亦只是文義訓詁之學，終未有脱然處。更有詩及孟子，各有少文字。地遠，不欲將本子去。」觀此，則諸經傳註之功，自成論語口義以來，蓋積累而爲之矣。

是歲，困學恐聞成。〇朱子嘗以「困學」名其燕坐之室，因目其雜記之編曰困學恐聞。

年譜。

乙酉，三十六歲。

四月，請祠。　五月，從差監潭州南嶽廟。年譜。

丙戌，三十七歲。

作雜學辨。文集。

答何叔京書曰：「李先生教人，大抵令於静中體認大本未發時氣象分明，即處事應物自然中節。此乃龜山門下相傳指訣。然當時親炙之時，貪聽講論，又方竊好章句訓詁之學，不得盡心於此，至今若存若亡，無一的實見處，辜負教育之意。每一念至，未嘗不愧汗沾衣也。」文集。

能靈謹按：此書之下答叔京數書，中及時事，皆丙戌、丁亥、戊子間事也，而此書又在其前，當不出乙酉、丙戌之間。况味其語意，亦當去延平之没未久也，因繫於此。

節齋蔡氏作朱子像贊曰：「文公先生教人，大抵令於静中體認大本未發時氣象分明，即處事應物自然中節」云云。又曰：「凡學可以言傳者，先生之書盡矣，惟此有非言之所能到。志先生之學而欲深造先生之道者，必於此而求之。」

能靈謹按：未發之説，在程子時原但屬之於静，即今章句所本是也，故龜山承之，亦只主静説耳。至延平先生之教，始以「動而生陽不屬已發」，則動静皆在未發之内矣。朱子自序中和舊説，謂其與延平之意不遠，可見也。朱子於己丑之春已變其説，而又於壬辰歲序之以爲戒，固未嘗以之立教也。然龜山之説雖以静爲未發，而嘗有「未發之前體所謂中」之語，及延平行狀中有「驗未發時氣象」之語。朱子晚年皆論其失，今語類、文集可考也，又何嘗以此教人耶？節齋親受業於朱子之門第，弗深考，遽引此早年答何叔京書以爲朱子教人宗旨，豈不貽誤後學耶！

又按：甲申書中猶謂「不離乎事物之間，辨其是非，審其可否」，而此書乃遽云「但求之大本，即處事應物，自然中節」，是此時中間又略一小變也。然此病朱子於下條答書已自言之。看未發氣象雖受之延平，然延平嘗令著意分殊處，故甲申書猶不失其意，此却單向理一上用工夫。

謹附朱子定説。

附答胡季隨書曰：「未發之前，纔要體所謂中，則已是發矣。」文集。

附語類。問：「先生所作李先生行狀云：『終日危坐，以驗夫喜怒哀樂之前氣象爲如何，而求所謂中者』，與伊川之説若不相似？」曰：「這處是舊日下得語太重，今以伊川之語格之，則其下工夫處亦是有些子偏，只是被李先生静得極了，便自見得是有個覺處，不似別人，今終日危坐，只是且收斂在此，勝如奔馳。若一向如此，又似坐禪入定。」

能靈謹按：此段云李先生「下工夫處亦是有些子偏」，以下抑揚其詞，亦終是恐人於此作病耳，豈肯以此爲教人宗旨耶？

又附語類。淳問：「延平欲於未發之前觀其氣象，此與楊氏體驗於未發之前者，異同如何？」曰：「這箇亦有些病。那『體驗』字是有個思量了，便是已發。若觀時恁着意看，便也是已發。」問：「此『體驗』字是著意觀？只恁平常否？」曰：「此亦是以不觀觀之。」

能靈謹按：未發之前，所謂寂然不動也。然朱子嘗謂此時亦不恁困，則此心本體之明，固未嘗或息，而天下之大本，即於此存焉，但念慮有不生耳。若於此下「體認」字，則未免便是已發，而未發者不可見矣。於是遂以爲時時皆已發，而已發之中時時自有其未嘗發者焉。此蓋延平不以動而生陽屬已發，而朱子自是以後相沿至於中和舊説之論也。

又答何叔京書曰：「昔聞之師，以爲當於未發已發之機，默識而心契焉，然後文義事理觸類可通，莫非此理之所出，不待區區求之章句訓詁之間也。向雖聞此，而莫測其所謂，由今觀之，始知其爲切要至當之説，而究亦未能一蹴而造其域也。」文集。

能靈謹按：此書末有「近年南北交兵」語，事在甲申十月，若乙酉以後已講和矣。今不云去年而云近年，亦當爲丙戌之書也。此書之下又一書云「歲前報葉、魏登庸」，此正丙戌年事，而謂之歲前，當是丁亥開歲之書矣。下書作於丁亥，益知此書爲丙戌也。其間以未發已發合併言之，已漸近中和舊説之論，然味其通體之意，即後來姚江固亦不出於此旨矣。

丁亥，三十八歲。

答何叔京書引孟子「必有事焉」之説，曰：「夫其心儼然，常若有所事，則雖事物紛至而沓來，夫豈足以亂吾之知思，而宜不宜、可不可之機，已判然於胸中矣。如此，則此心泰然，有以應萬物之求，而何躁妄之有哉？」文集。

能靈謹按：此書末云「歲前報葉、魏登庸」，當爲丁亥歲首之書也。大意亦不出丙戌之論。其中幅有云：「遺説所疑，重蒙鐫諭，然愚尚有未安者，及後八篇之説，併以求教。」其下即有一書，首云「昨承遺説及後八篇」云云，則是一時之書矣。其書分十餘條，今謹摘一條於後。

其一條曰：「『夜氣』以爲休息之時則可，以爲未發之時則未安。魂交而夢，百感紛紜，安得爲未發？而未發者，又豈專在夢寐間耶？」文集。

能靈謹按：此一條即中和舊説之論也。但彼則言之愈暢而意愈決耳。

七月，爲張仲隆記其讀通鑑之室，曰：「古今者時也，得失者事也，傳之者書也，讀之者人也。以人讀書而能有以貫古今、定得失者，仁也。蓋人誠能即吾一念之覺者，默識而固存之，則目見耳聞，無非至理。」文集。

能靈謹按：據此言，則分明以覺爲仁矣，所云「即吾一念之覺者，默識而固存之」，亦與前答何叔京書所謂「執未發已發之機，默識而心契」者，語意相合也。而其源則從延平先生引上蔡「仁是知覺了了」之説來。其後壬辰歲答張欽夫書，乃力言以覺爲仁之非，此尤不可不考也。要之，仁是生理，覺是生氣，是一是二，其辨甚微。謂覺不離仁則可，謂仁屬於覺則不可也。論語言仁，曰「仁者樂山」，曰「仁者静壽」，曰「仁不能守之」，曰「剛毅木納近仁」，易曰「安土敦乎仁」，此皆不可以覺爲仁之明證也。朱子後來嘗以此意辨之矣，此時則方以仁屬之於覺也。

八月，訪南軒張敬夫栻於潭州，范伯崇念德〔三〕、林擇之用中侍行。伯崇嘗言二先生論中庸之義，三日夜而不能相合。留長沙再閲月，與南軒偕登衡嶽，至衡州而別，有南嶽遊山記、倡酬集。南軒贈詩：「遺經得抽繹，心事兩綢繆。超然會太極，眼底無全牛。」與南軒別後，遂偕伯崇、擇之東歸。掇拾道中所作詩，得二百餘篇，名東歸亂藁。是行也，道經昭武，謁端明黄通老中於其家。端明端莊静重，德容粹然，朱子請納再拜之禮而見之，進於門弟子之列，其敬慕如此。年譜。

十二月，除樞密院編修。用執政陳俊卿、劉珙薦也。年譜。

戊子，三十九歲。

四月，崇安饑，貸粟於府以賑之。時盜發崇安，人情大震，乃請貸於府，得粟六百斛，籍户口散給之，民以不饑。是冬有年，民願輦穀還官，知府事王淮俾留里中，而上其籍於官，社倉之法始此。年譜。

編次二程遺書。初，二程子門人各有所録，雜出並行，頗爲後人竄易。至是，序次有倫，去取精審，學者始有定從，而程子之道復明於世。年譜。

省劄屢促就職，固辭。時太學録魏掞之以論曾覿去國，遂立辭。

七月，崇安大水，奉府檄，行視水災。以上年譜。

答何叔京書曰：「道理無窮，思索見聞有限。聖人之言正在無窮處，而吾以其有限者窺之，關鎖重重，未知何日透得盡耳。」文集。

能靈謹按：此書之末，正言戊子年事，觀此則可見朱子遜志時敏之功，不敢自是之意矣。假令於此時自矜獨得，而不復求之，則晚年精義入神、博約兩盡之功，豈復得見也哉！

又答何叔京書曰：「向來妄論『持敬』之説，亦不自記其云何。但因其良心發現之端，猛省提撕，使心不昧，則是做工夫底本領。本領既立，自然『下學而上達』矣。若不察於良心發現處，即渺渺茫茫，恐無下手處也。」又曰：「所論『多識前言往行，固君子之所急』，向來所見亦是如此，近因反求未得個安穩處，却始知此未免支離。如所謂『因諸公以求程氏，因程氏以求聖人』，是隔幾重公案，曷若默會諸心，以立其本，而其言之得失，自不能逃吾之鑑耶。」

能靈謹按：此書末云「築楊州城」，亦戊子年也。文集。

學蔀通辨曰：「朱子斯書，道一編指爲朱子晚合象山，王陽明指爲朱子晚年定論。據年譜，朱子四十歲丁母祝孺人憂，此書有『奉親遺日』之云，則祝無恙時所答。朱子年猶未四十，學方日新未已，與象山猶未識面，何得爲晚合？何得爲晚年定論耶？顛倒誣罔，莫斯爲甚！」

又答何叔京書曰：「性心只是體用，體用豈有相去之理乎？」又曰：「心者體用周流，無不貫徹。」文集。

能靈謹按：此書在上言「築城」一書之後，下言「賑饑」一書之前，亦戊子年也。既曰「性心只是體用」，又曰「心者體用周流」，則分明以心爲性矣。語類曰「口是體，説話處是用」，又曰「不成香爐是火箸之體，火箸是香爐之用」，蓋言體用本是一物故也。明儒羅整庵雖力闢心學，然猶不免以心爲性之用，是亦朱子早年之見也。合以程朱定説推之，則性即理也，心則氣之精爽也。故性之用爲情，情之體爲性，此獨指理而言也；心之静爲體，心之動爲用，此則指氣而言也。心静則性之爲體者以立焉，心動則情之爲用者以行焉。是故性之體用，常乘乎心之體用以爲體用也，非謂性爲心之體，而心爲性之用也。大抵學者雖知性之爲理，却疑理則道體無爲，不可以「用」字加之，而理之用時，又只在心之知覺中見，則似只爲知覺之妙耳。今附録朱子心性理氣體用定説以明之。

附答楊子直書曰：「某向以太極爲體，動静爲用。其言固未當，後已改之曰『太極者本然之妙也，動静者所乘之機也』，此則庶幾近之。」文集，下同。

附答姜叔權書曰：「『性』與『心』字，所主不同。如邵子謂『心者性之郛郭』，乃爲近之。

但其語意未免太粗，須知心是身之主宰，而性是心之道理，乃無病耳。」

附答徐子容書曰：「伊川先生言『性即理也』，此一句自古無人敢如此道。心則知覺之在人而具此理者也。」

能靈謹按：以上即章句集註、太極解義之説，乃爲定説也，而心性之分可見矣。蓋性惟是理，則毫釐不容紊，故必有學問思辨之功，若心則只是人之神明耳，自不假書册言語也。今既以心爲性，於是又有下條之説。

又答何叔京曰：「若使道可以多聞博觀而得，則世之知道者爲不少矣。某近日因事，方少有省發處，如『鳶飛』『魚躍』，明道以爲與『必有事焉而勿正』之意同者，今乃曉然無疑。日用之間觀此流行之體，初無間斷處，有下工夫處，乃知目前自誑誑人之罪，蓋不可勝贖也。此與守書册、泥言語全無交涉，幸於日用間察之，知此則知仁矣。」

學蔀通辨曰：「此書首言賑饑事，考年譜正在是年。王陽明所編定論，採答何叔京凡四書，前一書也，此一書也，尚有二書又皆在此所録。二書之前，皆祝孺人猶在、朱子未識象山時所答，至淳熙乙未，朱子方會象山，而何叔京亦卒矣，見朱子作叔京墓誌。陽明何得指爲晚年哉？」

附録朱子晚年論學定説。

答項平父書曰：「大抵人之一心，萬理具備，若能存得，便是聖賢，更有何事？然聖賢教人所以有許多門路節次，未嘗教人專守此心者，蓋爲此心此理雖本完具，却爲氣質之稟不能無偏，若不講明體察極精極密，往往墮於物欲之私而不自知。是以聖賢教人雖以持守爲先，而於其中又必使之即事即物，考古驗今，體會推尋，内外參合。蓋必如此，然後見得此心之真、此理之正，而於世間萬事、一切言語，無不了其黑白。大學所謂『知至』『意誠』，孟子所謂『知言』『養氣』，正謂此也。」文集。

能靈謹按：此書末云大學章句「一本漫往」，則當是大學章句已成之後，乃爲定説也，與是歲所謂「守書册、泥言語全無交涉」者，誠判然不同矣。蓋自丙戌答何叔京書至此，皆有絀見聞書册之意，皆執此一意而不變也。惟中和舊説則云致知格物工夫，自是始有所施，又似稍變其説者。故愚嘗以爲中和舊説以心爲性，雖不脱前此數年之見，且或從而甚之，然於此稍變處，又竊疑其或在此歲之末也，故以編於此書之後云。

答張欽夫書中和舊説之一曰：「人自有生，即有知識，事物交來，應接不暇，念念遷革，以至於死，其間初無頃刻停息，舉世皆然也。然聖賢之言，則有所謂『未發之中寂然不動』者，夫豈以日用流行者爲已發，而指其暫而休息，未與物接之時爲未發耶？嘗試以此求之，則泯然無覺之中，邪暗鬱塞，似非虚明應物之體，而幾微之際，一有覺焉，則又便爲已發而非寂然之謂。蓋愈求而愈不可見，於是退而驗之於日用之間，則凡感之而通，觸之而覺，蓋有渾然全體，應物而不窮者。是乃天命流行、生生不已之機，雖一日之間，萬起萬滅，而其寂然之本體，則未嘗不寂然也。所謂未發，如是而已，夫豈别有一物，限於一時，拘於一處，而可以謂之中哉？然則天理本然隨處發現、不少停息者，其體用固如是，而豈物誘之私所能壅遏而牿亡之哉？故雖汩於物欲流蕩之中，而其良心萌蘖，亦未嘗不發現。學者於是致察而操存之，則庶乎可以貫乎大本達道之全體，而復其初矣。」

文集朱子自註此篇曰：「此書非是，但存之以見議論本末耳。下篇同此。」

能靈謹按：此下三書，皆即所謂中和舊説也。據朱子自序中和舊説，則此書作於己丑之前，而丁亥往見南軒之後也，故於丁亥歲答何叔京「夜氣」一條，謂「未發不專在夢寐間」者，已有此意。但彼書語意猶疑而未決，惟至此則言之始暢，而持之始決，即朱子序中亦謂其「自此不復有疑」也。又上條録是歲答何叔京書，亦云「曉然無疑」，又云「日用之間，觀此流行之體，初無間斷處」，正與此書所説「不限於一時，拘於一處，而天理本然不少停息者」，同一意也。今列於此，證據甚明云。

又按：朱子於辛巳歲，嘗以動而生陽爲已發處，是必以静而生陰爲未發處矣。循此而求之，則動静體用，條理固自分明。惟延平先生之説，獨以動而生陽不屬已發，且於朱子所謂「在本體未發時看」者，批云「兼本體已發未發看」，則體用不分兩時，而特以可見者爲已發，不可見者爲未發矣。朱子因之，於已發遂有兩説焉。始但從用工夫上看爲已發，既乃從静中之動，魂交而夢上亦看爲已發，遂覺時時皆已發，而絶無静而未發之時矣。夫安得不以未發者獨屬之不可見之地耶？未發之體，朱子前此雖未明言，然常引孟子「必有事焉」之説，則猶覺是有物流行不息者，特不可見耳。雖不可見，而此物既流行不息，亦尚未遽斷之以爲寂然不動也。至於此書，則又非獨以爲不可見而已，且謂萬起萬滅之中，此流行之全體，常自見其寂然焉。於是已發者一邊發，而未發者一邊未發，已發者自時時發動，而未發者自時時不動。其與後來解動極復静、静極復動之旨，分别體立用行之説，不同矣。蓋愈推而愈深，乃愈細而愈誤。此朱子所以卒自悔其馳心空妙之域者乎？

又答張欽夫書中和舊説之二曰：「前書所扣，正恐未端的，所以求正。茲辱誨諭，乃知尚有認爲兩物之蔽，深所欲聞，幸甚！幸甚！當時乍見此理，言之惟恐不親切，故有指東畫西、張皇走作之態。自今觀之，已具此體用，發者方往，而未發者方來，了無間隔斷絶處，夫豈别有物可指而名之哉？」又曰：「向見所著中庸論有云：『未發之前，心妙乎性，既發則性行乎心之用矣。』於此竊亦有疑。蓋性無時不行乎心之用，但不妨常有未行乎用之性耳。

今下一『前』字，亦微有前後隔截氣象，何如？細玩中庸，只消著一『未』字，便是活處。此豈有一息停住時耶？只是來得無窮，便常有個未發底耳。」

文集朱子自註曰：「此書所論尤乖戾。」

能靈謹按：前書云「雖一日之間萬起萬滅，而寂然之本體未嘗不寂然」，則是寂然者原不起不滅，而起滅之中却自有其不起不滅者存也，故曰「認爲兩物」。此書乃以「方往」「方來」論之，蓋謂方往者已發也，方來者即未發也，以其時時來便是時時未往也。故曰「常有未行乎用之性」，又曰「來得無窮，便常有個未發底」，而此個「未發底」，隱然未往而無形聲可接，則亦即所謂「寂然不動之本體」也。如此則打成一物矣，然如此愈覺無涵蓄安息之時矣，故曰「所論尤乖戾」。要之，只是從不息之機上認來認去，便成此病，其大意固不出延平先生動而生陽俱看入未發之旨也。朱子序此書固曰：「以先生之所已言者推之，其所未言者或不遠矣。」

又答張欽夫書中和舊説之三曰：「寂然未發之旨，良心發現之端，自以爲有小異於疇昔偏滯之見，但其間語病尚多，未爲精切。比遺書後，累日潛玩，其於實體似益精明，因復取凡聖賢之書，以及近世諸老先生之遺語，讀而驗之，則又無一不合。蓋平日所疑而未白者，今皆不待安排，往往自見灑落處。始竊自信，以爲天下之理，其果在是，而致知格物、居敬精義工夫，自是其有所施之矣。聖賢方策，豈欺我哉？蓋通天下只是一個天機活物，流行發用，無容間息。據其已發而指其未發者，則已發者人心，而凡未發者皆其性也。亦無一物而不備矣。夫豈别有一物，拘於一時，限於一處而名之哉？即夫日用之間，渾然全體，如川流之不息，天運之不窮耳。此所以體用、精粗、動静、本末，洞然無一毫之間，而『鳶飛』『魚躍』，觸處朗然也。存者存此而已，養者養此而已，『必有事焉而勿正，心勿忘，勿助長也』。」文集。

能靈謹按：前書云「發者方往，未發者方來」，而此書云「發者人心，未發者皆其性」，則是心性之别，只在前後往來之間見之，而又統名之曰「天機活物」，是明明以心爲性矣。况人心亦自有静定之時，今求之太過，翻覺滚滚不得静，故又有下一書之説。

又答張欽夫書中和舊説之四曰：「大抵目前所見，累書所陳者，只是儱侗地見得個大本達道底影象，便執認以爲是了，却於『致中和』一句全不曾入思議，所以屢蒙教，告以求仁之爲急，而自覺殊無立脚工夫處。蓋只見得直截根源、傾湫倒海底氣象，日間但覺爲大化所驅，如在洪濤巨浪之中，不容少頃倚泊。蓋其所見一向如是，以故應事接物處，但覺粗厲勇果，增倍於前，而寬裕雍容之意，略無毫髮。雖竊病之，而不知其所自來也。而今而後，乃知浩浩大化之中，一家自有一個安宅，正是自家安身立命、主宰知覺處，所以立大本、行達道之樞要。所謂『體用一源』、『顯微無間』者，乃在於此。而前此『方往方來』之説，正是手茫脚亂無著身處。道邇求遠，乃至於是，亦可笑矣。」文集。

能靈謹按：此書又於前書所論「方往方來」之中，特見一個「主宰知覺處」，要之只主知覺也。然「方往方來」一書，雖云「只見直截根源、傾湫倒海氣象，日間爲大化所驅」，無立脚處，然於丁亥歲答何叔京書所謂「其心儼然有事」之云，則固嘗從心上立脚下工夫矣。蓋此時議論之不定如此。

又答石子重書曰：「『大化之中，自有安宅』，此立語固有病，然當時之意，却是要見得自家主宰處，所謂『大化』須就此識得，然後『鳶飛』『魚躍』，觸處洞然。若但泛然指天指地，説個大化便是安宅，安宅便是大化，却恐顢頇儱侗，非聖門求仁之學也。」文集。

能靈謹按：此書首云「去秋走長沙」，即丁亥秋訪南軒於潭州事也，則此書當在戊子矣。「大化」二句，即前答張書之説，可知答張諸書所謂「中和舊説」者，在戊子作此書之前也。但其或出丁亥初歸之後，或即作於戊子，即無可證耳，要之相去未久也。

己丑，四十歲。

春，始易中和舊説。

能靈謹按：此爲朱子進學大節目，故謹書之，然實據朱子所自作中和舊説序也。其序作於後三年壬辰，而實追論是歲己丑之學，故載於是歲之下。但其間亦特未發已發條理初分耳，若夫心性之辨，則猶在壬辰、癸巳之間云。

朱子中和舊説序曰：「余早從延平先生學，受中庸之書，求喜怒哀樂未發之旨未達，而先生没。余竊自悼其不敏，若窮人之無歸。聞張欽夫得衡山胡氏學，則往從而問焉。欽夫告余以所聞，余亦未之省也。退而沉思，殆忘寢食，一日喟然嘆曰：人自嬰兒以至老死，雖語默動静之不同，然其大體莫非已發，特其未發者爲未嘗發耳。自此不復有疑，以爲中庸之旨果不外乎此矣。後得胡氏書，有與曾吉甫論未發之旨者，其論又適與予意合，用是益自信，雖程子之言有不合者，亦直以爲少作失傳而不之信也。然間以語人，則未見有能深領會者。乾道己丑之春，爲友人蔡季通言之，問辨之際，予忽自疑。斯理也，雖吾之所默識，然亦未有不可以告人者。今析之如此，其紛糾而難明也；聽之如此，其冥迷而難喻也。意者乾坤易簡之理，人心所同然者，殆不如是。而程子之言，出其門人高弟之手，亦不應一切謬悮以至於此。然則予之所自信者，其無乃反自誤乎？則復取程氏書，虚心平氣而徐讀之，未及數行，凍解冰釋，然後知情性之本然，聖賢之微旨，其平正明白乃如此，而前日讀之不詳，妄生穿穴，凡所辛苦而僅得之者，適足以自誤而已。至於推類究極，反求諸身，則又見其爲害之大，蓋不但名言之失而已也。於是又竊自懼，亟以書報及嘗同爲此論者。惟欽夫復書深以爲然，其餘則或信或疑，或至於今，累年而未定也。夫忽近求遠，厭常喜新，其弊乃至於此，可不戒哉！暇日料檢故書，得當時往還舊藁一編，輒序其所以，而題之曰『中和舊說』。蓋所以深懲前日之病，亦使有志於學者讀之，因予之可戒而知所戒也。獨恨不得奉而質諸李氏之門，然以先生之所已言者推之，知其所未言者，其或不遠矣。壬辰八月，新安朱某仲晦云。」文集。

能靈謹按：據此序，則延平已没，始訪問張欽夫，而告以所聞，又未之省也。退而沉思，始有「人生莫非已發，而其未發者特未嘗發」之論，即所與張往還諸書，題曰「中和舊說」者是也。又云早歲受中庸於延平，求未發之旨，末復云「恨不奉而質諸李氏之門，但以其所已言者推之，即知其所未言者不遠矣」，則中和舊說固爲延平先生之意也。然朱子乃重以爲戒如此，學者其可不深考乎？又云「乾道己丑之春，爲蔡季通言之，問辨之際，忽而自疑」，則舊說之變，實在己丑歲也，而朱子年已四十矣。但己丑雖已變舊說，而仍有未盡處，殆至癸巳以後，其說始爲無病云。

又按：朱子既作此序以訂中和舊說之誤矣，其後丙申歲，朱子年四十有七，又嘗於讀列子時偶記一條，追悔己丑以前之學而重以爲戒者，正當與此序並看也。

觀列子偶記曰：「向所謂未發者，即列子所謂『生之所生者死矣，而生生者未嘗終；形之所形者實矣，而形形者未嘗有』爾，豈子思中庸之旨哉？丙申臘日，因讀列子書此。」文集。

能靈謹按：中和舊説序所謂「未嘗發」者，實即列子「未嘗終」、「未嘗有」之説，而彼書所謂「覺性不動」、「常自寂滅」者，正此旨也。朱子特記之以自識其誤，而兼爲學者戒焉。此亦可見明季諸人皆掇拾朱子之所棄也。

又按：是歲己丑始分未發已發條理。今考文集答林擇之有一書，正是未發已發初分之説。其文甚明，宜繫於此。

答林擇之曰：「昨日書中論未發者看得如何？兩日思之，疑舊來所説，於心性之實未有差，而『未發』『已發』字頓放得未甚穩當。疑未發只是思慮事物之未接時，於此便可見性之體段，故可謂之中，而不可謂之性也。發而中節，是思慮事物已交之際，皆得其理，故可謂之和，而不可謂之心。心則通貫乎已發未發之間，乃大易生生流行、一動一靜之全體也。向疑遺書所記不審，今以此勘之，無一字不合。信乎天下之書未可輕讀，聖賢旨趣未易明，道體精微未易究也。」文集。

能靈謹按：中庸章句云「喜怒哀樂，情也，其未發則性也」，其字指喜怒哀樂之情。蓋性情本一物，特以其未發，則靜而爲體者，正所以别之爲性也。今此書云「未發時可謂之中，而不可謂之性」，則與章句異矣。又謂「已發時可謂之和，而不可謂之心」，乃以心性交互言之。而下文即單承心字，以爲通貫已發未發、一動一静之全體，是混心於性也。心性之實，豈能無差乎？然乃自謂未有差，又可知此僅爲初分未發已發條理之言，而心性之辨，蓋猶有待也。愚故曰在壬辰、癸巳之間。文集中尚有未發已發説及與湖南諸公論中和第一書，皆與此書同一初分條理之言，今不具録。

八月，省劄復促行，會九月丁母祝孺人憂，乃止。年譜。

庚寅，四十一歲。

正月，葬祝孺人於建陽之寒泉塢，自爲壙記。朱子於父母墳墓所托之鄉人必加禮，敬己以上則拜之。

是歲，家禮成。朱子居喪盡禮。既葬，日居墓側，朔望則歸奠於几筵。自始死至祥禫，參酌古今，定爲喪祭禮，又推之冠婚，共爲一編，命曰家禮。晚年多所損益，未大更定云。

七月，遷葬父韋齋先生墓，作遷墓記，云：「府君將殁，欲葬崇安之五夫。卒之明年，遂窆其里靈梵院側。時某幼，未更事，卜地不祥。既懼體魄之不獲其安，乃以乾道六年七月五日，遷於里之白水鵞子峰下。」後至慶元間，再遷上梅里寂歷山，則不復爲銘矣。以上年譜。

辛卯，四十二歲。

創立社倉於所居之五夫里。朱子所居里，每歲春夏之交，豪户閉糴牟利，細民發廩强奪，易至搆變。遂因前貸郡米，創立社倉一區，以備出貸。每石量收息米二斗，逐年依此斂散。或遇小歉，即蠲其息之半；大饑，盡蠲之。故一鄉四五十里之間，雖遇凶年，人不缺食。

十二月，服闋。以上年譜。

是歲，作知言疑義。知言五峰胡氏書也，朱子與南軒張氏、東萊呂氏同著疑義。

答呂伯恭書曰：「陰陽動静之説，竟未了然，何耶？今以來諭所引者推明之。夫謂人生而静是也，然其感於物者，則亦豈能終不動乎？今指其未發而謂之中，指其全體而謂之仁，則皆未離乎静者而言之。至於處物之宜謂之義，處得其位謂之正，則皆以感物而動之際爲言矣。是安得不有陰陽體用、動静賓主之分乎？故程子曰：『知義之爲用而不外焉者，可以語道矣。世之論義者多外之，不爾則混然而無别，非知仁義之説者也。』此意極分明矣。且體用之所以名，正以其對待而不相離也。今以静爲中正仁義之體，而又爲中正仁義之用，不亦矛盾杌梲之甚乎？」文集。

能靈謹按：文集中答呂伯恭書，其首八篇無可考。自論欽夫去國一書以下凡數十篇，皆有事跡及冬春時序，可按以稽其歲月。而欽夫去國事在辛卯之歲，此書適在其前，故當繫於辛卯也。

又按：朱子議論，早晚皆有次第，其始但泛就體用上説，其次乃就中庸未發已發上説，然皆條理未分也。自己丑春間，始分未發已發條理，而猶謂未發不可謂之性。又其次，始以性情分動静而别體用，見於答張欽夫書矣，然尚未向陰陽上説也。至此書始漸向周子動静陰陽上説，不惟以性情分陰陽，而又以中正仁義分陰陽矣，但其解中正仁義却與癸巳所解太極圖説不同。謹録於此，以見其所見之與年俱進也。答張欽夫「性情分動静」書未録。

又答呂伯恭書曰：「工夫易簡，斷義理難。推尋而歲月如流，甚可憂懼，奈何，奈何！」文集。

壬辰，四十三歲。

正月，論孟集義成。是書初名要義，又改名精義，後改今名。

四月，有旨疾速起發。以禄不及養，再辭。

資治通鑑綱目成。

能靈謹按：年譜據序，繫綱目之成在是歲。然此後正復修改，故乙未鵞湖會後答呂伯恭書曰：「綱目草藁略具」，蓋朱子著述皆於成後不輟修改也。

西銘解義成。

八月，名臣言行録成。以上年譜。

作仁説。

答張欽夫書曰：「在中之説，來諭説得道性未嘗相離，此意極善。但所謂『此時蓋在乎中』者，文意簡略，某所未曉。又謂『已發之後，中何嘗不在裹面』，此恐亦非文意。蓋既言未發時在中，則是對已發時在外矣。但發而中節，即此在中之理發形於外，如所謂『即事即物無不有個恰好底道理』是也。一不中節，則在中之理，雖曰天命之秉彝，而當此之時，亦且漂蕩淪胥而不知其所在矣。但能反之，則又未嘗不在於此。此程子所以謂『以道言之，則無時而不中；以事言之，則有時而中』也，所以又謂『善觀者却於已發之際觀之』也。若謂已發之後，中又只在裹面，則又似向來所説以未發之中自爲一物，與已發者不相涉入，而已發之際常挾此物以自隨也。然此義又有更要子細處。夫此心廓然〔四〕，初豈有中外之限？但以未發已發之分，則須如此，亦若操舍、存亡、出入之云耳。」

此書，文集朱子自註：「壬辰冬。」

能靈謹按：此書謂「發而中節，即此在中之理發形於外」，此愚所據以爲用即體之現者也。體既現於用中，則方其用時，豈得謂更有渾然之全體雖已發而仍未發，如所謂「常挾以相隨」者乎？以此言之，則體用之各分一時愈明矣。分之則用，即體之現，而用皆所性之實也。體即用之藏，而體亦非洞然無物，即非條理不具者也。但用時各有所主，如愚所謂目之視，則百體之神皆從乎目而不雜出，雖其全體者不相離，而要不害其爲分之殊也。

又按：此書謂「一不中節，則在中之理，即漂蕩淪胥而不知其所存」，此亦非實有一物忽然而漂蕩也。蓋所中之節，即理之無過不及者也。過與不及，即不中其節矣，不中其節，則節亡矣，此所謂「漂蕩淪胥」也。是故能反之，則又即此而在焉〔五〕。

又按：中和舊説序作於是歲八月，而此書朱子自註「壬辰冬」，大抵當時特自記其年月者，蓋以紀其議論之一進也，如甲申答李伯諫書亦自註年月。而延平答問於李先生來書及朱子問之者，皆謹書年月，正以明其爲早歲之所聞，與其學之所到也。後人往往忽之，則朱子垂教之心遂隱矣。愚是以表而出之焉。

答張欽夫論仁説曰：「仁乃天地生物之心而在人者，故特爲衆善之長，雖列於四者之目，而四者不能外焉。易傳所謂『專言之則包四者』，亦是正指生物之心而言，非別有包四者之心，而又別有主一事之仁也。惟是即此一事便包四者，此則仁之所以爲妙也。今欲極言仁字而不本於此，乃概以至善目之，則是但知仁之爲善，而不知其爲善之長也；却於已發現處方下愛字，則是但知已發之爲愛，而不知未發之愛之爲仁也。」又曰：「仁但主於愛，若其差等，乃義之事。仁義雖不相離，然其用則各有所主而不相亂也。若以一仁包之，則義禮與智皆無所用矣。」又曰：「程子言仁，本末甚備，今撮其大要，不過數言。蓋曰仁者生之性也，而愛其情也，孝弟其用也；公者所以體仁，猶言『克己復禮爲仁』也。學者於前三言者，可以識仁之名義；於後一言者，可以知其用力之方矣。今不深考其本末旨意之所在，但見其分別性情之異，便謂愛之與仁了無交涉；見其以公爲近仁，便謂直指仁體最爲深切。殊不知仁乃性之德而愛之本，因其性之有仁，是以其情能愛。但或蔽於有我之私，則不能盡其體用之妙。惟『克己復禮』，『廓然大公』，然後此體渾全，此用昭著，動静本末，血脉貫通耳。程子之言，意蓋如此，非謂愛之與仁了無交涉也，非謂公之一字便是直指仁體也。」又曰：「若以公天下而無物我之私便爲仁體，則恐所謂公者漠然無情，但如虚空木石，雖其同體之物且不能有以相愛，況能無所不愛乎？」又曰：「謂仁者心有知覺則可，謂心有知覺謂之仁則不可。蓋仁者心有知覺，乃以仁包四者之用而言，猶言知所羞惡辭讓云爾。若曰心有知覺謂之仁，則仁之所以得名，初不爲此也。」又曰：「仁只是愛之理，人皆有之。然人或不公，則於其所當愛者又有所不愛，惟公則視天地萬物皆爲一體，而無所不愛矣。若愛之理，則是自然本有之理，不必爲天地萬物同體而後有也。」文集。

能靈謹按：癸巳歲答吕伯恭書中云：「仁字之説，欽夫得書云已無疑矣。」然則以上諸書宜在癸巳前一歲，故以繫於是歲壬辰也。蓋當時朱子既作仁説，又因張之疑而與之往復，皆所謂「仁字之説」也。其剖晰之精詳者如此，此張之所以無疑也。夫學者試參觀前歲朱子與延平先生論仁書，及答柯國材諸書言仁之説，則其淺深疏密，誠大有逕庭矣。

又按：是歲朱子議論乃爲切近的當，然考其早歲講學，自延平先生没後，獨與南軒張氏往復爲多〔六〕。其間多有不遽合處，而朱子於張之言，必痛駁其失，一字不肯放過，張卒亦往往從之。此可見聖賢之心以義理爲公，初無嫌疑繫吝之私也。其後朱、張二子並入聖賢之域，豈不宜哉！

癸巳，四十四歲。

二月朔，作敬箴。又作六先生贊。文集。

能靈謹按：敬箴見工夫之要，六先生贊見識議之精，此皆前此之所未及，而後此之所莫能易也。自是則守有定而愈純，知有定而愈密云爾。

三月，省劄促行，又辭就，乞差監嶽廟。

四月，太極圖傳、通書解成。

五月，有旨特與改秩，主管台州崇道觀。前除樞密院編修，屢召不起。梁克家奏乞褒録之，孝宗曰「朱某安貧守道〔七〕，廉退可嘉」，故有是命。朱子以「改秩畀祠，皆朝廷進賢賞功、優老報勤之典，今一旦驟得之，求退得進，揆之私義，既有未安，或致上累聖朝綜核之政」，故辭。

六月，編次程氏外書成。

十一月，尚書省檢會，不合辭免，又具狀辭。以上年譜。

答薛士龍書曰：「某自少愚鈍，事事不能及人，顧嘗側聞先君子之餘教，粗知有志於學，而求之不得其術。蓋舍近求遠，處下窺高，馳心空妙之域者二十餘年。比乃困而自悔，始復退而求之於句讀文義之間，謹之於視聽言動之際，庶幾銖積寸累，分寸躋攀，以幸其粗知義理之實，不爲小人之歸，而歲月侵尋，齒髮遽如許矣。」文集。

能靈謹按：此書下段敘免喪辭召事，正在壬辰以後，而以答吕伯恭書中事迹，考其書之作於癸巳歲。而又言及薛士龍者有三書焉：其一云「薛湖州昨日得書」；下一書云「士龍無因緣相見，前時湖州買茶人回，曾附書，未知收得否」，則即此書也；又下一書云「聞士龍物故，可駭可嘆」，則是答薛諸書皆不出於此年矣。蓋朱子方與士龍通書，而士龍遽卒也。

廖德明録癸巳所聞曰：「二三年前見得此事尚鶻突，爲他佛説得相似，近年來方看得分曉。」

能靈謹按：廖子晦乃朱子門人，記其癸巳歲所聞於朱子之語也。記稱「二三年前」者，應指庚寅、辛卯之歲也。是時朱子年四十一二矣，蓋尚未免鶻突也。考朱子於己丑春，已分未發已發條理。又歷庚寅、辛卯至於壬辰，然後西銘解義成，而於理一分殊之辨洞然矣。然太極、通書二者尤爲奥沓，則又歷癸巳四月，而二書之解始成，於是精密詳審而無復遺憾。故論朱子之學者，當以壬辰、癸巳以後之説斷爲終身定論也。讀朱子之書者，亦自當以不合於西銘、太極、通書之説者斷爲早年之論明矣。顧學蔀通辨但以朱子四十歲爲斷，近日當湖陸氏又以壬辰爲始分未發已發之年，恐皆有所未盡也。自此而後，則但有愈精、愈密、愈純熟而愈簡潔者，蓋無復向時異同之説矣。

又按：廖氏所記，特繫之癸巳者，正以明夫是歲之當爲定論也。

又按：朱子進學次第分明可考而不可不詳考者，至是蓋已粗畢矣。以後但據年譜録其事蹟，以備朱子全觀云〔八〕。

【校勘記】

〔一〕寧煩毋略　「毋」，原作「無」，據全集本改。

〔二〕以爲末也而不離乎本　「也」，原空缺，據存目本、全集本及晦庵集卷三十八補。

〔三〕范伯崇念德　「念德」二字原倒，據存目本、全集本乙正。

〔四〕夫此心廓然　「心」，原闕，存目本、全集本同，據晦庵集卷三十一補。

〔五〕則又即此而在焉　「在」，原作「枉」，據存目本、全集本改。

〔六〕獨與南軒張氏往復爲多　「往復」，原作「復往」，據存目本、全集本改。

〔七〕朱某安貧守道　「守」，原空缺，據存目本、全集本補。

〔八〕以備朱子全觀云　「朱子全觀云」，全集本作「參考」二字。

朱子爲學次第考卷三

淳熙元年甲午，四十五歲。

五月，省劄再檢會，依已降指揮。六月，始拜改秩之命。屢具辭免，遜避逾年，上意愈堅，至是始拜命，改左宣教郎，主管台州崇道觀。

十一月，何叔京卒。除夕，答吕伯恭書云「爲欽夫作修舜廟碑文」，又云「欲修鄉約、鄉儀及冠昏喪祭之儀〔二〕」。

二年乙未，四十六歲。

五月，東萊吕氏伯恭祖謙來訪。編次近思録成。吕自東陽來訪，留寒泉精舍旬日，相與掇周子、二程子、張子書關大體而切日用者，彙次十四篇，號近思録。朱子守臨漳日，添入數條，刊之於學。嘗語學者曰：「四子，六經之階梯；近思録，四子之階梯。」

金溪陸氏子壽九齡，其弟象山陸子靜九淵，偕東萊會於鵞湖。東萊歸，朱子送之信州之鵞湖寺。江西二陸及清江劉清之子澄皆來會，相與講其所聞焉。陸子壽有詩：「孩提知愛長知欽，古聖相傳只此心。大抵有基方築室，未聞無址忽成岑。留情傳註翻榛塞，着意精微轉陸沉。珍重友朋勤琢切，須知至樂在如今。」陸子靜詩：「墟墓興哀宗廟欽，斯人千古不磨心。涓流積至滄溟水，拳石崇成泰嶽岑。易簡功夫終久大，支離事業竟浮沉。欲知自下升高處，真僞先須辨古今。」朱子和詩：「德義風流夙所欽，別離三載更關心。偶扶藜杖出寒谷，又枉籃輿度遠岑。舊學商量加邃密，新知培養轉深沉。却愁説到無言處，不信人間有古今。」既而諸公各持所見，不合而罷。

七月，成晦菴於廬峰之雲谷。

三年丙申，四十七歲。

二月，如婺源省墓。蔡季通元定從。既至，婺源宰張漢率諸生請講書於學，辭。又請撰藏書閣記，許之，而以程氏遺書、外書、文集、經説、司馬氏書儀、高氏送終禮、吕氏鄉約、鄉儀等書留於學中。日與鄉弟子講書於汪氏敬齋，隨其資稟，誨誘不倦。至六月初旬乃歸。

六月，除秘書省秘書郎，辭。時上諭大臣，欲獎用廉退之士，參政龔茂良以朱子操行耿介，屢召不起爲言，遂有是除。朱子答韓尚書書云：「某狷介之性，矯揉萬分而終不能回。迂疏之學，用力既深而自信愈篤，以此知決不能與時俯仰，以就功名。故二十年來，自甘退藏，以求己志。所願欲者，不過修身守道，以終餘年，因其暇日，諷誦遺經，參考舊聞，以求聖賢立言本意之所在。既以自樂，間亦筆之於書，以與學者共之，且以待後世之君子而已，此外實無毫髮餘念也。」文集。

八月，再辭，許之。遂復與祠，差主管武夷山沖祐觀。會有言虛名之士不可用，遂有是命。年譜。

十一月十三日，劉氏令人卒。年譜。

四年丁酉，四十八歲。

二月，葬劉氏令人於建陽縣嘉禾里石唐大林谷，名其亭曰峷如，而規壽藏於其左，名其菴曰順寧。年譜。

六月，論孟集注、或問成。既編次論孟集義，又作訓蒙口義，既而約其精粹，妙得本旨者爲集註，又疏其所以去取之意爲或問。然恐學者轉而趨薄，故或問之書未嘗出以示人。其集註刪改日益精密，而或問則不復釐正矣。年譜。

十月，周易本義成。朱子答呂東萊論易書云：「讀易之法，竊疑卦爻之辭，本爲卜筮者斷吉凶，而因以訓戒。至彖、象、文言之作，始因其吉凶訓戒之意，而推説其義理以明之。後人但見孔子所説之義理，而不復推本文王、周公之本意，因鄙卜筮爲不足言，而其所以言易者，遂遠於日用之實，類皆牽合委曲，偏主一事，無復包含該貫、曲暢旁通之妙。若但如此，則聖人當時自可别作一書，明言義理，以詔後世，何用假卦象爲此艱深隱晦之辭乎？」文集。

詩經集傳成。詩自毛、鄭以來，皆以小序爲主，其與經文舛戾，則穿鑿爲説以通之。朱子獨以經文爲主，而訂其序之是非，復爲一編，附寘經後，以還其舊。年譜。

五年戊戌，四十九歲。

劇暑，答東萊曰：「近看論孟等書，儘有平高就低處。」文集。

八月，差知南康軍，辭，不允，降旨疾速之任。辛相史浩必欲起之，或言宜處以外郡，於是差權發遣南康軍事兼管内勸農事，仍借緋。

十月，丐祠。

十一月，省劄檢會，已降指揮。

十二月，又趣疾速之任。以上俱年譜。

六年己亥，五十歲。

正月，再請祠，不報，候命於鉛山。東萊屢書勉行。南軒亦謂：「須一出爲善，雖出處去就素有定論，然更須斟酌消息，勿至已甚。苟一向固拒，則上之人謂賢者不肯爲用，於大體却有害也。」至是再請祠，不報，朱子始有出意。正月，行至信州鉛山俟命，寓止崇壽僧舍。年譜。

陸氏九齡來訪。年譜。

三月，省劄再趣行。是月晦，赴南康軍任。初到軍，首下教三條：其一延訪民利病，其二令父老教戒子弟，其三勸民遣子弟入學。每五日一詣學宫，爲諸生講説，亹亹不倦。郡之有賢德者，禮之以爲學職。士風翕然丕變。

立三先生祠及五賢堂。先是，移文教授、司户，以爲「某蒙恩假守，畀付民社，固將使之宣明教化，篤勵風俗，非徒責以簿書期會之最而已」。乃立濂溪周先生祠於學宫，以二程先生配焉。又以陶靖節、劉西澗父子、李公擇、陳了齋别爲一堂祀之。乃旌表孝子熊仁瞻之門。三先生祠，南軒張氏記。五賢堂，延之尤氏記。

六月，奏乞蠲減星子縣税錢。屬邑星子土瘠賦重，疏乞蠲免。事下户部，户部下漕司，責以對補。會有言庶僚不當用劄子奏事者，因引以自劾。

十月，重建白鹿洞書院。書院乃唐時李渤故址，榛廢已久。朱子詢得之，乃令星子令復建書院於其地，且言於朝，得賜敕額及賜御書、石經、監本九經註疏等書。又捐俸買書以益之，並置田以贍學者。數月告成，率郡屬鄉宦、過客學徒釋菜於先聖先師〔二〕。每暇輒一至，諸生從而質疑問難，誨誘不倦。乃立五教之目，爲學問、言語並修身、處事、接物之要〔三〕，俾學者規守之，尤致意於明誠敬義數語。又與時宰書，乞復洞主，廢官使，得備員，與學徒講道其間，稍假之廩，略如祠官之入，不報。書院，東萊呂氏記。

十二月，申請陶威公廟額。廟在都昌縣，祀晉侍中太尉長沙陶威公侃，水旱禱禳，皆有感應。據縣税户董翌等狀請，特賜廟額，以表忠義。以上俱年譜。

朱子嘗云：「大學、中庸、語、孟諸文字，皆是五十歲以前作了。」語録。

七年庚子，五十一歲。

正月，請祠，不報。

二月，張南軒訃至，罷宴哭之。時南軒卒於江陵府治。朱子屢爲文祭之，及爲作神道碑。

中減屬縣科紐、秋苗、夏税、木炭、月樁、經總制錢。

四月，應詔上封事。

以疾請祠，不報。　時陳俊卿守金陵，過闕入見上，薦朱子甚力。

大脩荒政。　時值南康軍屬星子、都昌、建昌，至秋大旱失收，朱子竭力措置，爲救荒備。會詔江東帥守恤民隱，決滯獄，以銷旱災，且頒勸分賞格。因即推廣爲奏，乞降特旨，減前所申星子縣税及三年，赦文已蠲官租，禁州郡勿得催理，若囚繫淹延，則特詔大臣一員專督理官，嚴立程限，排日結絶乃可。因以賞格諭富室，得米貳萬石，使樁留以待。復奏請截留綱運，乞轉運、常平兩司錢米充庫糧，備賑濟。又申嚴鄰路斷港遏糴之禁。郡濱大江，舟艤岸者遇大風輒淪溺，因募饑民築堤捍舟，民免於饑，舟患亦息。預戒三縣，每邑市鄉村四十里，則置一塲以待賑糶，合爲三十五塲，其缺食甚者先加賙給。比冬，遂以旱傷分數告於朝，乞蠲闔本軍税租苗米四萬七千餘石。奉旨，三等以下人户，夏税畸零，並與倚閣。放數既寬，民無流徙〔四〕，多所全活。

十一月，作臥龍菴。　菴在廬山之陽五老峰下，祀諸葛武侯像於堂，而别起亭於臥龍潭上，書武侯制表中「宏毅忠壯，忘身憂國，鞠躬盡力，死而後已」十六字於亭楣，皆捐俸爲之。而囑西源隱者崔嘉彦董其役，官民咸無預焉。朱子自爲記。以上俱年譜。

八年辛丑，五十二歲。

正月，開場濟糶。初，既分場，選現任、寄居、指使、添差、監押、酒税、監廟等大小使臣三十五員，各涖一場，以轄糶事，而分委縣官巡察之，以戢減尅乞覓之弊。至是，人户悉令起赴場就糶，鰥寡孤獨之人，則用常平米令賑濟。又慮農事將起，民間乏錢，凡合糶皆濟半月。都昌無米，自郡運而往，千里之内，莫不週浹。凡三月結局，所活饑民老幼三十餘萬丁口。其施設次第，人争録傳以爲法。時孝宗臨御日久，垂意恤民，凡所奏請，無不報可，以故得行其志，民無流離之患。

二月，陸氏九淵來訪。陸請書其兄教授墓誌銘。朱子率僚友諸生，與俱至白鹿洞書院，請升講席。陸氏以「君子小人喻義利」章發論。大略謂科舉之士日從事聖賢之書，而志之所向專在乎利，必於利欲之習，怛然爲之，痛心疾首，專志乎義而日勉焉，博學、審問、慎思、明辨而篤行之，斯謂之君子。朱子以爲切中學者隱微深錮之病，請書於簡，以諗同志。

三月，差提舉江西常平茶監，待次。南康任將滿，廟堂議遣使蜀，上意不欲其遠去，遂有是命。

南康任滿，合奏稟事件。　原有南康任滿奏事之旨，因奏本職四事。

閏三月，去郡東歸。　朱子治南康郡，視民如傷，至姦豪侵暴細民、撓法害政者，必繩治不少貸。尤以厚人倫、美教化爲急務，風俗丕變，文學行義之士彬彬出焉。

四月，過九江，拜濂溪先生書堂遺像。　劉子澄來謁，請爲諸生説太極圖。是月十九日，至家。以上俱年譜。

答東萊曰：「道間看中庸，覺得舊説有費力處，略加脩定，稍覺勝前。計他書亦須如此。義理無窮，知識有限，求之言語之間尚乃不能無差，况體之身、見諸事哉！」

又一書曰：「數時絶無學者講學，便覺頹墮，無提撕警策之益，旦夕亦欲作一課程，未必有益於人，庶幾稍自益耳。」以上文集。

七月，除宣教郎直秘閣，辭。　以荒政脩備，民無流殍，故有是除。朱子以前所勸出粟人未推賞，不拜。

呂東萊訃至，爲位哭之。

八月，差提舉浙東常平茶監。　先是，王淮爲相，問侍讀楊萬里曰：「宰相先務何事？」萬里曰：「人才。」淮因問其人，即疏朱子以下六十八人。會浙東荐饑，上軫宸慮，淮遂薦。朱子因拜命，即日單車就道，復以前納粟人未推賞，乞奏事。

十月，堂帖報南康出粟人已推恩，乃受職名。
十一月己亥，奏事延和殿。奏疏内條陳救荒之策畫爲七事以上。
十二月，視事於西興。朱子初授命，即移書他郡，招募海商販米至浙，許以不收力勝及雜税錢，到則依價出糶，更不裁減。至是，海艘已輻輳矣。日與僚屬、寓公鈎訪民隱，規畫纖悉，晝夜不倦，至廢寢食。分畫既定，則親出按歷，始於會稽諸縣，次及七郡，窮山長谷，靡所不到，拊問存恤，不遺餘力。每出皆乘單車，屏徒從，一身所需皆自齎以行，秋毫不煩州縣，以故所歷雖廣，而部内不知。官吏憚其風采，夙夜戒飭，常若使者壓其境，至有自引去者。若衢州守臣李峄等不恤荒政，皆按劾其罪，由是所部肅然。凡政有不便於民者，悉釐革之，而尤以戢盜、捕蝗、興水利爲急。大抵措畫類南康時，而用心尤苦，所活不可勝計。有短朱子者，謂其疏於爲政，上謂宰相王淮曰：「朱熹政事却有可觀。」
冬，以社倉法奉詔頒行於諸路。初，條陳荒政入奏時，請推行崇安社倉之法於天下，至是得請，首頒行之台、婺，有應時爲之者。以上俱年譜。

九年壬寅，五十三歲。

正月，條奏捄荒事宜。以浙東荒政拯救事宜列爲九條，並乞借撥官會給降度牒及推賞獻助人。又請將山陰等縣下户夏稅、秋苗、丁錢並行住催。

夏，有詔捕蝗，復上奏狀。略云：「爲今之計，獨有斷自聖心，沛然發號，責躬求言。其次惟有出内庫之錢，以爲收糴之本。遴選賢能，責以荒政。」復上宰相書，極言：「民之與財，孰輕孰重？身之與國，孰大孰小？倘民散國危，則措身無所矣。」

條奏諸州利病。首言紹興和買之弊，乞痛減歲額，然後用貫頭均紐，仍用高下等第均敷，而免下户出錢，使得相乘除以優之。及言台州丁絹錢有抑納倍輸之患，奏乞每丁納半錢半絹。其諸郡差役之法，請令民均出義田，罷去役首，免排設次，官差保正副長輪收義田，仍令上户兼充户長。沿海四州鹽法〔五〕，乞取會福建下四州産鹽法，行之諸郡。酒坊亦乞改照處州萬户酒法。救荒之餘，凡可以便民者，莫不規爲經久之計焉。

毁秦檜祠。祠在永嘉學，移文毁之。

七月，劾奏前知台州唐仲友不法。是月，行部將由台趨温。既入台境，民有訴太守新除江西提刑唐仲友不法者，及趨台城，則訴者益衆。因盡得其促限催稅、違法擾民、貪污淫虐、蓄養亡命、偷盜官錢、僞造官會等事，具劾之，仍送紹興鞫實。宰相王淮以姻舊匿不爲奏，仲友亦自辯，且言弟婦王氏驚悸病篤，乞送浙西，無礙官體究。已而紹興獄具按章至六上，宰相不得已，取首章語未甚深者，及仲友自辯疏同上，曲説開陳，故他無鐫削，止罷江西新任。時台州久旱，雨遂大注。是歲穀重熟。

八月，除直徽猷閣，辭。獎賑濟之勞也。朱子以爲：「徒費大農數十萬緡之積，而無以全活一道饑饉流殍之民，躐等疏榮，懼非所以示勸懲。况近按唐仲友，反爲所訴，雖已罷其新任，而跟究指揮尚未結絶，方籍藁以俟斧誅，豈敢冒竊恩榮，以紊賞刑之典？」不允。

差江西提點刑獄，辭。

詔與江東提刑梁總兩易其任，再辭。朱子初聞江西之命，即日解職東還，亟具辭免，大略以「所除官乃填唐仲友闕，蹊田奪牛之誚，雖三尺童子知其不可，臣愚何敢自安？願得歸耕故壟，畢志舊聞」。及詔與江東梁總兩易之，則言：「祖鄉隸江東，墳墓田産，合該迴避。」詔特免迴避，復辭：「今來所除，仍司按察，若復奉公守法，則恐如前所爲，或至重傷朝廷事體，若但觀勢狗私，又恐下負夙心，上辜眷使。乞特與祠，使得卒其舊業，退避怨仇。」時辭職名不允之命同下，則又辭以「前按唐仲友，既不差官體究，恐臣所按有不公不實之罪，難以例沾恩賞」。詔並不許。

十一月，力辭新任職名，仍請祠。極言：「昨來所按贓吏，黨與衆多，棊布星羅，並當要路。自其事發以來，大者宰制斡旋於上〔六〕，小者馳騖經營於下，所以蔽日月之明而損雷霆之威者，臣不敢論。若其加害於臣不遺餘力，則遠至於師友淵源之所自，亦復無故横肆觝排。向非聖明洞見底藴，則不惟不肖之身反爲魚肉，而其變亂黑白，詿誤聖朝，又有不可勝言者。爲臣之計，惟有乞身就閒，或可少紓患害。」時大府丞陳賈請禁「僞學」，王淮以唐仲友故怨朱子，欲沮之，因以賈爲監察御史。賈面對時，首論曰：「臣伏見近世士大夫有所謂道學者，大率假名以濟僞，願考察其人，擯棄勿用。」皆陰詆朱子，故奏及之。年譜。

十年癸卯，五十四歲。

正月，差主管台州崇道觀。上覽奏，知不可强起，故有是命。朱子初守南康，再使浙東，即有以身狥國之意。及是，知道之難行，退而奉祠，杜門不出，海内學者尊信益衆。作感春賦以見志。

四月，武夷精舍成。正月經始，至是落成。徙居之，四方士友來者甚衆。以上俱年譜。

十一年甲辰，五十五歲。

力辨浙學之非。朱子還自浙東，見其士習馳騖於外，每語學者以孟子「道性善」、「求放心」兩章之言，務收斂凝定，以致克己求仁之功。而深斥其所學之誤，以爲舍六經、語孟而尊史遷，舍窮理盡性而談世變，舍治心脩身而喜事功，大爲學者心術之害。極力爲吕祖儉、潘景愈、孫應時輩言之。以上俱年譜。

十二年乙巳，五十六歲。

二月，崇道觀秩滿，復請祠，差主管華州雲臺觀。年譜。

十三年丙午，五十七歲。

三月，易學啓蒙成。朱子既推羲、文之意，作周易本義；又懼學者未明厥旨，乃作啓蒙四篇以示初學。

八月，孝經刊誤成。以上俱年譜。

十四年丁未，五十八歲。

三月，小學書成。

四月，差主管南京鴻慶宫。

七月，差江西提點刑獄，辭。時上諭宰執：「朱熹久閒，可與監司。」周必大議除轉運副使，或謂金穀非其所長，故有是命。以上俱年譜。

十五年戊申〔七〕，五十九歲。

五月，趣奏事之任，復以疾辭，不允，且趣入對。

六月壬申，奏事延和殿。　會宰臣王淮罷政，周必大爲相，薦之。及入奏，上曰：「久不見卿，浙東之事，朕自知之，今當處卿清要，不復以州縣爲煩。」奬諭甚渥。因再三辭謝，方出奏劄，上曰：「正所願聞。」

除兵部郎官，以足疾請祠。詔依舊職名提刑江西。　前數日，兵部侍郎林栗與朱子論西銘不合。至是迫以供職，朱子以足疾甚在告，申部乞候疾愈。翌日，栗遂疏：「朱熹本無學術，徒竊張載、程頤之餘緒，爲浮誕宗主，謂之『道學』，妄自推尊。所至輒攜門生數十人，習爲春秋、戰國之態，妄希孔孟歷聘之風。繩以治世之法，則亂人之首也。今采其虛名，俾之入奏，將置朝列，以次收用。而熹聞命之初，遷延道途，邀索高價，門徒迭爲遊説，政府所以風聞，然後入門。既經陛對，得旨除郎，而輒懷不滿，傲睨累日，不肯供職，是豈張載、程頤之學教之然也？緣熹既除兵部郎官，在臣合有統攝，若不劾舉，厥罪惟均。望將熹停罷，以爲事君無禮者之戒。」故事無以侍郎劾本部郎者，滿朝皆駭異之，於是以足疾請祠。上曰：「林栗言似過當。」丞相周必大奏曰：「上殿之日，足疾未瘳，勉强登對。」上曰：「朕亦見其跛曳。」時上意方向朱子，欲易他部，丞相請仍授提刑，從。

七月，在道辭免新任。

八月，以足疾丐祠，除直寶文閣、主管西京崇福宫。朱子既行，具疏曰：「論者謂臣事君無禮，爲人臣子有此名，罪當誅，豈可復任外臺耳目之寄？」太常博士葉適上疏曰：「考栗劾熹之辭，始末參驗，無一實者，特發其私而遂忘其欺耳。居要津者密相付授，見士大夫有稍慕潔脩者，輒以『道學』歸之。於是賢士惴慄，中材解體，銷聲滅影，穢德垢行，以避此名。」第恐自此遊辭無實，讒言横生，良善受禍，何所不有。伏望陛下正紀綱之所在，絶欺罔於既形，摧折暴横，以扶善類，奮發剛斷，以慰公言。」疏入，不報。會胡晉臣拜侍御史，首劾林栗：「狠愎自用，喜同惡異，無事而指學者爲僞，最人之所惡聞。」遂出栗知泉州。詔：「朱熹昨入對，所論皆新任職事，朕亦諒其誠，復從所請，可即速之任。」朱子固辭足疾不任起發，復丐祠，遂除是職。

九月，復召，辭。時廟堂知上眷厚，憚朱子復入，故爲兩罷之策。上悟其故，至是復召之。朱子辭，以爲遷官進職，皆爲許其閑退，方竊難進易退之褒，復爲彈冠結綬之計，則其爲世觀笑，不但往來屑屑之譏。

十一月，趣入對，再辭，遂上封事。六月，入奏事，迫於疾作，嘗面奏，以爲口陳之説有所未盡，乞准具封事以聞。至是趣入對，再辭，遂併具封事，投匭以進。疏入，夜漏下七刻，上已就寢，亟起秉燭，讀之終篇。翌日，除主管西太乙宮兼崇政殿説書，辭。時上感其忠鯁，故有經帷之命，蓋將爲燕翼謀也。朱子因密草奏疏凡十事，將上，會執政有指道學爲邪氣者，遂力辭新命，不果上。

是歲四月，象山貽書。十一月，朱子答書辨無極。

能靈謹按：朱子文集答陸氏無極之辨在是歲，朱子年垂六十，而議論不合如此。王陽明等早異晚同之説誣矣。學蔀通辨於朱陸異同言之已詳，今不復爲之辨也。但此係要節，年譜反删去，今特著之云。

始出太極通書、西銘二書解義，以授學者。

十六年己酉，六十歲。

正月，除秘閣脩撰，辭。

二月，孝宗内禪，光宗即位，尊孝宗爲壽皇聖帝，退居重華宫。

是月甲子，序大學章句。

三月戊申，序中庸章句。二書定著已久，猶時竄改，至是，以穩愜於心而始序之。又著學庸或問、中庸輯略。

四月，再辭職名。

五月，從所請，仍舊直寶文閣，降詔獎諭。

閏五月，更化覃恩，轉朝散郎，賜緋魚。

八月，除江東轉運副使，辭。　詔疾速之任，任滿前來奏事。朱子以祖鄉田産隸部内，辭。詔免迴避。

十一月，改知漳州，再辭，不允，始拜命。　以光宗初政，再被除命，遂不敢辭。

光宗紹熙元年庚戌，六十一歲。

四月，之漳州任。　見臨漳風俗薄陋，民不知禮，至有居父母喪不服衰絰者，朱子首下教，令述古今禮律以開諭之，又取古喪葬、嫁娶之儀，揭以示之，命父老解説以訓弟子。其俗尤崇尚釋氏，男女至聚僧廬爲傳經會，女不嫁者私爲菴舍以居。悉禁之，俗爲大變。時詣學校訓誘諸生如南康時，其至郡齋請業問難者，接之不倦。又擇士之有行義、知廉恥者，使列學職，爲諸生倡。又教習諸軍弓射，分作三番，每月輪番入校塲挽弓，及等者有賞，不及者留射，及等則止，終不及者罷之，兩月之間，皆成精技。又熟聞知録趙師虙之爲人，試之政事，尤得其實，遂首舉之。　故迪功郎高登忤秦檜貶死，爲奏請昭雪，以褒其直。

奏除屬邑上供、無名賦七百萬，減本州無額經總制錢四百萬緡。

奉行經界法。　初，朱子爲同安簿時，已知經界之害。會朝論欲行泉、漳、汀三州經界，至是即加訪問講求，纖悉畢究，以至弓量算造之法，盡得其説。乃具陳利害，疏於朝。及宣德意，牓之通衢，貧民下户莫不深喜，而士居豪右兼併侵漁者以爲不便。會州人有居要路者，幸有是奏，亟啓從之。久之，有旨本州先行經界法，後竟有沮之者，事遂以寢。

十月，以地震及足疾不能赴錫宴自劾，仍請祠，不允。

刻五經、四書於郡。　各著爲説，繫於諸經書後，以曉學者。云：「如今方見得聖人一言一字不吾欺，只今六十一歲，方理會得恁地。」又曰：「某覺得今年方無疑。」又曰：「某當初講學也，豈意到這裏？幸而天假之年，許多道理在這裏。今年頗覺勝似去年，去年勝似前年。」語録。

二年辛亥，六十二歲。

二月，與趙帥汝愚論招州軍募江戍。

三月，復除秘閣脩撰，主管南京鴻慶宫，任便居住。　正月，長子塾卒於婺州。報至，即以繼體服斬衰，丐祠，歸治喪葬，遂有是除。

四月，去郡，再辭職名。上初政，嘗除秘撰，時已力辭，奉詔褒許，難以復受，故再辭焉。其治漳也，一以崇教化、正風俗爲先務，朞年化成而去，漳民莫不思之。

五月，歸次建陽，寓同由橋。

七月，再辭職名，不允。詔「論撰之職，以寵名儒」，乃不敢辭。

九月，除荆湖南路轉運副使，辭。

十二月，仍以漳州經界不行自劾。

三年壬子，六十三歲。

二月，復請補祠職，從之。詔「漳州經界議行已久，湖南使節事不相關，可即速之任」。朱子猶以補祠職爲請，遂許之。

始築室於建陽之考亭。

永康陳同甫來訪。同甫名亮，以文雄浙中，自負王霸之略，而任俠豪舉。朱子嘗與書箴其義利雙行、王霸並用，且謂漢唐行事非三綱五常之正，以風切之。同甫雖不能改，未嘗不心服，每遇朱子生辰，雖居千里外，必遣人問遺，歲以爲常，至是來訪。朱子嘗曰：「海内學術之弊，不過兩説：江西頓悟，永康事功。若不竭力争辨，此道無由得明。」

十二月，除知静江府、廣南西路經略安撫，辭。

四年癸丑，六十四歲。

正月，再辭。

二月，仍舊主管南京鴻慶宮。

十二月，除知潭州、湖南安撫，辭，不允。　是冬，使者至金還，金人問南朝朱先生安在，答以見擢用，歸白廟堂，遂有是除。朱子以辭遠就近，不爲無嫌，力辭，不允。

五年甲寅，六十五歲。

正月，再辭。　詔：「長沙巨屏，得賢爲重，往祗成命，毋執謙辭。可依已降指揮，疾速之任。」會洞獠侵擾，屬郡恐其滋熾，遂拜命。

五月，始之鎮。　在途所次，老稚携扶來觀，夾道填擁，長沙士子夙知向學，四方雲集。誨誘不倦，坐席至不能容，士俗懽動。

洞獠侵擾郡境，遣使諭降之。　猺人蒲來矢出省地作擾，或薦軍校田昇可用。召問之，以爲可招，「期以某日，不俘以來，將斬汝」。昇即以數十輩馳往，取文書粗若告身者數通自隨，諭以福禍。來矢喜，聽命，遂并其妻子俘以至，官給衣冠，引赦不誅。

改建嶽麓書院。書院本劉樞密及南軒先生之舊，久而廢墜，乃更擇爽塏之地而新之，別置員額，以待不由課試而入者，其廩給與郡庠等。朱子常窮日之力治郡事，夜則與諸生講論問答，略無倦色，每訓以切己務實之學，懇惻周至。

奏請飛虎軍隸本路節制，從之。以本路別無軍馬，惟賴飛虎軍以壯聲勢，而乃遥隸襄陽，不便，故以爲請。

六月，申乞歸田，不允。時孝宗陞遐，朱子哀慟不能自勝，又聞光宗以疾不能執喪，中外洶洶，益切憂懼，遂申省乞歸田里。

七月，寧宗即位，召赴行在奏事，辭。黄裳爲嘉王府翊善，自以學不及朱熹，乞召爲宮僚王府直講，彭龜年亦爲大臣言之。宰相留正曰：「正非不知熹，但其性剛，恐到此難合，反爲累耳。」上在潛邸聞名，每恨不得爲本宮講官。至是，趙汝愚首薦焉。

考正釋奠禮儀，行於郡。先是，漳州任内嘗列上釋奠禮儀，得請施行；既去官，復格不下，至是下之。時召還奏事，又苦目眚，乃力疾躬爲鉤校刪剔，定爲數條，頒行巡内州邑，僅畢而行。

立忠節廟。東晉王敦之亂，湘州刺史、譙閔王司馬承起兵討賊，不克而死。紹興初，金賊犯順，通判潭州事孟彦卿、趙民彦督兵迎戰，臨陣遇害，城陷之日，將軍劉玠、兵官趙聿之巷戰，駡賊不屈而死。五人皆以忠節没於王事，而從前未有廟貌，乃於城隍廟内創立祠堂，肖像祀之。又請於朝，賜廟額曰「忠節」。

八月，除焕章閣待制兼侍講，再辭，不允，仍趣令疾速供職。朱子初辭奏事之命，兼旬不報，遂東歸。道中忽被除命，以爲超躐不次之除，不免冒昧之譏，乞仍舊奉祠。辭至再，且云：「陛下嗣位之初，方將一新庶政，所宜愛惜名器，若使幸門一開，其弊豈可復塞？至於博延儒臣，專意講學，蓋將求所以深得親懽者，爲建極導民之本，思所以大振朝綱者，爲防微慮遠之圖。顧問之臣，實資輔養，用人或謬，所繫匪輕。」朱子在道，聞南内朝禮尚缺，近習已有用事者，故預爲是言。

九月晦，至自長沙，次闕外。先是，朱子行至上饒，聞以内批逐首相，罷左丞相留正，出知建康。有憂色。學者問其故，曰：「大臣進退，亦當存其體貌，豈宜如此！」或謂此蓋廟堂之意，曰：「何不風其請去而後許之？上新立，豈可導之使輕逐大臣耶！」及至六和塔，永嘉諸賢俱集，各陳所欲施行之策，紛紜不決。朱子曰：「彼方爲几，我方爲肉，何暇議及此哉？」蓋近習用事，御筆指揮皆已有端，故朱子憂之。

十月戊子朔，乞且帶舊職奏事。次日，入國門。四日辛卯，奏事行宫便殿。朱子立朝，以辛卯日爲始。

朱子行至宜春，時門人廬陵劉黻遮見，請曰：「先生是行，上虚心以待，敢問其道何先？」曰：「今日之事，非大改更不足以悦天意、服人心，必有惡衣服、菲飲食、卑宫室之志，而不敢以天子之位爲樂，然後庶幾積誠盡孝，默通潛格，天人和同，方可有爲。其事大，其體重。以言乎輔贊之功，則非吾之所任；以言乎啓沃之道，則非吾之敢當。然天下無不可爲之時，人主無不可進之善，以天子之命召，藩臣當不俟駕而往。吾知竭吾誠、盡吾力耳。外此，非吾所能預計也。」

辭新除待制職名，不允。奏事後，面納劄子，辭職名。有旨依已降指揮，不允。又辭，乞改作説書差遣，以爲「未得進説而先受厚恩，萬一異時未效涓埃，而疾病不支，遂竊侍從職名而去，則臣死有餘罪」。上手劄：「卿經術淵源，正資勸講，次對之職，勿復牢辭，以副朕崇儒重道之意。」乃拜命。

上孝宗壽皇山陵議狀。時趙彦逾按視山陵，謂土肉淺薄，掘深五尺，下有水石，旋改新穴，視舊僅高尺餘。孫逢吉覆按，亦乞少寬日月，别求吉兆。有旨集議，臺史憚之，議遂中寢。朱子乃上議狀言：「壽皇聖德神功，宜得吉土，以奉衣冠之藏。當廣求術士，博訪名山，不宜偏信臺史罔上誤國之言，固執紹興坐南向北之説，委之水泉砂礫之中、殘破浮淺之地。」不報。

辛丑，受詔進講大學。　故事：講筵每遇隻日，早晚進講，及至當日或值假故，即行權罷；又大寒大暑，亦係罷講日分。講畢，乃奏乞除朔望、旬休及過宫日外，不以寒暑、雙隻月日諸色假故，並令逐日早晚進講。從之。朱子每講，務積誠意，以感悟上心。以平日所論著者，敷陳開析，坦然明白，可舉而行。講畢，有可以開益聖德者，罄竭無隱。上亦虚心嘉納。

差兼實録院同修撰，再辭，不允，遂拜命。

更化覃恩，授朝散郎，賜紫金魚袋。

乙巳，晚講，乞令後省看詳封事。　時以雷雨之變，下詔求言。朱子因奏：「登極之初，獻言者衆，乞令後省官看詳，擇其善者條上，取旨施行，庶聞者知勸，直言日聞。」詔差沈有開、劉光祖看詳，限十日奏聞。

奏乞三年内賀禮並免。　瑞慶節前一日晚，關報來日百官稱賀。朱子欲不出，不可，乃草劄子，明日立班投進。有旨却賀表不受。末後復謂三年内賀禮並免，節序進名奉慰，從之。

庚戌，講筵留身，奏四事。　時上有旨修葺東宫，爲屋數百間，欲徙居之。而諫臣黄度將論近習，遽以特批逐之。朱子不勝憂慮，因講畢，乃疏奏四事，謂：「凡此四事，皆今日最急之務，切乞留神，反覆思慮，斷而行之，以答天變，以應人心。臣老病之餘，寒齋獨宿，終夜不寐，憂慮萬端，而進對之時，率多遺忘，敢復冒昧，輒形紙墨。至于孤危之蹤，不敢自保，切恐自今已往，不復久侍清閑之燕矣。」上爲之感動，然卒無所施行。

閏月戊午朔，晚講。次日，編次講章以進。朱子進講數次，論及盤銘、丹書，復編次成帙以進。上喜，且令點句來。他日請問，上曰：「宫中嘗讀之，其要在求放心耳。」朱子頓首謝，因復奏疏，勉上進德。且言：「願陛下日用之間，語默動静，必求放心以爲之本，而於玩經觀史已用力處，益用力焉。數召大臣切劘治道，俾陳今日要務，略如仁祖開天章閣故事。至於群臣進對，亦賜温顔，反覆詢訪，以求政事之得失、民情之休戚，而又以察其人材之邪正短長，庶於天下之事各得其理矣。」朱子退，謂門人曰：「上可與爲善，願常得賢者輔導，天下有望矣。」

辛酉，晚進講。

請脩嫡孫承重之服。上居壽皇喪，有司請於易月之外，用漆紗淺黄之制。朱子上疏，略曰：「陛下以世嫡承大統，承重之服，著在禮律，宜遵壽皇已行法。當時倉卒，不及詳議，遂用漆紗淺黄之服，使壽皇已行之禮舉而復墜，臣竊痛之。」至是，詔用三年之制，中外百官皆以涼衫視事，蓋因朱子言也。

上廟祧議。孝宗將祔廟，禮官初請祧宣祖而祔孝宗，繼復有請併祧僖、宣二祖，而正太祖東向之位者。時宰相趙汝愚、禮官孫逢吉等各持所見，紛紜不一。癸亥，當集議，朱子度難以口舌争，乃辭疾不赴，而入議狀，條其不可者四，復引大儒程頤之説，以爲「物豈無本而生之者」。狀上廟堂，不以聞。

甲子，在告。

乙丑，直日，准告。封婺源縣開國男，食邑三百户。

丁卯，宣引入對。朱子上廟祧議〔八〕，狀未聞於廟堂。丙寅，得旨「來日内引」。是日，入對，賜食。上問外事人才畢，朱子請宣引之旨，上於榻後取文書一卷，曰：「此卿所奏廟議也，可細陳其説。」初，朱子既被旨，恐上必問及，乃取所論畫爲圖本，貼説詳盡。至是，出以陳奏久之。上再三稱善，且曰：「僖祖乃國家始祖，高宗、孝宗、太上皇帝俱不曾祧，今日豈可容易？可於榻前撰數語，俟徑批出施行。」朱子方懲内批之弊，因乞降出劄子，再令臣僚集議，上然之。既退，即以上意喻廟堂，則聞已毁僖、宣廟，更創别廟以祀四祖矣。時相既以王安石之論爲非，異議之徒忌其軋己，藉以求勝，事竟不行，天下恨之。朱子與汝愚書謂：「丞相以宗枝入輔王室，無故輕納鄙人之妄議，毁撤祖宗之廟，以快其私，其不祥亦甚矣。欲望神靈降歆永國，祚於無窮，其可得乎？」

戊辰，入史院。　朱子以實録院略無統紀〔九〕，修撰官三員，檢討官四員，各欲著撰，不相統攝〔一〇〕，所脩前後往往不相應。嘗與衆議，欲以事目分之。譬之六部，吏部專編差除，禮部專編典禮，刑部專編刑法，須依次編排，各具首末，然後類序爲書，方有條理。又如一事而紀載不同者，須置簿抄出，與衆會議，然後去取，庶幾存得案底在。時檢討官不從。

丙子，晚講。　是日晚，會彭龜年出護使客，因請留身，中言前疏，乞賜施行。既退，即降御批：「朕憫卿耆艾，方此隆冬，恐難立講，除卿宮觀，可知悉。」宰相趙汝愚袖御批見帝，且諫且拜，帝不省，汝愚因求罷政，不許。越二日戊寅，侂胄遣其内侍王德謙封内批付朱子，朱子即附奏謝，仍申省照會，遂行。中書舍人陳傅良、起居郎劉光祖、起居舍人鄧驛、御史吴獵、吏部侍郎孫逢吉〔一一〕、登聞鼓院游仲鴻、給事中樓鑰交章留之〔一二〕，皆不報。朱子立朝終於丙子，僅四十六日，進講者七，内引奏事者再。

壬午，詔除寶文閣待制，與州郡差遣，尋除知江陵府，辭，不允。他日，工部侍郎黄艾因入對，問所以逐朱熹之驟。上曰：「始除熹經筵爾，今乃事事欲與聞。」艾力辨其故，帝不聽。吏部侍郎孫逢吉亦因講權輿之詩，反復以諷。上曰：「朱熹之言，多不可用。」初，韓侂胄自謂有定策功，且依託肺腑，出入宫掖，居中用事。朱子聞之，惕然以爲憂慮，辭免職名，已微寓其意。及進對，再三面陳之，又約吏部侍郎彭龜年，請對白發其奸。龜年出護使客〔一三〕，侂胄益得志。朱子又數以手書遺生徒密白丞相汝愚，當以厚賞酧其勞，勿使得預朝政。丞相方謂其易制，所荷以爲腹心謀事諸人，又持禄苟安，無復遠慮。朱子獨懷忠憤，因講畢奏疏極言之。侂胄大怒，陰與其黨謀去之，而一時争名之流，亦潛有惎間之意，由是侂胄之計遂行。及黿年出護使客回，而朱子已去國矣，即上章攻侂胄云：「止緣陛下近日逐得朱熹太暴，故亦欲陛下亟去此小人。」既而侂胄聲勢益張，群憸附和，並疑及丞相，視正士如深仇，衣冠之禍蓋始此云。

十一月，還考亭，復辭前命，仍乞追還新舊職名。初，還過玉山，邑宰司馬邁請爲諸生講説，辭，不獲，乃就縣庠賓位，因學者所請問而發明道要，聞者興起。邁刻講義一篇以傳於世。及抵家，遂力辭新命。

十二月，詔依舊焕章閣待制，提舉南京鴻慶宫。

竹林精舍成。朱子既歸，學者甚衆。至是精舍成，率諸生行釋菜禮於先聖，後更名曰滄洲精舍。

寧宗慶元元年乙卯，六十六歲。

正月，辭舊職名。

三月，又辭，並不允。以議僖祖祧不合自劾，並累申省。有旨：「次對之職，除受已久，與廟議初不相關，依已降指揮，不得再有陳情。」

吏部取會磨勘，至是轉朝奉大夫。

五月，復辭職名，並乞致仕，不允。初，侂胄即欲併逐趙相而難其辭，及是，誣以不軌，竄永州。中外震駭，大權一歸侂胄矣。侂胄本武人，志在招權納賄。士大夫嗜利無恥或素爲清議所擯者，乃教以除去異己者，然後可以肆志，陰疏姓名授之。於是群小附和，以攻「僞學」。太府寺丞呂祖儉以論救丞相，貶韶州。朱子自以蒙累朝知遇之恩，且尚帶從臣職名，義不容默，乃草封事數萬言，極陳姦邪蔽主之禍，因以明丞相之冤。子弟諸生更進迭諫，以爲必自賈禍，不聽。蔡元定入諫，亦不聽。門人朝奉郎劉炳請以蓍決之，遇遯之同人，朱子默然，退取奏藁焚之，更號遯翁，遂以疾乞休致云。

十二月，以屢辭職名，詔依舊充秘閣脩撰、宫祠如故。先是，辭職名，不允。又以嘗妄議山陵不報自劾待罪，乞鐫職名，詔「無罪可待」。又言已罷講官，不敢復帶侍從職，御詔從之。

是歲，楚辭集註成。時朝廷治黨人方急，丞相趙謫死於永。朱子憂時之意屢形於色，因註楚辭以見志。其書又有辯證及後語。

二年丙辰，六十七歲。

二月，申省乞改正恩數。　大意言：昨來疏封錫服，封贈蔭補，磨勘轉官，皆爲已受從官恩賜，請乞改正。不許。

十二月，褫職罷祠。　先是，臺臣擊「僞學」，既榜朝堂，未幾，張貴模指論太極圖説之非。省闈聞之，是科取士，稍涉義理者悉見黜落。士子咸避時忌，文氣日卑。門人楊道夫聞鄉曲射利者多撰造事跡，以投合言者，亟以書告朱子。報曰：「死生禍福，久已置之度外，不煩過慮。」時臺諫皆韓侂胄所引，無不迎合其意，以攻「僞學」爲言，然憚清議，未敢先發者。胡紘未達時，嘗謁朱子於建安，朱子待學子惟脱粟飯，遇紘不能易也。紘不悦，語人曰：「此非人情，隻雞尊酒，山中未爲乏也。」及是，爲監察御史，乃鋭然以擊朱子自任，專物色，無所得，經年醖釀，章疏乃成，會改太常少卿，不果。有沈繼祖者，爲小官時，嘗采摭朱子論孟之語以自售，至是，以追論程頤得爲御史。紘以疏章授之，繼祖謂可立致富貴，遂誣論十罪，言朱子「剽竊程頤、張載之餘論，以喫菜事魔之妖術，簧鼓後進，張浮駕誕，私立品題。收召四方無行義之徒，以益其黨與，飧粗食淡、衣褒帶博，或會徒於廣信鵞湖之寺，或呈身於長沙敬簡之堂，潛形匿跡，如鬼如魔。乞褫熹職罷祠。其徒蔡元定佐熹爲妖，乞送别州編管。」詔落朱子職罷祠，竄蔡元定於道州。已而選人余嚞上書，乞斬熹以絶僞學〔一四〕。宰相謝深甫抵其書於地，語同列曰：「朱元晦、蔡元定不過自相講學耳，果何罪乎？」事乃止。

是歲，始脩禮書。名曰儀禮經傳通解。其書大要以儀禮爲本，分章附疏，而以小戴諸義各綴其後，其見於他篇及他書可相發明者，或附於經，或附於義。其外如弟子職、保傅之屬，又自别爲編，以附其類。其目有家禮、鄉禮、學禮、邦國禮、王朝禮、喪禮、祭禮、大傳、外傳，其大體已具者蓋十七八。先是，草奏欲乞脩三禮，會去國，不及上。

三年丁巳，六十八歲。

正月，别蔡元定於寒泉精舍。時郡縣逮捕元定甚急，元定色不爲動。既行，朱子與嘗所游百餘人會别浄安寺，坐方丈，寒暄外，無嗟勞語，坐客感嘆，有泣下者。朱子微視元定，不異平時，因曰：「朋友相愛之情，季通不挫之志，可謂兩得之矣。」明日，獨與元定會宿寒泉，相與訂正參同契，終夕不寐。次年，元定卒於舂陵，朱子爲哀慟。

韓文考異成。是歲元旦，朱子書於藏書閣下東楹曰：「周敬王四十一年壬戌，孔子卒，至宋慶元三年丁巳，一千六百七十六年。」此其憂傷微意可見矣。

四年戊午，六十九歲。

作書傳。文集内止載二典、禹謨、金縢、召誥、洛誥、武成諸説數篇，及親藁百餘段具在，其他大義口授蔡沈，俾足成之。

十二月，引年乞休。朱子以明年年及七十，尚帶階官，義當納禄，具申建寧府，乞保明申奏致仕。朱子致仕，家貧，故諸生自遠至者，豆飯藜羹率與之，其往往稱貸於人，以給用非其道，則一介弗取也。時攻「僞學」日急，士之繩趨尺步、稍以儒自名者，無所容其身，從游之士，特立不顧者，屏伏丘壑，依附巽儒者，更名他師，過門不入，甚至變易衣冠，狎游肆市，以別其非黨，而朱子日與諸生講學不休。或勸以謝絶生徒，儉德避難者，朱子曰：「禍福之來，命也。」或又微諷先生有「天生德於予」底意思，却無「微服過宋」之意，曰：「某不曾上書自辯，又不曾作詩謗訕，只與朋友講習古書，説道理，更不教做，却做何事？」

詔落秘閣脩撰，依前官差遣。

答李季章書曰：「親舊凋零，如蔡季通、吕子約皆死貶所，令人痛心，益無生意，所以惜此餘日，正爲所編禮傳已略見端緒而未能就，若更得年餘間未死，且與了却，亦可瞑目矣。」又云：「舊來諸經説，間因講説時有更定。」

能靈謹按：據此，則朱子於諸經説，此時猶有更定。陽明以集註爲朱子早年之作，非其實矣。

五年己未，七十歲。

四月，有旨令守朝奉大夫，封婺源開國男，食邑三百户，仍兼秘閣脩撰致仕。始用野服見客。坐客榜略云：「滎陽呂公嘗言，京洛致仕官與人相接，皆以閑居野服爲禮，而嘆外郡或不能然。其指深矣。」又謂：「上衣下裳，大帶方履，比之涼衫，自不爲簡，其所便者，但取服帶足以爲禮，解帶足以燕居而已。且使窮鄉下邑，得見祖宗盛時京都舊俗，其美如此，亦補助風教之一端也。」

六年庚申，七十一歲。

正月，爲陳氏作聚星亭贊。考亭陳氏故有離榭，名曰「聚星亭」，至是，作新之。朱子爲本原荀、陳事迹，畫著屏上而爲之贊。

三月丙辰朔己未，夜説太極圖。庚申，夜説西銘。太極圖、西銘二書，蓋朱子奉以終身者。至是，尤諄諄爲學者詳言之，其示人以原始反終、存順没寧之意，深切著明矣。

改大學「誠意」章。先是戊午歲，朱子嘗與廖德明帖云：「大學又修得一番，簡易平實，次第可以絶筆矣。」至是日，將此章再爲定酌。午刻，疾甚，莫能興，前言若爲之讖。

甲子，朱子卒於考亭滄洲精舍。三月初九日午初刻也，享年七十有一。送終諸禮皆遵遺訓焉。朱子終時，自是月丁巳至甲子，蔡沈撰夢奠記甚悉，備載於後。朱子自筮仕以至屬纊五十年間，歷事四朝，仕於外者僅九考，立於朝者四十六日云。

門人蔡仲默沈撰夢奠記云：「慶元庚申三月初二日丁巳，先生簡附葉味道來約沈下考亭，當晚即與味道至先生侍下。是夜，先生看沈書集傳，説數十條及時事甚悉。精舍諸生皆在，四更方退，只沈宿樓下書院。

「初三日戊午，先生在樓下改書傳兩章，又貼脩稽古録一段。是夜説書數十條。

「初四日己未，先生在樓下，商量起小亭於門前洲上。先生自至溪岸相視，陳履道載酒，飲於新築亭基。時溪東山間有獸聲甚異，里人在坐者云：『前後如此，鄉里輒有喪禍，然聲未嘗有此雄也。』是夜，説書至太極圖。

「初五日庚申，先生在樓下，臟腑微利。邑宰張揆來見，有餽。先生却之，謂『知縣若寬一分，百姓得一分之惠』。揆藉時相之勢，凶焰可畏，百姓苦之。是夜，説西銘，又言：『爲學之要，惟事事審求其是，決去其非，積累日久，心與理一，自然所發皆無私曲。聖人應萬事，天地生萬物，直而已矣。』

「初六日辛酉，改大學『誠意』章，令詹淳謄寫，又改數字。又脩楚辭一段。午後，大瀉，隨入宅室，自是不復能出樓下書院矣。

「初七日壬戌，先生臟腑甚脫。文之埜自五夫歸。

「初八日癸亥，精舍諸生來問疾，先生起坐，曰：『誤諸生遠來，然道理只是恁地，但大家倡率做些堅苦工夫，須牢固著脚力，方有進步處。』時在坐者林子武夔孫、陳器之埴、葉味道賀孫、徐居父宇、方伯起、劉擇之成道、趙惟夫、范益之元裕及沈。先生顧沈曰：『某與先丈疾勢一般，決不能起。』沈答曰：『先人疾兩月餘，先生方苦臟腑。然老人氣體易虛，不可不急治之。』蓋先生疾實與先人相似〔一五〕，上極熱，揮扇不輟；下極冷，洩瀉不止。先人亦初因痁結服神功丸，致動臟腑。春陵病革時，嘗作先生書及此故也。諸生退，先生作范伯崇念德書，託寫禮書，且爲冢孫擇配。又作黄直卿榦書，令收禮書底本，補葺成之。又作敬之在書，令早歸收拾文字，且嘆息言：『許多年父子〔一六〕，乃不及相見也。』夜分，令沈檢巢氏病源〔一七〕。劉擇之云：『待制脉絶已三日矣，只是精神定，把得如此分曉。』

「初九日甲子五更，令沈至臥内。先生坐床上，沈侍立。先生以手挽沈衣令坐，若有所欲言而不言者久之。醫士諸葛德裕來，令無語用治，命移寢中堂。平明，精舍諸生復來問疾。味道云：『先生萬一不諱，禮數用書儀何如？』先生摇首。益之云：『用儀禮何如？』

先生復搖首。沈曰：『儀禮、書儀參用何如？』先生首肯之，然不能言，意欲筆寫，示左右以手版托紙進。先生執筆如平時，然力不能運。少頃，置筆就枕，手誤觸巾，目沈正之。諸生退，沈坐首邊，益之坐足邊。先生上下其視，瞳猶炯然，徐徐開合，氣息漸微而逝，午初刻也。是日大風破屋，左右梧桐等大木皆拔，未幾洪水，山皆崩陷，其所謂山頹木壞者與？嗚呼，痛哉！」

十一月壬申，葬於建陽縣石塘里大林谷。今名嘉禾里。將葬，右正言施康年言：「四方僞徒，聚於信上，欲送僞師之喪。會聚之間，非妄談時人短長，則謬論時政得失，令守臣約束。」然會葬者幾千人，禁錮之嚴，有所不避焉。

【校勘記】

〔一〕又云欲修鄉約鄉儀及冠昏喪祭之儀　「祭」，原訛「際」，據全集本改。

〔二〕率郡屬鄉宦過客學徒釋菜於先聖先師　「菜」，原訛「萊」，據全集本改。

〔三〕爲學問言語並修身處事接物之要　「問言語」三字，原爲墨丁，據全集本補。

〔四〕民無流徙　「徙」，原訛「徒」，據全集本改。

〔五〕沿海四州鹽法　「州」，原訛「川」，據晦庵集卷十八改。下同。

〔六〕大者宰制斡旋於上　「斡」，原訛「幹」，據晦庵集卷二十二改。
〔七〕十五年戊申　「申」，原訛「午」，據王懋竑朱子年譜卷三改。
〔八〕朱子上廟祧議　「廟」，原訛「朝」，據王懋竑朱子年譜卷四改。
〔九〕朱子以實録院略無統紀　「録院」「統紀」四字，原皆爲墨丁，據朱子語類卷一〇一補。
〔一〇〕不相統攝　「相統」二字，原爲墨丁，據朱子語類卷一〇一補。
〔一一〕吏部侍郎孫逢吉　「部侍郎孫」四字，原空缺，據全集本補。
〔一二〕給事中樓鑰交章留之　「留」，原訛「劉」，據王懋竑朱子年譜卷四改。
〔一三〕龜年出護使客　「客」，原訛「容」，據王懋竑朱子年譜卷四改。
〔一四〕乞斬熹以絶僞學　「絶僞」二字，原爲墨丁，據續資治通鑑卷一五四補。
〔一五〕蓋先生疾實與先人相似　「生」，原訛「人」，據王懋竑朱子年譜卷四改。
〔一六〕且嘆息言許多年父子　「息言許多」四字，原爲墨丁，據王懋竑朱子年譜卷四補。
〔一七〕令沈檢巢氏病源　「病」，原作「疾」，據王懋竑朱子年譜卷四改。

附録

採風小傳

［清］覺羅・雅爾哈善

童君諱能靈，字龍儔，號寒泉，汀之連城人。性至孝，家貧，力學舌耕以養。好義周急，雖乏必拮据以應，鄉鄰薰其德，稱仁里焉。於書無所不窺，而歸宗於性命。結廬冠豸山，十餘年一榻如老僧。著述等身，有周易剩義、洪範剩義、太極辨微、中天河洛、詩大小序辨、三禮分釋、理學疑問、樂律古義、朱子爲學考、朱陸淵源考、留村家學述。留村者，其父也。門人釀金剞劂，學者珍之。龍儔素沉默，寡言笑，然樂誘生徒，問答往復數千言不倦。兩舉博學鴻詞，以母老不赴。乾隆乙丑，予聘掌教芝山，多所造就。年六十有三，以貢士終，祀於鄉。（録自清乾隆二十一年刻本冠豸山堂文集卷首）

寒泉童先生墓志銘

[清] 雷鋐

吾閩自有宋諸大儒後，代有傳人。明中葉如陳剩夫、蔡虚齋，皆確守朱子，以津梁後學。近吾汀之連城有張警菴、童寒泉兩先生。警菴余未得見，寒泉余託交二十餘載。乙丑在京師，聞其訃，爲斯道痛失人！憶余癸卯初上公車，晤李孝廉開士，亟言其友童龍儔士性狷謹，不輕許可，余因知連城有童先生。甲辰，余至郡城，寒泉一見如舊交，讀其理學疑問一書，正苦心力索時也。厥後伍君文運示以朱子爲學次第考，益知寒泉之學，得所指歸矣。寒泉更寄示周易剩義、樂律古義、河洛太極辨微諸書，其精神與古經傳相憑依，如入洞壑，所造日深以邃。余甲寅自漳返，過連城訪之，孤館寒燈，商訂舊學。時北壁破，風氣栗烈，以艸薦障之。因嘆寒泉貧中已有樂趣如此。先是，當事薦博學鴻辭，累舉優行，皆以母老辭。母年躋九旬，兄弟白髮同居怡怡然，居喪以禮，化及鄉人。甲子冬，學使者又欲以優行貢成均，仍未赴。觀察雅公虚心嗜善，聘主漳州芝山書院，寒泉特爲一往，閲七月，以微疾端坐瞑目而逝。門弟子環聚而哭曰：「吾師何棄吾儕之速也！」卒之前夕，學博鄒君紹周共飯，手出一書，皆身後事云。卒於乾隆十年八月二十五日，年六十有三。自二十二歲補弟子員，爲諸生者四十一年，年近五十，不復應舉。其學本於其父留村公，見所著家學述中。嘗再遊武夷，歸，築室於邑冠豸山，貽余書，備言山居之勝。余方冀再得造訪，益聞所未聞，今竟不可得矣。卒後一年，與警菴先生同祀鄉賢。時閩撫軍以祀鄉賢奉請者止三人，連城居其二。先生姓童，諱能靈，字龍儔，晚乃號寒泉。元配余氏，繼娶江氏，未有出。兄子祖創、祖垂，鍾愛不異所生。以祖創嗣，兄命也。祖創卜葬地於北郊之原，具狀介伍君文運書來請銘，余何敢辭。

銘曰：「至尊者道，曷問冠裳。中心有契，泉石徜徉。豈曰忘世，循分□□。遺教在人，歿世有光。」（録自清乾隆二十一年刻本冠豸山堂文集卷首）

連城童先生

［清］唐　鑑

先生諱能靈，字龍儔，號寒泉。諸生，守程朱家法，不踰尺寸。作朱子爲學考，謂專考朱子爲學次第。其間淺深疏密曲折纖悉，逐年逐月，皆有可見。即後學用心，實不出此一途。雖其爲朱子自悔處，亦曾經一番細微體驗，方可見此理之實也。以此與陳氏通辨一書專爲朱陸異同之論，稍有別云。又謂朱子早晚異同之辨，大要數端，曰一貫忠恕，曰未發已發，曰太極動静，曰仁，曰心性，曰體用，曰理一分殊，曰空妙，曰實理，曰默識而存，曰循序而進是也。觀其逐段加以按語，分晰惟恐不明，體認惟恐不實，亦可謂深思好學矣。所著理學疑問，已刻者四卷，曰心，曰性，曰仁，曰情。其言心主人之神明。謂神明之妙有三，曰神速，不疾而速，不行而至也；曰神通，貫幽明，通遠近，無所隔礙也；曰神變，應事接物，變化不測也。惟通故速，速亦是通，只是神通、神變二者而已。言性，主性即理，謂性固是理，即須看得理之在人最爲親切，方見其爲人之性也。蓋人之生，氣聚而生也，氣之所以聚而生，則理爲之也。其言仁，主愛之理，謂只囫圇説有此仁，即有此愛，有此愛，即從此仁發出，此猶含糊之見，必須將「愛」字和「理」字析開看，如何使愛，如何使理，然後合儱看「愛」字中如何見得有理，「理」字中如何見得有愛，方爲確解耳。其言情，主惻隱四端，初喜虚齋蔡氏四端即是喜怒哀樂之説，後謂以惻隱屬哀、以羞惡屬怒，此處猶可通融看也，至論辭讓、是非則失其條理矣。須知孟子所謂四端者，蓋謂有此理則有此端，無此理必無此端。端之云者，其爲念最初而其發甚微也，惟其最初，故不大著現而微見端倪也。若轉一後念，便須著現而不得謂之端矣。此等皆窮到極處語。

先生於先儒言理言工夫，一字不肯放過，往往舉其難明者，曲折指譬而不厭其繁。其有參考互驗，信之於心，而亦未嘗已於辨難。答長樂鄭一志曰：「尹氏之論敬，謂中心不容一物。謝氏之論敬，謂常惺惺法此要。皆説得透露有精神，但稍費力耳。程子曰：『整齊嚴肅則心便一，一則自無非僻之干。』其言平正，而二家之説皆涵蓋焉。何也？心若一時，自不容一物而常惺惺也。且程子從整齊嚴肅説來便有把握，只須將容貌、言語上有形象處整頓收斂得來，自然心已一也。若單從心上用力，而求其不容一物而常惺惺，便未免太勞苦拘迫而難於持久。且或反致别生病痛而不自知者，此不可不察也。大抵朱子雅言亦復如此。然此一處，亦足以見程子之言甚似孔子也。」其答清流伍鶴聲曰：「理一分殊，有全體之理，有一分之理，有千分萬分之一之理，如人物之受於天者是也。天人固一理，然不能無大小多寡之不同也，故曰所得之理既盡，則是物亦盡而無有也，朱子蓋見之審矣。或乃以爲理無盡時，故天能常運。其在人者，則氣雖已盡而理之不盡者，仍在天也。薛文清公有『人受是理，如器受日光』之喻，謂器在則光在器，器除則光在光，此恐見之未的也。蓋器光之喻，但可見理之不雜乎氣，處而不可向生死上論，謂理不與生死爲存亡也。如果器除而光仍在光，則氣只是一物承受此理者，而不本於理，即此理亦不足爲萬物之根柢矣。羅整庵於『人有生死，理無聚散』之説，嘗反覆窮之而未得其歸，此固爲從來一大疑團。此處打不破，則佛氏『人生而性不滅』、王陽明『顔子至今未嘗亡』之説乃狂怪駭人矣。今但就一分之理與全體之理大小多寡不同觀之，即可以無惑矣。雖然，人又疑之，謂人之所受者萬分俱足，何故與天地之理若是其多寡不同也？不知天下之理，雖毫髮之間，亦自萬分具足。朱子曰：『一卦一爻之中，又自有陰陽五行許多道理。』又曰：『元亨利貞，一歲有這四端，一日有這四端，即至一息之間也有這四端。』由此觀之，則人之萬分具足也明矣，蓋豎言之，則一息亦具足；橫言之，則一物各具足。此人之所以無歉於天地也。物得其偏而人得其全，聖人則又得其清明純厚而爲全之全者，所以極其理之全量，便與天地參也。然與天地參處亦只是功業耳，究之天地在而聖人巳不復見矣，安能常在不滅乎？此最是明白處，不容妄生疑慮也。且理有横而具足者，便當就横看之，豎而具足者，便當就豎看之，以其分之不同也。故元亨利貞四德，雖生而已具，然自生至死，其間流行處，又自當分爲四段也。分爲四段，則人之有生而必有死者，可見皆理之爲之矣。大抵人生三十以前是元亨主事，三十以後是利貞主事，至於六十，則甲子一週，而復從元上起矣。故十五以前爲元，而屬仁，如孺子知覺未開而生意醇氣，自然可愛，十五以後，漸漸亨了，屬禮，始能入大學而教之以禮。又十五年，至三十以後，則爲利主事，而屬義，此將發强剛毅，無事不可爲，到四十五以後，則漸漸是貞主事，而屬智，故氣味收斂退藏，而於事理則愈精，於意氣則愈減，不復少壯之豪舉矣。六十以後，或得氣之厚者，則又從貞起元。此時雖應練老成，而意思又覺醇厚温柔，有孺子之象而爲元爲仁焉。由此又進，亦只此理漸漸運行，如堯舜之在當時，則是得兼人之分，故其年百有二十倍於常人也。氣之自少而壯、而强、而老死者，皆一理之流行而爲元、爲亨、爲利貞之不同如此。邵子嘗以數推之，其大意亦與此同。愚則就理觀之，尤爲明白可見也。惜前明諸公究心於此而不得與之同時上下其論也。人又有於四德中獨稟一理而生者，故氣質有不同處，但一理之中，又必具四德耳。」此篇推勘四德，雖發前儒所未發，而以年數分配言之，恐天地之理未必若是其板也。先生又恒言圖書易範，大畧比彙，其板數者居多，然而工夫細密，則亦有不可及者矣。（録自清道光二十六年四砭齋刻本學案小識卷九）

清史稿童能靈傳

［民國］趙爾巽

能靈，字龍儔。貢生。好學，守程、朱家法，不失尺寸。乾隆元年，舉博學鴻詞。累舉優行，皆以母老辭。年九十，兄弟白首同居。居喪以禮，化及鄉人。能靈嘗與雷鋐論易，主河圖以明象數之學。其樂律古義，謂：「洛書爲五音之本，河圖爲洛書之源。河圖圓而爲氣，洛書方而爲體。五音者氣也，氣凝爲體，體以聚氣，然後聲音出焉。蔡氏律呂新書沿淮南子、漢書之説，誤以亥爲黄鍾之實。惟所約寸分釐絲忽之法，其數合於史記律書，因取其

説爲之推究源委以成書。」他著中天河洛五倫説、朱子爲學次第考、理學疑問。（録自清史稿卷四八〇儒林傳）

清儒學案童能靈傳

［民國］徐世昌

童能靈，字龍儔，號寒泉，連城人。諸生。薦博學鴻詞不就，累舉優行，皆以母老辭。母年躋九旬，兄弟白髮，同居怡怡。居喪以禮，化及鄉人。翠庭與交二十餘年，服其著述皆從苦心力索而得。嘗過連城訪之，孤館寒燈，商訂舊學，時北風壁破，以草薦障之，嘆其貧中有樂趣如此。晚主漳州芝山書院。乾隆十年卒，年六十有三。先生守程朱家法，不踰尺寸。著朱子爲學考，謂專考朱子爲學次第，其間淺深疏密異同曲折纖悉，逐年逐月皆有可見。即後學用心，實不出此一途。雖其爲朱子自悔處，亦必曾經一番細微體驗，方可見此理之實也。以此與陳氏通辨一書專爲朱陸異同之論稍有别云。又謂「朱子早晚異同之辨，大要數端：曰一貫忠恕，曰未發已發，曰太極動静，曰仁，曰心性，曰體用，曰理一分殊，曰空妙，曰實理，曰默識而存，曰循序而進是也。逐段加以按語，分晰惟恐不明，體認惟恐不實」。又著理學疑問，已刻者四卷：曰心，曰性，曰仁，曰情。其言心主人之神明，謂「神明之妙有三：曰神速，不疾而速，不行而至也。曰神通，貫幽明，通遠近，無所偏礙也。曰神變，應事接物，變化不測也。惟通故速，速亦是通，只是神通神變而已」。言性主性即理，謂「性固是理，即須看得理之在人最爲親切，方見其爲人之性也。蓋人之生，氣聚而生也。氣之所以聚而生，則理爲之也」。其言仁主愛之理，謂「只囫圇説有此仁即有此愛，有此愛即從此仁發出，此猶含糊之見。必須將『愛』字與『理』字拆開看，如何是愛，如何是理；然後合攏看，『愛』字中如何見得有理，『理』字中如何見得有愛，方爲確解耳」。其言情主惻隱四端，初喜虚齋蔡氏四端即是喜怒哀樂之説，後謂「以惻隱屬哀，以羞惡屬怒，此處猶可通融看也。至論辭讓是非，則失其條理也。須知孟子所謂四端者，蓋謂有此理則有此端，無此理必無此端。端之云者，其爲念最初，而其法甚微也。惟其最初，故不大著現，而微見端倪也。若轉一後念，便須著現，而不得謂之端矣」。他著有周易剩義、樂律古義、河洛太極辨微、冠豸山堂集。卒後祀鄉賢。連城正學始於宋丘起潛，盛於明童東皋，而張警庵及先生繼之。張清恪撫閩時，建文溪書院，祀起潛、東皋。後增建五賢書院，祀宋五子，而以警庵及先生配焉。（録自清儒學案卷六六翠庭學案）

家學述

［清］童能靈

連城童氏九傳，始以禮經起家，再傳習尚書，由此迭傳至先君子留村府君，即博綜諸經焉。先君子諱正心，字七其，别號留村。少以古文爲時文，不與時調合謝去。家貧，教授東郊，專精經學，貫穿諸儒，以謂天地之全、古人之大體在是也。益捐棄俗學，優游厭飫，形於議論，往往迥出前人。嘗曰：「易如天文，書如地理，禮如國都宫室道路，詩如風雲雷雨鬼神，春秋如飛潛動植靈蠢，合來成一造化。」又曰：「五經只一身，易爲魂魄，書爲血氣，禮爲筋脉，春秋爲骨節，詩爲九竅。魂魄、血氣所以生，筋脉、骨節所以成，而非九竅無由呼吸出入也。」謂：「論、孟二書皆有内外篇之意。論語前十篇渾然包藴，結以鄉黨，遂結出時字，孔子一生略盡；後十篇是推廣之言，多精深處、展拓處，結以堯曰一篇，以盡古今道統之局。孟子亦然，前三篇仁義、王霸、知言、養氣、性善、堯舜，略盡孟子本領，結以好辨一章，明是書之所以作；後四篇多精深展拓處，而結以堯、舜至於孔子，收盡古今道統之局。」論大學曰：「萬物皆備於我，工夫從格物入，便見此德之實。然意知身心家國天下，便是物所當格者，不識此義，須去格那庭前七竿竹。」論中庸曰：「哀公問政一章，當全書之腹，其間九經統於五達道，五達道統於三達德，三達德統於一誠，此便是未發之中之實也。未發時渾然只是一耳，前半提出時中，以下十章於中字内見庸，中間提出庸德，以下八章於庸字内見中，後幅提出誠明，至末則約之於一誠。此誠在我，天人一貫，蓋中庸首尾皆言天，中間只人事也。」晚年尤好宋五子之書，亦嘗通論之曰：「周、程、朱子無間然矣，邵子常有樞紐乾坤、推蕩六合之意，張子正是身在六合中指點天地也。張不及邵之大而活，邵不如張之純而嚴。然以程子視之，邵亦未爲大也。程子無深窅之論，而深者不知所入；無奇特之觀，而奇者不知所出。不爲恢大，一往平正，而莫知其所止；不事矜高，一味貼實，而莫知其所極。蓋程子從孔子來，而朱子一生佩服程子也。朱子猶如意修詞，程子易傳不作文字，只是因而寫成。朱子剛大之氣稍露，從曾子、子思、孟子一脉來，晚年波平浪静，而漱滌百家之得失，牢籠群賢之精英，四子、六經，特開生面，則功在孔子而下，雖程子遜之矣。」嘗書周子太極圖曰：「太極生陰陽，此上更無生太極者。看來只是恰好有此理，恰好有此理，所以此理只得箇恰好。」論虚空與形象曰：「有此虚空，則有此形象以實之；有此形象，則有此虚空以游之。虚與實相停，虚雖多而非餘，實雖少而非欠。此義不明，乃或小大地爲纍空。」論人曰：「二五之氣聚爲人，氣之所聚即理之所會，會斯通，通斯竅矣，故曰地竅於山川人者，天地所竅也，是謂天地之心。此義不明，乃或以有身爲大患。」論性曰：「今人疑孟子性善之旨，夫性即理也，理無形而常形於形矣，但觀耳目鼻口、四肢百體，還其一而弗良，雖有人巧，莫能加焉。蓋渾然不貳，而秩然各當，理亦顯於此矣，安得有性不善乎？」語學徒曰：「經書逐句理會後，須令通體在胸中流轉，方見得大意，爾時復逐句理會，便覺滴滴歸源。」謂：「舉子業須識所宗，方與實學不相隔碍，震川、荆川、正希、大士四家是古文，舍此别出時文一脉，日間便有兩般工夫，往往誤人也。」生平未嘗作詩，間擬三百篇四言二十餘章，自五言以下不復作也。靈侍郊東時，論説每徹夜不寢，次日復申未盡之意，遇要緊節目，旬月後復加提掇，問記得否，再爲辨説一番，又出新義層疊。嘗曰：「凡吾説與後輒自加思索，誠恐貽誤汝輩，然吾亦往往於此見得所未到處。」每講罷，盤桓溪上，或移日不去。尤喜登山觀地理，謂人曰：「不是看地，正是看天，山川迴環處、生動處，便是鳶飛魚躍也。」此外未嘗有所喜好。家雖貧，不知阿堵物何事。性至孝，每歲學徒束脩，必持視先大母，曰：「勿憂兒貧也。」兄弟朋友，財利淡然。舊友二三人，至老往還不厭。每至，草蔬同飯，淡話終日而散。嘗曰：「但得無疾病足矣。他時若復蕭然瞑目，便爲過望之福。」康熙庚寅秋又七月四日，晨起，欲自烹茗，覺昏暈，還坐，汗出如珠，服藥不盡劑，語話如常，食頃而瞑，次日猶帶笑容，享年六旬有八。常自焚生平文字，獨緘禮説一卷，題曰留村禮意。復自掇晚歲語爲一卷，而書其卷端曰：「邵子言生於太平世，老於太平世。吾五六歲時，閩土初定，餘氛未靖。順治戊子，土寇陷城，父母抱入山中十餘里，夜望見城中火起，指示之，不知懼也。爾後終老，遭時清平，優游餘暇，得爲此語。中間甲寅耿變，汀郡小擾，未經干戈。然每見老人經寇亂者，言之輒色變，或至淚下，始知此生不偶然也。因自題曰清時新語云。」其禮説則次子能靈始分釋成編。（録自清乾隆二十一年刻本冠豸山堂文集卷二）

朱陸淵源考

［清］童能靈

朱子與陸氏並時而生，皆以道自任，而各授其徒，以傳其所學於世。然朱子之學有蚤年中晚之異，陸氏則終始但守一說，未嘗變遷。故有謂二家蚤異晚同者，程篁墩之道一篇、王陽明之晚年定論，此欲合朱於陸者也。有謂二家蚤同晚異者，陳清瀾之學蔀通辨，此欲析陸於朱者也。今細考其淵源，而辨其蚤晚異同之實，則學者可以定其所宗矣。蓋朱子生於宋高宗建炎庚戌，甫四齡，父指天示之，即問天上何物。八歲，與群兒戲沙中，獨以沙排八卦。十一歲，受學於家庭。十四歲，父没，以遺言稟學於三劉氏。嘗自謂十五六時，從劉病翁所，扣僧談禪。二十四歲，之同安任，始往見延平李先生。李謂其説不是，而教以讀聖賢之書，猶於李説自信不及。二十八歲，爲許順之作存齋記，專説求心之學焉。三十一歲，答汪尚書書自謂「馳心空妙之域者十餘年」。三十五歲，答何叔京書謂「因其良心發善之端，猛省提撕，使心不昧，是做功夫底本領」。又一書論「鳶飛」「魚躍」曰：「日用之間，觀此體之流行無間斷處，有下工夫處。」此與「守書册、泥言語」全無交涉，而是時屢書與南軒先生論未發之中，以未發已發爲無分段、無時節。至於己丑春，始作序自悔所謂「中和舊説」是也。四十一歲，答薛士龍書曰：「少年粗知有志於學，求之不得其術，蓋舍近求遠，處下窺高，馳心空妙之域者二十餘年，此乃困而自悔，退而求之句讀文義之間，謹之視聽言動之際，銖積絲累，分寸躋攀，以幸其粗知義理之實。」四十三歲，作仁説，又作西銘解成。四十四歲，門人廖子晦記其所聞曰：「二三年前猶自見得鶻突，近年方看得分曉。」是歲，太極圖解義成，蓋自此始有定論，而不復如前之屢悔矣，然猶未與陸氏相聞也。四十五歲，答吕子約書曰：「陸子静之賢，聞之蓋久，然似有脱略文字，直趨本根之意，不知其與中庸學、問、思、辨然後篤行之旨何如。」又書曰：「近聞陸子静言論風旨之一二，全是禪學，但變其名號耳。競相祖習，恐誤後生，恨不識之，不得深扣其説，因獻所疑也。然恐其説方行，未必肯聽。此老生常談，徒竊憂嘆而已。」四十六歲，吕伯恭始約陸子及其兄子壽會於鵝湖僧舍，論學不合，各賦詩以見志。是冬，答張敬夫書曰：「某平日解經，最爲守章句者，然亦多是推衍文義，自做一片文字，使人將註與經作兩項工夫做了，下稍看得支離，於本旨全不相照，方知漢儒善説經，不過只説訓詁，使人以此訓詁經文不相離異，只做一道看，真是意味深長也。大學中庸章句，緣此略修一過，然覽其間尚有合删處。論語如此草論一本，未暇脱藁。孟子則方欲爲之而日力未及也。」「子壽兄弟氣象甚好，却是盡廢講學而專務踐履，於踐履中要人提撕省察，悟得本心，此爲害之大者。要其操持謹質，表裏不二，有以過人。惜其自信太過，規模窄狹，不復取人之善，將流於異學而不自知耳。」四十八歲，論孟集註成。五十一歲，陸子静之兄子壽卒，張敬夫亦卒。五十二歲，朱子在南康軍，陸子來訪，與俱至白鹿洞爲諸生講論語「喻於義利」一章。朱子稱其發明懇到，切中學者隱微深錮之病。是歲，吕伯恭書問子静留得幾日，鵝湖氣象已全轉否？朱子答書曰：「子静舊日規模終在。」五十四歲，答項平父書曰：「所喻曲折及陸國正語，三復爽然，所警於昏惰者爲厚矣。大抵子思以來教人之法，惟以尊德性、道問學兩事，爲用力之要。今子静所説專是尊德性事，某平日所論却是道問學上多了。所以爲彼學者多持守可觀，而看得義理全不仔細，又别説一種杜撰道理遮蓋，不肯放下。某自覺雖於義理上不敢亂説，却於緊要爲己爲人上多不得力。今當反身用力，去短集長，庶幾不墮一邊耳。」五十六歲，貽書陸子曰：「奏篇垂寄，得聞至論，慰沃良深。語圓意活，渾灝流轉，有以見所養之深，所蓄之厚。但向上一路未曾撥轉處，未免使人疑著恐是葱嶺帶來耳。」與劉子澄書曰：「子静寄得對語，昨答書戲之云恐是葱嶺帶來，渠定不服，然實是如此，諱不得也。近日建昌説得動地，撐眉努眼，百怪俱出。」蓋建昌者，陸子門人傅子淵也。陸亟稱之，而朱子深闢焉，二家自是冰炭始矣。五十七歲，答陸子書曰：「子淵氣質剛毅，極不易得，但其偏處亦甚害事。道理雖極精微，然初不在耳目見聞之外，是非黑白只在面前，此而不察，乃欲別求玄妙於意慮之表，誤矣。某邇來日用工夫頗覺有力，無復向來支離之病。甚恨未得從容面論，未知異日相見，復有異同否耳？」又答程正思書曰：「初汀州見責之意，敢不敬承。蓋緣舊日曾學禪宗，故於彼説雖知其非，未免有私嗜之意，亦是被渠説得遮前掩後，未盡見其底藴。去冬其徒來此，狂妄凶狠，手足盡露，自此乃始顯然鳴鼓攻之，不復前日之唯阿矣。」五十九歲，貽書陸子静辨無極。六十歲，答陸子書曰：「老氏之言有無，以有無爲二；周子之言有無，以有無爲一。正如南北、水火之相反，更請仔細著眼，未可容易譏評也。」「迴出尋常等語只是俗談，即是禪家所能專有。今雖偶然道及，而其所見所説即非禪家道理。非如他人陰實祖用其説，而改頭换面，陽諱其所自來也。」答程正思書曰：「所答子静書無人寫得。聞渠已謄本四出矣，此正不欲暴其短，渠乃自如此，可嘆可嘆。然得渠如此，亦甚省力，且得四方學者知前賢立言本旨，不爲無益。」是歲，序大學中庸章句。六十三歲，辨陸子解皇極大中之失。又與萬正淳論「集義」曰：「今陸氏只要自家心裏見得底，方謂之内，才自別人説出，便指爲義外。如此乃是告子之説。」是歲，陸子卒於荆門軍，朱子帥僚友門人往寺中爲位哭之，既罷，良久曰：「可惜死了告子。」六十四歲，答趙然道書曰：「來喻謂恨未及見子静與熹論辨有所底止，此尤可笑。蓋老拙之學，求之甚艱，察之甚審，視世之道聽塗説於佛、老之餘，自謂有得者。蓋嘗嘆其陋而譏其僭，豈今垂老而肯以千金易人之弊帚者哉？」作鄂州稽古閣記，曰：「人之有是身也，則必有是心；有是心，則必有是理。然聖人之教，不使學者收視反聽，一求諸心爲事，而必曰博學、審問、慎思、明辨而力行之者，何哉？蓋理雖在我，而或蔽於氣稟物欲之私，則不能以自見。學雖在外，然皆所以講明乎此理之實，及其浹洽貫通而自得之，又初無内外精粗之間也。世變俗衰，士不知學，挾册讀書者，既不過於誇多鬬靡，以爲利禄之計，其有意於爲己者，又直以爲可以取足於心，而無事外求也。是以墮於佛、老空虚之邪見，而於義理之正、法度之詳，有不察焉。道之不明，其可嘆也已。」寧宗慶元庚申，朱子七十一歲，卒。以深衣及所修儀禮經傳通解付勉齋黄氏。前一歲，以尚書解付九峰蔡氏，俱令續成全書。其高弟西山蔡氏，先朱子卒。此外門人甚衆，而其後有西山真氏最著，則私淑而得其傳云。

陸子少朱子九歲，生于高宗紹興乙亥。幼而穎異，嘗問父賀曰：「天地何所窮際？」父笑而不答，遂深思至忘寢食。後十餘歲，因讀書至「宇宙」二字，解者曰：「上下四方曰宇，往古來今曰宙。」忽大省悟，曰：「原來無窮，人與宇宙皆在無窮之中也。」援筆書曰：「宇宙内事乃己分内事，己分内事乃宇宙分内事。」又曰：「宇宙便是吾心，吾心便是宇宙。東海有聖人出焉，此心同也，此理同也。西海、南海、北海有聖人出焉，此心同也，此理同也。千百世之上、千百世之下有聖人出焉，此心此理莫有不同也。」三十六歲，朱子答吕子約書，始聞其「言論風旨全是禪學」。三十七歲，吕伯恭約與朱子會於鵝湖。四十三歲，復訪朱子於南康，講「喻於義利」章。朱子答吕伯恭書曰：「子静舊日規模終在，其論爲學之病，多説如此即只是意見，如此即只是議論，如此即只是定本。某因與説，既是思索，即不容無意見，既是講學，即不容無議論，統論爲學規模，亦豈容無定本，但隨人材質病痛而救藥之，即不可有定本耳。渠却云正爲多是邪意見、閑議論，故爲學者之病。某云如此即是自家呵斥，亦過分了，須是著邪字、閑字，方是分明，不教人作禪會耳。又教人恐須先立定本，却就上面整頓，方始説得無定本道理。今如此一概揮斥，其不爲禪學者幾希矣。」四十六歲，上輪對五劄。四十七歲，録所對語寄朱子。朱子貽書曰：「恐是葱嶺帶來。」四十八歲，陸子謂：「學者要知所好，此道甚淡，人多不知好之，只愛事骨董。」而詹阜民記曰：「象山舉『公都子鈞是人也』一章云：『人有五官，官有其職，某因是便收此心，惟以照物而已。』他日侍坐，先生謂之曰：『人能常閉目亦佳。』某因此無事則安坐瞑目，用力操存，夜以繼日，如此者半月，一日下樓，忽覺此心已復澄瑩。中立竊異之，遂見先生。先生目送而視之，曰：『此理已顯然也。』某問何以知之，曰：『占之於眸子而已。』因謂某道果在邇乎，某曰然。昔者嘗以張南軒所類洙泗言仁書考察之，終不知仁，今始解矣。先生曰：『是即智也、勇也。』某因對曰：『不惟智勇，萬善皆是物也。』先生曰：『然。』」徐仲誠請教，陸子使思孟子「萬物皆備於我」，「反身而誠，樂莫大焉」。仲誠處槐堂一月。一日，問云：「仲誠思得孟子如何？」仲誠曰：「如鏡中觀花。」陸顧左右曰：「仲誠真善自述者。」因説與此事不在他求，只在自家身上。既又微笑曰：「已是分明説了也。」少間，仲誠因問：「中庸以何爲要語？」答曰：「我與汝説内，汝只管説外。」又陸子與邵叔誼書曰：「『此天之所以與我者，先立乎其大者』，立此也，積善者，積此也，集義者，集此也，知德者，知此也，進德者，進此也。同此之謂德，異此之謂異端。」又曰：「某觀人不在言行上，不在功過上，直截雕出心肝。」又曰：「惡能害心，善亦能害心。」或問先生何不著書，曰：「六經註我，我註六經。」又曰：「仰首攀南斗，翻身倚北辰。舉頭天外望，無我只般人。」朱子答劉公度書曰：「建昌士子過此者，多方究得彼中道理，端的是禪，誤人不少。」又答趙幾道書曰：「所論時習之弊甚善，但所謂冷淡生活者，亦恐反遲而禍大耳。孟子所以申中、商而距楊、墨者，此也。向來以吾黨孤弱，不欲於中自爲矛盾，亦厭繳紛競辨，若可羞者一切容忍，不能極論，近乃深覺其弊，全然不曾略見天理，彷彿一味只將私意東作西捺，做出許多詖淫邪遁之說，又且空腹高心，妄自尊大，俯視聖賢，蔑棄禮法，只此一節尤爲學者心術之害。故不免直截與之說破，渠輩家計已成，決不肯舍。然此說既明，庶幾後來者免墮邪見坑中，亦一事耳。」四十九歲，陸子奉祠還家，學者輳集。朱子答書曰：「稅駕已久，諸況益佳，學徒四來，所以及人者，在此而不在彼矣。區區所憂，一種輕爲高論，妄生內外精粗之別，以良心、日用分爲兩截，謂聖賢之言不必盡信，而容貌詞氣之間不必深察者，此其爲說乖戾狠悖，大爲吾道之害，不待他時末流之弊矣。」五十歲，作荆國王文公祠堂記。是歲，陸子改貴溪應天山爲象山，建精舍講學。與學者云：「二程見周茂叔後，吟風弄月而歸，有『吾與點也』之意。後來明道此意却存，伊川已失此意。」又云：「元晦似伊川，欽夫似明道。伊川蔽錮深，明道却疏通。」又謂人曰：「丱角時聞人誦伊川語，自覺若傷我。」又曰：「伊川之言何爲與孔子、孟子之言不類？」又曰：「伊川學問不免占決卜度之失。」又曰：「李白、杜甫、陶淵明皆有志於吾道。」朱子曰：「陸子靜看伊川低，此恐子靜看其說未透耳。譬如一塊真金，却道之不是金。非金不好，不識金耳。」曾祖道曰：「頃嘗見陸象山，象山與言曰：『目能視，耳能聽，鼻能知香臭，口能知味，心能思，手足能運動，如何更要甚存誠，持敬硬要將一物去治一物？須要如此做甚？詠歸舞雩，自是吾夫子家風。』」朱子答歐陽希遜書曰：「學者當循下學上達之序，庶幾不錯。

若一向先求曾點見解，未有不入於老、佛也。」是歲，陸子與朱子書曰：「昔年兩得侍教，康廬之集，加欵於鵝湖，然猶鹵莽淺陋，未能成章，無以相發，甚自愧也。比日少進，甚思一侍函丈，當有啓助，以卒餘教。梭山兄謂太極圖説與通書不類，疑非周子所爲，此言殆未可忽也。極者中也，言無極是無中也。豈宜以無極字加於太極之上？無極二字出於老子，聖人之書所無有。」朱子答書曰：「周子所以謂之無極者，正以其無方所、無形狀，如老子復歸於無極，乃無窮之義，非若周子所言之意也。」陸子答書曰：「老氏以無爲天地之始，以有爲萬物之母，以常無觀妙，以常有觀徼，直將無字搭在上面，正是老氏之學，豈可諱也。尊兄所謂真體不傳之秘，及迥出常情、超出方外語，莫是曾學禪宗。」朱子答書又謂「老氏之言無云云」，俱載朱子語録中。陸子又與陶贊仲書曰：「荆公祠堂記與答元晦二書可精觀熟讀，此皆明道之文，非止一時辨論也。吾文條析甚明，晦翁書但見糊塗，没理會。吾所明之理，天下之正理、實理、常理、公理，所謂本諸身，徵諸庶民，考諸三王而不謬，建諸天地而不悖，質諸鬼神而無疑，百世以俟聖人而不惑者也。」又與邵叔誼書曰：「元晦書來，其弊殊未解。」朱子亦與叔誼書曰：「子静書來，殊無義理，每爲閉匿，不敢廣以示人，不謂渠乃自暴揚如此。大率渠有文字，即傳播四出，惟恐人不知，是其常態，亦不足深怪。吾人所學，且要自家識見分明，持守正當，深以此等氣象舉止爲戒耳。」陸子又答胡季隨書曰：「以顔子之賢，必不至有聲色貨利之累，忿狠縱肆之失。夫子答其問仁，乃有克己復禮之説，則所謂己私者，非必如常人所見之過惡而後爲己私也。己之未克，雖自命以仁義道德自期，可以至聖賢之地，皆其私也。顏子之所以異乎人者，以其不安乎此，而極仰鑽之力，卒能踐克己復禮之言，而知遂以至，善遂以明也。」朱子曰：「陸子静説顏子克己不是克去己私利欲之類，别自有個克處，又却不肯説破。某嘗代之下語云，不過語言道斷，心思路絶耳。此是陷溺之深坑，切不可不戒。」五十四歲，陸子知荆門軍，帥吏民，講洪範「五皇極」云：「皇，大也；極，中也。九疇，五居其中，故謂之極。」朱子曰：「今人將皇極作大中解，『皇建其有極』，不成是皇建有其中？『時人斯其惟皇之極』，不成是時人斯其惟大之中？」是歲，陸子卒於荆門軍，光宗紹熙壬子也。明年癸丑，朱子答詹元善書曰：「子静旅櫬經由，聞甚周旋，此殊可傷。見其平日大拍頭，胡叫唤，豈謂其遽至此哉？然其説頗行於江湖間，損賢者之志，而益愚者之過，不知此禍又何時而已也。」陸子没，其門人楊慈湖最得其傳。

或問：朱子之學，近日既大著於世矣，惟陸氏之説，然猶有隱中於人之心，足爲朱子之累者，此尤爲淵源所在，可不有以剖之歟？曰：天地之間，止此理氣二者而已，此即古今學術之辨所由分也。以理言之，則爲當然之則，所謂「有物必有則」是也。其具於人心，即在人之則而爲性者也。人者，天地之生而萬物之靈，故其性無所不綰，所謂「萬物備於我」者，非獨備其影象也，即萬物之所以爲物者緼於此焉，其爲體也，渾然一理而萬分具足。凡天地之道，聖人之藴，措之爲禮樂，刑政，垂之爲詩書、易象者，皆是理之所蟠際，即皆是性之所尤周，而日用彝倫、視聽言動之間，須臾而離之，則是自失其則，而不誠無物矣。是以聖人之教，必使擇之精而執之固，有以完其所以爲性者焉。此其學固非可以一朝頓悟而一悟無餘者矣。朱子所謂「老拙之學，求之甚難，察之甚審，而不肯以其千金易人之弊帚者」，此也。以氣言之，則氣之粗者凝而爲形，其精爽則爲心，心之精爽至於神明，故其體虛而無物，其用靈而不測。方其未用也，寂然而虛；及其既用也，亦寂然而虛。則其方用之際，亦謂必有常虛常寂者存於其中，而不得以心思求之，恐心思之有著而非虛也；不得以言語求之，恐言語之外諠而非寂也。心思路絶，言語道斷，惟静惟默之際，而其爲神明之本體，静極當動，斂極當發，介然有頃之間，而偶爾感觸，光明呈露，自覺自知，遂詑爲神奇，得未曾有，他人不見，師友莫與，而惟我獨自得之者矣。斯時也，或悚然而動，如陸子之乍聞鼓聲，震動省發是也；或躍然而喜，如王陽明之中夜叫絶，僕從驚起是也。又有一種静默之久，神明未瞑亦未發用，迷離惝恍，虛實之間，有影象參差呈露於前，如睡初覺，如夢中見，原非實有，則遂以此爲萬物皆備之象呈於我矣。如徐仲誠之鏡中看花，楊慈湖之鑑中見象，皆得陸子之傳者是也。不獨此也，影象之見有而非實，則又以此因緣天地，謂凡聲色貌象呈於太虛之中者，皆同此影像之觀，即天地之大亦止此太虛中影象，而惟此心乃與太虛同體，常虛常寂，超超元著，而出乎天地之外焉。如陸子自謂「仰首攀南斗，翻身倚北辰，舉頭天外望，無我這般人」是也。然自窮理者觀之，此皆心之神明不得循其寂感動静之常，而束於空寂，爲之變現光影如此，既已自爲之眩而不自知，遂欲保以終身，惟恐或失。此正朱子所謂「禪家作弄精神，到死不肯舍放」者也。嗟夫！以心爲理，此勢必眩於心而一於虛寂之見者，必不得與事相操持，泛應之際，涉而不有，日用彝倫之地，皆歸之於浮薄，不可止也。陸子自謂心不可泊在一事上，而居喪之際，論卒哭爲祔，其兄有所不忍焉，陸子行之而安者，此其效也。且夫虛寂之體，豈得不以禮法爲束縛而廢棄之哉？卒之門人高弟，傳子淵遂至祝髮披緇爲僧，而陸子曾莫之止，反許而樂之，此皆虛寂入禪之效尤爲彰明者也。陸子之學與朱子同耶異耶，即與孔、孟同耶異耶，學者可以知所擇矣。

謹按：朱、陸淵源各出。朱子之學，近主周、程而遠宗孔、孟，後世述之者衆矣。今略舉其最著者，則元有魯齋許氏、東陽許氏，明有河東薛氏、餘干胡氏、泰和羅氏、晉江蔡氏，近代當湖陸氏是也。陸子之學，雖亟稱孔、孟，而實内主禪宗，後世述之者亦不少。略舉其最著者，則明爲餘姚王氏、白沙陳氏是也。明初學者皆墨守朱説，中葉王氏出，宗陸而毁朱，天下靡然從之。自正、嘉迄於天、崇之末，朱子之學幾於晦矣。我朝崇尚正學，尤表章朱子。聖祖之世，御纂全書，陞配十哲，示天下趨向，由是闡明者日益衆，而人心學術皆定於一焉。儀封張公撫閩時，復梓陳氏通辨行之，則此前所謂道一編及晚年定論之説，不得以惑人矣。近因讀朱子文集，同異參錯，蚤晚莫辨，爰就本文事跡，證以年譜、宋史，而得其先後次第，爲之逐年編次，逐條辨析，亦不敢遠引别説，止就朱子晚年之書，訂其蚤歲之同異，名曰朱子爲學考云。

四庫全書總目提要

朱子爲學考三卷　福建巡撫採進本

國朝童能靈撰。能靈有周易剩義，已著録。是編考朱子爲學之次第，分年記載，而於講學諸書，各加案語以推闡辨論之，蓋繼學蔀通辨而作也。與朱澤澐書大致皆互相出入。

（録自四庫全書總目卷九七子部儒家類存目三）